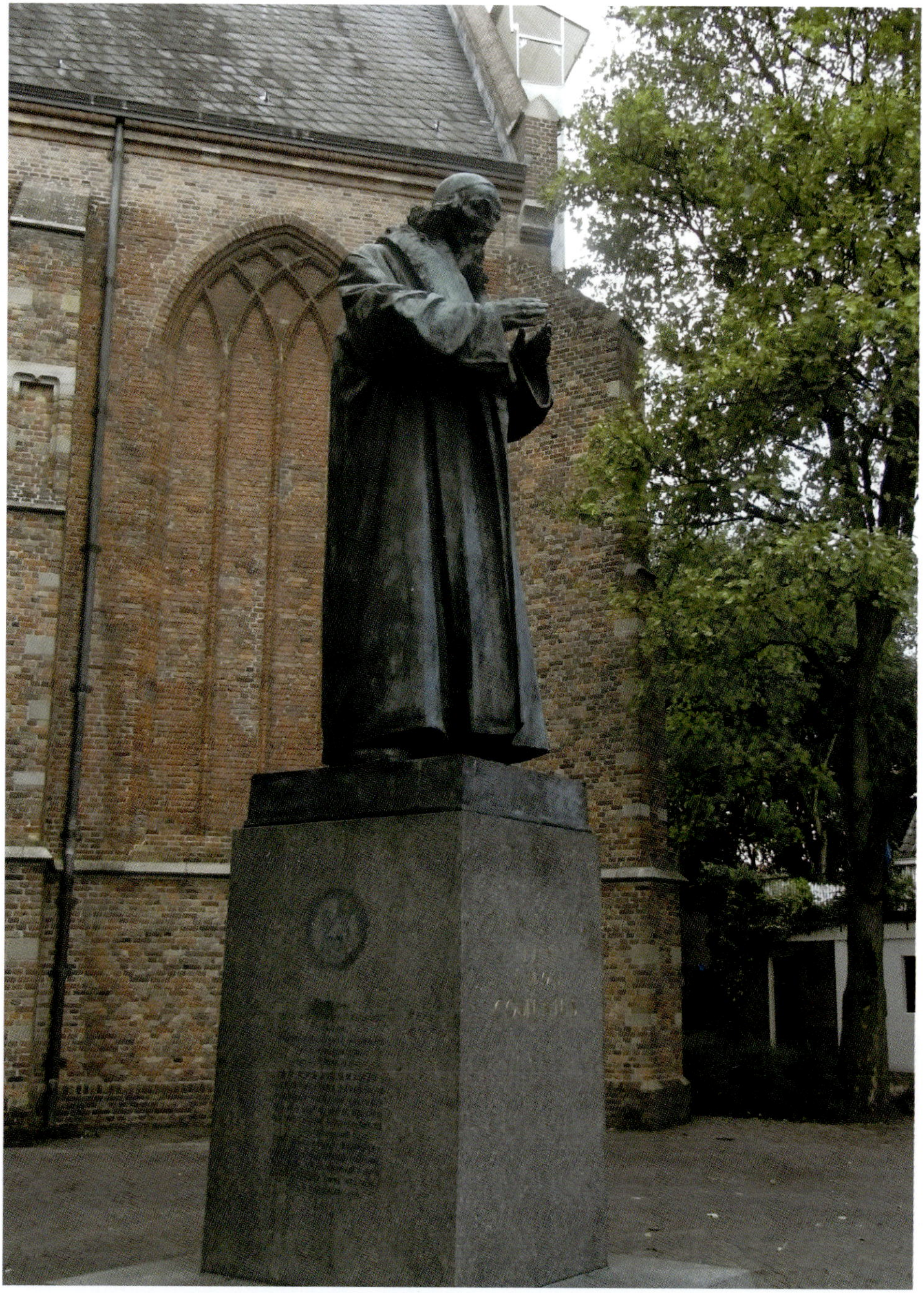

コメニウスが葬られているアムステルダム郊外のナールデンにあるコメニウス像。
この像は、コメニウスの生誕地の一つとされているチェコのウヘルスキーブロトにある像と同じに造られている 。

撮影・相馬伸一

コメニウス　セレクション

# パンパイデイア

## 生涯にわたる教育の改善

# PAMPAEDIA

東信堂

# De Rerum Humanarum
## EMENDATIONE
## Consultationis Catholicæ
## Pars IVta

# PAMPÆDIA.

In qua.

De Ingeniorum Cultura Universali,
totiusq Vitæ negotiis ita in Cancel,,
los redigendis, ut Mens cujusq
Hominis (per omnes ætates sua=
viter occupata) hortus deli=
ciarum fieri queat, con=
sultatur.

Reiq tantæ haud infeliciter tentatæ
Specimina exhibentur.

Cant. 4. v. 16.

Surge Aquilo et veni Auster perfla Hortum meum,
ut fluant Aromata illius.

# 訳者はしがき

本書は、コメニウス（1592-1670）のPAMPAEDIA（パンパイデイア）の翻訳である。この本は予告はされたものの生前に公刊されることはなく、手稿も失われ忘れ去られていた。発見されたのは一九三五年である。発見されたパンパイデイアは独立した著作ではなく、『人間についての熟議』（以下『熟議』と省略）いう七部構成の大著の第四部であった。七部構成の概略は以下の通り。

序文　人間についての熟議
第一部　パンエゲルシア〔堕落している現状の批判〕
第二部　パンアウギア〔改善の可能性を示す〕
第三部　パンソフィア〔学問・知識の体系化〕
第四部　パンパイデイア〔生涯にわたる教育の改善〕
第五部　パングロッティア〔新しい言語の創造〕
第六部　パンオルトシア〔世界会議の提案〕
第七部　パンヌテシア〔事業への励まし〕
付録　辞典

コメニウスは、教育の理念・教授方法・学校論を論じた『大教授学』や子ども用の絵入り学習本『世界図絵』の著書として教育学の歴史上よく知られた人物である。『熟議』の発見以降、コメニウスはより広い分野の社会改革を目ざした学者として注目されてきたが、日本でのコメニウス像はまだ古いままにとどまっているといわざるをえない。

十七世紀のヨーロッパの大学者といえばイギリスの大法官にして哲学者のフランシス・ベーコン（1561-1626）と近代哲学の父と称されるフランスのルネ・デカルト（1596-1650）といってよいだろう。コメニウスはベーコンの著作から多くを学び、またデカルトとも懇談するなど、両人と同じ十七世紀を生きた人であったが、境遇はまったく違っていた。三十年戦争によって祖国チェコを追われ、自らが属していた小さなプロテスタント教団のリーダーの一人として、各地に亡命している仲間を救援し、祖国復帰のために尽力した生涯だったのである。そのため、世界が戦争をやめて平和になり、すべての人が賢くなるという願望は、教育を普及させるという希望は、誰よりも強かった。彼はパンエゲルシアの第五章でこう断言する、「哲学、政治、宗教の目的は、平和である」と。

訳者は大学院時代にベーコンの学問論を学び、その後コメニウスの著作に親しんだ。この『パンパイデイア』を読んだのは三十年も前のことである。翻訳したノートは、原文がラテン語ということもあり、自分用としては役に立っても他人にお見せするような代物とはいえなかった。また彼の宗教的な信念については理解できない部分もあった。そのうち後述する藤田訳が研究者の間で出回ったために、訳者が改めて原文を振り返ることはほとんどなくなってしまった。最近ふとしたきっかけでコメニウスの『パンパイデイア』を再読し、改めてその内容の豊かさに触発され、このたび翻訳を完成させようという気になったのである。

今回は『熟議』の序文と第四部のパンパイデイアを訳出した。残りは条件が許せば公刊したいと念願している。

訳　者　　太田光一

# 凡例

## 1. 底本

底本としたのは、プラハのチェコスロバキア科学アカデミー（当時）から 1966 年に出版された De rerum humanarum emendatione consultatio catholica 2 巻本である。序文は第 1 巻の 1 ページから 39 ページまで、パンパイデイアは第 2 巻の 1 ページから 235 ページまでである。

## 2. 現代語訳

訳出にあたっては以下の現代語訳を参照した。

(1) Johann Amos Comenius, PAMPAEDIA, Lateinischer Text und deutsche Übersetzung, Herausgegeben von Dmitrij Tschiżewskij in Gemeinschaft mit Heinrich Geissler und Klaus Schaller, (Heidelberg, 1960).
ラテン語の原典を左ページに、ドイツ語訳を右ページに配してある。注釈や解説も詳しい。

(2) Johann Amos Comenius, PAMPAEDIA - ALLERZIEHUNG, in deutscher Übersetzung herausgegeben von Klaus Schaller (Sankt Augustin, 1991).
これは(1)からラテン語の部分を除いたものである。多少修正が加えられている。

(3) Comenius's PAMPAEDIA or Universal Education, translated by A. M. O. Dobbie (London, 1986).
ドビーによる英訳。ドビーはパンパイデイア以外にもコメニウスの著作を英訳している。

(4) Jan Amos Komenský, Obecná porady o nápravě věcí lidských část čtvrtá PAMPAEDIA (Praha, 1992).
これはコメニウス生誕 400 年を記念して出版されたチェコ語訳である。
この他に、以下の日本語訳も参照した。

(5) 藤田輝夫訳、ヤン・アモス・コメニウス 汎教育、秋田大学大学院教育学研究科社会教育学研究室『社会教育学研究』第 2 号（1993）、同第 3 号（1996）。
ラテン語原典からの日本語訳であり、原典のイタリックや大文字による強調も再現してある。(1) の訳注を中心にした注釈も詳しい。

以後、独訳版、英訳版、チェコ語版、藤田版と呼ぶことにする。

## 3. 『パンパイデイア』はほとんど完成しているとはいえ、ところどころに未完成の部分があり、出版用の体裁は整っていない。そこで訳者は以下のような補正を行なった。

(1) 各章ごとに 訳者による紹介 を付けた。読者にとっては余計なお世話でないことを祈るばかりである。

(2) コメニウスは自ら出版した著書には節ごとに小見出しを付けることが多かったが、パンパイデイアには付いていない。そこで訳者が小見出しを付けてみた。小見出しはゴチック体にしてある。小見出しが付いたおかげでかえって読者の妨げになったのではないかとおそれている。

(3) 各章は節に分けられて節ごとに番号が付いているが、番号に乱れがあり、特にパンパイデイアの九章以降は節番号のつけ方が一貫しておらず構造が読みとりにくい。そこで訳者が番号を統一的に付け直した。なお、節が長い場合は、段落をつけたものもある。

(4) コメニウスの著作には大文字による強調やイタリックの表記がたくさん使われている。しかしそれらはこの翻訳では再現することができなかった。

(5)　（　）は原文にあるもの、〔　〕は訳者が補ったものである。

### 4. 人名・地名の表記

人名や地名をカタカナでどう表記するかは常に悩ましい問題である。アレクサンドロスとするかアレキサンダーとするか、ウェルギリウスかヴェルギリウスか、キケロかキケローかなど微妙な問題があるが、慣例に従った。

### 5. 聖書からの引用

(1)　コメニウスは聖書から頻繁に引用しており、多くの場合引用箇所を本文中に示しているので、この翻訳でもそれにならい本文中に（　）で示した。コメニウスが引用箇所を明示していない場合でも訳者が分かる範囲で明示し、その場合は本文中に〔　〕で示した。聖書の省略書名のあとに章番号と説番号をハイフンでつないで示した。聖書の省略書名は別表の通りである。

(2)　コメニウスが使用していると思われる聖書はいわゆる「ウルガタ vulgata」聖書と呼ばれているラテン語の聖書と、当時チェコで使われていた「クラリッツェ zdroju kralicke」聖書だと思われる。訳者はウルガタ聖書に Weber-Gryson, Biblia Sacra Vulgata, Stuttgart, 2007 を参照したが、クラリッツェ聖書は参照できなかった。また日本語訳聖書として日本聖書協会出版の「新共同訳」(1987, 1997) を参照した。「新共同訳」はヘブライ語、ギリシャ語原典からの翻訳なので、コメニウスが使用したと思われるウルガタ聖書、クラリッツ聖書とは当然ながら微妙な違いが見られる。その場合はコメニウスが述べている通りに訳すようにした。ただし、書名や章節の番号などは「新共同訳」に従った。例えば、コメニウスが頻繁に引用している Ecclesiastes を「伝道の書」と直訳せず「新共同訳」に倣って「コヘレトの言葉」と訳した。その方が日本の読者が参照する場合に便利だと判断したからである。

### 6. 古代ギリシャ・ローマなどからの引用

(1)　コメニウスは当時の学術書の例にもれず、古代ギリシャのプラトンやアリストテレスに言及しており、古代ローマの様々な作家、特にキケロとセネカから多くを引用している。またクインティリアヌスとアウグスティヌスからも引用が目立つ。コメニウスは多くの場合引用箇所を本文中に明示しているので、この翻訳でもそれにならい、特に必要と思われる時だけ訳注欄でコメントを加えた。なお、それらの著作から引用する場合は章節番号で示すことが慣例となっているので、この翻訳でもその慣例に従った。その際以下の日本語訳を参照した。

・『プラトン全集』岩波書店。
・『アリストテレス全集』岩波書店。
・『キケロー選集』岩波書店。
・『セネカ哲学全集』岩波書店。
・クインティリアーヌス『弁論家の教育』全２巻、明治図書。
・クインティリアヌス『弁論家の教育』全５巻、京都大学学術出版会（ただし出版されているのは３巻のみ）。
・『アウグスティヌス著作集』教文館。

なお、以上の著作の多くは岩波文庫や中公文庫、講談社学術文庫などでも読むことができる。

(2)　その他の著作家からの引用は、できるだけ訳注欄で解説した。その際以下の二冊が参考になった。

・柳沼重剛『ギリシャ・ローマ名言集』岩波文庫、2003。
・田中、落合『ギリシャ・ラテン引用語辞典』岩波書店、1963。

(3) キケロ、セネカ、クインティリアヌスなどのラテン語の著作の大部分が、インターネットの The Latin Library というサイトで閲覧できるので利用した。(http://www.thelatinlibrary.com)

(4) その他の著作家からの引用
コメニウスは同時代の学者の著作からもたくさん引用しているが、訳者にとっては不明のものが多い。その際は独訳の注とチェコ語訳の注に頼った。

**7. 聖書省略語（　）内は省略語。なお、コメニウスが引用しているものに限った。**

創世記（創世記）
出エジプト記（出エジプト）
レビ記（レビ）
民数記（民数記）
申命記（申命記）
ヨシュア記（ヨシュア）
士師記（士師記）
ルツ記（ルツ記）
サムエル記上（サムエル 1）
サムエル記下（サムエル 2）
列王記上（列王記 1）
列王記下（列王記 2）
歴代誌上（歴代誌 1）
歴代誌下（歴代誌 2）
ヨブ記（ヨブ）
詩篇（詩篇）
箴言（箴言）
コヘレトの言葉（コヘレト）
雅歌（雅歌）
イザヤ書（イザヤ）
エレミヤ書（エレミヤ）
哀歌（哀歌）
エゼキエル書（エゼキエル）
ダニエル書（ダニエル）
ヨエル書（ヨエル）
ヨナ書（ヨナ）
ハバクク書（ハバクク）
ゼカリヤ書（ゼカリヤ）
マラキ書（マラキ）
知恵の書（知恵）
シラ書〔集会の書〕（シラ）
マタイによる福音書（マタイ）
マルコによる福音書（マルコ）
ルカによる福音書（ルカ）
ヨハネによる福音書（ヨハネ）
使徒言行録（使徒）
ローマの信徒への手紙（ローマ）
コリントの信徒への手紙一（コリント 1）
コリントの信徒への手紙二（コリント 2）
ガラテヤの信徒への手紙（ガラテヤ）
エフェソの信徒への手紙（エフェソ）
フィリピの信徒への手紙（フィリピ）
コロサイの信徒への手紙（コロサイ）
テサロニケの信徒への手紙一（テサロニケ 1）
テサロニケの信徒への手紙二（テサロニケ 2）
テモテへの手紙一（テモテ 1）
テモテへの手紙二（テモテ 2）
ヘブライ人への手紙（ヘブライ）
ペトロの手紙一（ペトロ 1）
ペトロの手紙二（ペトロ 2）
ヨハネの手紙一（ヨハネ 1）
ヨハネの手紙二（ヨハネ 2）
ヨハネの手紙三（ヨハネ 3）
ヨハネの黙示録（黙示録）

# 目次◆パンパイデイア PAMPAEDIA

# 訳者解説

本書は、コメニウスの遺稿である『熟議』という七部作のうち、教育を扱った第四部を訳出したものです。参考として、本書の巻末に『熟議』全体の序文を付けました。

この解説では、まずコメニウスという人物を紹介し、この大著を執筆するに至った背景を解説しました。

## 1　コメニウスとはだれか

コメニウスは一五九二年、現在のチェコ共和国の東部モラヴィア地方で生まれ、一六七〇年にオランダのアムステルダムで亡くなりました。一五九二年といえば豊臣秀吉が全国統一を果たした年です。イギリスの大法官にして哲学者のフランシス・ベーコンよりやや年下、近代哲学の父と称されるフランスのルネ・デカルトとほぼ同時代人です。

チェコ語ではヤン・アモス・コメンスキーです。人名や地名はできるだけ現地の発音に近づけるのが原則ですが、他方で、すでに一般に知れ渡っている固有名詞はそのまま慣例として使用しています。例えば私たちはイギリスや米国という、現地の発音にまったく似ていない呼び方を今も続けています。また私たちの国名をアメリカ人はジャパン、フランス人はジャポン、ドイツ人はヤーパンと呼びます。それと同じようにチェコのヤン・アモス・コメンスキーは、ヨーロッパ各国では当時のいわば共通学術語であったラテン語でボヘミアのヨハンネス（あるいはヨアネス）・アモス・コメニウスと呼ばれたし、自らもそう署名しているのですからここでもコメニウスと呼ぶようにしました。

「ボヘミアン」という言葉があります。ボヘミア人、流浪の人、自由人というやや肯定的な意味で使われているようですが、コメニウスもまさにボヘミアンでした。でも自由だったわけではまったくなく、戦乱によって流浪を余儀なくされ、故郷への帰還を願いながら果たせなかったのです。最初にコメニウスの生涯について少しご紹介しましょう。

## 2　学生時代

幼少の時に両親を失い、叔母に引き取られました。その後紆余曲折を経て、現地の小さな宗教団体である「兄弟教団」の援助でプシェロフという小都市のラテン語学校に入学しました。すでに十六歳になっていましたからかなり遅い入学です。おそらく一生懸命勉強したのでしょう、ドイツのヘルボルンに留学を許されました。宗教上の違いから、当時のヨーロッパの有名大学の一つであったプラハのカレル大学には入れなかったのです。

ヘルボルンではアルシュテットという教授の下でヨーロッパの最先端の学問に触れることができました。アルシュテットは一六三〇年に『エンサイクロペディア』つまり今日の百科事典を執筆した学者です。コメニウスがヘルボルン大学に入学したのは一六一一年ですから、アルシュテットが百科事典を編集中の姿を間近で見ていたに違いありません。もしかしたら手伝っていた可能性も十分にあります。後にコメニウスは自分でも百科事典を作ろうと考えて『全事物界の円形劇場』という題の著作に取り組んでいますが、それは焼失して断片しか伝わっていません。

在学中にオランダに旅行もし、その後ハイデルベルク大学に転学しました。そこは当時プファルツ選帝侯の居城があった大都市でした。そのプファルツ選帝侯フリードリヒ五世はやがてチェコの国王に迎えられるのですが、白山の戦いで敗れて一冬で王位を失ってしまいます。それがコメニウスの流浪の始まりとなるのでした。

## 3　牧師としての出発

一六一四年に故郷に戻ったコメニウスはまず出身校のプシェロフの教師となり、やがてフルネックという小さな町の牧師、教師となります。結婚して子どももできました。彼はそこで教会の仕事に従事する傍ら、養蜂業によって地域起こしをはかろうと努めたり、貧しい庶民の暮らしを改善するにはどうしたらよいか悩んだりしています。この時期にすでに社会の矛盾を訴える様々な冊子を執筆したり、チェコ語の百科事典を構想したり、モラヴィアの地図を作成したりという多彩な活動を始めているのでした。

## 4　コメニウスの課題

コメニウスの生涯が波乱万丈となったのは、一六一八年にプラハで勃発し、後に「三十年戦争」と称されることになる戦乱のせいです。神聖ローマ皇帝フェルディナント二世に対抗したチェコの貴族たちは一六二〇年の白山の戦いで敗れ、皇帝側およびローマ・カトリックに反対する勢力は徹底的に弾圧されました。兄弟教団も迫害の対象となり、コメニウスは逃亡生活を余儀なくされ、ついに一六二八年、兄弟教団の仲間とともに隣国ポーランドのレシュノに集団亡命します。妻子は病気で亡くなっていました。

逃避行の最中、コメニウスは政治や学問や宗教や社会慣習の堕落した状況をするどく諷刺した小説『地上の迷宮と心の楽園』をチェコ語で書きました。この本は東信堂から翻訳が出版されているので、ここで解説することはしません。ぜひ読んでください。

現状を嘆いたり諷刺したりするだけではなく、積極的な改善策を探ろうと模索していたコメニウスは、子どもたちの教育を充実させることがもっとも重要だと確信するようになり、ポーランドへの移住前から教育学の研究を集中的に開始しました。それ以来取り組んだ課題は私なりに三つにまとめることができると思います。一つは、教育が重要であることを皆に訴え、学校教育をどのように充実させたらいいかを示すこと、二つ目は、原則や理想を語るだけではなく、子どもたちが実際に学校で学ぶ教科書を具体的に作ること、三番目は学校に入学して正規の教育を受ける前の家庭での育児をどのようにしたら良いかを明らかにすること、この三つです。

## 5　学校教育の普及

まずコメニウスはチェコ語で『教授学』を書きました。主として教授、つまり教え方を論じた本なのですが、学校をどうやって設立したらよいかという内容を含んだ総合的な教育論です。祖国チェコにいつの日か帰れることを期待し、未来を子どもたちに託すというこの本は、コメニウスの生前に出版されることはありませんでした。コメニウスはその後の研究も採り入れてチェコ語の『教授学』をラテン語で書き直しました。『大教授学』と題されたその著作は、概略が一部に伝わったもののなかなか出版には至らず、ようやく一六五七年になって公刊されました。それは教育学の古典としてその後読み継がれることになります。明治図書から翻訳がでています。

## 6　教科書の作成

教育の理念や理想を語るだけでなく、実際に学校で使用される教科書を作成するというのが、コメニウスの最も重視した課題でした。学者の立場ではなく実際に教師として働いていたコメニウスにとっては切実な問題だったのです。

当時の子どもたちが学校で学ぶのはヨーロッパの共通学術語のラテン語でした。そもそも一般庶民はほとんど字が読めないし学校にも行きません。学校に行くということは、文字を読んで学ぶこと、その文字とはギリシャやローマの古典を伝えているラテン語でした。子どもたちは日常使うことのないラテン語で、古代の学者や詩人の名文を読み、暗唱させられました。そしてラテン語の名文、格言をたくさん覚え込むことが学識を育て教養ある人間になる道だと信じられていたのです。ちょうど江戸時代の侍の子が、漢文で論語（二千年以上前の中国語です）を読ませられ暗唱させられたことを想像してみれば良いでしょう。

コメニウスはラテン語の学習がどうすれば楽しく簡単になるかに腐心し、ラテン語の学習が自分たちがふだん使っている母語の理解にも寄与し、ラテン語を学ぶことがその言葉が示している内容、中身の理解に進むような工夫を考えました。そこで作られたのが『開かれた言語の扉』です。この題名はコメニウスの独創ではなく、当時それなりに知られていた本の題名を借用したのですが、一六三一年にレシュノで発行されるとすぐに評判になり、ヨーロッパ各国に広がりました。（当時のことだから版権などはなかったのでしょう。）

この『扉』は百項目にまとめられた千の文章で構成されており、何といっても内容がおもしろいのです。「学ぶとはどういうことでしょう」「学ぶのはむずかしくありません」という導入から始まって、世界の創造について、火とは何か、水とは何か、石、岩、砂はどう違うか、そのような説明文が続きます。動植物の名称、人間の体の部分の名称、世の中にみられる様々な職業の解説、家屋の構造、社会慣習、そのような内容の説明ができます。「子供の遊び」とか「平和と戦争」などという項目もあります。要するに、「言語の扉」といいつつ、あらゆる分野の基礎的な知識が千の文章に凝縮されているのです。これに文法書と辞典（単語帳）が付いています。コメニウスはさらにもう少し内容を簡単にして『言語の前庭』を、また逆に少し内容を難しくして『言語の広間』を出版し、何度も精力的に改訂版を作っています。

この『言語の扉』に、コメニウスはさらに二つの工夫を加えました。一つは、教科書をただ読むのではなく、劇の台詞として構成し、子どもたちに役割を与えて演じさせるのです。それが『Schola Ludus 遊びの学校（演劇の学校）』です。英語の play には遊び、ゲーム、演奏、競技、演劇、といろんな意味がありますが、ラテン語の ludus も遊び、劇、学校などのいろんな意味をもつ単語です。

もう一つの工夫は、文章だけでなく挿し絵を入れることでした。その着想自体はコメニウスの独創というわけではなかったのですが、コメニウスのすごい所は粘り強く自分で実現させてしまうことです。これは一六五八年に『世界図絵』として実現し、『扉』の名声がかすんでしまうほどの評判となりました。このように、教科書作成にかけるコメニウスのエネルギーは大変なものでした。日本語訳が平凡社からでているのでぜひ読んでください。また井ノ口淳三著『コメニウス教育学の研究』（ミネルヴァ書房、1998）はこの間の事情を知るのに役立ちます。

## 7　幼児の子育て

三番目の課題、幼児の子育てについて、コメニウスは『母親学校の指針』という題で就学前の子育ての要点を書きました。今でいう育児書です。幼児期がいかに大切かを力説し、「子どもを抱っこして散歩に出て、ほら、牛がいるよ、あれは鳥だよ、猫がいるねえ、などと話しかけましょう」と具体的な指針が満載です。これも最初はチェコ語で書き、ドイツ語に翻訳して一六三三年にレシュノで出版しました。ポーランド語版も執筆したようです。そして先に述べた『大教授学』といっしょに一六五七年に今度はラテン語で『幼児学校』の題で再版しました。『母親学校の指針』の日本語訳は藤田輝夫によって玉川大学出版部から出版されましたが、残念ながら絶版になっています。

読み書きは人間にとってもっとも基本的な文化です。そして読み書き能力は放っておいて自然に身につくものではありません。教育が、特に学校教育が必要です。ところでそれ以前の育児（授乳や離乳食、健康や運動、睡眠、衣服などの世話です）は実はまったく放任されていることが多かったのです。「親はなくても子は育つ」のでしょうか。貴族や金持ちは子どもが生まれると乳母や子守を雇います。特に大金持ちでなくても、家の中に両親以外の子どもの世話係がいるのが普通でした。洋の東西を問いません。夏目漱石の「坊ちゃん」は清（キヨ）に育てられていますね。教育者として名高いペスタロッチはけっして裕福な家庭だったわけではないのですがバーバラという家政婦に育てられています。コメニウスも乳母を雇うことを否定してはいませんが、基本は両親による子育てだと力説しています。（現代日本でも子育てに参加している父親の比重はとても低いそうです。）

話は少し脱線しますが、訳者はこの翻訳でコメニウスが「家庭教育」や「幼児教育」を重視したという表現を意識的に避けました。もちろん「家庭教育」や「幼児教育」という日本語が悪いわけではないのですが、それらの言葉で、幼児のうちに家庭で学校教育の準備のような「早教育」や「習い事」を連想するのを避けたかったからです。コメニウスの後の時代のルソーやフレーベルなど、「幼児教育」を重視した人々は、幼児の遊びや運動を何よりも大切に考え、いわゆる「勉強」を早期に始めることに反対しています。そこで訳者は幼児については「教育」という言葉よりは「子育て」あるいは「育児」という言葉をできるだけ使うことにしました。

## 8　日常活動

ポーランドのレシュノで暮らしていたコメニウスは、教育以外にも様々な活動で多忙でした。特に一六三二年に監督に選ばれてからは、レシュノの町当局との調整や、疫病が流行した時の対策などに追われています。レシュノ以外にあちこちに散らばってしまった仲間と連絡を取り合い、資金を援助する活動はたいへん苦労の多いものでした。また兄弟教団の歴史を書き上げ、自分たちの境遇が忘れ去られないように努力しています。何とか希望をつなごうと様々な予言者のことばを集めた予言集の出版にも力を入れています。今から考えると予言集など非科学的なと一笑に付されるところでしょうが、どうやらコメニウスは本気だったようです。それがまた当時からコメニウスの反対者を作る要因にもなっていたのでした。

## 9　イギリスに渡る

さて、コメニウスに大きな転機が訪れたのは五十歳を迎えようという頃でした。イギリスのハートリブとの文通が始まったのです。コメニウスが書いた『扉』を、単に子ども用の教科書にとどまらせるのではなく、大人が読んでもためになる百科事典として発展させられないかと考えたグループからの誘いでした。彼らはベーコンが構想した学問論の具体化をコメニウスに要請したのです。何度かの文通でコメニウスが書き送った構想を、ハートリブは『コメニウスの意図の序幕』という題で本人に無断でロンドンで出版し、イギリスにぜひ来るようにと迫りました。コメニウス自身もその構想に興味をもったのはもちろんですが、何よりも自分たちの教団員のためにまとまった援助金が得られるかもしれないという期待が大きかったのです。その構想はギリシャ語でパンソフィア（Pansophia　普遍的知恵）と名づけられました。（ギリシャ語の発音ではパンソピアなのですが慣例にしたがってパンソフィアと記します。）知識を人々に普及することによって世の中を良くしていこうという発想は、その後十八世紀の百科全書派に引き継がれる構想です。

一六四一年、コメニウスは思い切ってロンドンに渡りました。支持者が予想以上に多いことに喜びもし、当時のヨーロッパの最先進国だったイギリスの文物、習慣にも大いに刺激を受けました。レシュノの亡命生活よりもずっと恵まれた条件の下で研究を続けようとした矢先、いわゆるピューリタン革命へと発展する内乱が起こり、ロンドンに滞在しても見込みがないように思われました。

## 10　スウェーデンへ

その時オランダの大商人デ・ヘールがスウェーデン行きを斡旋してくれたのです。コメニウスからすれば、細かい宗教上の違いはあるにせよ、イギリスもスウェーデンも反カトリック陣営として自分たちの祖国解放を後押ししてくれそうに思えたのでした。そんな理由で？そうなんです。だってコメニウスの仲間たちは、故郷を追われ異国で厳しい生活を余儀なくされているのです。コメニウスは責任者の一人なのです。そこでコメニウスはスウェーデン王室に雇われて学校の改革と教科書の作成を任されました。この時オランダでデカルトと会談しています。その間の事情は相馬伸一著『教育思想とデカルト哲学　ハートリブ・サークル　知の連関』（ミネルヴァ書房、2001）に詳しく述べられています。

スウェーデンの対岸にある現在はポーランド領のエルブロンクに居住地を与えられて仕事を開始しました。ここでコメニウスは『言語の最新の方法』というまとまった本を完成させたのですが、スウェーデン王室との関係はそれほど快適なものではなかったようです。契約が終わってコメニウスはレシュノに戻りました。

## 11　ハンガリーへ

レシュノに戻ったコメニウスは今度はハンガリーに行くことになりました。シャロシュ・パタクの領主ラコーチ公爵から学校の改革を依頼されたのです。コメニウスが赴いたのは、またしても政治的な動機、すなわちラコーチがカトリック陣営に対抗する勢力の中心になってくれるのではないかという期待からでした。コメニウスは当地の学校用の教科書類を仕上げ、かねてから構想していた『扉』の劇シナリオを書き上げ『遊びの学校』の上演にまでこぎつけました。教科書類もたくさん書きました。しかしここでも政治情勢はコメニウスが期待した通りには好転せず、結局レシュノに戻ることになります。

## 12　新たな構想

この前後から、コメニウスは自己の構想を大きく広げ始めました。最初は混乱に満ちたこの世界を糾弾することから始めたコメニウスは、次に教育によって世の中を良くしていこうと考えました。それはやがて、世界中の人々に知識を普及することによって平和を確立していこうというパンソフィアの構想へと発展します。さらにコメニウスは、教育や学問の改革のみならず、宗教や政治の改革に直接踏み込まなければいけないという考えを強めていったのです。すでに一六四〇年代には全七部構成の大著の構想を友人たちに書き送っており、それにはConsultatioという題名が付けられました。学問の改革や教育の改革は、その大きな改革の部分です。

Consultatio（現代英語ではコンサルタントですが）には多様な意味が含まれておりなかなか日本語に訳しにくいのです。これまでいろんな研究者が勧告、審議、提言などと訳してみたのですが、「皆で集まって相談しよう」という趣旨なので、最近はやりの「熟議」はどうでしょうか。

『熟議』という七部構成の各部のタイトルには「パン」という接頭辞が付いています。従来「汎」と訳されてきたのですが、コメニウスにとっても外国語のギリシャ語ですので、この翻訳ではカタカナで「パン」と表記しました。

第一部パンエゲルシアでは、学問や宗教や政治の現状を批判し、第二部パンアウギアで改善の可能性を提示します。キーワードは「光」です。ちなみに十八世紀の啓蒙思想もキーワードは「光」です。第三に学問体系の改善であるパンソフィアが、第四に教育を論じるパンパイデイアが続きます。第五部はパングロッティア、言語の改革です。ラテン語をいかに上手に習得するかというものではなく、新しい共通言語を創造するという試みです。第六のパンオルトシアは学問と教育それに宗教と政治を総合的に改善するための世界会議の設立の提案であり、最後にパンヌテシアという題の祈りと励ましの部がまとめとして付き、さらに付録として辞典が添えられます。そのような構想でした。

## 13　世界共通語の構想

第五部のパングロッティアについて少し補足しておきます。これまで説明してきたことでお気づきかもしれませんが、コメニウスはいろんな著作をチェコ語で書き、ドイツ語やポーランド語でも書き、世界の学者に訴えるためにはラテン語で書き直しました。学校ではラテン語の学習が不可欠でした。しかしラテン語が共通語という地位はゆらぎはじめていたのです。

例えばベーコンです。『学問の進歩』という野心的な本を英語で書きました。『ニューアトランティス』という未来予想図も英語で書いています。とはいえ主要著書はラテン語で公刊しています。デカルトはあの有名な『方法序説』をフランス語で書き、ラテン語偏重を批判しました。もっともその後に学者向けに書いた本はラテン語ですが。ニュートンの歴史的書『自然哲学の数学的諸原理』（1687）はラテン語で書かれていますが、この頃にはラテン語で書く人は少なくなっていました。でも各人がそれぞれの言語で書いたり話したりしたらなかなか大変だ、それなら新しい簡単な共通言語を作った方がよい、コメニウスはそう考えたのです。自分たちの国の言語を無くしてしまうのは伝統や文化を失うことになってしまうからそれは困る。各人が多数の言語を学ぶのは大変だ。それなら自国語と共通語の二種類だけを学んだら良いのではないか、その共通語はラテン語のように複雑な文法で構成されているのではなく、すぐ学べる単純なものでなければならない、そのように考えたのです。この構想は十九世紀末になってポーランド人のザメンコフによって「エスペラント語」として実現しました。（ザメンコフがコメニウスを知っていたという証拠はないようです。）しかし現実に普及しているのは英語です（デファクト・スタンダード）。これで果たしてよいのかどうか…。

## 14　アムステルダムへ

ヨーロッパの主要国を巻き込んだ三十年戦争は一六四八年のウエストファリア条約で終わりを告げたのですが、コメニウスたちの祖国帰還はかないませんでした。それだけではありません、一六五六年にポーランドとスウェーデンの対立でレシュノが焼き打ちにあい、コメニウスは全財産を、つまり蔵書や大量の手稿などを失ったのです。最終的な決断としてスウェーデン時代に資金援助者であったオランダの大商人デ・ヘールの世話になることにしてアムステルダムに赴きました。

ようやく生活が落ち着いたコメニウスは、まず自分がこれまで執筆し出版したもの、未公刊のもの、消失したものなどを整理して『教授学全集』を出版しました。デ・ヘールに出版してもらったという方が正確でしょう。『大教授学』はこのとき初めて公刊されたのです。翌一六五八年、『扉』に挿し絵を入れた『世界図絵』をニュルンベルクで出版しました。挿し絵を入れてくれる出版社がようやく見つかったのです。

アムステルダム時代の約十四年間も、コメニウスは平穏な日常で研究に打ち込んでいたわけではありませんでした。

兄弟教団の監督として、各地に放浪している教団員との連絡、資金援助がもっとも重要な日常活動でした。改めて教団の歴史を書いたり、予言集を出版したりもしました。期待をかけていたイギリスとオランダが戦争を始めると和平交渉が行なわれたブレダまで出かけ、『平和の天使』というパンフレットを執筆したりもしたのです（歴史上英蘭戦争として知られ一六五二年、一六六五年、一六六八年の三次に渡るが、コメニウスが直面したのは第二次英蘭戦争）。

『教授学全集』の出版後も執筆活動は旺盛で、一六六二年にロンドンで学会（Royal Society in London）が設立されたというニュースを知ると、イギリス時代に執筆しそのままになっていた『光の道』を出版（1668）、また同年遺書ともいえる『必須の一事』を出版しました。一六六九年にはマレジウスという人物への批判に応えた『兄弟の警告の継続』という冊子を出版しています。この中にこれまでの自分の研究の動機や経過が詳しく述べられており、一種の伝記として貴重な作品となっています。

## 15　遺稿の運命

一六七〇年十一月、コメニウスは七十八歳の生涯を終えました。手元には膨大な量の『熟議』が残されました。イギリスを離れた頃から書き始め、かなりの骨格ができあがったところで、一六五六年にレシュノですべて焼失してしまったライフワークです。アムステルダムに移ってからは日常活動やその他の研究の合間をぬって再生、補筆に努めてきました。すでに序文と第一部のパンエゲルシアと第二部のパンアウギアは一六六二年に若干部が印刷されていました。第三部のパンソフィアは、序文と全八章構成の概要がつけられているものの本文はかなり欠落が目立ちます。第四部のパンパイデイアは、まだ小見出しが付けられておらず、節番号が多少混乱しているものの、ほとんど完成しているといってよいでしょう。第五部のパングロッティア、第六部のパンオルトシア、第七部のパンヌテシアは、いつ印刷に出してもよい状態でした。付録の辞典はもう少し加筆しなければならないでしょう。

結局コメニウスの『熟議』は日の目を見ませんでした。最大の資金援助者だったデ・ヘールが息子の代になっており出版資金の補助が見込めなかったかもしれません。五十過ぎにもうけた息子のダニエルはあまりあてになりませんでした。昔からの弟子で娘婿のフィグルスが後継者としてもっとも期待されていたのですが、不幸なことにコメニウスの一年前に亡くなっていました。弟子たちの努力が足りなかったというのは酷でしょう。例えばニグリンは、コメニウスが『言語の扉』のセットとして構想しやがてパンソフィアの骨格を占めることになる『事物の扉』を一六八一年に出版しているのですから。

コメニウスの死後も『世界図絵』は何度も出版され続けました。その間の事情は井ノ口淳三著『コメニウスの教育学』をご覧ください。『大教授学』や『母親学校の指針』もしばしば出版されて、教育者としてのコメニウスの名声は失われることはありませんでした。しかし『熟議』という壮大なスケールを構想していたという側面は伝わらなかったのです。兄弟教団のための資金援助に奔走したり、予言集を何度も出版したりした面は、その後にマイナス評価となりました。例えばフランスで一六九六年に出版されたピエール・ベールの『歴史批評辞典（Dictionnaire historique et critique）』ではコメニウスはマイナス評価しか受けていません。

## 16　発見された遺稿

『熟議』が発見されたのは一九三五年、ドイツのハレのフランケ孤児院の書庫でした。フランケ（1663-1727）は、いわゆるドイツ敬虔主義運動の中心人物で、貧民学校や孤児院を設立したことで知られています。とにかくそこに預けられていたのでした。ディミトリ・チジェフスキ Dmitrij Tschižweskij がその重要性にすぐ気づき、発見を学会誌に公表しました。しかしまたしても妨げとなったのは戦争です。第二次大戦が終わってからしばらくして『熟議』は当時のチェコスロバキアに送られ、解読作業が始められました。一九四八年にパンパイデイアが、一九五〇年にはパンオルトシアがチェコ語に翻訳されました。発見者のチジェフスキはドイツの教育学者ガイスラーとシャラーの協力を得て、第四部のパンパイデイアをラテン語原文にドイツ語訳を付けて出版しました。そこでコメニウスの新たな側面がようやく明らかになったわけです。全体が印刷出版されたのは一九六六年のことでした。その後のコメニウス研究はこの『熟議』を抜きにしては語れなくなりました。

## 17　パンパイデイアの特徴　すべての人に

『熟議』全体の解説は東信堂から出版予定ですので、ここでは『パンパイデイア』についてだけ、特徴を紹介しましょう。

コメニウスの『パンパイデイア』は何が新しいのでしょう。最初に登場する「Omnes, Omnia, Omnino すべての人に、すべての事を、すべての面にわたって」教えるのがコメニウスの基本思想です。「すべての面にわたって」というのは現代風にいえば教育方法論と教師論です。ここでは「すべての人」と「すべての事」について少し説明しておきます。

コメニウスの前にも後にも、「すべての人」を対象にした教育を主張した人物は（おそらく十九世紀まで）いないと断言してよいでしょう。

ヨーロッパの中世でもっとも有名な教育論はクインティリアヌスの『弁論家の教育』でした。紀元九十五年頃執筆されたこの本は、その後「これにとって代わる作品は現れなかった」（グウィン『キケロからクィンティリアヌスまでのローマ教育』邦題は『古典ヒューマニズムの形成』）といわれています。弁論家とは、今で言えば議員や弁護士など、演説で世の中を動かしていくリーダーです。クィンティリアヌスの教育論は、演説のテクニックを教えるだけではなく、演説のためには幅広い教養をもたなければならず、そのためには小さい時からの教育が必要だと強調しているので、教育論として広く受け入れられたのでした。

ルネサンス期の教育論といえばエラスムスとビベスの著作が有名であり、両者ともクインティリアヌスの強い影響を受けています。コメニウスの後に教育論を書いた著名人といえば、何といってもジョン・ロックとルソーが有名です。しかしどれをとりあげても恵まれた上流階級の子ども(それも男子)を対象とした教育論でした。一般庶民を扱った教育論は存在していなかったのです。

コメニウスはすべての人がひとりも無視されることなく学校教育を受けねばならないと主張しています。『大教授学』では「貴族の子どもも身分の低い者の子どもも、金持の子どもも貧乏な子どもも、男の子も女の子も」と主張し、特に女子の教育の必要性と才能の劣った子の可能性を強調しています。

『パンパイデイア』ではその主張はさらに徹底しています。『大教授学』は扱う範囲をキリスト教徒に限定していたのですが『パンパイデイア』では「全人類」に拡張しています。コメニウスは世界の諸民族の中には教育がまったく存在しないあるいは一部しか存在しない民族があることを指摘し、野蛮人にも教育が必要、全人類の教育が必要だというのです。そして「目の見えない者、耳が聞こえない者、愚かな者」こそいっそうの補助が必要だとも述べています。これをあまりに非現実的と一笑に付すのか、それとも先進的と捉えるのか、どちらでしょうか。

## 18　すべての事を

コメニウスは、すでに述べたように若い時から百科全書的な志向を持っていました。そしてパンソフィアという名の下に世界に存在するあらゆる知識を体系化する努力を続けていました。それは好奇心からではなく、すべての人が賢くなれば世界の対立が取除かれるという信念に基づいています。そしてパンソフィアは雑多で膨大な量の知識の寄せ集めではなく、一冊の小冊子に収まる量だというのです。『熟議』の第三部『パンソフィア』ではそう述べています。研究が進めば大事な真理は少数の簡略化された公式にまとまるからというのがその根拠です。それを実現させようとコメニウスは死の直前まで努力を続けたのですが、とうとう果たせませんでした。コメニウスが現代にやってきたら、膨大な量の情報が小さなスマホに収まっていて、しかも人々が情報に振り回されている状況をどう評するでしょうか。

さて、当時も今も読書は大事です。十六世紀のビベスは「すべてのことは書物から知られねばならない」と述べて、どんな本(ほとんどが古代ローマのものです)を読んだらいいかを詳しく解説しています。エラスムスも古代ギリシャと古代ローマの古典に自ら親しみ、古典の読書を強く勧めています（もっとも彼はそれよりも聖書を読むことを優先させていますが)。

コメニウスもおそらく読書家だったのでしょう、『パンパイデイア』の中には古典からの引用だけではなく今はほとんど忘れ去られているような当時の著作家の様々な本からの引用が目立ちます。しかし『パンパイデイア』で勧めている読書は変わっています。まず「世界という書物」を読みなさいというのです。私たちの周囲に広がっているこの世界から学ぶのです。デカルトが『方法序説』で、学園ですべてを学び終わった後で「世界という書物」を読むために旅に出たと書いていることを彷彿させます。（もっともコメニウスがデカルトの文章に触発されたかどうかは定かではありません。）そして次に読むべき書物は自らの心の中です。人間には善くなりたいという自然の欲求が内在しており、それを伸ばせばよいのです。そのような内在的というか生得的というか、願望をコメニウスは十二種列挙しています。まず人間は、この世に誕生した以上、生き続けたい、存在したいという願望をもっています。命を大切にすること、そしてこの世の生命は、あの世でも神とともに生き続けることをしっかりと教えることが大事です。次に健康に生きること。そのためには適度の食事や睡眠、運動などの大切さを教える必要があります。そして人間であるからには物事を「知る」こと、単に知るだけでなく深く「理解」すること、そして理解したことを実生活に「活用・応用」することができなければなりません。人間は社会的な存在なのだから、社会のルールを尊重し、周囲の人々から尊重される存在になるにはどうしたら良いかを教え学ぶことが必要です。最後に必要なのは神を敬うことです。牧師であるコメニウスにとって、常に神をうやまい、聖書を繙くことが何よりも大事でした。

## 19　生涯教育の構想

コメニウスが構想している学校は八つです。誕生前から、つまり男女が結婚して子どもをもうける時から教育が始まります。そして死ぬまで教育は続きます。その過程がすべて、建物や教師がいるいないにかかわらず学校です。胎教から始まって、どうやって死を向かえるか、昔も今も、いや少子高齢の現代社会こそ、重要な課題といえましょう。最後の「死の学校」はとても短く、おそらくコメニウスにはもっと書きたいと思ったことがあったのでしょう。パンソフィアの対応表と共に、八つの学校の対応表が付いています。訳者が試みに補ってみます。

「人間はいつどこで誕生するか、誰も分からない。またいつどこでどのような状態で死を迎えるのか、これも分からない。神のみぞ知る、だ。生と死を人間がコントロールできるなどと思い上がらずに、逆に投げやりになることなく、生と死のあいだを精一杯生きることが人間に課せられた使命なのだ。だから誕生期の学校と死の学校は似ている。幼児は家庭で親の愛の下で育てられる。社会から引退した老人は、みなから敬われ孫に囲まれて家庭で余生を送る。まだ力が育っていない幼児ともう力が衰えている老人がいっしょに過ごすのはとてもバランスがよい。幼児期の学校と老年期の学校の課題は似ている。

児童は何でもどんどん吸収しつつ学び育つ。児童が元気な社会は活力がある。実際に社会を動かすのは、学校を卒業し仕事を始めた壮年だ。児童と壮年の笑顔と歓声が至る所にあふれている社会は健全だ。

青年と若者は、もはや親の直接の世話がなくても生きていける。しかし実際に仕事につくにはまだまだやるべきことがある。人間はじっくりと時間をかけて長い青春時代を過ごすべきなのだ。」

## 20

凡例で述べたように、翻訳にあたっては、訳者が各章ごとに紹介文をつけ、節ごとに小見出しをつけてみました。少しでも読みやすくなっていれば幸いです。

また、コメニウスの全体構想を理解してもらうために、『熟議』の序文も掲載しました。

## コラム

コメニウスの生涯を描くにあたっては、Miloš V. Kratochvíl, Život Jana Amose (Praha, 1975) と藤田輝夫「コメニウス小史 (1) ～ (6)」(『日本のコメニウス』2005-2010) を主に参考にした。

- 出身地はモラビアの小都市ウヘルスキーブロトとされ、そこには立派な「コメニウス博物館」が建っており、すぐ近くに研究所が設置されて定期的に研究集会を開催し機関誌を発行している。しかし近隣のニヴニッツェという村が、コメニウスがヘルボルンに留学した時に「ニヴニッツのヤン・アモス」と署名していたことを根拠に出身地を主張しており、さらにコムニャという村が、コメンスキーという名はコムニャ出身という意味だと主張して、それぞれが記念碑と銅像を建てている。今となってはどこが本当の誕生地か不明だ。
- ボヘミア Bohemia はチェコのラテン語名。チェコは現地では Čechy カタカナで表記しようとすればチェヒなのだが、これもチェコが慣例だろう。モラヴィアは現地では Morava でありラテン語名は Moravia だ。Čechy の東側が Morava なのだが、Čechy は Morava 以外の西側だけをさす場合と、Morava を含む全体を指す場合がある。ちょうど「福島」というと福島県全体を指すのと福島市だけを指すのと両方の意味があるのと同じような用法だと思っていただければよい。だからラテン語で一貫させてボヘミアのモラヴィア地方のコメニウスとするか、あるいはチェコのモラバのコメンスキーとするかなのだが、慣例を優先するとチェコのモラヴィアのコメニウスということになろうか。
- コメニウスの家は現地の小さな小さな宗教団体の信者であった。コメニウスはその教団の世話になり牧師となりやがて監督になる。監督とはカトリックの司教、イギリス教会の主教に相当する、プロテスタント教会の指導者の役職である。教団名は現地の言葉では Jednota bratrská という。Jednota は英語の Union にあたり、bratrská は兄弟という意味で、兄弟教団または同胞団とも訳される。兄弟だから女は参加できないのかというとそんなことはなかった。自分たちの間では別に地名をつける必要はなかったのだが、外国人に説明する時はチェコ兄弟教団と名乗ったようである。なお、キリスト教関係の事典類をみると、現在のアメリカに「モラヴィア兄弟団」という宗教団体が存在するらしい。これはコメニウスの時代にチェコ兄弟教団が消滅した後、18 世紀にドイツのツィンツェンドルフ伯爵の下に作られた共同体であり、その後迫害を逃れてアメリカに渡った。だからコメニウスとつながりがないとは言えないが、直接の関係はなく、コメニウスがモラヴィア兄弟団の牧師だったと解説するのは不正確だと言えよう。

J. A. コメニウス

## 人間に関わる事柄の改善についての総合的熟議
## 第四部

# パンパイデイア

## 〔生涯にわたる教育の改善〕

ここで熟議されることは、
人間がもって生まれた才能の普遍的な教育[2]についてである。また、生涯にわたる仕事が、すべての年代を通して快く取り組まれて、一人一人の人間の精神が喜びの園になれるようにそれらの仕事が割り当てられることについてである。
さらに、このような事柄について実にすばらしく試みられた見本も示される。

雅歌（4-16）

北風よ、起きよ。南風よ、来たれ。私の園を吹き抜けて香りを振りまいておくれ。

キケロ

知恵の義務と任務は、人間の教育にある。〔『善と悪の究極について』4-36〕

モーセ

すべての民が預言するようにさせてくれるのは誰か。

主が、ご自分の霊をすべての民に授けてくれればよいのに。（民数記11-29）

神

それから、私はすべての肉に私の霊を注ぐだろう。（ヨエル書3-1）

キリスト

全世界に行き、私の命じたすべての事を守るように、すべての民に教えよ。（マルコ16-15、マタイ28-19）

使徒

私たちは、栄光の希望であるキリストを知らせている。すべての人間がイエス・キリストにおいて完全な者となるように、すべての人間に知恵を尽くして教えている。（コロサイ1-27、28）

兄弟たち、私たちをみならう者となるのだ。（フィリピ3-17）

# パンパイデイアの序文

## 一

キケロ[3]が「知恵の任務は人間の教育にある」と正しくも述べたとすれば、「神がご自分の霊をすべての民に授けて下さるように」という神の人モーセの祈願が神聖なものだったとすれば、「すべての肉の上にご自身の霊をいつか注いで下さる」というもっとも神聖な神の約束が慰めになるとすれば、「すべての民に私の命じたすべての事を教えるように」というキリストの命令にいつかは正しく従うべきであるとすれば、そして「すべての人間がキリストにおいて完全な者になるように、すべての人間に知恵を尽くして教える」という聖なる使徒の熱意をみならうとすれば、その任務に、その祈願に、その希望に、その命令に、その熱意に、私たちの時代は近づいており、方法が見いだせると希望がわく。その方法とは、ちょうど物事が光の力で秩序正しく置かれるように、精神が秩序の力で物事に従うようなものである。すべての事柄は相互に秩序立てられ、真理の永遠の法則に結びついている（それはパンソフィア〔普遍的知恵〕[4]で見た通りである）。それと同じく人間自身も、事物のこの光、秩序、真理にかかわることができるだろう。そうして誰もが自分の中で、また皆が相互に、同じ調和へとほんとうに戻ることだろう。

## 二

それはいわば人間の精神の再建といえよう。その精神は、自分の特権としてさまざまな事柄について思索し管理する者、主人として作られているのだが、そのようなことを達成するために、神がかつて行い今も行っている偉大な御業とその御業の優美さを、目撃する証人がいないということのないようにしよう。またその証人に目や舌や手がないということがないように、さらに、この世界のどんな市民も、自分の特権に無知であったり特典を享受せずにいて獣といっしょの生活を送ることのないようにしよう。

## 三

すべての人間に教育を与えること、それも普遍的な教育、堅実な教育を与え、新しい人間へと、神の真の似姿[5]へと本当に改造すること、この実現は困難に思えるかもしれない。しかし、望まれていることは素晴らしいのだから、いくら試してみてもすべて無駄だったということがはっきりしない限り、不可能という想像を抱くべきではない。

## 四

そこで、何よりもまず私たちの間で願望の目的を確定しておこう。つまり、私たちがここで提案していることが何なのかを明々白々にし、すべての人の間で誰からも異論のないように、次のように同意が得られるようにするのだ。私たちが勧めようとしていることはまさに願望に値することであり、神から豊かに授かった手段で取りかかろうと望めば、可能性の道がないわけではない、授かったその手段の使用法を知るならば、容易であるという好ましい根拠もないわけではない、と。

## 五

来たまえ。かくも重大な仕事の入口にあって、これらの事柄について熟議しようではないか。それらが素晴らしく、可能であり、容易でありまた好ましいことであると了解できたなら、私たちはもう企てに取りかかっているのだし、さらにいっそう勇敢に取り組むべきではないか。

## 六

永遠の知恵であるあなた[6]、あなたはこの地上で遊んでおられ、あなたの喜びは人間の息子と共にあります。それをあなたと共にある私たちの喜びでもあるようにさせてください。私たちに道をもっと広げて、それによって私たちがあなたの遊びをもっとよく理解できるようになり、私たちの間でさらに熱心に押し進めるようにし、私たちもあなたの前で力強く遊べるように、そして私たちの永遠の喜びであるあなたを楽しませるように、させてください。アーメン！

# 第一章

**パンパイデイアとはどういう意味か。**
**それはなぜ望ましいのか（第1節から第10節まで）。**
**すべての人間が教育され[7]、すべての事について教育され、すべての面にわたって教育されることが、どういう意味で望まれているのか（第11節から第15節まで）。**

**訳者による紹介**

大地は何もしなければ荒れ果てたままで雑草しか生えてきません。人間が手を加えてようやく作物が実り、住むことができます。人間も耕さなければ、つまり教育しなければ未開状態のままです。古代ギリシャでは、子どもの教育をパイデイアと称していました。この著作の題名にそのギリシャ語を使わせてもらいます。それにパンという言葉を付け加えます。パンとはすべて、全部という意味です。そこで、この本の題名はパンパイデイア、言い換えれば「普遍的教育」です。

これを三つのキーワードで「すべての人にすべての事をすべての面にわたって」と言い換えることもできます。

これからこの三語は何度も何度も繰り返されることでしょう。

かつては教育がまったく存在しない地域が広く存在していました。いや、過去形ではないですね。二一世紀の地球でも、そうではありませんか？ 教育が普及している地域はたしかにあります。でもそれは本当に人間のためになっている教育なのでしょうか。教育が存在しているとしても、一部の事しか教えられていなかったり、それが真理に基づかなかったり、すぐ忘れ去られてしまう無駄なことだったりすることが多いのです。

先に指摘した三語についてこれから順々に詳しく説明されるのですが、その際、いつも「必要、可能、容易」という三つの側面から説明していきます。

なぜ教育が必要なのか、二一世紀の皆さんには分かり切ったことなのかも知れませんが、四百年近く前の時代には、「教育（特に学校教育）は必要ない！」と言い切る人がたくさんいました。皆さんの周りにも、否定しないまでも「教育って必要なの？」と思う人がいらっしゃるのではないでしょうか。

ところで私たちにはたくさんの希望、欲望があります。でも大部分は実現せず、夢に終わってしまいます。ですから、教育がほんとうに必要だと納得してもらえたら、実現が可能だということも合わせて証明しなければなりません。皆さんの周りでも「その必要性はわかりますが、財政上の問題から不可能です」ということがたくさんあるのではないですか。

さてそれだけでは足りません。必要であり可能だとしても、とても労力がかかるというのであれば、そのうち可能だったものも不可能に落ちぶれてしまいます。誰からみても教育の実現は容易だ、簡単だ、と確信がもてるようになっていないといけないのです。それでは順番に説明に耳を傾けて下さい。

**〈パンパイデイアとはどういう意味か〉**

**一．**パンパイデイアとは、全人類の普遍的な教育のことである。パイデイアとはギリシャ語で教えること、諭すことを意味する[8]。人間はそのパイデイアによって未開状態から脱するのである[9]。一方、パンとはあまねくすべてという意味である。つまりここで探求されるのは「すべての人がすべての事をすべての面にわたって[10]」教えられるということである。

**〈教育が無・一部・すべて〉**

**二．**あまねく普遍的な教育という願いから、私たちは無・一部・すべてという分類の考察に思い至る。それは原型の中に見られるものであり、私たちの願望とその願望の根拠をよりいっそう明らかにさせてくれるはずだ。

**〈教育が無とは〉**

**三．**無とは、教育がまったくないということである。そのような状態は、恐ろしくも哀れなことに非常に野蛮な部族に観察される。そこでは人々は哀れにも獣のように生まれ、暮らし、死んでいく。

**〈一部に教育があるとは〉**

**四．**一部とは、教育がここかしこにいくらかあるということである。そのような状態はすでに、知識、技術、言語、その他の学問を有している、より洗練された民族に見いだされる。

**〈すべてに教育があるとは〉**

**五．**すべてとは、普遍的な教育のことといえよう。それは、神の似姿である人間が、天の下で最高に輝くことができるようにするのである。

〈すべての人に〉

六．この願望は、以下の三つに分けられる。まず第一に望まれていることは、完全な人間らしい存在へと完全に形成されること、それも誰か一人や少数者や多数者ではなく、すべての一人一人の人間が、老いも若きも、富者も貧者も、高貴な者も下賤の者も、男も女も、要するに人間に生まれた誰もがそのように形成されるべきであり、そうしていつの日か最後に、全人類がすべての年代、身分、性、民族にわたって教育された状態になることである。

〈すべての事を〉

七．第二に、何か一つの事柄や少数のあるいは多数の事柄ではなく、すべての事柄が教えられることが望まれている。一人一人の人間が正しく形成され、公正に教育されて、人間の自然の本質が完成されるような、そのようなことが望まれているのだ。つまり、真理を知って偽りに欺かれず、善を愛して悪に惑わされず、行うべきことを行い避けるべきことは受け入れない。またすべての事についてすべての人と、必要な限りにおいて賢く話して沈黙することがない。また事柄と人間と神といっしょに、無分別にならずに理性的に行動し、そうして自分の幸福の目的から迷うことがない。このような事に精通することが望まれている。

〈すべての面にわたって〉

八．そしてすべての面にわたって徹底的に教えられることが望まれている。それは見せびらかしや見せかけではなく真理に従ってということだ。すべての人間を神の似姿（人間はそのように作られているのだ）にできるかぎり近い存在へと引き戻すこと、いわばほんとうに理性的で知恵ある者、ほんとうに活動的で活発な者、ほんとうに上品で誠実な者、ほんとうに敬虔で聖なる者、そしてほんとうに幸福で祝福された者にすること、しかもこの世でも永遠のあの世でもそうなることが望まれている。

**〈すべての人に、すべての事を、すべての面にわたって〉**

**九．** ここまでを要約しよう。すべての人間が、真の知恵で照らされ、真の政治で秩序だてられ、真の宗教で神と結びついて、この世の自分の使命の目的から誰も逸脱できないようにするのだ。これはすべての人が次のように学べば実現するだろう。

（1）目を見開いてすべての事柄に分け入り、必要なことで知らないことは何もないようにする。

（2）最善の事柄を選び、どこでも穏やかに行動することによって、すべてのことを楽しみ、欲しがるのは少しだけにする。

（3）最高善を見いだし、それから離れずそれのみに結びついて、祝福へと至る。

一言で言えば、永遠の来世[11]に向けて賢く、この世においては愚かでないように学ぶということである。

**〈再度繰り返す〉**

**十．** そこで、これら三つの聞き慣れない問題について説得を試みたい。理解してもらいたいので繰り返すのだ。つまり、普遍的な教育を、（1）すべての人に、（2）すべての事について及ぼし、そうして（3）すべての面にわたって教育されるようにするということである。

**〈すべての人〉**

**十一．** すべての人、とは、民族、身分、家族、個人のいかんにかかわらず誰もが無視されないということだ。誰もが人間であり、来るべき来世の生活が同じであり、あの神の道に向けられているのに、その道には罠が仕掛けられていたりでこぼこで様々な障害が待ち受けていたりする。それだから、すべての人が用心深く忠告され教えられなければならなかった。人類から愚かさをできるだけ追放するように努めよう。「すべてが愚者であふれている」という賢者のあの嘆きがこれからは必要ないようにしよう。

**〔すべての事〕**

**十二**　すべての事、とは、人間を賢くかつ幸せにすることができるすべての事柄という意味である。ではそれはどういうことか。賢者ソロモンがもっとも賢い四種の小動物で説明している。

（1）将来の見通し。蟻の例で称賛されている（箴言30・25）。

（2）現在の慎重さ。兎のように、安全でなければ何事も行わない。

（3）強制なしの合意を求める努力。いなごの例で称賛されている（同27）。

（4）どんな些細なことでも、調和と体系性を基準にして行動する。これは他の動物には不要だとしても蜘蛛には必要である（同28）。

そこで、魂のこの普遍的な教育ということからすべての人間に次のことが求められる。

（1）来世の生活の知識を教えられ、願望をかきたてられ、その道を正しく導かれる。

（2）現世の生活における仕事が、すべての事柄が最大限安全であるように、慎重に枠の中に収まるよう教えられる。

（3）現在と永遠の旅路で、有害なことで対立しないように、また対立する人々を同意に引き戻せるように、合意の道を確立することを学ぶ。

（4）思考、会話、作業に熟練して、この三つができるかぎり最高に調和するようにする。

これら四つのことが実現すれば、死に定められた哀れな存在の人間は不幸に対する解毒剤を持つことになろう。ところが大部分の人は、来世を気にかけず、現世を危険にさらし、誰もが誰に対しても、また各人が自分自身に対して、考えること、話すこと、行動することで対立し、争い、一致せずにばらばらになり滅びているのだ。

〔すべての面にわたって〕

十三．すべての面にわたって、とは、真理に従ってということである。それによって各人は正しく形成され、迷いや危険な絶壁をさけて、まっすぐな道を進むことができる。

ところが今は、自分や事物の基礎に基づいている人はごく少数で、大多数の人は獣のような欲望や他人の何らかの見解に従っている。それらは互いにばらばらで現実からかけ離れているので、ためらったりよろめいたり倒れたりして最後は何もないということになってしまっている。

このような悪に対して治療薬にあたるものを探そうとするなら、次のようにする以外にはありえないだろう。つまり、誰かのやみくもの習慣や説得という鉛のような愚かさに従うのではなく、神の鋼鉄と事柄自体の規則に従い、どんな所でもしっかりと立ち、どこでも安全に歩む、そのようなことを、すべての人間がすべての面にわたって学び、知り、実行するということだ。

〔三度繰り返す〕

十四．私の願いを三度繰り返すことを許してほしい。望んでいることを完全にはっきりさせるためにお許し願いたい。私たちは、すべての人間が普遍的な知恵者になることを熱望している。それはこういうことだ。

（1）事物と思考と言葉の関連を理解できる人。

（2）自分と他人のあらゆる活動の目的、手段、行動の方法を理解できる人。

（3）様々に拡散し混乱している思考や言葉や活動において、本質的なことを偶然から区別し、どうでも良いことは有害なものから分けておき、そして思考、言葉、活動の、他人と自分の脱線に用心し、いつでもどこでも正しい道に戻すことを知っている人。

このように、すべての人が、すべての事についてすべての面にわたって教えられるならば、すべての人が知恵ある人になるであろう。そして世界には秩序と光と平和が満ちあふれるだろう。

### 〈パンパイデイアとパンソフィア〉

**十五．** さて、パンパイデイアをもっと詳細に定義することもできるだろう。つまり、パンパイデイアとは、人間の精神と言葉と活動を通して広がるパンソフィアの明かりの、平坦な道である。または、すべての人間の精神、舌、心、手によって移植される知恵の技巧である。そのことを考慮してこの『熟議』の表紙には園芸の技術の象徴図[12]を載せた。そこでは庭師が、神の庭園である人類を自然の若木でいっぱいにしようとしてパンソフィアの木から若枝を切り取って挿し木している。

# 第二章

## すべての人間が人間らしく教育されることが、いかに必要か（第1節から第14節まで）。
## また、いかに可能なことか（第14節から第20節まで）。
## また、いかに容易なことか（第21節から第30節まで）。

**訳者による紹介**

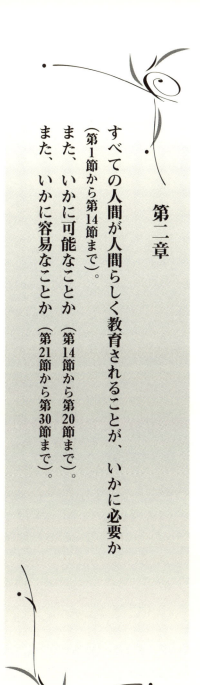

教育が必要だということに納得する人も「すべての人に」必要だという主張には反対します。二一世紀の皆さんの中にも首をかしげる人がいるのではないですか。教えたことがなかなか身に付かない覚えの悪い人、障がいのために教えるのが難しそうな人、習ったことが就職後に役立ちそうもない人、そのような人には教育は必要ない、と言いたくなりませんか。いわゆる発展途上国と称されている国々の人々や、マイノリティーといわれている人々は、いまだに教育の機会が制限されているのではないでしょうか。

すべての人に必要だということは、物理の法則のように科学的に決定しているものではありません。まずは、必要だ！と決意を固めて確信をもつことが大切です。教会の牧師だったコメニウスは、まず神様が私たち人間を作って下さったこと、だから私たちは命を粗末にしてはいけないし、誰もが神様の前で恥ずかしくないように立派に成長しなければならない、そう信じています。

それだけではありません。どんな生物も、自分だけではなく、自分たちの仲間を大切にする本能を備えています。人間も、自分の同類が教育を受けないまま悲惨な状態にいることには耐えられないのではありませんか。

すべてに人に教育が可能であるということは、科学的に証明することができますよ。人間は他の動物に比べて脳が異常に大きいのです。皆さんなら「無限の発達可能性」などと表現するかも知れませんね。昔からいわれていることは、人間は理性的な動物だということです。理性を働かせ、言葉を駆使することができる存在なのです。人間が持って生まれた能力を使わずに一生を終えてしまうほど情けないことはありません。

すべての人が知恵ある人となることは十分に可能なのにそれが可能性のままにとどまっていて実現しなかったのは、やり方がまずかったからです。教え方が適切であれば、だれもが容易に学ぶことができるのです。そのようなことについていくつかの項目に分けて説明されます。

**〔反対する者がいる〕**

一．もしも、ヨシュアよりもモーセのように、民の全員が預言するようにと望む人がたくさんいるなら、この問題を論じることは余計なことかもしれない。しかし、このモーセと同様の私の願望を表明すると、多くの反対者にでくわしたので、私は黙っていることができない。反対は、闇の中で支配し、民および世界を無知に留めて置くことを重視する明白な敵対者から表明された。彼らは、この提案を公然と非難し、このような無謀な企てからは新たな致命的な異端が生ずる可能性がある、と叫び始めた。しかしそれだけではない。真理と私とにもっとも友好的な人々の中にも反対者がいた。彼らは、かつてペトロがキリストにしたようにこうささやいた。「慎みなさい、笑い者になってしまうよ、秩序がすべて混乱してしまう、鋤の柄のような下に誰が留まるものか」と[13]。

**〔私の願いは正当である〕**

二．そこで、以下の三位一体の真理を、天に輝く太陽のように明らかに提示する必然性が私に課せられていると考える。

（1）私たちが神を熱烈に愛し（神はご自身のもっとも優美な似姿である人間を目の前で見るという栄光を求めているのだ）、キリストを誠実に敬愛し（キリストの国は光の国である）、人類（その大部分はこれまで深い闇に押し込められている）をほんとうに慈しむのであれば、ほんとうに誠実に真剣に、至る所の闇を撃退し、すべての人の精神に光が増大することを望んでいただきたい。

（2）この願いを実現するための十分な手段が、欠けてはいない。

**〔教育の必要性〕**

（3）勤勉に取り組むならば、この神聖なる企てを効果的に進める容易な方法がない訳ではない。

**三．**すべての人間の教育の必要性は、神にとっての、人間にとっての、そして事柄そのものにとっての重要性に注目すれば、明らかとなろう。神にとっては、人間についての神ご自身の目的を欺かないために重要である。人間にとっては、神との結びつき、つまり至福を失わないために重要である。事柄にとっては、人間に正しく適用されずに、つまり神の栄光に向かわず人間自身の救済に向かわずに、たえず虚無にさらされることがないようにするために重要である。以上三点の一つ一つについて簡潔に検討しよう。

**〔教育は神にとって必要〕**

**四．**神が人間を作った際の神ご自身の目的を追求することは望ましいことだ。その目的というのを、神ご自身が、人間の創造についての最初の思索のところで、ご自身の言葉でこう述べている。「人間を私たちの像、似姿に作ろう、獣と大地を管理させよう（創世記1 - 26）」と。そして、創造の時に「あなた方に大地を従わせよ、管理させよ（1 - 28）」とおっしゃったのだから、神がこの理性的な被造物[14]である人間を次のように作り出したのは明らかだ。

第一に、ご自身の外に似姿を作ってそれを楽しむようにした。第二に、下等の被造物の管理者を置くために作った。第三に、同じ人間が支配される、つまり自分たちが自分たちの支配者でありまた自分たちを統治することに精通しかつ統治できるようにした。すべてが神の知恵の栄光の下にあるように、すべてが賢明に配置された（箴言16 - 4）。そこで、ある人間が神に似なくなってしまえば（つまり神自身の被造物を楽しみ、被造物を管理させ、自分たち自身を治めることに無知で無能であるとすれば）、創造主の意図から外れて神の栄光を汚す者になってしまう。そうならないように、また神が人間についての目的、ご自身の栄光を忘れることのないようにすることは望ましく、またそう努めなければならない。

**〔教育は人間にとって必要〕**

五．人間にとって大切なことは、どんな人も人間の自然の本質を分けもっているのだから、この世界に導き入れられた自分の目標から逸脱しないようにすることである。どこかに出発するだけで到着しないのは虚しい。何かを求めても獲得しない、探しても見つからない、行動しても成し遂げない、欲しても手に入れない、これらはみな虚しい。そうだから、人間がこの世界に存在するのは何のためか、私たちがここに存在している理由はなぜかを知らず、行動せず、目的に到達しないのは無益なことだ。それなら生まれなかった方がましではないか。それだから、人は誰でも、生まれたならば生まれたことを最後になって後悔することのないようにすべきだ。だがそれはどのようにしたらよいのだろうか。

### 〔教育の必要性　1〕

六．まず第一に、獣のように生きるのではなく、理性の命令に従って生きるようにするならそれは実現するだろう。理性の明かりはすべての人に与えられている。しかしながら、すべての人が所有していても、教えられないと使い方は誰も分からないものだ。だから教えられないといけない。畑を所有していても耕さないなら、楽器をもっていても叩かないなら、愚かなことだ。同様に、目があっても見ない、耳があっても聞かない、足があっても歩かないのであればばかげている。だから、理性的な本質が理性を使うように耕されないなら何のためにあるのか。私たちは天賦の才能が備わった者（すべての人がそうなのだが）を無益にしておくのを望むのだろうか。住む人がいなくて土地が耕されずに放置されている、必要とする人がいないので耕す人がいない、というのとは話が別だ。というのは、土地は耕されたり放棄されたりして移り変わるのだが、それはただこの世だけの命である。ところが人間の魂は永遠の基礎であり、無視されれば永遠の損害となり、人間の救済の放棄、神の栄光の侮辱を被らずにはありえない。

**〔教育の必要性　2〕**

七．人間は、野獣のようにならなければそれでよいのではなく、できるかぎり知恵ある人となることが望ましい。最高に知恵ある存在である神の似姿としてすべての人が作られたのだから、像は原型に応ずるように努めなければならない。また「知恵ある者の多きは地上の救い（知恵6－24）」なのだから、今はすべてが愚かさで満ちていようとも、これからはすべてが知恵で満ちあふれ、すべての人が物事を正しく処理し、台無しにする人は誰もいない、という状態が実現しなければ、十分な救済は期待できない。

**〔教育の必要性　3〕**

八．第三に、どんな人間も非人間に堕落するのは望ましいことではないのだから、どんな人間も耕されないでいることは望ましいことではない。というのは、耕さなければ、人間は自然の力そのものによって、簡単に堕落してしまうのである。精神の認識する力は、よりどころとするほんとうの対象に関わらないと、自ら虚しいものを何でも勝手に捏造し、それによってひどい異常なやり方で愚弄されてしまうことすらあるのだ。また意欲する力は、健全に楽しめるほんとうの真と善に向けられないと、最悪の偽りにとらえられて、有益ではなく有害なことを楽しむようになり、わが身を滅ぼしてしまうのである。さらに実行の力は、あるべきことへ向けられなければ、不当なことへ結びついてしまう。それによって何の役にもたたずに消耗したり、さらに自分や他人に害を及ぼすようなことになってしまう。そこから、窃盗、殺人、その他のあらゆる悪が生じる。しかしそのような悪は、活動的な力全体が真で有用な物事に向き直れば、あたかも向こう側へ流れ去るように消え失せるものなのだ。とにかく、そのようなことにならないようにすることが重要である。

**〔誤りを除去しなければならない〕**

九．至る所で過ちを犯している唯一の原因は、精神の目が見えなくなっているからである。そのため人間は自己の目的や物事の目的を知らず、その目的に至る手段およびその手段を行使する正当な方法も知らない。だから、すべての人間が、（永遠の絶壁にたえず注意しつつ）すべての事柄について、正しく教えてもらうことがどうしても必要なのだ。たしかに、死ぬ定めの存在である人間が犯す誤りは思考、意志、活動のいずれにおいても、いつも単一の曲がった根から出ている。つまり、物事の目的、手段、方法が注目されていないのだ。特に、すべての事柄、とりわけ人間自身の目的に関わるべき究極の目的に注意が払われていない。主要な目標に注意が払われなければ、横からたまたまやって来た付随的な事柄に引きずられ、実にたやすく真の目的から疑似的目的に陥ってしまう。そういうことが何か他の事について認められれば有害だし、人間が自分自身の目的に注目せず目的から外れるなら、害ははるかに大きい。物は失われ、人間自身も消滅してしまうからだ。だから、人類全体を通して逸脱を食い止める、あるいは少なくも減少させるためには、次のことよりも有効なことは考えつかない。すべての人間がなぜこの世に存在しているのか、何のために一つ一つの事柄がいっしょに存在しているのか、それを考察し、理解し、それに応じて行動に取りかかる、ということを始めよう。

### 〈野蛮人にも教育が必要〉

十．さらに、ことのほか野蛮な民族でさえも明るく照らされ、その野蛮の暗闇から解放されうることは望ましいことだ。彼らも人類の一部であって、その全体に類似しているはずだからだ。また、何か一部が欠けていれば、完全性が完全性でなくなってしまう。さらにまた、全体よりも部分を好むということは、その部分がどんなに良いものであっても正しい判断ではないし良い意志が欠如している表れである。だから、愚行や悪意に与していると言われたくないなら、自分一人だけとか、自分とごくわずかの人とか、自国民だけとかいうのではなく、すべての人が良くあるように望むべきなのだ。肉体は、全部のかつ個々の器官が良くないと全体が良くあることはできない。どの器官も互いに結合しており、一つでも悪影響を受けるとそれが最小の場合でもすぐに感覚がすべてに浸透して、一つの病気の器官から別の器官が簡単に汚染されてしまう。人間社会の仕組みもこれと同じだ。人間は人間から、市民は市民から、国民は国民から、影響されるからだ。そしてすべての人が健全なら、共通の善に共通に関与できる。だが人間全体の本質がよくあるようにと真剣に望まない人は、人間全体の本質に不正を働いていることになる。個人の場合においても、健康が病気と、賢さが愚かさと、善が悪と、幸福が悲惨と、同居することを望むなら、その人は自分自身にとっての真剣な友ではないことになる。無事で、賢くて、善で、幸福であることを、他人について願わないなら、必然的にそうなってしまうのだ。

## 〔人間はみな同じ〕

十一．要するに、神が区別しなかったことに区別を設けるようなことは、誰も望むべきではない。神ご自身が配置したのと異なって物事を配置して、神自身よりも賢いと見られようとしてはいけない。また神は、人間の本質を構成している点について、人間の間になんらの区別もつけなかった。なぜならすべての人間は (1) 同じ血からつくられた（使徒17‐26）。ほら、材料はひとつだ。(2) 神の同じ像を分けもっている（創世記1‐26）。ほら、形はひとつだ。(3) 同じ建築士から作られた（同上）。ほら、作用はひとつだ。(4) 同じ永遠の相続人である（マタイ25‐34）。ほら、目的はひとつだ。(5) この世界の同じ学校に送られて、私たちすべての人間があの世の別の人生の準備をするように命じられている。ほら、すべてがひとつに結びついている。だから、私たち誰もが、すべての事への参加を許されないなどということがあるだろうか。私たちはそうやって再生されるにふさわしいのだ。私たちは皆神の劇場に送られているのに、まったく惨めで不当で不正なことに、すべての事柄を見る機会を果たしていない。また誰もが天に招かれているのに、天の道を教えられていない。すべての人のために作られた事柄を毎日目撃しているのに、それらが何であるのか、何のために存在し作られているのか、大部分の人はまるで知性のない役畜のように無知なのだ。

### 〔治療薬も同じ〕

**十二．**人間の本質に外から与えられたり生じたりする事について、神は私たちを区別しようとは望まなかった。同じ状況に対しては同じ治療薬が必要だと決めたのである。すべての人にとって、生まれそして死ぬという運命はたとえ途中が違って見えるとしても同じなのだ。運命の変転のある種の進行は同じなのである。平民、農民、乞食、野蛮人の境遇は貧しい。国王、諸侯、哲学者もそうだ。苦難に対する解毒剤を知らなければ、期待は良くとも結果は悪いということで生涯が過ぎてしまう。その解毒剤を手に入れることができるのは、真の知恵への熱意からなのではないか。自分あるいは自分の身内のためにそれを熱望しない人は、人間の共通の運命から自分と身内を除いている人だ。あるいは、あの時と永遠の不運に対して無防備のまま突撃し、無謀さを露呈し、軽率にも他人を自分と一緒に行動するよう強いている人だ。ああ、何と不幸なことか。失った自分の幸福の素晴らしさを知らず、陥った不幸の悲惨さを知らず、さらに、不幸から再び抜け出しあの幸福を回復する道を知らないとは。

### 〔教育は事柄の面からみても重要〕

**十三．**すべての人間が理性的な生活に向けて開発されることは、事柄そのものにとってもまた重要である。事柄からみても、知恵ある人の知恵ある統治下にある方がずっと良いからだ。つまり、良き庭師の下にある庭、巧みな技師の下にある技術、思慮深い父親の下にある家庭、賢い国王の下にある王国、卓越した将軍の下にある軍隊、これらは未熟な人の下にあるよりずっと良いのである。それと同じく、どんな事柄も、正当な使用法を知っていて、それを所有してそれを正しく使う人間の下にある方が良いのだ。ソロモンの次の言葉に注目しよう。「正しい人は自分の家畜の生命にさえ気を配る。だが邪悪な人は残忍だ（箴言12・9）」。ああ、何とまあ至る所ですべての事が、人間の邪悪さと未熟さによって不当に使用されるという残酷さにさらされていることか。使徒がこう証言し述べている。「被造物の世界が虚無に服し、ため息をつき、そしてかくも不当な隷属状態からの解放を望み、期待している（ローマ8・20）」と。被造物の願望と希望を実現させ、すべてをどこでももっと正しく前進させ、すべての被造物が私たちと共に神を賛える機会をもつことが特に望まれる（詩編148）。だから望まれていることというのは、すべての人が物事を正しく知り、理解し、物事を正しく使用し享受することを教えられるべきだということだ。これは、天賦の才能を開発しなければけっして実現しなかったし、これからもけっして実現しないだろう。

**〔教育は必要なだけでなく可能〕**

**十四．**このようにして普遍的な教育の必要性が、神、人間、事柄それぞれの観点から明らかになった。だが次のように言う人がいるかもしれない。「望まれていることが実現不可能だとしたら、そのような願望は無駄だ」と。ほんとうに不可能なら私も無駄だと認めるが、しかしそうは思わない。なぜなら、神が物事の目的を示しておきながらその目的実現のための手段を用意しておかないということは、賢明な神にはありえないからだ。ここで注目すべきことは、人間を人間らしく耕しうるすべての手段が、すべての人に与えられているということに私たちは気づくということだ。それはこういうことだ。

**〔人間の可能性〕**

**十五．**人間を自分の目的へ向かって前進させる手段のうちには、人間自身も含まれる。人間は、自分を完成させようと追求することが、もしそう望みさえすれば、可能なように作られているからだ。そしてまた、手段について正しく知らされてそれを知れば、完成を望むように作られている。けれども望まなければ、自分に罪がふりかかるだろう。

創造主は次のように言うかもしれない。「私は望んだのに、あなたが望まなかったのだ（マタイ23・37）」と。もしもアダムが、自分の立場をわきまえて創造主に従順でいたら、純粋で神聖で賢明で、物事と自分を統制できる神の似姿、聖書がいうところの神の栄光（コリント1・11・7）に留まっていたはずだった。ところがアダムが堕落して、神が無力に作ったわけではないのに人間は無力になってしまった。けれども、人間が不信仰と強情に留まらなかったら、神は人間を回復させることができるのだ（ローマ11・23）。

物事はどれも作られた目的に適した器官を受け取っており、構造が正しく分析されればその目的が明らかになるものだ。それと同じように人間も、各部分が正しく洞察され、自分に正しく示されれば、崇高で神的な自分の目的に気づくことが可能であり、目的を遵守するように定められることも可能なのだ。それはパンソフィアですでに見た通りである。

**〔人間は活動的だから教育可能〕**

**十六．**その上さらに、人間の本質は全体として活動的で、向けられたもの何にでも向かっていくものだから、教育されるのに適している。それは明らかだ。人間も活動しないではいられない自然の共通の一部なのだから、自然のあらゆる活動を見れば分かることだ。水は河床の斜面を下って流れる。しかし河床がなければ自分で流れを作って洪水を引き起こす。太陽の光線は鏡に当てると任意の方向へ反射する。鏡がないと、水に入り込んであちこちに反射するか、あるいは地面、森、建物、雲などへ拡散して明るさをまき散らす。どんな事についてもこの通りだ。

**〔教育の援助手段〕**

**十七．**また、神によってすべての人に授けられた援助手段も不足していない。人間を賢者にすることができる援助手段がすべての人に与えられている。神の書[15]と、神の書を読む器官である感覚、理性、信仰が備わっているのだ。

**〔世界という書物、精神という書物〕**

この世界という書物については、誰も疑わない。誰もが毎日目の前でその書物を繙いているのを皆が分かっている。精神という書物についても誰も疑わない。その書物を、すべての人というだけでなく賢者も愚者も一人一人が、昼も夜も読んでいる。

**〔啓示の書〕**

聖書に含まれる啓示の書については、疑いがありうるかもしれない。これはすべての人が所有しているわけではないからだ。また所有していてもすべての人が読んでいるわけではない。むしろこのような書の存在を知らない人が大部分だ。しかし、幼児の時からそこから遠ざけられる人がいないように（申命記31－12）と神が命じ、昼も夜もこの書を読みかつ思索する人が賛えられ（詩編1－2、使徒17－11）、それも幼児期から（テモテ2－3－15）そうであり、そして主が語ることを聞くように（詩編49－1、等々）とすべての民に対して奨励しているのだから、この書がすべての人に共通であるということを、世界の最後である今日、神が望んでいるということに、疑いはないはずだ。たとえ、偶像崇拝の狂気に陥り神を放棄した民に対して神が憤慨して一時的に神の律法を取り去った（詩編14－79）ことがかつてあったとしても、キリストを通じて世界と和解し、地上すべての（マタイ24－14）被造物界に（マルコ16－15）、世界全体にわたって救済の神秘を告げ知らせるように命じたのだ。また、地上全体が、いわば海が水で満たされるように、主の知識で満たされるようになる（イザヤ11－9）と約束している。それだから、世紀末の今こそ、この神の書がすべての人にとって共通のものとならねばならない。また神の書すべての使用法が、すべての人に教えられねばならない。そうしてそこから、疑わしい器官は何もない状態で、すべての人が知恵を汲み取るようになろう。

**〔感覚、理性、信仰〕**

つまりこういうことだ。すべての人に対して、世界が有しているものを何でも認識するための感覚が与えられている。人間の知恵が関係する帰結を何でも検討するための理性が与えられている。信仰に値すると証人が知らせていることを何でも受け入れるための信仰心が与えられている[16]、等々。このように、すべての人に援助手段があらかじめ十分に備わっているのだ。

**〔すべての国のすべての人に〕**

**十八．**どれかある一つの国民の中のすべての人、というだけではなく、世界全体のすべての人に、教育の道具が与えられている。私が言うのは、あらゆる対象物を感じ取る外部感覚と内部感覚、共通の観念と衝動と実行能力が十分に備わっている精神、感情の座であり最高善を欲求する心、これらのことである。また、すべてを伝えるための舌、同じことを同じように行うための手、そしてあらゆることを獲得するのに十分な、ゆっくりと進む青春の成長期間、等々。これらはどの民も異なることはない。

**〔個々人一人一人に〕**

**十九．**すべてがすべての国民に与えられているというだけでなく、一つ一つの個々の国民に与えられている。人間の自然はどこでも同一だからだ。どの人間の内部構造も、外部の身体構造と同様に単一である。一人の人間が存在し、所有し、欲求し、知り、できることは何でも、その他すべての人が同じように、存在し、所有し、欲求し、知り、できるのである。実にこのことをある詩人が謳っている。「君が一人を知れば皆を知ったことになる」と。

これを読んでいるあなたが誰であれ、あなた一人の見積もりから全人類を評価して見たまえ。あなたが欲求し、知り、分かると感じることは、その同じことを他人もでき、知り、欲求すると感じる。同じ器官を備えているからだ。それだから、もしもすべての人が同じ道を導かれれば、すべての人が同じところに導かれざるをえないだろう。たとえある人が他の人よりも早く手に入れたり、より正確に判断したり、より確実に保有したりすることがあったとしても、ほとんどはたまたま程度の差であり、何ら違いはないのである。じつに、才能や判断力や記憶力が鋭いとか鈍いとかいうことは、人間であるか人間でないかとかいうことには関係がない。進みが早いか遅いかというだけだ。

もしも誰かが「私たちは堕落している」と言うなら、こう答えよう。(1)私たちは新しいアダムによって修復されている。(2)私たちは、堕落を改善するように、私たちのために新田を耕すように、イバラの中に種を蒔かないようにと命じられている（エレミヤ4-3）。持って生まれた才能を耕すとはそのことを目指しているのだ。あなたが「遅い人もいる」と言うなら、こう答えよう。まったくのでくの坊などいない。才能が鈍い者は一般に体はしっかりしているものだから、労働に耐えるのには向いている。だから援助手段を見捨ててはならないのだ。

**〔正しく教えられれば〕**

**二十．** さらに言いたいことは、物事を正しく使用し悪用しないことを、人間が教わることができないということはありえないということだ。事物がそれぞれの状態に置かれているのが良いことであると教わり、その使用法が適切に示されて遂行するように教わるならば、そうなるであろう。パンソフィアでは、（そこでは、すべての人が教わることができるのだ）天上、地上、水中、空中、どこにあるものも、人間が直接間接に使用するように定められていないものは何もないということが示されている。それはパンソフィアの中の「自然の世界」[17]で明らかにされた。だが使用方法が正しく用いられなければ、その目的に仕えることはできない。物事そのものが自らを正しく適用することはできず、人間によって適用されるということは「技術の世界」で明らかにされた。すべての人が、それらのことを正しく尊重するように教えられるなら、この世界は忌まわしく憎むべき悪用から解放されることだろう。

**〔可能なだけでなく容易〕**

**二十一．**さて、次のことが明らかになった。すべての人を、例外なしに、人間らしい存在へと開発されるように説得するならば、説得を不可能にするものは何もない、と。だが、あることが可能だと言うだけでは十分ではないのだから（人は仕事が容易なことを求め、困難を不可能だとみなし、「美徳は困難を目指す」という言葉の意義を理解しない）、以下のことをはっきりと証明しよう。ここで説得しようと試みていることは、神から与えられた手段を正しく使用することを私たちが知り、欲するなら、人間の本質そのものによって、望ましいこと、可能なことは、たやすくかつ容易なことであるはずだ、と。これらの主張をいわば機械的な問題にして整理してみよう。

**問題1（自然の目的にしたがう）**

**二十二．**それぞれの事柄を、それぞれのものの目的に向けて配置する。人間についても同様。

これは技術を要しない。自然の傾向を妨げている妨害をただ取り除けばいいのである。例えば、丸いものを運動させたり、四角いものを静止させたり、重いものを落下させたりするのに、強制する必要はない。妨害を取り除けば自発的に急いでいく。だから人間の知性から、野獣のようにさせている闇を取り除きたまえ。人間の自然の崇高さを正しく感じ取り、すべてのものに優って卓越していると理解するようにさせるのだ。つまり事物を支配し、自分の指図で自分で行動し、神に輝かしくも似るようにすることだ。このようなことに対してもともと人間には野心があるということが分かるだろう。ここでは強制力はいらず、ただ思慮と聖なる統制が必要だということを、事柄そのものが示している。自分の内では自分を正当に治め、自分の外では物事を使用して役立て、自分の上では神へと至るまでに高める、そういうことを望まないほどの卑しい人間は誰もいない、一人もいない。また、与えられた方法で（それが自分を滅ぼし、最高の高みから深淵へ突き落とすようなもっとも悲惨な方法だとしても）試みようとしない人もいないだろう。この物事の容易さということについては、知恵の手引き以外に人間に足りないものは何もないのだ。

**問題２〔善を知り活用する〕**

**二十三．**人間を、自分の善に気づき、それを使用し役立てることになじむような所にまで向上させる。これは、楽園の学校を模倣すれば実現するだろう。神は人間に対して、楽園で全被造物の集団を調べるように示した。それは、自分に似ているものは何もないことを見いださせ、自分の善に匹敵するものは置かれていないと教え、自分の泉に向き直るようにする機会をもたせるためである。人間を最高に輝かせ、最高善を知り、それを楽しむ道は、物事の周辺から中へ、すべてが見えるいわば中心へと向き直ること、見えるものも見えないものもすべてが神に向かい、そして物事の究極の終点である神へと導かれること、これである。そのように導かれたなら、神のみがすべてに卓越し、すべてが神において存続し、すべての善が永続する泉であるということが分かるようになる。そうしていともたやすく神に（神の力で）捕らえられ、奪われ、飲み込まれる状態になり、神の意志であることを行い、受け入れることによって、自分は幸福だと判断し、ほんとうに幸福になるだろう。

**問題３〔理性を使用する〕**

**二十四．**理性的な被造物を、理性を使用するように開発すること、それは容易である。もしも、目の見えない人に太陽や色彩の美しさを示そう、耳の聞こえない人に音楽を教えよう、野生の動物におしゃべりを教えよう、などと試みる人がいれば、ばかなことをしていると言われてしまう。活動ができ、活動を知り、活動を欲する、そういう力が与えられていない人に活動させようとするようなものだ。しかし、人間が扱うことができるし扱いたいと欲している事柄に対して、すべての人間が扱えるようにと説得する人は、ばかげたことをしているわけではない。ただすべての人が知ればよいのだ。だから知るように教えよう。そうすれば、知り、欲し、できるようになるだろう。

**問題4（物事を正しく使用する）**

**二十五．**人間に、物事の正しい使用法を教える。

真の知恵と私たちの真の幸福とが、物事の真の知識、理解、使用にかかっているということはすでに明らかである。だからすべての人間が、物事を正しく知り、正しく理解することを教わるべきであり、そうすれば物事の正しい使用法を学ぶのも容易になる。そして失われた楽園が戻ってくる。そうして、広大な世界が神と私たちと事物にとっての楽しみの庭園になる。それを完全に知るのは永遠の未来においてだが、未完成でも、永遠の前庭、世界の終末において、望み、期待し、神の助けで実現させるのだ。アーメン。

**問題5（すべての人が知恵者に）**

**二十六．**すべての人を知恵ある人にする。

すべての人が神の書を読み、すべての人が理解し、すべての人が実践して使用する練習をしてほしい。そうすればすべての人が知恵ある人になるだろう。一人一人が「キリストから賜る贈物の量りにしたがって（エペソ4‐7）」である。ちょうどそれぞれの容量の容器を海に入れれば容器はどれも満たされるけれども、それぞれの容量にしたがって満たされるのと同じように、魂の容器は、世界、精神、聖書という水槽に包まれている神の知恵の海に沈んで満たされるだろう（イザヤ55‐10、11）。

**問題6（野蛮から解放する）**

**二十七．**どんな野蛮も洗練させる。

特別な技術は何ら必要ない。野蛮さから、つまり野獣になる機会から、人間を解放するのだ。そして、感覚を使ったり、理性的に追求したり、自分の視野の外の動きや状態を事実をもって認識したりする多種多様な機会が与えられ

るような所へ移すのだ。そうすればすぐに、野獣から人間が作られ、スキュティアからもアナカルシスが生まれる 18
ということが分かるだろう。これがすべての民に拡張されるのを、何が妨げるというのか。誰か一人を、荒れ野の迷路のような道を正しく導くことを知った人は、二人、三人、十人、千人、さらに誰がやってきても、正しく導くことを知るであろう。だから私たちいや誰でもいいのだが、誰か一人に対して知恵、美徳、救済の正しさと正しい道とを示してやることを知るならば、このひとつの技術あるいは思慮が、世界全体を闇から光へ、誤りから真理へ、破滅から救済へと呼び戻すのに十分となろう。同じものは同じ程度において原理も同じだからだ。

### 〔すべての人に〕

**二十八．**この章の説明を終えるにあたって、三つの原則を挙げておく。

（1）知恵の学習と魂の教育から、どんな人間も除かれてはならず、妨害されるようなことがあってはならない。

かりにも私たちが、個人に対してだけでなく人間の自然本質全体に対して、そしてすべてを同じ方法で配置した自然の父である神に対して、そして事柄そのものに対して、不正を行おうなどと思わないでほしい。それらを未熟な人が未熟に使えば、それらを自分もろとも滅ぼしてしまう。

（2）誰も、自分自身を除いてはならないし、洗練されるのを妨害されてはならない。

かりにも私たちが、自分一人の個人だけでなく、人間の自然本質や、共に生活するであろう人間の社会に対して（そこでは賢明なら健全になり、愚かなら破滅する）不正を犯し、神に対して不正を犯して家畜のごとく見放され、神の栄光を進めることを知らずに人間から獣が作られて無知が促進されるようなことになり、また自分が所有しているあるいは所有しようとしている事柄に対して不正を犯してそれらを破滅させるような、そのようなことは考えてはいけない。

（3）人間として生まれた人は誰でも、人間として行動することを学ばねばならない。そうでなければ人間であることを止めねばならない。

だが人間であることを止めるのは不可能だ。神の作品なのだから。そして神の作品は真理において作られる。汚れた作品が作られることはありえない。そこで、自然の過ちで逸脱した所からは戻らねばならない。すべての人間が、理性的な被造物、事物の主人、自分自身の王、創造主の楽しみ、と言われる存在でなければならない。

**〔すべての人が哲学者であり王である〕**

**二十九．**たしかに、他人を教え、導き、統治するように定められた人々、いいかえれば将来の哲学者、神学者、国王、行政官にとってまず知恵が必要だというのはその通りである。しかし正しい秤で考慮すれば、すべての人にとって必要だという判断が勝利を収める。誰もがまず自分自身にとって教える人、導く人、治める人であるべきで、それだけでなく他人に対してもそうあるべきなのだ。神は、隣人についてこう命じた（コヘレト17‐12）。つまり、隣人を尊重する（それは一般的な教訓だ）だけでなく、無知な人を教え、迷う人を引き戻し、罪人を非難する、そのようなことが聖書に満ちあふれているのだ。それだから、哲学者になるべきでない人など人間の中には誰もいない。理性的な動物として作られ、事柄の原理を考察し、他人に明示するように定められたのだから。王であるべきでない人など誰もいない。下級の動物、自分自身、隣人を統治するように定められたのだから。聖職者でない人など誰もいない。創造主である神の僕、下級の被造物として召喚され、他の人を共に高めるように義務づけられたのだから。だから知恵を必要としない人など誰もいないのだ。知恵に優れた人がより高い地位にいることがあるとしても、知恵からまったく無視されることは誰にもありえないのだ。

**〔障害があっても〕**

**三十．** 次のように尋ねる人がいる。「目の見えない者、耳が聞こえない者、愚かな者（つまり器官が欠けていて十分に滴り入れることができない人々）にも教育が施されるのか」と。

回答1。人間である限り、人間の教育から何も除外されない。人間の本質に関わっていればそれだけ教育に関わるべきなのだ。それどころか、内部の欠如に対して本質そのものがあまり助けることができない所では、外部の大きな補助がよりいっそう必要なのだ。

回答2。本質がその力を行使するのを妨げられている所では、助けられさえすれば、別の所でもっと強力に行使するはずだ。たしかに、生まれつき目が見えず聴力の助けだけで、傑出した音楽家、法律家、弁論家になったという実例がある。また生まれつき耳が聞こえない人が、優れた画家、彫刻家、職人になった実例もある。さらに、手が欠けていて足で優れた書記になった人もいる。だから、何がダメだというのか。理性的な魂には常に何らかの出入口が与えられているのだから、その与えられた出入口に光が注ぎ込まれるべきなのである。もしもそれでも何もないのなら（しかしそのようなでくの坊がかつて見出されたということを私は知らない。魂がすっかり形成されて、住み家と器官が建てられているのに、外を眺めることも入口も作られていないようなことはありえない）最後は制作者に任せるべきだろう。

# 第三章

**人間の自然の本質を完成させるすべての事によって、人間が教育されるとはどういう意味か**（第1節から第12節まで）。**それがなぜ必要なのか**（第13節から第30節まで）。**そのことの可能性**（第31節から第32節まで）**と容易性**（第33節から第48節まで）**はどのようなものか。**

**訳者による紹介**

「すべての人」の説明が終わったので、次は「すべての事」です。生まれた時には人間はまったく無力です。誕生後に様々なことができるようになります。何でもできる「万能の天才」をうらやましいと思いますが、生きていく上で必要なものだけ学べば良いのです。ですから「すべて」というのは言葉のアヤで「必要なことすべて」というのがここでの趣旨です。ではその「必要なこと」とは何か。生きていくのに必要なことは時代によって違ってきますが、いつも変わらないのは「人間の本質を完成させるすべて」です。ここがちょっと分かりにくいところかもしれません。つまり私たちが本来もっている人間らしく生きたいという内在的なといいますか根源的な願望を発達させるということなのです。

人間として生まれたからには誰もが死ぬまでは生き続けたい、それもただ生きるのではなく幸せに生きたい、そのためには健康でなければいけないし、ある程度の財産だって持っていないといけない。人間として生まれたからには物事の道理がわかり、善悪の区別ができ、他人に支配されずに自由に生きたい。でも社会の中で生きていくためには隣人と仲良くして、そのためにはコミュニケーション能力もなければならない。周囲の人に迷惑をかけないだけでなく尊敬され、お互いに理解し合って暮らしていきたい。最後に死んだあともあの世で神様と永遠の時を楽しみたい。まあそういう具合に人間の願望を数え上げると、十二項目列挙できると思うのです。それらの十二の願望を実現可能にするのはどうしたらよいのか、また容易に実現するにはどうしたらよいのか、それを論じるのがこの第三章の課題です。

具体的な教育内容を精選する試みとしてコメニウスは『世界図絵』という本を出版しました。そして今は、人間が学ぶべき内容をパンソフィアという本にまとめて、このシリーズの第三部に載せようと努めています（結局完成しなかったのですが…）。

**〈すべての事を〉**

**一**．すべての人間が耕され開発されることがいかに必要か、これまでの説明で十分であろう。次に明らかにすべきことは以下のことだ。

（1）人間の一部ではなく全体が、人間の自然を完成させるすべての事によって、開発されねばならない。

（2）それは自然の本質からして可能である。

（3）またどうすれば容易にできるようになるのか。

だがまず先に、このような祈願がどこから生じて、どのように個別の祈願へと分かれるのかを検討しよう。

**〈最初の創造の時から〉**

**二**．すでに物事の初めから、才能を賦与された名誉ある存在である人間は、できる限り知らないことがないようにと、すべての知識を賛えつつ神に近づこうとした。このような願望は、まず好奇心の病から生じたのではなく、自然の建設者である神ご自身から生じたのである。神は私たちの先祖のアダムに、最初から潔白な状態で、秩序正しい一種の全知を得ようとする機会を与えた。というのは、神の知恵の驚くべき多様な円形劇場を目の前に建設しただけでなく、被造物を調べ、種類に分け、帳簿に分類するようにも命じたのである。人間はみなそのアダムの子孫なのではないか。私たちは先祖の正当な相続人なのではないか。

**〈ソロモンの時代から〉**

**三**．それから神はソロモンに海岸の砂のような心の広さを授けた（列王記1-4-29）。それでソロモンは、自然物について杉からヒソプ草に至るまですべての事物を分類することができた。また道徳についても同じく人間のすべての活動について正しく判断することができた。それは「箴言」の書に証言されている。また、人生の有為転変についても「コヘレトの言葉」に記されている。最後に、神について、キリストの愛と教会がどのようにであったかを彼が考察したと「雅歌」が請け負っている。

**〔ギリシャの昔から〕**

**四．**そのような普遍的な知恵への願望が多くの人に生じた時、ギリシャ人は全知の総体を「全般的教養」と、ローマ人は「諸学問の世界」と呼んだ[19]。そしてこのような全般的な学識者が至る所の民にさらに見出された。ギリシャでのその猿真似がソフィスト[20]であり、彼らはどんな論題についてもお望みならすぐに究めるという人たちだった。しかし彼らの空虚な饒舌の空自慢を、より厳格な哲学者たちが論駁した。ソクラテス、プラトン[21]などである。

**〔これまでにも試みが存在した〕**

**五．**今日、次のような人がいないわけではない。太陽の下、何らかの問題について検討に値することは何でも学芸の複合体へとまとめ、公に認められて使用されるように努める人々である。それらは「百科全書」「複合知」「学説総覧」「普遍的光」さらには「普遍的知恵」という題名で[22]、またその他同じような普遍的な題名で作られている。さらに、他人が気前よく差し出したものを気前よく受け取り、魂を普遍的理論で普遍的に満たすことを喜んでいる人にも事欠かない。

**〔すべての事をすべての人に〕**

**六．**もちろん私たちも、誰かある人が学芸百般に精通することを望むだけではなく、誰もが精通することを望んでいる。すべての人に、知りうることが教えられるだけではなく、行動し、言葉で説明されることも必要だ。人間は天賦の才能の点で獣とは相違している。理性と言語力、そして物事に対してさまざまに自由に行動する能力において、最大限相違しているはずなのだ。

理性は、人間の中の神の明かりであり、その明かりによって人間は自分の中の自分と自分の外の他のものとを見つめながら思索し、思索しながら判断している。そこからただちに、善への愛、つまり意志が生まれる。その意志によって、望ましい事柄を探求し、願望を拡大しつつ未来に向けて、いやさらに永遠に常に追い求める。言語力は、人から人へと流れ出る明かりである。言語力によって、自分が理解したことを他人の理解力へと、明白に判明に伝え、説明するのである。行動の能力とは、理解し話すことを、驚くほど巧みに進ませる能力のことである。

**〔精神、舌、手〕**

**七．**キリスト教徒の哲学者が正しくもこう書いた。「神は人間を三種類の補助手段で武装させた。必要なものを見出すための才能、補助手段の言葉、才能で考え出されたものあるいは言葉で他人から学んだものすべてを完成させるための手、これらである（カルダヌス[23]『微細について』第11章）」。被造物を支配するように定められた被造物である人間は、必然的に次のような備えを持った。すべてを賢く偵察するための精神、すべてについて魂を喜ばせ、事物について判断し、他人に伝えるための舌、判断したものについて追求するための手とその他の器官、肢体、これらが備わっている。

**〔聖書から明らか〕**

**八．**人間は、創造の時に直ちにあの三つが備わって作られたということを、聖書の物語が証言している。人間は被造物の中で支配するようにという目的をもってこの世界に導き入れられた（創世記1‐28）。地上の全動物が連れてこられると、それらを見て（創世記2‐19）、次に名前で呼び（同）、最後に楽園に置かれると働きかけて番をするように（2‐15）された。ほら、見る、呼ぶ、働きかける、この三つだ。

**〔考え、話し、行う〕**

**九．**これまでも人間は、やることを何でも、考え、述べ、行う、という三つにまとめることができるしそうしている。また神は、この三つについて、最後の日に吟味すると脅している。次のように述べた人は賢明だ。「学校では知恵の塩を求めねばならない。それは、理解し、行動し、話すことである」。これを、私たちは人間として生まれたすべての人に拡大することを望んでいるのだ。そしてついにはキリストが述べている「すべての人が塩づけにされるだろう[24]（マルコ9 - 49）という言葉が実現してほしい。

**〔三つの交際圏〕**

十. どの人にも、人間である限り、三種の交際がある（それはすでにパンソフィアで指摘した）。そこから当然、どのようにしてこの三つの交際を適切なものにするかを検討し、適切にするように配慮せねばならない。人間にとって最初の交際は、下等の被造物との交際であり、それはそれらの動物を知り、利用するためである。第二は、同じ本質をもつ仲間である人間との交際であり、互いの義務において相互に平和を保持するためである。第三はすべての事柄の守護者である神との交際である。神の好意で、神によって尊重され、導かれ、守られ、そして永遠に幸福にしてもらえるに値するように維持するためである。

では、人間の本質の特権を五つに分けて検討しよう。

**〔人間の本質の五つの特徴〕**

（1）精神と知恵の点で力強いこと。
（2）舌と雄弁さの点で有能であること。
（3）作業が強力であること。
（4）上品で市民らしい礼儀をわきまえていること。
（5）この世では神の好意をえて敬虔であること。また永遠の世では神の恩寵で祝福された共住生活を営むのにふさわしいこと。

**〔人間の12の願望〕**

十一．次に、人間の生まれつきの願望に公正に注目するなら、人間にふさわしい教育は12の部分に分かれるだろう。人間として生まれた人は誰でも、自分の本質の内部の刺激によって、次のようなことを願望しているのである。

1．存在すること、つまり生きること。
2．しっかりと存在すること、つまり健康であること。
3．感じ取ること、つまり自分の周りにあるものを知ること。
4．輝く存在でいること、つまり知ったものを理解すること。
5．自由であること、つまり善だと理解したことを欲求し選択し、悪い事を欲せず拒否すること、そして与えられたすべての事を自分の裁量で管理すること。
6．活動的であること、つまり理解し選択した事が無駄な理解や選択にならないように努力すること。
7．多くのものを持ち、所有すること。
8．持っているものすべてを、使用し役立て楽しむこと。もちろん安全に。
9．卓越し、名誉ある存在であること。
10．できる限り雄弁であること。自分の知識と意志を他人に容易に力強く伝達するために。
11．他人から賛同と好意を得ること。それも嫉妬深い人からではなく感謝する人から。さらに平穏で楽しく安心な生活のために。
12．慈悲深い神と共にいること。内面の歓喜と、神において幸福で安全であるために。

### 〔12の願望を成就する〕

十二、さあ、すべての事について人間の自然は開発されるよう求めているのだが、そのすべての事とは何であるのか、これではっきりした。これらの願望を保持したいという要求は無謀なのではなく、神の意志そのものによって私たちに委ねられている。それらは人間の本質に深く刻み込まれており、感覚が健全に備わってさえいれば、そのうちのどれかを自分から取り去ることは、仮に欲したとしてもそうできる人など誰もいない。もしも自分の魂のこれらの願望に注目しなかったり、無感覚だったりする人を見かけたら、自分の生命や健康や自由や所有や名誉の危機に気づかせてやるのだ。あるいはためしに誰かに対して周りの何かを感じ取ったり理解したり実行したりができないように妨害したり、自分の物を使用させないようにしたり、好意の代わりに憎しみを受けさせたり、人間からの悪意や神の怒りと災難を感じさせたりしてみればよい。その人はたちまちひどく恐れおののくことだろう。人間の完成は、まさにこれらのことを同時に獲得するかどうかにかかっているのだ。

### 〔これらの願望の成就は必要、可能、容易〕

十三、私が述べているのは、すべての人が、これらすべての事に向かって、用意周到な教育によって前進させられるべきだということである。なぜなら、

（1）このことは、すべての面にわたって、(1) 神、(2) 人間、(3) 事柄そのものにとって重大事だから。

（2）そして人間に生まれた人は誰でも、実現可能である。

（3）さらに問題を理性的に立てるなら、（神のご好意によって）実現は容易となる。

これらを一つ一つ順番に明らかにしよう。

### 〔人間は神の似姿〕

**十四.** 人間は神の似姿なのだから、神の栄光とも称される（コリント1 - 11 - 7）。像が原型に似れば似るほど、栄光は増すものだ。似ないで作られたらそれは似姿ではなく怪物である。製作者の栄光ではなく不名誉である。そこで聖書がこう述べている。「すべての人が罪を犯して神の栄光から見捨てられている（ローマ3 - 23）」と。だから、神の栄光から見捨てられないように、また神から栄光が奪われたりしないようにしよう。そのために、すべての人が、罪を犯したり、迷ったり、神とつながる手段に背いたりしないように教えられてほしい。

ところで、神のこの上なく卓越した美徳とは、次のものである。(1) 全知、(2) 全能、(3) 全き神聖、(4) 全充足。また人間については、知恵、美徳、神聖が、また（神の後で）自分への平安がはっきりと輝いており、人間は神の真の肖像、創造主の真の栄光であるということも明らかである。だから、ああ、神の栄光で地上がすべて満たされますように（民数記14 - 21）。教会の幕屋全体に満たされますように（出エジプト40 - 34）。すべての信者の心が、神の充実にまで満たされますように（エペソ3 - 19）。

### 〔12の願望が内在している〕

**十五.** 人間に関して言えば、自分のすべての完成を追求するという願望が心に内在しているのだから（それは十一節で見たとおり）、無駄になることを望んではならない。私たちの中にある神の御業を壊そうとしたり、自分の幸福を他人に羨ましがらせたいなどというのでなければ、これらの願望が無駄になることを望んではいけない。そういうことはあってはならないのだ。むしろ、どの人間にも全体の善を（神の善意に従って）押し進めねばならない。次に個別にいくつか述べよう。

### 〔1　現世と来世の生命〕

**十六.** 人間がまず教えられねばならないことは、現在のこの世の生命を、永遠に続いてほしいと願うほどに愛し大切にするべきだということである。私が言うのは、命や生活を愛するように教えるというのではなく、今の命に続くものがまた命であり死ではない、という具合に現在の命・生活を愛するよう教えねばならないということである。(単に命を愛するというのなら、すべての生きている存在にとって共通の善であり、命を愛するように人間を説得する必要はまったくない。むしろ、諫めねばならないほどだ。多くの人があまりにも愛しすぎて生涯にわたってあまりに多くの過ちを犯しているのだから。)もしも生涯を通して死に行き着くということなら、生まれない方が良かったということになろう。

〔2 健康でいたい〕

十七．自分の健康に配慮することは、各人一人一人にとって重要である。というのは、人間の身体の泥小屋にもしも天の客人が住んでいて、どこかの部分が欠けていたりひどく損なわれていたり、弱っていたりすれば、客人はどうすればいいのだろう。客人も怠惰に犯されて病気になるしかないし、自分の働きが妨げられてしまうのではないか。まさに正しくも詩人がこう述べた。「健全な身体に健全な精神が宿るように祈らねばならない」と[25]。活動の基礎は活発な生命、健康の力である。だから生涯にわたって(特に生命の最初のうちは)健康に留意せねばならない。病気の種が若者に植え付けられて、老人になってひどい収穫にならないように留意せねばならない。最初の悪が放置されると治らなくなるからだ。

〔3 知りたい〕

十八．人間が多くの事を考えるように取り計らうことは非常に重要である。感覚、理性、信仰によって捕らえられることは何でも捕らえるようにするのだ。それは精神において、さらに意志において、そして活動において、事柄の必要性が分からずに生じる割れ目を警戒するためである。すべての事柄は人間のためにあるのだから、人間の何らかの使用に供されねばならないし、何物にも適用されないで供されることはありえないし、分からずに適用されることはできない。この意味でシラは適切だった。「大事においても小事においても一つも無視してはならない（シラ5 - 15）」と。

## 〔4　理解したい〕

**十九．**しかしながら、考えるべき事柄を外部にもつだけでは十分ではない。人間は内部の知性に向かって向上しなければならない。それは、物事をたまたま観察するだけで、知性から由来するのではない誤りに陥らないよう警戒するためである。世の中にはこのようなことが満ちあふれている。一般に人は手近のものを何でもただ感覚で表面をこするだけで真理の奥底まで見通さないものだ。また、物事を理解せず、それでも理解していると思われたくて、怪物のような想像物と多種多様な憶測と誤りの渾沌状態を生み出している。そして世界は眩暈の渦に追いやられている。これに対する治療薬は、物事の内部の構造を知ること以外にはない。これはパンソフィアが追求したことであり、また実にこのパンパイデイアが魂にしみ込ませようと努めていることなのである。

## 〔5　自分で選び取りたい〕

**二十．**人間が正しく理解した事柄を、適切に、自分の裁量で、自由に選びかつ配置することを学びかつ知ることは、非常に重要である。人間の中にある神の像はけっして破壊されないし、選択の自由が最大限に重視されていれば像の破壊はありえない。もしも選択の自由が取り除かれて、人間が他人の自由裁量で意志を操作されるように強いられるとしたら、意志から無意志が、人間から非人間ができてしまう。

セネカ[26]が次のように述べている。「実例によれば、判断するよりも信じる方を選ぶなら（つまり自分の裁量よりも他人の裁量で連れて行かれる方を選ぶなら）、また先を行く群について行く羊のように、自分が行くべき方向へではなく連れて行かれる方向へ歩んでいくなら、人間は滅んでしまう」と。何と甚大な損害であることか。すべての真と善を、人間自身の判断と自由と共に、（いわば大洪水のように）被い尽くし、世界を野獣化しているのだから。普遍的な治療薬が望まれる。それは次のようにしなければ見いだされないだろう。つまり人間が、他人に従う獣のような習慣を止め、神と事柄と、事柄から正しく形成され枠づけられた自分の感覚とを、最高に明るい松明のように、自分の意志に差し出し、そうして光の導きに従うように、訓練されることである。これは神とその指導者（指導者とは、神の口、神の手、神の衝動のことだ）に従ってのみ、そして自分が神のほんとうの似姿であると示すことによってのみ、ようやく実現するだろう。

実に、人間の権威に頼りすぎる人は、自分が人間であることすら忘れてしまい、人間の本質の主要な天賦の才である判断力を自分自身で放棄してしまう。また、他人を自分の好みに応じて強制する人は（盲人の同意と従順を要求するようなもので）、人間の本質に暴力をふるっているのだ。「真理の探求は人間に固有のものだ」とキケロが述べている〔義務について1・4・13〕。固有というなら、人間の本質から分離することがあってはならない。人間であるすべての人について次のように言うことが望まれている。「すべての事柄を調べ、善いことを保持しなさい」と〔テサロニケ1・5・21〕。

## 〔6　活動的でいたい〕

**二十一．**人間を活発にさせ、労働を愛するようにさせることは、人間にとって非常に重要である。というのは、ソドムが破滅したきっかけがまず暇だったから（エゼキエル16・49）というだけではなく、全世界の堕落の最初の源がそこから由来しているからだ。楽園における最初の罪も、エバが暇でさまよっていたことがきっかけになっている。そこで、それまで損なわれていなかった人間の堕落に対する最初の解毒剤は、被造物を観察し、庭園を耕す（創世記

2-15、19）ことだった。またすでに大きな悪に陥った人に対して与えられた治療薬は、汗、つまり厳しい労働だった（創世記3-19）。それがとにかくも、ほんとうの医者から示されたほんとうの治療薬なのである。しかも異教徒[27]の知恵ある人々すらそのことに気づいており、多くの格言で証言している。それは以下の通り。

あらゆる邪悪の教師は、閑暇である。
閑暇と休養は、人間の生命と力を滅ぼす。
閑暇には、病気があふれている。
閑暇は、すべてが悪だ。

アイギストス[28]が、なぜ姦夫になったかと問われた。
理由は簡単だ。怠惰だったからだ。

その他にも同じような言葉がたくさんある。また健全な国民の事例が教えているのは、まじめな労働が実践されている所ではどこでも、悪徳がそれほどは支配していないということである。誰もが自分のことを黙って行い、皆が巧みで豊かである限り、誰も欠乏しないし、略奪に時を費やすような人もいない、等々。ところが人間が怠惰で無為な閑暇に耽っている所では、すべてがそれと反対になっているのが見られる。だから、すべての人間が、活発に勤勉であるように訓練されているならば、この点でも世界の状態は幸福なはずなのだ。

### 〈7　豊かに所有したい〉

**二十二．**人間が多くを所有することは（各人が自分の必要に応じてだが）望ましいことであり、すべての人が所有して豊かになる技術を教えられるべきである。つまり、すべての人が、自分に満足し、困窮せず、他人のものを欲しがらず、渇望して何かを混乱させるということがないような技術を、知るべきなのだ。すべての人が、自分と自分の事に満ち足りて暮らし、自分のものと他人のものについての争いに巻き込まれるようなことがなくなれば、そしてソロモンの時代のように、誰もが自分のブドウとイチジクの木の下に座っているならば（列王記1-4-25）、ああ、この世界の物事はどんなに平穏なことだろう。

**〔8　所有物を享受したい〕**

**二十三．**すべての人が安全に暮らせることは望ましいことであり、すべての人が安全になれる方法を教えられるべきである。安心、つまりまじめな精神の平穏は、自分の物を平和に穏やかに使用し役立てることから生じる。しかし物事が混乱しているこの世界の状態では、それを楽しむことは誰もできない。たとえ、王のような特権でもって不正な欲望に対抗して堡塁をめぐらすとしても。

**〔9　名誉ある存在になりたい〕**

**二十四．**すべての人間が名誉ある生き方をし、不名誉を被る人は誰もいないことが望ましい。というのは人間は、被造物の中でもっとも卓越しており、神にとってももっとも名誉ある存在であるからだし、また不名誉には我慢ができず、軽蔑を受けるとたやすく復讐に走るからでもある。ここから、口論、戦争、殺人、その他の害悪が際限なく増殖する。これらの機先を制することがとにかく望まれる。人間は人間であるかぎり誰も尊厳を傷つけられないのだから。

**〔10　雄弁でありたい〕**

**二十五．**誰もが沈黙することなく、自分の必要なことを神と人間に説明することに精通していることが望ましい。人間は黙っている彫像として作られたのではなく、舌を与えられ、それでもって自分の創造主の栄誉を語り、必要とされるどんな事でもうまく伝えて、自分といっしょに隣人を連れてきて光に与れるようになっているのだ。

**〔11　他人から好意を得たい〕**

二十六．すべての人間が、平穏な慣習に向けて教育されるべきである。そして、もともと良い素質を授かっている人は堕落しないように、また素質が悪い人は誠実さを呼び戻すようにするのだ。実にある詩人がこう歌っている[29]。

　　穏やかになれないほどの粗野な人は誰もいない。
　自然の本質に辛抱強く耳を傾けさえすればよい。

### 〔12 神と共にいたい〕

二十七．ところで、敬神の心は、すべての先でもすべての中でもすべての後でも、すべての人にとって何よりもまずもっとも重要である。それは神の好意を得るためであり、神の意向なしには人間の中には何もない。もしもこれがないならば、どんなに熱意をもっても私たちは何者でもなく、虚しくオリに閉じこめられたリスにすぎなくなる。技術や生活の仕事において活発に働けば働くほど、それだけ疲れるだけでこのオリから外に出ることはけっしてできないだろう。しかし熱心に神を敬うなら翼が授けられてこの世界の機械の外へと喜び勇んで飛び出し、神と共に永遠の楽しみを享受することだろう。

モーセの次のような記録は無意味ではない。カインの末裔は神を冒涜し、技術を見いだすことに専念した。レメクの二人の妻から生まれた息子たちは、地上で最初の非嫡出子で神を汚すものだった。その間に、セツの敬虔な一族は神の名を熱心に呼んだ（創世記4‐17から終りまで）。また、ハムの孫ニムロデから人間の統治が始まった（創世記10‐8）。そこで、キリストが、世界を改革しようとし、私たちを虚しい仕事やあまりに世俗的な仕事から永遠への配慮へと呼び戻そうとし、自分にも使徒にも学問を授けることはせずに、知恵と神への畏れの霊で満たした。それは、人間にとってただ敬神のみがもつべき最高の目的であるようにするためである。それはまた目的への道であり、唯一必要なことであり、それなしではその他のことは無であり無用である、それは明らかである。たくさんのことにかかずらわっているマルタに対して言ったことは「必要なことはひとつ」だった（ルカ10‐42）。

だから、死すべき存在である人間のその他すべての熱意は、この敬神という一つを取り除いたら児戯に等しい。つまり、遊びの類は閑暇のためだけにあり、あるいは娯楽だけを求めている人のためにあり、大事を為すためには何にもならない。遊びに通じてなくてもただ人生の必要性に通じていさえすれば、何ら非難されない。実に技術と知識は、魂に楽しい娯楽となるが満足感はもたらさない。最深部の心の願望を満足させないからだ。たとえある人が技術に無知であってもキリストについては無知でない、あるいは世界のことが分からなくても天のことは分かっている、それは賢明という以上のことだ。結局、天についての知恵、神を敬う熱意は、すべての先でもすべての中でもすべての後でも、すべての人に勧めるべきことなのである。

**〔事柄自体にとっても〕**

**二十八．**ここまで、神と人間にとって重要なことは、一人一人の人間がすべての事について教育されることだと説明してきた。それにさらに付け足そう。知恵ある人によって（もちろん十分知恵ある人によって）管理されることは、人間の支配下にある事柄にとっても重要なのである。というのは、どの人も、一つのことをその本質に従って扱うことを知らなければ、どんな事柄に出会ったとしても取り扱うことができないからだ。そうなれば、本質的事柄が暴力を被りくびきの下で喘ぎ、役に立たずに放置されて苦しむことになってしまう。使おうと準備しても、不器用に取り扱えば役立てることはできないのだ。（前章第十三節で述べたことを参照してほしい。）

**〔すべての事が必要〕**

**二十九．**次のように言う人がいるかもしれない。「職人は自分の道具を取り扱うし、誰もが自分の技術で使う道具を取り扱っている。ではすべての人がすべての事を学ぶ必要があるのか」と。答えよう。事物の親である自然は、生まれてくる未来のどの人間にも、母の胎内で同じ肢体を形成する。足、手、目、舌、すべてを、たとえすべての人が将来伝令、書記、見張り、弁論家等々になるのではないとしても形成するのだ。これらはみな人間の活動であり、人間の全体を形成して人間のどんな必要物も一度に同時に備えさせる。第二の形成（技術のことだが）の時にはできるかぎりこれを模倣して、使い方を知らない不必要な道具に囲まれている人がいないようにすべきではないのか。ところで野蛮人も、感覚、才能、判断力、記憶力、舌、心などのすべてを備えている。いわばその他の未開人でも洗練されていなくても何かを備えているのと同じことだ。

**〈すべてを学ぶのは悪いことではない〉**

**三十．**さらに次のように続ける人がいるかもしれない。「すべての事について熟練すると、悪い知識を引き入れることになるのではないか」と。答えよう。(1) 悪の理論はそれ自体が悪いわけではない（神と聖なる天使の事例で明らかだ。天使は悪を知っているが自分は悪ではない）。(2) 私たちが悪についての正しい認識をもって悪を遠ざけることは、私たちにとっても良いことであり役に立つことだ。実に神は、最初の状態の時に人間に善と悪の知識の木を示した。それを知らないままでおくためだろうか。いや、善悪を知って用心するようにそうさせたのである。(3) けれども私たちはすでに堕落しており、対象物が感覚をかき乱しているので、悪を知らない方がより安全なのは確かだ。悪を学ばないように用心するにはどうしたらよいか、それは後の四十八節で述べられるだろう。

**〈可能性の根拠〉**

**三十一．**すべての人間を十分に教育することが可能だということがなぜ望まれるのか、以上の通りだが、さて本当に可能なのかどうかを検討すべきである。でもどうしてできないことがあろうか。すべての人間は神の似姿として神に似せて作られたのだ。人間の魂には自然によって力が据えられている。

つまり、次のような願望が備わっている。(1) いつもさまざまなことを尋ねたい。(2) 建設したい。(3) 行動するすべての事柄が敬虔で正しく良いことであると思われたい。(4) 他人に依存することはできるだけ少なく、自分には（もし許されるなら）全面的に依拠したい。要するに、多くを知る、多くを所有する、善である（とにかくもそう見なされる）、自分に満足する（他人に頼らない）、このようなことが栄誉ではないと思う人がいるだろうか。このような願望への刺激はどこから生じるのか。このような欲求を与えたお方が、可能性を付け加えようともせず、そうできるようにさせなかったというのだろうか。

### 〔可能性の12の根拠〕

**三十二．** このような生まれつきの願望に、人間が使用すれば願望が達成できるような実現の手段が添えられなかったのだろうか。手段なしに目的が据えられることは、神の知恵にはありえないのだから、十一節で説明した私たちの心の十二の願望を遵守すれば願望に到達する可能性があり、逆に無視すれば放棄する可能性が、同じ数だけ配置されているのは明らかだ。

1．身体の生命は全体として器官の働きによるのだから、生命が維持されるか壊れるかは、器官が維持されるか壊れるかにかかっている。

2．身体の健康は、部分がしっかり結合して個々の力が保持されていることにかかっている。だから、腐敗を避けることによって保持が可能となる。

3．神の三書が示しているすべての事柄を、知ることは可能である。すべてを汲み出すべき器官（感覚、理性、信仰）を私たちは受け取っているからだ。外部感覚を通して、外部の世界全体が私たちの中に入ってくる。理性によって、隠れている部分すら追求される。信仰心によって、隠されていて明らかにされるようにと神が好んだことが何でも把握される。一種の全知の宝庫を獲得するのに私たちに何が欠けているというのだろうか。

4．また、（知るだけでなく）すべての事柄を理解することは可能である。どんなものも本質的な原因を有している。その原因がたとえはっきりと目立たなくても、確かな印で把握できるようになっている。それを把握するには何らかの作業が必要なだけであり、ほとんどの場合不可能なことは潜んでいない。

5．理解した事柄を自分の裁量で選択し使用することが許されていない人がいるだろうか。まことにすべての人が使用しているのである。物事をほんとうに理解している人だけではなく、理解していると思い込んでいる人も、理解せずに自分の裁量で扱おうとしている愚か者も、とにかく熱心に活用したいと思っているのではないか。

6．すべての事柄が人間によって実行されることは可能である。人間は何でも実行できる器官を授かっているからだ。授かっていないというのか。

7．また、善いことを所有できないはずがあろうか。神は私たちに世界という家を豪華に与えて住むことを許した。習熟しさえすれば必要なものすべてが十分に満ち足りているのだ。

8．誰もが、何らかの善の装いで他人を引きつけることができるような事柄を使用し役立てることができる。神の御業の中にそのようなことはありえないというのか。「どんなものも時が来れば良いものであろう（シラ39-26、40）」

9．誰もが、卓越することに係わることができる。ほんとうに卓越するとはどういうことか、どのような正しい道によって高いところへ辿り着くのかに無知でなければよいのだ。というのは、私たちは創造の時の権利であらゆる可視的被造物の上に卓越しているからだ（詩編8-6、7）。いやそれどころか、贖罪のおかげで天使の上にすら居り（ヘブライ人2-16）、さらに聖化によって神の本質を共にするところにまで高められているのだ（ペトロ2-1-4）。何と素晴しいことか。

10. 人間は雄弁になることが可能である。誰もが神によって、健全な精神、舌、耳を授かっているからだ。しかし何かの不運によってこの器官を奪われている人が少数いる。

11. 人間は慣習となっている規範や他人の好意で飾られることが可能である。誰もが優雅にふるまう決まり事と自分と隣人との関係で平穏でいる善とを学んでいるからだ。これを教えられることが不可能な人がいるだろうか。

12. 最後に、人間は愛と従順によって神と結びつくことが可能である。誰もが最高善（それは神の中に泉のように存在しており、そこからすべての人とすべての事へ広まっている）の甘美さを味わったからだ。だが誰もが味わうことができるかどうか試す人などいるだろうか。実に神の声がこう語っている。「主がどれほど甘美なものか、味わい知れ（詩編34 - 8）」と。

**〔実現の容易性〕**

**三十三.** あと残っているのは、このような願望の可能性を、どのようにして容易なものに導くかということだけである。これについては問題の形で説明しよう。

**一般問題**

**三十四.** 人間を、自分のすべての願望に到達するように押し進める。

（1）人間の中の願望に対する自然に備わった感覚を目覚めさせる。

（2）可能だと希望が起きるように、成し遂げる道を示す。

（3）どうしたらそれが容易になされるか、自分や他人その他の実例であらかじめ示す。

これらすべてについても、次に個別に説明しよう。

**個別問題1〔永遠の来世に向かう〕**

**三十五.** 人間に対し、来世の生命を愛し配慮するように勧める。現世の生命の後に何かが残っているということを、つまりそれは命の泉である神に結びついていれば永遠の命であり、命の泉から逸脱すれば永遠の死であるということを、しっかりと示す。まさに私たちの最初の住まいは母の胎内であり、すべての人がそこから（現在のこの生活に役立つように形成されて）出てきたのだ。そしてまさに誰もが、天の下のこの第二の住居に移って来世の生命を形成されるのである。そして第三の住まい、永遠そのものに、私たち誰もが至るのだ。そこからは、永遠の光に向けて進むのか、あるいは永遠の闇に陥るのか、いずれかしか出口はない。だが闇に突き落とされるのを望む人は誰もいない。誰もが光の歓喜の泉に受け入れられるのを望んでいる。だからすべての人が次のことを認識すべきだ。

（1）人間にとって現世と来世の生に必要なことを認識するより他に必要なことは何もない。

（2）永遠の世に対して分別のある人がもっとも分別がある人だ。というのは、知恵とは将来に対する先見の明であると申命記第33章第29節で神が証言している。ここで将来とか究極というのは永遠のことである。

（3）この世のことについても分別のある人は二重に分別のある人だ。善についていつでもどこでも関与することは、いつかどこかで関与するだけというよりも良いことだからだ。

**〔現世を生きる〕**

**三十六.** 現在の生命・生活を通って、永遠に至るように歩む。

これは、人間が現在の生活を楽しむというよりはむしろ上手に活用することを学ぶなら、そうなるだろう。この現在の通過中の生命は、将来の永遠のための、単に先行する生命というだけではなく、準備のための生命でもあるからだ。そのことをこの世で知り、選び、行動することに慣れれば実現するだろう。それらの知識、甘美さ、宝庫は、永遠の至福へと到達せざるをえない。それがどのようなものであるのか、すべての人が教えられるなら、すべての人が知ることになる。すべての人が、これが自分たちの最高善であるということを、つかの間の善で見失わずに正しく気づくなら、すべての人が選ぶようになる。すべての人が、あの永遠の幸福の道を（たしかに狭く長い道だが快くもある道を）正しく認識すれば、かくも崇高な目標を追求するために、すべての人がすべての事を行うだろう。そのようなことは（人間の盲目と悪徳のために）ほとんど期待されてこなかったとしても、私たちが努力すれば、神の栄光と人間の救済を進めることになる。

### 〔現世と来世のちがい〕

追加。現世と来世の両方の生命の相違を、できるだけ多様に正確に示すことができれば、非常に有益だ。というのは、この現世の生活は動いているが、他方の来世の生命は静止している。こちらはいわばつかの間だが、あちらは永久不変である。こちらは短期だが、あちらは際限なく永続する。こちらは混乱し騒々しいが、あちらは静かで穏やかだ。こちらは不確実で危険だが、あちらは安定して安全である。こちらはあちらへ向かう旅路あるいは旅程にすぎず、妨害や横道や遅延に陥りやすい道である。あるいは天の祖国を目指す人がどうしても通過しなければならない海であり、そこは断崖やシュルティス[30]のような難所や嵐にさらされている。だから天の祖国へ向かおうとしている人間に、祖国の地に向けて航海している人がよく遭遇するようなこと（例えば、海の大波によって思わぬ所に運ばれたり、敵の所に運ばれたり、あるいは暴風の力で難破したり）が起きないように、できるだけ配慮し注意し用心しよう。

### 問題２〔健康にすごす〕

**三十七．**この世の生活においては、いつも健康に恵まれているようにする。

このための道は容易である。健康を損なうことを避け、健康の保持に努め、享楽的にならず、労働に励み、敬虔で神に仕えればよいのだ。だがそうならなくなってしまったら、主のために医者を敬うことだ。医者を作ったのは主なのだから（シラ38‐1）。

ところで、健康を損なうとは次のような場合である。外ではいろいろな危険な場合、打撃、傷であり、内側では、いろいろな過剰、極端な暑さ寒さ、極端な運動や休養（それは怠惰、無気力）である。また食物や飲物の過度の満腹、あるいは逆に飢饉や断食や投薬による過度の空腹などだ。

健康を保持するとは次のような場合である。食事と運動と睡眠とその他の上手な養生。それらの過剰や欠乏は有害だし、それらの適度な使用は健康の助けとなる。胃に適度な栄養を、適度なやり方で与える。身体にふさわしい運動と休養、精神にふさわしい娯楽とりっぱな慰みが大切だ。神にふさわしい名誉を与え、神が生命の主であると固く心に決めて、いつも祈るのだ。そして神の怒りを招かないように敬虔でいよう。他人から怒りを被らないように、誰とでも人間的に付き合い、そうして最後に、よいことを期待するのだ。

また、ローマ初期の医者コルネリウス・ケルスス[31]によれば、相反するものに慣れてしまえば健康を保てるようになるということである。暑さと寒さに耐え、労働と休養に耐え、多めに食べたら逆に絶食し、長く眠っては徹夜する、等々を交互に行う。そうすると、簡単に病気（機能の障害）にかかることはない、自然の本質がどんなことにも慣れているからだ、と。また、ケルススが次のように追加していることにも注意すべきだ。「人は好きな方に向かいがちである」、つまり、頻繁に食べる方が絶食より好まれるし、たっぷりと長く眠る方が断固とした徹夜より好まれるということに注意しよう。

### 問題３（物事を知る）

**三十八．**すべての事柄を把握するようにさせる。

（1）アウトプシア〔直感〕。感覚の対象を感覚へ、一つ一つの対象をそれが対応する感覚へ、直感を通して近づける。

（2）知的な対象が感覚の対象となるように、たとえ話や象徴を通して示す。

（3）アウトピスティア〔自己確認〕。証拠による証明を、自分で確認して示す。

そうすればすぐに、感覚がその対象をつかみ、理性がとらえ、信仰がその光によって獲得するだろう。というのは、感覚は、外部の世界が外部のすべての事物を携えて私たちの中に入ってくる門である。理性は、人間がいわば神の似姿である自分自身の中に入ってくる門である。自分の内で、数、量、重さを調べ、それらの助けで事柄の内部に（離れていることでも抽象的なことでも）入り込むのだ。信仰は、神の言葉と神自身が、神の永遠を伴って入ってくる門である。ほら、人間はすべての事柄を（それらが提示されれば）とらえるのに十分なように作られているのだ。目は見ることに、耳は聴くことに、その他の感覚はそれぞれの対象に、また記憶は、感覚が提示したすべてを受け取るのに、飽きることはない。隠さずにただ提示すればよいのだ。

この点で、アリストテレス[32]は人間の才能の容量をタブラ・ラサと同じだとみなしたのである。つまり、生まれたばかりの私たちの精神には何も書き込まれていないが、感覚、理性、信仰の働きで何でも書き込むことができる。しかしこの比喩は不十分だ。というのは、タブラ〔板〕は物体であり限界があるから一杯になったらもうそれ以上をとらえることはできない。だが人間の精神は、製作者の無限という特徴が刻まれており、対象物がどんなに大量でも、もうとらえられないというほど一杯になることはありえないのだ。かくもすばらしい賜物に対し、神に無限の称賛を捧げよう。

**問題４〔物事を理解する〕**

**三十九．** すべての事柄が理解されるようにする。

事柄を理解したというのは、物事の原因を正しく見通した場合に起こる。だから、何かを誰かに理解してほしいと思ったら、それを次のようにはっきりと説明するのだ（見ることによって見る、という具合に）。

（1）それが何であるかを、似た種類と違う種類を比べ、できるだけ多くの類似の目的から選べるように、説明する。

（2）どこから来たのかを、材料と作用の原因から[33]〔質料因と作用因から〕説明する。

（3）どのような状態なのかを、内部の形式〔形相因〕から、またすべてを全体に結びつけている連鎖から説明する。これらを正しく理解したら、物事が理解されたということになろう。

## 問題5（自由である）

**四十．** 人間が自分の自由裁量権を正しく行使する。

人間の本質は、どんなことでも自分固有の意志によって行動することを欲し、強制を好まず、強制は自然への冒涜なしには起こりえない、という具合に作られている。このことの論拠として挙げられるのは、どの人間にも過去、現在、未来を知りたいという願望があるということだ。そこから、歴史への愛、自分に関するすべてについて感覚への注目、預言者への崇拝、予言の術への切望、などが起こる。そのようなことの根拠は、事物の主人として作られた人間が、すべてを管理しようと熱望しているからである。未来のできごとすら、現在の自分の予見に基づいて管理しようとする。そして未来をあらかじめ管理できないなら、とにかく予見しようとし、すでに何かが為されてしまって予見ができないのなら、少なくともどのように為されたのかを知ろうとし、それも無関係な見物人のように単純にではなく、自分の案件の判断を下せる陪審員や裁判員として知ろうとする。そこでは、目の前で為されることやすでに為されたことを見て、正しく為されたことは承認し、悪く処理されたことは非難し、監察官のように行動する、そのような力をもっている。人間はこのようにせざるをえないのだ。見よ、何事においても人間の本質的力の頂点は不滅の特徴を有している。これがすべての事柄をもっとも自由に行う土台である。そこで重要なのは次のことだ。
（1）すべての人が、物事について判断することを許される。ただし正しく理解した上でだ。
（2）自由に選択を行使することが許される。ただしあらかじめ善と悪を（より良いとより悪いを、最善と最悪を）区別して正確に洞察し、知性が迷うことのないようはっきりさせた上でだ。
（3）自分が選択したことを追求することが許される。ただしより悪いものではなくより良いものを選ぶということがはっきりと確定している上でだ。
人間のこのような自由がい至る所で活発ならば、すべては光と秩序とで満ちあふれることであろう。強制と暴力の激流に対して自発的な活動の流れが引き入れられて、平和と安全が続くだろう。

### 問題6〔活動的でいる〕

**四十一．**人間を活動的で勤勉で熟練した存在にする。
人間の本質は活発であり、運動と活動を喜び、慎重な指示以外は何も必要としない。というのは、精神は常に何かを考えることに従事し、意志は常に何かを選択することに従事している。そのように、実行の諸能力は、思考と選択が実行したことに従事しないではいられない。ここで外部の刺激は何も必要ない。誰もが自分の内にそれを抱いている。ただ、無秩序な衝動で軌道を外れて突進しないような指示があればよい。特に以下の三つのことがそれを実現するだろう。
（1）運動や活動による訓練を早期から始める。敏捷性を得る練習をしてできるだけしっかり固めれば容易に忘れない。だから子どもには遊んだり走ったりいつも何かを行動することを許すべきだ。もちろん不名誉でないことを。
（2）行うことは何でも、真剣に、つまりぐずぐずとではなく熱心に行うよう教える。

（3）どんなことでも、真剣なことであれ娯楽であれ、何らかの目的のために、称賛あるいは勝利の目的のために行うべきである。良き精神の土台は、無益なことにかかずらわることではなく何らかの目的を据えてより高いことに向かうよう自分を鼓舞することだ。というのは私たちの魂は炎に似て、激しければ激しいほど活動的になるのだ。だから、目的に向けて徹底して行うことに慣れさせるのだ。わけもなく行動したり無意味なことに従事したりするのは不名誉なことだとみなす。必要性がまったくないという時以外は、あまり必要でないことでも勤勉に従事する方が、何も行動しないでぼうっとしているよりもましである。真剣な活動は悪魔の罠である暇を避けることになるからだ。

## 問題7（豊かに所有する）

**四十二．** 人間を欠乏させずにむしろ豊かにさせる。

神は常に善であり、神の善意を常に分け与えた。ただ私たちに受けとる手が欠けてないならよいのだ。私たちの本質は、何人かの意見によると、もともと何でも欲しがるというものではない。少ない方がずっと幸せに暮らせるし、引き裂かれることがないものだ。逆に、神と神の美徳に満足しない人は、何によっても満足しない。

ところで豊かになる技術は三つから構成されている。祈り、労働、安らぎ、これだ。これらの三つを教えられないということがあろうか。

（1）まずもって神に祈る。全体に与える神が、私たちにも拒絶しないようにと祈るのだ。「求める人は与えられる」と神に約束されているのだから〔ルカ11・10〕。

（2）次に、求める人と叩く人に約束がなされたのだから、神の賜物が天から私たちに降り注ぐようなことを無為無策に期待してはいけない。大地を耕し、庭を手入れし、家畜を飼うなどの労働に、各自の持ち場で取り組まねばならない。その時に「求める人は見いだし、叩く人は開けてもらえる」という真理が語ったことが本当になるだろう〔マタイ7-7」。

（3）さらに、求める人と叩く人に与えられたものは何でも、感謝して手で受け取るのだ。神が恩知らずな人に怒り、これ以降の祝福を取り下げてしまったりすでに与えたものを取り返したりしないようにせねばならない。「持っている人には与えられる。持ってない人は、持っているものまで取り上げられる（ルカ19-26）」という言葉は無意味ではないのだ。

要するに。(1) 小川ではなく泉を求め、富よりも神を求める方がずっと良い。(2) この泉から、労働して庭に水路を準備する。(3) どんな流れも安らかに受け止め、感謝して使用する。

**問題8〔安全に使用する〕**

**四十三．**人間が、自分の財産を喜び、損害に対して安全であるようにさせる。

これは、自分の財産を上手に使い濫用しないように教えられれば達成される。損害については、神、自分自身、そして他人に対して、怒ったり、怒って攻撃的になったりしないように警戒していればよい。そして神は罪人に怒りを感じ、私たちの魂は邪悪な欲望や悪を自覚した精神に怒りを感じ、また人は自分へのあつかましい攻撃に怒りを感じるのだから、誰もがこの三つにもっとも熱心に警戒するようになるだろうし、自分の物を安全に快適に使用し役立て楽しむことができるだろう。もしもそうでないことが起こったら、天の下での人間の運命を考え、もっとも賢明な神の摂理が最終的にはすべてを善き方へ整えると考えて、我慢して耐えねばならない。

**問題9〔名誉ある生き方〕**

**四十四．**名誉ある生き方をする。

これは間違いのない三つの技術で達成される。

（1）自分の中にも他人の中にも、どんな事にも、不名誉なことは何も受け入れない。
（2）そう見られるのではなく、実際そうであるように努める。
（3）他人を気にせずに、真理の保証人である神と、自分の内なる証人である自分自身の良心を振り返る。次のように。
「誰もが自分の世界をもっているのだ。あなたを外に捜すべきではない」

もしもあなたが本当にそのようになれば、あなたはいわば神の真の名誉ある像として賛えられるだろう。また昼間に公に暮らしていようと自分の陰の中にいようと、天使と善き人々から賛えられるだろう。なぜならここでは民衆や多数の人々があなたに関心があるかどうかは、まったく問題ではないからだ。民衆は問題を理解しないし、しばしば下水管を祭壇と思って崇めている。そういう人は無視して、美徳の玉座に座している真の名誉を求めなさい。

### 問題10（雄弁になる）

**四十五．** 誰もを雄弁にする。

もしも、雄弁とはおしゃべり（そのようなことは技術ではなく自然にできることだ）のことではなく、自分が考えたことを適切に会話で表現することだと理解するなら、これは誰にも保証されている。物事を互いに知性で正しく区別し、個々の名前を正しく指摘し、単語を相互に結びつけることを適切に学んだ人は誰でもそうできるのだ。そうすれば、無益なことではなく事物そのものを、言葉の怪物ではなく言葉そのものを、話すことができる。そして石灰なしの砂をくっつけるのではなく、関連しあった言葉を適切に結びつけるのだ。そうすればもっとも簡潔で口数の少ない人でも雄弁になれる。なぜなら、神に対してはため息が、人間に対しては簡潔で真実を告げる会話がふさわしいからだ。「然り、然り」「否、否」のように。

## 問題11〔良い習慣〕

**四十六．**人間を、良い習慣を身につけさせ人間らしい存在へと形成する。習慣の基礎は、自分自身を統治すること、それと他人の命令に服従することである。そのために望まれることは、人間が衝動によってではなく何事も理性によって行うことに慣れることだ。クラウディアヌス[34]が次のように述べている通りである。

あなたが自分自身の王になることができたなら、
その時初めて、すべてを正当に保持することだろう。

しかし人間は若いうちは経験不足のためにまだ理性が清められておらず、何が役に立つのかを自分でどこでも分かるという訳にはいかないので、良き習慣と誠実さの別の基礎、つまり他人の支配に甘んじるということを付け加えるのがよい。正しいことなしには何も正しく行えないのだから、人間はむしろ支配されることに慣れて、その後に支配することに慣れるべきなのだ。また、最初は自分自身を、次に他の事や他人を支配するように慣れるのがよい。この両者は次のような共通の方法によってもっとも適切に成しとげられる。(1) 目の前のあるいは歴史からとった実例でたえず照らす。(2) なぜこれを、あるいはあれを避けたり求めたりするべきなのかの理由を、正確な指示で説明する。(3) たえず慎重に実践するよう促す。それも暴力的でなく粗野でなく、快い自発性に導かれて行う。このようにすればすべての人間が人間らしい存在へと促されることができよう。

## 問題12〔神を敬う〕

**四十七．**魂に敬神の心を強力に染み込ませる。

ところで、敬神の心そのものもまた訓戒によって教えることが可能である。それは神から直接にあるいは奇跡によって注ぎ込まれるのではなく、順序正しい教えの道によって運びこまれるのだ。それは聖書から明らかである。もうそうでなければ神は、アブラハムが自分の家を神を崇めるために作った時に誉めなかったはずだし（創世記18-19）、両親に対して、自分の子どもたちを主への訓戒と警告でもって教えるようにと（申命記6-20、エフェソ5-4、その他）、あれほど頻繁に注意することはなかっただろう。だから敬神の心を訓練できないはずがない。さらに次のことを指摘しよう。

（1）まず神御自身が実例である。神は「神聖であれ」とおっしゃった。「私も、神の子イエス・キリストも神聖であるのだから」と。イエスは人間に対して実例となるように、どんな場合もどのように行動すべきかをたえず教えることができるように、人間として作られた。第二の敬神の実例として、あるいは天使が（天使がどのようにして神に仕えているのかを私たちが真似て学べるようにと、たくさん登場している）、あるいは新旧聖書のすべての聖人がいる。いわば天の霊の教会の、光を美しく放っている星（それらは正義の太陽に従っている）のようである。

（2）敬神の心を形成するための教訓あるいは規則は不足しているわけではない。それらは普遍的な神の聖書にちりばめられ、またそこで敬虔なる人々や賢者によって集められまとめられている。

（3）また、敬神の心そのものを日々実践するやり方や、逸脱していると分かったら改善するやり方も、不足してはいない。そうしてついに、神の完全な人ができあがり、どのような善行もできるように整えられるのである（テモテ2-3-17）。そこで、次のようにしなければならない。

（1）小さな魂がどんな堕落も実際に引き起こさないうちに、敬神の実践をすみやかに始める。というのは、この時期だけが魂の内奥の形成に適していると、神がイザヤ書第28章第9節で証言しているからである。またキリストは「神の国はこの子らのものである」と述べている（マルコ10-14）。

（2）自分と他人の実例をたえず示す。どんな機会にも、どんな場合にも、キリストと聖者を示すことによってそうするのだ。

（3）模倣するようたえず促す。教訓と規則、神の約束と威嚇を繰り返し織り交ぜてそうする。そして最後に、自分のために自分で神へ真剣に祈りを捧げるようにさせる。これらすべてが真剣になされたら、キリストが「マルコの福音書第4章第28節」その他で約束したことが、真剣に期待できよう。

**問題〈悪を学んではいけない〉**

**四十八．**悪を学ぶ人が誰もいないようでありたい。自分からも他人からも、いわんや教師からも悪を学んではいけない。

暇な人は皆自分から悪を学ぶものである。気まぐれな想像に身を委ねるからだ。悪い仲間と付き合っていると、悪を見たり聞いたり実行したりする機会が誰にでも外から生じる。先生や教師から[35]、珍しい学芸や異教徒の書物で訓練を受けると誰でも悪を学んでしまう。だから以下のことが重要である。

（1）すべての人間が、罪を犯すことを免れるために良き事柄に従事する。「悪徳を避けたいと望む者は、暇を避ける」という格言の通りである。

（2）良き人と以外の交際を許すべきではない。悪い仲間との交際は避け、できるだけ止めさせる。それが不可能であり、時に係わりをもつことがあれば、目をそらし、耳をふさぎ、そこから急いで離れるのだ。またもしも何かを目にしたり見たり汚いものに触ったりしてしまったら、手を洗い、良心を洗い清め、そのようなことを避けるようによりいっそう固く決意するのだ。

（3）人間に、知って役に立つことは何でも学び、知って害になることは何もを学ばないように、教えねばならない。善を学ぶ機会を与え、悪を学ぶ機会を取り除くのだ。人間は、感覚に差し出される物は何でも捉え、差し出されない物は捉えない。ちょうど鏡が、向けられた物は天でも地でも何でも受け取り、そうでない物は受け取らないのと同じことだ。それだから、悪い書物や下品な絵など悪の機会はすべて根絶すべきだ。

（4）もしも、害悪に気づかずにいることが不可能で、有害だと知る可能性があれば、解毒剤なしにそれを知ることを許してはならない。例えば、カインの殺人やレメクの重婚、ロトの近親相姦などを聖書で読む時は、そんなことをしたら罰を受けずにはすまないと教えるのだ。

**〔三章のまとめ〕**

**四十九．**私たちの祈願を使徒が締めくくってくれる。「私たちの主イエス・キリストの来臨の時に、私たちの霊と魂と体のすべてが潔癖に守られているように、望み努めなければならない。（テサロニケ1 - 5 - 23）」これこそが、人間の一部ではなく人間〔全体〕を耕すということのはずだ。身体が維持され、魂が学問と技術で養われ、神の似姿である私たちの最高の部分である霊が、永遠の生に向かって守られる、その手段が、どんな人にも不足することのないように用心しよう。

# 第四章

**すべての面にわたって徹底的に、すべての人をすべての事について、教育するとはどういう意味か（第1節）。また、それは何のためか（第2節から第6節まで）。また、そのことの可能性（第7節から第11節まで）と容易性（第12節から第18節まで）はどのようなものか。以下の章への移行（第19節から第22節まで）。**

**訳者による紹介**

第四章は「すべての面にわたって」教えるにはどうするかを論じます。三章の「すべての事」とどう違うのかという質問が出そうですね。以前書いた『大教授学』という本では「すべての人」に「すべての事」を「敏速・着実・愉快」に教えると説明されていました。ここではその同じことを「すべての人」「すべての事」「すべての面」と語呂合わせで並べてみました。別の表現を使えば、教育の「主体・内容・方法」ということでしょうか。

私たちが教えたことが、バラバラで役に立たなかったり、すぐ忘れてしまったり、強制されて嫌々ながら学ばされたり、そのようなことがないような教育を実現することが狙いです。たしかにそれは難しいことかもしれません。どうしてこれまでうまくいかなかったのでしょうか。私たちの祖先であるアダムとエバの時代から、そもそも人類がうまくいったためしはないのでしょうか。

人間はもともと自由を求め強制を嫌います。だから上から押さえつけてはうまくいきません。皆が納得しないと改善は進まないのです。また人間は最高に複雑な生物なのですから、それに見合った扱い方が必要です。時間もかかるでしょう。人間はとても活動的な存在ですから、それだからこそ、コースを外れて間違って悪を学んでしまう可能性もありますが、ツボにはまればどんどんうまく行くのですが。そのような問題点を検討するのがこの章です。そうして結局のところ次のような中間結論にいたります。すべての人に教育を普及するには学校が必要だ。すべてのことを学ぶためには本が、教科書が必要だ。すべての面にわたって学ぶためには独学よりは教師についた方がよい。ここで「学校、書物、教師」という言葉をおそろしく拡大解釈して使っています。それについては五章以下で論じることになります。

**〔すべての面にわたって〕**

一．ただ単にすべての人をすべての事について磨き上げるだけでなく、すべての面にわたって徹底的に磨き込み洗練させることができるように、人類の教育を始めようと私は言った。しかしその全面的に徹底的に洗練させるとはどういうことか。それは外見を磨くのではなく、この世とあの世で着実に使用するために、真理に向けて磨くということである。つまり、知恵と雄弁と技術と市民の徳性と敬神に向けて形成された人は誰でも、半可通ではなく知っている人になり、おしゃべりではなく話ができる人になり、仕事を自慢げにやる人ではなく仕事を力強く実行する人になり、仮面をつけた高潔家ではなく高潔な人そのものになり、偽善ぶった敬虔者ではなく霊と真理において神の敬虔で神聖な崇拝者になる、そのようにすることだ。

**〔世界は紛糾している〕**

二．もしも私たちがパンパイデイアの提案によって事業を仕上げないのなら、作業は無駄になり、神と私たちを愚弄することになり、公的あるいは私的な問題の改善には何にもならない。役立たないことを試みるよりは計画全体を止めた方がましだ。

問題の表面的な知識では、世界に何の役にも立たない。このようなことですべてが憶測の呪文で正気を失ったり、様々な誤りの毒を盛られたりしたのである。

どんなにたくさんおしゃべりができたとしても、ただ饒舌なだけでは何の役に立つというのか。このようなことで、すべてが虚しい娯楽のための止めどもない冗談に満たされ、互いの衝突や喧嘩の論争で際限なく紛糾してきたのだ。

神の栄光や人間の救済といった着実な用途にとって、空虚に対する精緻な発明や作業はほとんど役に立たない。このため、人は空虚の煙で満足し、空虚の劇場を作り上げてしまった。

優雅に飾り立てた風習や、マキャベリ[36]流の人間を制御する技術が、何の役に立つというのか。このため、世界のすべてが悪霊にとりつかれ、誰もが誰をも信じない。すべてが、詐欺、欺瞞、罠に、またそこから生じる真似事や隠し事、詭弁、陰謀に満ちている。そして、約束、契約、誓約、印鑑、協定、証明書などは、どれも信頼できないとみなされている。さらにひどいことに、すべてが偽証、同盟破棄、暴力、戦争、災難、相互の破壊であふれている。

さらに神への崇拝は、無あるいは疎、あるいは偽りである。宗教では誠実なものはどこにもなく、偽善やパリサイ主義[37]で被われていないものはどこにもないと思われている。

要するに、世界中が仮面以外の何物でもない。立派に育てられ、育成され、洗練され、上品であり、宗教心があると見られたいと思っている人でもそうなのだ。例外は、密かに神に仕え、真理を敬い、神に知られた七千人だけである（列王記Ｉ-19-18）。

## 〔根本から徹底的に改善しなければならない〕

三、世界の状況を逆転させなければならないとすれば、人間のすべての努力を、もっとも基礎の土台から逆転させねばならない。その方法はパンソフィアで示した通りである。つまり、人間が教えられ学ぶものは何でも、次のようにするのだ。

（１）切り裂かれたり部分的だったりするのではなく、完全で全体的なもの。

（２）表面的で見せかけのものではなく、着実で現実のもの。

（３）粗野で強制的なものではなく、穏やかで平穏で、また持続するもの。

これらの三つの祈願を、すでに適用している方法でこれから説明しよう。事柄が十分な根拠でもって企てられるとすれば、最初は必要性、次に可能性、最後に容易性について説明するのがよいだろう。

## 〔部分的・断片的でなく完全に〕

**四．**すべてを完全に捉えるべきであり、あれこれと断片的部分的に捉えるべきではない、ということは、最高に真実な根拠と、その根拠に結びついた経験とが示している。というのは、人間の本質の力は、何かある一つの事だけに結びつけられていると、事物の劇場全体には向けられずに調和的に自分を維持することができず、有害な方に逸れて、自分や事や他人の害になってしまうのである。

なぜなら人間の願望はどれも一度に満たされるように作られているのではなく、適度に与えられて互いに満たし合い関連づけられるようになっている。何か知りやすいこと、欲しやすいこと、行いやすいことだけに従事していると、その他の別のことを無視したり嫌悪したりするようなことになってしまう。そして断片的なことだけで一杯になってしまい、表面的なことで満たされ、そこでは必要なことが不足するということになったりもする。例えば、他人に対して権力をふるいたいとあまりに強く望んですっかりそのことに駆り立てられている人は、その他のことを忘れる。その願望を実現しようとすれば、容易に専制君主になり自分や他人を破滅させてしまう。別な場合、快楽にだけ向かっていると、豚の群れからエピクロス派[38]が生じる。

崇高な性質の人は知識の宝庫を渇望するのだが、しかし過度に望めば知識を実際の使用に変換することなく無駄に終わってしまう。こうして、この人もその人もあの人も、自分の願望の目的をけっして達成しない。

権力と支配権を求める人は、世界をひとつあるいはたくさん与えられても十分満足することはない。それはアレクサンドロス大王[39]の例から明らかである。

快楽に耽っている人は、すでに味覚がだめになっており、水を飲めば飲むほどまた飲みたがる。

知識の集積に力を注いだ人は、たとえソロモンの知恵を捉まえるとしても、終わりを見いださない。というのも賢者は、問題をたくさんを見いだせば見いだすほど、自分に不足しているものをさらに多く見いだすからだ。知識が増大すれば苦しみが増大し、財産を貯めこめば悪意、憎悪、悲惨が増大することになろう。

しかしながら、死すべき存在である人間は、そうすることを止められない。なぜなら、自然の本質を脱ぎ捨てることはできず、何かを求める願望を放棄することはできないからだ。

そこで、治療薬を捜すとすれば、次のような総合的対策以外には見いだせない。つまり、部分的なものを取り去り、私たちすべてが、単純かつ一致した私たちの遺産全体に（楽園ではそうなるだろう）立ち戻るのである。私たちの間で知識や財産や名誉を分割したり、それらを互いに奪い取ったり、逆に奪い返されたり、そうして敵対したりすることを止めるのだ。誰もが、神が与えてくれた、知り、欲し、できるということすべてを、それも何らかの部分ではなくすべての事柄を、知り、欲し、できるということを望まねばならない。そうしてそれが細切れでなく完全になれば、ついに私たちの誰もが、断片的ではない幸福を得られることであろう。

## 〔表面的ではなく着実に〕

**五．** すべての人が表面的にではなく着実に耕されることが望まれる。それも憶測や外見ではなく真理に従ってである。実質なしの外見は欺瞞以外の何物でもないからだ。ではそうなるのはどうしてだろう。

夢見る人が、宝物を見つけて金持ちになった、あるいは名声が高まった、ないしは宴会に出て気持ちよく楽しんだと思ったものの、眠りから覚めれば実は裸で横たわっており空腹であると知り、あざ笑いの的になっていると気づく、そういうことが何になるのだろう。しかしこのようなことが、死者の復活の際に、この世で本当の善に満たされなかった人に対して起こると預言者が予言している（詩編7‐20）。ソロモンが、憶測をたくましくする人は絶望的だと述べており（自分の憶測を知恵だと言う人を見れば、かえって愚者の方に望みがあると思う。箴言26‐12）、実に世界は憶測する人で満ち溢れており、すべてが絶望的ですべてが愚者であふれていても、驚くことではない。誰もが自分より他人を見下し、自分の憶測に満ちた知恵や宗教や名声を追い求めているのだ。

そのような悪に施すべき治療薬は、次のようなものがふさわしい。すべての人が、真の着実な善にほんとうに気づき、味わい、求め、見いだし、所有するように、彼らを誘い、手を引いて導くことだ。そうすれば、すべてが着実で平穏になりうるであろう。

### 〔強制的ではなく穏やかに〕

**六、**人間が穏やかで平穏に洗練されることが望まれる。それも自発的な優雅さに基づき、善を固く維持し、着実な成果をもたらすまで磨き上げられるようにする。三つの原因について忠告しよう。

第一に、かつて哲学者と称するある人々が、哲学するという口実で慣習を無視して濫用していたように（それはキニク派[40]、犬儒派、つまり汚い犬と呼ばれた）、今日では、敬神を口実にして敬神以外の生活の理性的な装飾を無視する人がいるということだ。これは許されるものではない。被造物のうちのもっとも優雅な存在である人間を、精神、言語、作業が汚いままに放置しているのは恥ずべきことであり、宝石も磨かなければ輝かないのだ。

平穏が必要だというもう一つの理由は、自分と自分のものをほんとうに改善するというかくも崇高なこの提案において、野蛮で強制的な力が働いて嫌悪感を引き起こしてはならないからである。むしろできるかぎりの穏やかさと快さが、自発的な喜びを引き起こし、熱意をかきたてるようにするべきだ。そうして、人間をもっと豊かに洗練させるという作業がいったん始められたら逆転しないように、また習慣となっている無気力や怠惰や野蛮に逆戻りしないようにせねばならない。造園を始めてもすぐにまた放棄して、木々が生い茂るのを放っておけばどうなるのだろう。また、鉄を磨いて鋭くしても、放置して錆つくままにしておけば何だというのか。

人類のほぼ全体が荒れ地の状態に置かれ、無知な企てによって破滅させられているのは、もっともなことだ。というのは、真理、善、可能性への愛は、すべての人に本来的に内在しているとしても、才能の真で厳粛で恒常的な教育はまだ存在しておらず、いつでもどこでも細切れに行われたり、曲馬師のように表面的に試みられたりして何の成果も生み出さず、すべてが渾沌へと逆戻りしているからだ。様々な学派を見てみたまえ。たえず議論していながら、自分を喧騒から解放したり相手を疑念から解放したりという具合に相手を論駁する人はいないのだ。宗教を見てみたまえ。少なからぬ人々が神の学校である教会に生涯にわたって集っているものの、宗教の基礎を正しく把握していない。政治を見てみたまえ。六千年にわたって最高の統治形態について熟慮されてきたが、議論というよりは論争と闘いで、多くの王国が、さらにはほとんど全人類が破滅するに至っている。かくも多くの流血で私たちは何を得たのだろう。もっと別の事柄を望み、開始し、せかすことが、（つまりすべての面にわたって願望を達成することが）いかに必要か、まだ分からないのだろうか。

**〔不可能ではない〕**

**七.** 次のように言う人がいるかもしれない。「不可能なことを望むのは無駄だし、試みても無駄だ。また渾沌へ戻ってしまう。これまでいつもそうだった」と。答えよう。神が嘆き、災難を与え、にもかかわらずたえず励ましているのは何のためか。私たち自身のうちにたえず刺激が起こり、もっと良いものを求める願望が起こるのは何のためか。神と自然がその目的を追求することはまったくないというのか。別の希望があるのがすぐに分かるだろう。困難がこのような祈願を妨げているということは否定しないとしても、不可能だと見なすべきではない。

**〔たしかに困難ではある　その1、人間は複雑だから〕**

**八.** 人間の完全な形成には困難がないわけではないということは、次の四つの原因から認められる。

第一に、人間はもっとも複雑に構成された被造物なので、堕落から守らねばならないとしたら、たった一つの問題でもその他のすべてを結び合わせたような細心の配慮が必要とされる。それは次のようなことで分かる。外部器官が繊細で複雑であればあるほど、攻撃にさらされやすく、損害の回復はいっそう難しい。日時計の例でいうと、壁にかけられて太陽に向けられかつ正しく配置されていれば、動き続ける。ところが砂時計や水時計はもっと複雑で運動に依存しているので、簡単に壊れてしまい修理が難しい。しかしもっと難しいのは自動時計である。ほんの二つか三つの歯車でできていて時を表示するだけなら苦労や世話も少ない。しかし時報を鳴らすためにさらに別の歯車が加わると苦労は倍以上だ。十五分ごとに音を出すと三倍以上、天球の運行を表示したり何かのメロディーを奏でたりするとさらに多大な労力がいる。要するに、ひとつひとつに配慮が必要なものが数多く含まれれば、それだけ全体の管理はいっそう誤りやすくなるのだ。ところで人間もそのような複雑な被造物であり、内部に鉱物、植物、動物、天使の元素を有しており、さらにそれらの各々が多くの部分から構成され、各部分は小部分から成っていて、どこでもそれらが損傷を受けやすく、損傷した部分は今度は隣の部分に広がる、そういうことがもともと起こりやすいのである。

**〔困難さの2、人間は卓越した存在だから〕**

**九.** 次に、人間の本質の特徴は、もともと支配を容易には受け入れないような卓越した存在だと考えられている。人間は石や木材、野獣と（それらの運動は単一方向であり、複数方向だとしても一定のやり方で一定方向に定まっている）同じではないからだ。むしろ、無限の存在として、無限に向かう力と（もしも機会が来れば）無限へ自分を転換させる力を付与された被造物なのである。それはパンソフィアで示した通りだ。そこで、事柄の本質全体において、人間ほど変換可能なものはないということになり、また限界に囲まれることには耐えられないのだ。

## 〔困難さの3、創造の時以来の堕落〕

十．〔アダムとエバという〕最初の両親が、不幸にも罪へと落ちたために混乱が増大した。私たちはこのいわば眩暈のようなものに襲われて、光そのものも見えなくなり、より良きものへと向かえと忠告する声が聞こえなくなり、触れうる場合でもぼんやりし、平地でもよろめいたりつまずいたりして、善を悪と、悪を善と考え、光を闇と、闇を光とみなし、命の小道ではなく死の道に入り込んでいる。いつも私たちは神あるいは神の代理の人々よりもむしろ自分自身に従いがちで、理性よりは感覚に従い、また自由な感覚よりも、事物に誘惑されて正気を失い捕らわれた感覚に従いがちだ。

これが、アダム以来すべての人に継承されている生まれつきの素質であり、相続権として人から人へと植え付けられた奇形なのである。神の知恵が私たちを誠実な規範へ引き戻そうとして、人間の肉をまとい、人間自身の意志を拒絶し神の意志に従うようにという実例を、たくさん示しているのに、見習うように人間を説得することは難しい。最近この世界に入ってきた子どもたちでさえそうだ。他人の理性の導きに従うよりも、他人と同じく野獣のような状態に陥って野獣のような感覚に導かれる方を望んでいるのだ。このため、もっとも知恵ある人でさえ迷い、もっとも敬虔な人でさえ罪を犯し、最高の養育の下でさえ多くの人々が堕落している。キリストの霊が教会に注がれ、洗礼の恩寵によって集められ、敬虔な祈りとため息で呼びかけて、私たちの無気力を助けようともしているというのに（それがなかったとしたら人間は誰も矯正され得ないだろう）、この神の恵みは人間の自然を取り去るのではなく矯正しようと努めているのだ。実際自然の本質はその天性のものをできるだけ長く維持するものである。そこで聖書に描かれているあの霊と肉との戦いが生じる。それは神によって再生させられたすべての人が自分の内で体験していることであり、そこでは霊が優れば肉は屈服し、肉が優れば霊は圧迫される。

**〔困難さの4、悪の習慣と憶測〕**

**十一.** 人間を正しく形成することに対して、強力な障害がさらに付け加わる。慣習と憶測の悪い実例である。それはとりわけ若者たちにも浸透し、彼らを横道に追いやっている。

それをキケロ自身が目撃して次のような言葉で強調している(キケロは最初の人間のつまずきとそこから生じた人間の自然の堕落を知らないので、断片的に表現されているものの、キリスト教の意味で解釈すべきだ)。「私たちの才能には、生まれつき美徳の種子があり、その種子がりっぱに成長することさえできれば、自然が私たちを幸福な人生へと導いてくれるはずだ。しかし実際は光の中に生まれ出て抱かれたとたんに、ありとあらゆる邪悪と憶測のひどい理不尽にたえずさらされる。まるで乳母の乳と共に誤りを吸い込んでしまうかのように思える。また両親の下に戻され、次に教師に委ねられると、多種多様の誤りになじんでしまい、真理が虚無に、自然そのものが強固な憶測に道を譲るようになる。それにいわば最高の教師のような民衆が加わり、悪徳に同感している群衆が加わり、私たちはついに邪悪な憶測に染まってしまい、自然そのものから遠ざかってしまう〔トゥスクルム荘対談集3-1-2〕。」見よ、誤りと罪を犯した群衆が私たちを取り囲み、同じような誤りと罪に誘っている。これが、若者たちに真理と善とを常に確実に実り豊かに染み込ませることを妨げている原因でもある。

**〔困難の原因が分かれば除去できる〕**

**十二.** 教育を困難にさせているこのような原因は、まったくその通りだ。だが、原因が示されたら、困難さそのものを除去したり軽減したりすることが可能だということも、やはりその通りだろう。それを順々に見ていこう。

**〔単純にすることは解決策にならない〕**

人間の本質の多様性にとって(多様性ゆえに人間はすべての被造物に向き合い、働きかけられたり影響されたりしているのだが）、最良の解毒剤は単純性だと信じる人がいる。そしてその単純さとは、人間が感覚で触れるものをできるだけ少なくし、物事の多種多様性から自分を抑制しておくような状態だと考えている。そのような意見をもしも私たちが認めるなら、子どもたちを事物の認識から遠ざけるべきだということになってしまうではないか。しかしそんなことは止めるべきだ。そのような救済策は正当ではないし、やらねばならぬことを果たしていない。

正当でないというのは、そのような救済策は人間の精神（すべてが精神の下に置かれている）からその威厳を捨て去り、魅力を奪ってしまうからだ。そして暗黙のうちに、事物の多様性の作者であり人間の精神の製作者である神を、何らかの罪で非難することになってしまう。

やらねばならぬことを果たしていないというのは、そのような救済策は感覚を少しの対象で満たし、想像力を様々な無益な、体と魂に有害なものへと運んでしまうからだ。さらに悪いことに、多様な対象によって感覚がいっそう活気づけられるということがなく、自然の力全体が僅かなものだけに衝動を集中させてしまう。これは田舎の民衆や野蛮な人々に見られる。彼らは感覚で知覚する僅かなものから、物事についてのおそろしく奇怪なきわめて有害な憶測や慣習を獲得しているのだ。それは非常に拭いがたく、意見を変えたりもっと良いことに従ったりするよりはしばしば死を選ぶほどである。

それだから、この単純性という方法によって、人間を全面的に制御しやすい存在にさせたいと望むなら、対象物をすべて人間から遠ざけてしまうのがもっとも確実ということになる。それは感覚を奪い去って、目が見えず、話せず、無感覚にさせてしまうことと同じだ。そのようなことをかつて熱狂者が愚かにも企てたことがあることを私たちは知っている。それは人間から人間でないものを作ることになってしまう。しかし私たちが求めているのは、人間を完成させる道であって破壊させる道ではない。もっとも賢明な神が立ててくれた秩序を残しておくこと、つまりもっとも複雑な被造物である人間を、予防策を講じてあらゆる害悪から遠ざけるようにすることがより健全な企てということになろう。この実現には、あらゆる事柄の真の使用法を示し濫用を禁じている、パンソフィアのみが役立つであろう。

**〔制限の枠を設ける〕**

**十三．** また、無限の自由を許可することを制限し、どこでも何にでも突き進む意志に対して理性の柵をあらかじめ準備し、突進したら害を受けざるをえないとはっきり分かるようにして、自分を制限するようにしてほしい。このように、理性に反していると思われることは抑制するように慣れていけば、他人の命令という手綱に耐えるのはずっと容易になろう。とりわけ、人間の行うことは何でも、強制ではなくあたかも自分の自発性で行なっている（つまり自分の意志と楽しみで行なっている）という具合にすべてを配置することができれば、もっと容易になろう。

**〔神に委ねる〕**

**十四．** 人間の本質の堕落に対して、天の下で次のことより優れた救済策を考えつくことはできないだろう。それは人間に造られた神の子が幼子の時から示してくれたことである。つまり、神のすべての意志を行い受け入れようと神に委ねるよう努めることだ。キリストはこの世に来た時言った。「見よ、私は来た。神よ、あなたの意志を行うために（ヘブライ10・7）」。このことを人間が同じように自分で達成するには、私たちの願望はまったく堕落しており、自分で導けば破滅に進むしかない、ということを確信し理解するように教えてもらうことだ。人間が神を（神は父として私たちに好意を抱いており、私たちに役に立つこと、害になることを、私たちより何千倍も理解している）指導者に選び出し嘆願すること、そして神に対して自分の自由裁量を放棄すること、これ以外に安全なことは考えつかない。そうすれば破滅はありえなくなるだろう。

この理性的な服従という神秘を子どもに（特に幼児期には）理解できるように説明することはまだできないとして

も、理解する道を準備することはできる。自分の意志で行うよりも他人に従う、つまり何事も両親、乳母、教育掛の指示に従うように、子どもを習慣づけるのである。しかし、もっとも警戒すべきことは、すでに理性を働かせ始めている子どもが、大人の命令や禁止に何か無駄で不公平なことがあると思ってしまうような無意味なものにしないことだ。もしもそうなると、服従の門が壊れ、自分の意志に従うという習性が（密かにあるいは公然と）魂に入り込んでしまう。私たちは理性的な被造物を形成しているのだから、理性的に取り扱わねばならないと心に留めておかねばならない。

**〔悪を遠ざける〕**

**十五．** かくも多くの災難の救済策を見いだすのは容易だが、次のように遵守してほしい。つまり、つまずきのあらゆる機会と悪い見本を人間の目と耳から（特に最初の年頃には）遠ざけるように命じるのだ。模倣せずに罪が作られることはなく、模倣は見本なしにはなされないから、見本が遠ざけられれば模倣も遠ざけられる。遠ざけるためにどのように注意すればいいのかは、後のところで示される。ここでは次のことを示しただけで十分だろう。私たちの祈願をもともとの誠実さに引き戻せば、不可能だと思わねばならないほど実現を妨げることができるものは何もない、ただ障害をできるだけ取り除けばよいのだ、と。



**〔悪に陥る理由〕**

**十六．** 実際、人間の自然の本質にはもともと才能、意志、実行の能力が内在しており、それらに対して真理、善、単一あるいは統一（つまり可能性）が食料を供給している。人間の本質は、すべての真理をあまりにうやうやしく考えているので、真理のような外観がやってくればそれが偽りでも信じてしまう。またすべての善を過度に愛しているので、善の外観をまとっていればそれが悪でも欲してしまう。またすべての可能な善へと駆り立てられているので、可能性の見せかけが示されると、不可能なことをすら試みてしまう。人間は、真理だと信じるのでなければ、偽りを信じたりはしない。善だと説得されなければ、悪を尊重したりはしない。可能であると期待しなければ、不可能なことを試みたりはしない。だから、才能に対してほんとうに真理を差し出すならば、すぐに捉えるだろう。意志に対してほんとうに善を差し出すならば、すぐに飛びつくだろう。実行能力に対してほんとうに可能なことを差し出して、それが容易だと付け加えてやれば、すぐに行うだろう。

**〔人間の魂の無限性〕**

**十七．**人間の魂には知性、意志、記憶力の部分があり、深淵と同様の無限の容量が与えられている。またこの深淵は少しのものでも多くのものでも満たされることはなく、食料を無限に必要としている。だから光がこの深淵の上を十分照らさないなら、神の霊（才能の活力である）がその上に行き渡ることはあっても、それでも深淵は深淵のまま留まり、美しい普遍の様相を受け取ることはないであろう。だから私たちは、神の十分な三つの光、すなわち、感覚で試される神のすべての御業の光、私たちの中の神の明かりである理性の命令、信仰によって受け取られた啓示の光、この三つの中に安全に入っていけるようにしよう。そして神の力がどんな業を行使するのかを見つめよう。

**〔限界を設ける〕**

**十八．**たしかに、私たちの精神は無限の容量をもっているとはいえ、無限を恐れている。そこでは、物事を囲んで捉えるための限界が見えるようにはなっていない。そこで、いわば無限にさまようのではなく、自分の実体の不動の限界でしっかりと境界を示すようにすれば、精神をうまく助けることができる。また、些細なことを何でも一緒に示すのではなく、主要点だけ、あるいは小さな部分がさらに引き出せるような重要部分を、知性、意志、実行能力に対して、あたかも捕虜のように引き渡す。あるいは重要部分を捉えたら些細なことは無視できるようにさせる。人間の真の幸福は、善をたくさん所有することにあるのではなく、ほんとうの善を活用し楽しむことにあるのだから、次のようにするのがよい。所有しているのは少しでも、ほんとうの善を有している人は、動揺したり悩んだりすることが少なく、安らぎ楽しむことが多く、損失の危険にさらされていない人である。同じく、金や宝石や絹を扱い慣れている商人は、安っぽい商品には簡単に向かわないものだ。私たちも、精神を扱えるようになったら、世界の最重要事の考察に向かい、世俗的などんな係わりからももっと容易に離れるようになるだろう。

**〔学校、書物、教師〕**

**十九．**これまでの三つの章から次の三つのことが生じる。人間は次のように教育されねばならない。

（1）すべての人が教育される。すべての人を教えるための教育の工場つまり普遍的な学校が必要となる。それを私たちはパンスコリア〔普遍的学校〕と呼ぼう。

（2）すべての事が教育される。すべての事を含んでいる、私が書物と呼ぶところの、教育の普遍的な道具が必要となる。それをパンビブリア〔普遍的書物〕と呼ぼう。

（3）すべての面にわたって教育される。すべての人に、すべての事を、すべての面にわたって適用することを知っている、普遍的な教授者が必要となる。それをパンディダスカリア〔普遍的教授〕と呼ぼう。

**〔これまでは学校が不十分だった〕**

**二十．**これまでは、これらの三つが正しく構成されていなかったので、世界は荒廃していた。ある民には学校が存在せず、教育もなく、ただの田舎と野蛮があるだけだった。学校が存在している所もあったが、それは良いものではなく、教育は貧しく、人間の自然を改善せずにさらに堕落を準備するものだった。敬虔で聖なる目的に十分かなった学校もあるにはあったが、良く秩序づけられておらず、製粉所や迷路のようだった。そういうわけだから、全人類に役立つような学校を至る所に建てるように配慮せねばならない。もちろんそれは神の意図にかなうような、被われていない神の像を人間の中に回復するような、すべてを好ましい使用に引き戻し、喜びの園となるような、そのような学校であろう。

**〔これまでは書物が不十分だった〕**

**二十一．**同様に、ある民のもとには書物がまったく存在せず、別の所では氾濫している。書物が才能の助けにはならずに圧迫している。あるいは様々な誤りが（哲学の、医学の、政治学の、宗教の誤りが）記載されている。あるいは真理が伝えられているとしても、方法の欠陥によって錯綜しており、有用であるべきだったのにそうなっていない。そのため、人間の教育の道具である書物は、次のように改善されねばならない。どの国民にも書物がないということがありえないように、また無限の多様さは適度な数に減らすようにし、余分なものは十分な位に少なくし、気ままに許されている教義は着実な真理へと戻し、書物のでこぼこな使い方は快適な道へと引き戻すのだ。

**〔これまでは教師が不十分だった〕**

**二十二．**人類の教育掛[42]についても同じ理由があてはまる。教師のいない所はどこにもなく、そこには善き教師が、学識があり教えることのできる教師がいなければならない。そのような教師は、人間を人間に作り上げる事を何でも理解しており、その理解した事を他人に教えることを知っていなければならない。

**〔学校、書物、教師をどう配置するか〕**

**二十三．**このように以上のことが正しく構成されたなら、次の諸章では様々な法則が取り上げられる。人間の各年代ごとに、学校、書物、教授者がどのように配置されるべきか、また、どのようなものが必要なのか、という法則、つまりすべてを段階的に完成に向かわせるようなパンソフィアの法則である。

**〔自分自身が学校、書物、先生になる〕**

**二十四．** これが次のように遵守され使用に供されたら、なんと美しいことだろう。

（1）人間に生まれた人は誰でも、理性の使い方を覚えたら、自分自身にとって、学校、書物、先生になる。

（2）互いの交際において、各人が隣人にとって、学校、書物、先生になる。

（3）団体立の学校と、公共の書物と教師が見当たらないという所がどこにもないようにする。

# 第五章　パンスコリア　普遍的学校

**学校が至る所に開設されねばならない。またそのことが必要であり可能であり、（もしも問題が理性的に立てられるなら）容易に実践できるということについて。**

## 訳者による紹介

二、三、四章で論じたことが、五、六、七章では別の角度から展開されます。

「すべての人」に教育を普及させるには「学校」が必要です。建物があろうがなかろうが、先生がいようがいまいが、人生はすべて学びであり、したがって人生すべてが学校だと言えます。「人生すべて学校だなんて、こりごりだ」という人も二一世紀の日本にはいらっしゃるかもしれませんが、でも本来学校は素晴らしいところなのですよ。ギリシャ語では学校のことを「ルドス」と呼び、それは「遊び」という意味でした。いったいいつから学校は体罰といじめの場所になってしまったのでしょう。

人生すべてが学校なのですが、成長の度合いに応じて、学校を区分する方が好都合です。それを七段階に分けてみました。六歳までは家庭が学校です。もちろん本来の意味の学校とはとても違っていて、いわゆる勉強する場ではありません。その後は六歳刻みで建物のある文字通りの学校です。年齢があがってくれば、プロの教師に任せた方が確実です。『大教授学』でも強調したことなのですが、子どもはいっしょに集団で教育することが望ましいし、子どもたちも友だちといっしょに学ぶ方が楽しいのです。成人後は建物が固定した学校はなくなりますが、教育は継続します。いや、大人になってからこそ、学ぶことが必要になってくるのです。コメニウスの学校階梯は日本の「就学前、小学校、中高、大学」とそして「生涯学習」と似てませんか?

ところがその時代には、すべての子どもをいっしょに教育することにはものすごい反対がありました。貴族の子と庶民をいっしょにするのは想像すらできないことでした。身分や将来の職業によって学校を分けるべきだという意見がとても根強かったのです。そもそも学校を信頼せず家庭教師に任せるという伝統も強く残っていました。ジョン・ロックやルソーの教育論だって、家庭教師による教育でしたね。コメニウスが提唱した学校は、二〇世紀になるまで夢のまた夢でした。

**〔全生涯が学校である〕**

一．全人類にとって、世の始まりから終わりに至るまで、全世界が学校である。それと同じように、人間一人一人にとって、揺りかごから墓場までの全生涯が学校である。セネカの言葉「学ぶのに遅いという年代はない[43]」は不十分で、こう言うべきだ。「すべての年代が、学ぶように定められている。人間には、学ぶより他に生きる終点は与えられていない。」いやそれどころか、死そのものも、この世界も、人間の生命を限界づけることはない。人間として生まれた人は誰もが、この世のすべてを越えてさらに、いわば天の学園に向かうように永遠へと進んで行くのだ。先行するものはどれも、旅路であり、準備であり、工場であり、下位の学校である。

**〔人生の目的〕**

二．人生が終わるまでに、人生を成し遂げて来世の準備ができたと誰もが言えるように、生涯のすべての時間や仕事を配分しなければならない。世界のすべては、神の知恵によって秩序に従って各々の目的を達成するように配置された。同じように私たちの人生も、なぜ私たちがこの世に送り込まれたのかという目標を正しく考察し、手段を正しく適用しさえすれば、この世に送り込まれた理由にとってまったく十分なのだ。無駄に過ぎ去ることが何もないように、人生のそれぞれの時間を節約して使い、悪いものではなくより良いものをどこでも選ばねばならない。ところが、今私たちはたいていの場合、的も見ずに槍を投げている。秩序に従って真剣に行うのではなく、虚しく混乱して行っているのが実情なのだ。そして人生の成果を失って永遠にぐるぐる回り続けている。こんなことは止めさせなければいけない。目標に正しく向かうように、すべての人が教えられねばならない。

**〔人生で学ぶべき事柄〕**

三．特に重要視されるのが敬神の学習である。すべての人が生においても死においても神の慈悲を得られるように、耕されねばならない。そして人生のあらゆる有害な誤りを予防するための人生の思慮と、人間の交際の普遍的な薬味である名誉ある道徳的行いについても教えられるべきだ。さらに、名誉ある人生を維持する上で必須の技術と学問が、そして文字を知り、読んで書くことが教えられねばならない。なぜなら、文字の恩恵なしでは誰かに話すこともかなわず、書かれたものを読まなければ何かを聞くこともできない、という状況になってしまうからだ。このような事態が最下層の種類の人間には起こりうるのだが、文字の習得はそれほどむずかしくない。労働や仕事の義務があっても、どんな人間にも読み書きの習得は可能であり、それができないという危険な状態を避けて、生涯を通じて日々使用することができるようになることが大切だ。要するに、すべての人が文字を学び知るように配慮されねばならない。

### 〔人生の年代区分〕

**四．**まさにすべての人が、すべての国民にわたってすべての事を、不可能や困難に妨げられずに学べるようになってほしい。事柄が秩序だって配置されて神の目標が遵守され、諸規則に従うならそうなるのだ。賢明なる創造主は、自己の似姿（神は自らの無限性を似姿に与えることはできなかったものの、無限性の類似物を与えることはできた）を次のように区分した。器官については、才能、精神、舌、手、その他。段階（それを私たちは年代と呼ぶ）としては幼児期、児童期、青年期、若年期[44]、壮年期、老年期。

これを遵守しないと人生の時間は無駄になり、損失は二倍となる。第一は時間そのものの損失である。幼児期あるいは児童期に学べたはずのことを、青年期になってやっと学ばねばならない、また、青年期や若年期に学ぶことを、壮年期や老年期に追いやってしまう、こうしてついには最後に行うべき時間がなくなったり、あるいはすべてがむやみにせきたてられて間違って行われてしまう。

第二の損失は、機会の損失、事柄を行うための適性の損失である。最初の年代に適していた行動は、第二の年代には不適切であろうし、第三やその他の年代にはますます適しない。例を挙げよう。児童はどんな言語も容易に学ぶ。青年や若者が学ぶのは難しい。壮年ではさらに難しく、十分に学ぶのはほとんど無理だ。その他の場合もこのような具合である。だから時間を賢く配分することは知恵の土台であり、生涯の時間を賢く配分することはまさに知恵そのものということになろう。

**〔年齢の段階区分〕**

**五.** だから全生涯が学校になるということは、実に容易に実現されるだろう。年代ごとに適した行動を配分してやればそれだけで、学ぶべきこと、行うべきこと、成し遂げるべきこと、そしてそこから人生の成果を集めることが、生涯にわたって持てるようなるのだ。そして、一日や一年がさらに小さな部分から成り立ち、特定の行動が割り当てられ、全生涯も同じように区分される。幼児期と児童期は一日の早朝と一年の春にたとえられる。青年期と若年期は午前と夏に、壮年期は午後と秋に、老年期は夕方と冬に相当する。つまり自然は自ら春夏秋冬に分けて利用し常に作業して決して休むことがない、それと同じように、私たちの人生も、正しく方向づけられればすべての年代にわたって部分と段階に分けて活用できるし、それを望み、そうすることを喜ぶのだ。

**〔年代区分に応じた七つの学校〕**

**六.** ところで、人間の全生涯の期間は、身体、魂、霊の形成のために与えられており、七つの年代に分けられる。その第一は母の胎内における最初の受胎と最初の形成である。第二は誕生であり、これに続く幼児期である。第三は児童期、第四は青年期、第五は若年期だ。第六は壮年期、第七は死を受け入れる老年期である。このように、実に適切に段階をふんで人間を完成させるための七つの学校が設立されることになろう。すなわち。

Ⅰ　誕生期の学校。年の初め、一月に似ている。

II 幼児期の学校。芽を出す二月と三月に似ている。

III 児童期の学校。植物を花で飾る四月。

IV 青年期の学校。すべての果実を形づくり始める五月。

V 若年期の学校。果実と穀物を熟させ、早生のものを発芽させる六月。

VI 壮年期の学校。あらゆる種類の果実を集め、来るべき冬に備える七月、八月、九月、十月、十一月にたとえられる。

VII 老年期の学校。一年の周期の終わり、すべてを完了する十二月に似ている。

**〔それぞれの学校の場所〕**

**七．** 最初の学校の場所は、人間の生れるところどこでも、ということになろう。第二の学校はすべての家庭の中にある。第三はすべての村に、第四はすべての町に、第五はすべての王国あるいは州に、第六は世界中に、第七は長命の人が見いだされるところどこでも、ということになろう。最初の二つの学校は、私的な学校と言うことができる。世話が私的に両親にのみ任されているからである。中間の三つは、公的な学校であろう。教会や行政官の公的な監督下にあるからである。最後の二つは個人の学校である。自らの運命の製作者として行動することができるしまたそうしなければならない年代にまで達しているのだから、神と本人に任されることになろう。

**〔公的な学校〕**

**八．** 公的な学校については、まずもって特に述べることがある。(1) それは何であり、なぜ至る所に建てなければならないのか。(2) それは可能か。(3) そして、製粉所のように面倒なことではなく、とても心地よい才能の遊びであるように、どうすれば容易に好ましくできるのだろうか、ということである。

**〔すべての若者が〕**

九．公的な学校を私は集合体と呼ぶ。そこでは全部の村、町、州の若者[45]が、もっとも尊敬に値する成人男性あるいは既婚女性の監督の下で、文字と学問を、尊敬に値する徳性を、さらに真の敬神の心を、いっしょに訓練される。そうして立派に耕された人間が至る所に満ちあふれるような状況を作り上げるのだ。もっとよく理解できるように、より詳しく説明せねばならない。

**〔公共の教育施設が必要な理由〕**

十．全部の村、町、州の若者、と私は言う。家族という何らかの社会が暮らしている所はどこでも、若者のこの種の共通の養育施設が造られるべきだと理解してほしいのである。この提案には重大な理由がある。まず両親自身は、自分の子の勉強[46]をきちんとみてやる余裕が十分にはないからだ。実際多くの親は無知で、自分自身が粗野である。ある者は感情が腐っていて子の教育を望まない。金持ちと享楽家がそうだ。ある者は仕事があるために子の教育ができない。労働者たちがそうだ。そこで、どこかで誰かが無視されたまま放置されることのないように、共通の計らいが必要である。公的な学校を建て、そこに自分の子どもたちを送ることが誰にとっても権利でありかつ正当だと、そのようにすべての人が考えざるをえないようにするのだ。

次に、多くの人がいっしょに訓練されることは、単に労働の節約だけではなく、教える側と学ぶ側に熱心さを引き起こすものである。たえず手本となり互いに競争心を起こして、より迅速により着実に成果がえられる。

さらに、神が教会の集会を、人間の思慮が政治の集会を設立したその同じ理由が、いわば教会と政治の前ぶれとしてここに挙げられる。すなわち、すべての人が、聖俗両方の交際に、相互の合意に、そして公的な福祉を維持する法の下で生きることに、慣れるようにするためである。だから、公的な学校を、いわば経済状態の緩和として、教会や政治の土台として、至る所に建設すべきだということを、確定してほしい。

〔誰が教えるのか〕

十一．もっとも尊敬に値する成人男性と既婚女性の監督の下に委ねると私は述べた。それはこういうことである。(1) このような事柄は、民衆の誰でもよいのではなく、もっともよく選び抜かれた人々に委ねるべきだからだ。(2) 若者もだめである。自分自身を統治するのに適していないからだ。だから十分年齢を重ねた徳性の磨かれた人々がよい。(3) また、礼節の点では男女別々に教育すべきだ[47]。ところで何を教えるべきなのだろうか。

〔何を教えるのか　読み書き〕

十二．第一は文字である。世界中のすべての人が読んで書くことを教えてもらわねばならない。さらに生活の技術を付け加えよう。若者が学校で従事することは、後ではけっして使わないようなことではなく、まさに生活の仕事の導入になるように、そのようなために学校に委ねるのである。ここで、弁論の準備についてキケロが忠告したあの美しい台詞を紹介しよう。「予習のやりかたは次のようでなければならない。戦いの前には槍を振り回してみせても、実際の戦闘では何もしなかったサムニウム人のようにではなく、予習した文章そのものを使って戦うことができなければならない（弁論家について2 - 80 - 325）」つまり私が言うのは、学校にいる若者は、学校を出たら真剣な仕事に向かえるような訓練をして遊ぶように教えられねばならないということである。

〔道徳教育〕

十三．名誉ある徳の行為へと若者を公的に形成するようにと忠告することは、公的な関心事である。子どもの徳性は群によって実に簡単に汚されてしまうからだ。個別の何らかの歪みのせいで、あるいは家庭の悪いしつけ[48]の欠陥で引き起こされたり、他人との交際によって汚染されたりしてしまう。だが、隠れた火花を美徳のたえざる実例によって光の下に呼び出し、相互の競争で増大させるように配慮するなら、徳性をこの上なく見事に形成するのにこれほど効果的なことはない。だからまさにすべての公的な学校が、公的な美徳の製作所となるべきなのだ。子どもが美徳を知る前に悪徳を学ぶことがないように（慣れてしまったことを引き離すのは困難だから）、少しずつ知らず知らずのうちに、学校を出る時には悪徳を嫌悪するようにさせる。プラトンの学園で育てられた子どもたちについてこう書かれている。家に帰って父親が大声で笑うのを聞いて、子どもたちは「プラトンの学園ではこんなことは見たことがない」と言って不快感を示した、と[49]。たとえ家庭で（つまり母親学校で）両親の無知や愚かさによって何らかの悪徳が引き起こされたとしても、公的に学校で改めさせるように特に配慮すべきだ。浴場で汚れが落とせないとしたら何の役に立つのか。魂の汚物である悪徳が学校で取り除けないとしたら何の役にたつというのか。

**〔敬神の教育〕**

**十四．**若者は、敬神の心も公的に教えられねばならない。それは、教育全体にとっても私たちの生活全体にとっても魂であり、しかも訓練することは可能なのだ。すなわち、実例、教示、模倣によって教えかつ学ばれ、それに、私たちの忠実で控えめな努力に聖霊が協力してなされるのである。

**〔集団で一斉に〕**

**十五．**若者はいっしょに訓練されるべきだと私は述べたが、それには二重の意味がある。若者の集団ということで私が理解しているのは次のようなことだ。学校に託されたすべての人が平等に配慮されて尊重され耕され、そして同じ教授内容で訓練される。というのは、公に若者の才能に多くの教えが注ぎ込まれ、よりよい道徳心が植え込まれ、多くの誤りが時間の経過と共に除去され、多くの労力と消費が節約される、そのようなことが可能になるのは、個々にではなくすべての人にたいして、最高の先生が雇われて、すべての人に必要なすべての事を一斉に染み込ませる場合だからだ。そのためにはすべての公的な学校が次のようになることが必要だ。(1) 公的な病院。そこでは、人々が生活し健康でいるよう教えられる。(2) 公的な競技場。そこでは、生涯にわたって役に立つ、活動と活力のための訓練に慣れさせる。(3) 公的な光の宮殿。そこでは、知識の光によってすべての人の精神が明るく照らされる。(4) 公的な弁論場。そこでは、すべての人が言語や会話の巧みな使用法を教えられる。(5) 公的な作業所。そこでは、学校で（またその後の人生でも）、草原のセミのように歌って暇つぶしをするようなことは誰にも許されない。巣の中の蟻のように、誰もがいつでも立ち働いていなければならない。(6) 公的な美徳の製作所。それによって学校のすべての市民が洗練される。(7) 公的な政治の似像。そこでは、誰もが小さな共和国にいるかのように、従ったり逆に支配したりすることを教わり、子どもの時からただちに、事物・自分自身・他人に対して支配権を行使することに慣れさせる。他人を統治する運命をたまたま担っている人には特に必要だ。(8) 教会の再現。そこでは、すべての人が、魂の牧師、良心の保護者を与えられて、神を知り神意への献身の心を抱く。単に主の日だけでなく、毎日教理問答や説教を聞いて、年齢に応じて様々な教義で励まされたり慰められたりするのである。

**〔実践訓練〕**

十六．さらに訓練について述べよう。すべての公的な学校では、実例と実践によってすべてが活発に動いていることが必要だ。教訓によるのは長く困難な道だが、実例と実践によればいわば短く効果的な道となる。ホールンベックがクレナルドスの所から引用して書いているのだが[50]、イスラム教徒が自分たちの学校でアラビア語を教える方法は驚くべきだ。彼らの所では、最初の年からコーランの言葉をそのまま暗記させ、理解していない書物を記憶に刻みつける習わしなのだ。この学校には法典が見当たらない。学校の教師が記憶から課業を引き出して木の板に書き、子どもが心に蓄え、翌日教師が別の課業を書く、そうして一、二年のうちにコーラン全部を暗記してしまうのである。家に法典そのものを持っている人よりも、このようにしてコーランを記憶している人の方がはるかに多いことが分かるだろう。ほら、彼らは教義を紙にではなく胸にしまっているが、それは訓練のおかげなのである。

**〔教育された人間〕**

**十七．** このような公的な学校を至る所に開設すべきだというこの提案の目標が最終的に達成されると、よく耕された〔教育された〕人間が至る所に溢れている状態が実現する。耕作〔教育〕なしに人間が成長するのは、野生の木々、イバラ、イラクサ、トゲが伸びるのと同じことだ。もしも庭や木々に実をつけるように成長させようとするなら、熱心に植え付け、水をやり、剪定しなければならない。名前は忘れたがある人によれば、文字や学校が実用化されている国では、老人よりも子どもの方が、よりいっそう学び、知り、理解しているということだ。それが事実であれば、至る所に学校を建てることによって、どの国民からも学ぶ人、知る人、理解する人が出現するようになる。そうすれば求めていることが達成されるだろう。

**〔これまでの学校の欠陥〕**

**十八．** 次のように言い張る人がいるのではないか。「公的な学校はあったが、そこから成果が生れたのを見たことがない」と。これまでなぜそうだったのか、原因を考察しよう。すなわち、

（1）今ある学校は、最初の養育で歪められてしまった人を受け入れている。彼らから悪いことを取り去り、それからようやくより良いことを教えるという二重の労力がかかっている。しかもたいていの場合その労力は混乱し煩瑣で無益である。

（2）学校に完全に任されているのではなく、ただ一定時間だけ通学しているから、その結果、毎日慣れ親しんだことに戻って汚され、より良いことを嫌悪するということが続いている。

（3）とりわけ、才能をより良いことへと誘う原理がほとんど知られていなかった。むしろほとんどの学校教師は、

気難しさや鞭打ちや野蛮な方法で、自分や学校から生徒を追い払っていたのである。

ここで勧めているのはもっと別なことだ。すなわち、(1) 適切な時期に正しい養育を始めて、徳性と魂の堕落を予防する。(2) 知恵があり、尊敬に値し、勤勉な人と交際させ、知恵があり尊敬に値し敬虔である人以外は、見たり聞いたり行動したりすることを許さない。(3) それを煩わしい道や強制によらず、すべてがいつも楽しく好ましい訓練と仲間との共同で行う。それは後述の七章と八章で明らかにされよう。

**〔身分にかかわらず〕**

**十九.** ところでここで、よく質問されることがある。「学校で身分の高い者と低い者をいっしょにするのか」と。答えよう。どちらの側にも根拠がないわけではない。将来の名望家を庶民と混ぜないということは、ダビデの例で証明できるように思われる。彼は息子のソロモンを離れて訓練させるためにナタンに託したのだった。もっとも当時、私たちが勧めるような公的学校が存在していたのかどうか定かではない。むしろ存在していなかったという方が確かだろう。そこで私は、次のように検討することを提案する。ライオンが牛と一緒に干し草を食み、ライオンの子が子牛と一緒に寝そべるようになるというイザヤ書第11章第6節第7節のあのすばらしい予言を、実践し始めることができないかどうか、と。

**〔教える人、学ぶ人、教科書〕**

**二十.** そこで、公的な学校を至る所に開設するようにと私たちは勧めるのだ。人間が生れる所にはどこでも、与えられた本性を可能性から現実へと変えるために、養育が必要である。「できるとしても、教える人がいればの話だ。おそらく他人を形成するのにふさわしい人はどこにもいるわけではないし、彼らを維持する手段やその他の条件が見つからない」という人がいるだろう。答えよう。学校の本質的な要件は、教える人、学ぶ人、良い書物、これである。

書物によって、学識、徳性、敬神が、教える人から学ぶ人へと注ぎ込まれるのだ。さらに必要な要件は、集まるための建物である。教える人を養う俸給と、権力を行使して仕事を進める長官も必要だ。これらはどれも、人間が慣習に従って暮らしている所に存在していないということはありえない。つまり、

### 〔生徒はどこにでもいる〕

**二十一．** 人間が生れたところ世界中どこでも、生徒がいないということはない。私たちは誕生を通して人生へと、まるで学校へのように送り込まれるからだ。建物の材料である石、材木、粘土が不足していない所では、建物を建てることができる。それと同じように、学校の材料である若者は至る所に存在するのだから、学校が建てられないことはない。

### 〔教える人はどこにでもいる〕

**二十二．** 人間の中に、年齢、学識、物事の使用法、その他のことで優れている人が誰かいれば、そこでは教える人がいないということはありえない。他人に教えるとは、学ぼうとしている人に、言葉と実例で導くことにほかならないからである。先導するというそれだけですでに学校であり、組織的教育が進行している。それはちょうど、大工が材木と石を巧みに配置することに着手すれば、建築が進んでいくのと同じだ。

### 〔どこにでも書物がある〕

**二十三．** さらに、教える人と学ぶ人がいる所にはどこでも、書物がないということはありえない。つまり神の書[51]のことである。この世界は被造物の偉大な書物だ。すべての人がいつでもどこでも自らの面前にその書物を持っている。その世界という書物を読むことを学ぶのだ。さらに誰もが自らの内により小さな書物を持っている。自分の精神である。生得的な観念、生得的な欲求、そして行動への生得的な刺激、これらによって、いつも自らを繙いている。

だからこれらに注目することを学ぶのだ。さらに第三の書、神の啓示の書物がある。それはどの国民にとっても入手可能だ。というのは、すでに諸国民の言語に翻訳されているか翻訳可能になっているからだ。そして熱心に励むなら、他の良き書物もないということはありえない。

## 〈教える人を雇うことは可能だ〉

**二十四．** 家族を扶養するために、家畜の群れを飼育する人（一人あるいは多数の牛飼い、豚飼い、羊飼いなど）を養える人がいる所にはどこでも、ましてや自分の子どもたちのごく少数の群れのための監視役を、一人あるいは多数養う人がいないということはありえない。なぜならば、人間の子孫に対しては、役畜よりもたくさん世話がなされなければならないからだ。また、獣の事柄が理性の事柄に役立ち、肉体の栄養が魂の食料に役立つように、役畜の成果の一部を人間に移し替えることは可能なのだ。

## 〈いっしょに教育する方が容易だ〉

**二十五．** それでもなお何か困難があると想像する人がいれば、真理にかけてこう言うことができる。「特定の人だけを教育して残りを無視する現代の教育よりも、この方がすべて容易であろう」と。

（1）若者全体の形成者を一人扶養する方が、多くの私教師を扶養する（今はそうなっているのだが）より容易である。

（2）一人の先生が大勢を同時に教える方が、一人一人別々に教えるよりも容易だろう。軍隊の指揮官に、新兵を一人一人練兵場に連れていって武器の訓練をするのと、一団となって訓練するのとどちらが良いかと尋ねてみよ。確実に後者を選ぶだろう。その方がずっと容易であり、また限りなく大きな効用があると認めるだろう。

（3）生徒自身も、ばらばらよりも群れになって学ぶ方が、競争心がかきたてられて容易である。ある詩人が言うには「強力な馬は、前にも後ろにもライバルがいるとスタートから良く走る」。

〔学校開設の場所〕

**二十六．**さらに容易な点を付け加えることができよう。公的な学校の場所が、いつも若者が集まりやすい場所に選ばれる場合である。つまり、町の中央に、そしてもし可能なら聖なる教会のような寺院の近くに、またできるかぎり心地よい所に、庭園や木陰や芝生があり、絵で飾られている、そのような所、若者の数が多くても収容力があり、一つ一つのクラスの集団を別々に収容できる所、ということだ。時間に関しては、ずっといっしょに、あるは少なくとも一日中いっしょに住めるようにし、出たり戻ったりさせず、粗野な行為に走ったり時間を無駄にしたり、学んだことを忘れたりするような機会を与えないということだ。

〔学校の開始時期〕

**二十七．**すべてにおいて秩序が正確なら、道も容易となろう。すべての学校がいわば鎖のように、どの輪も次の輪に結びついているようにするのである。また時計のように、一つの歯車が次の歯車に引き継がれて、一つの動きが全部を快く調和的に動かすようにさせる。そうしてどの学校も、始まりと終わりの標識と、出発地から目的地まで進む中間点をもつようになる。そこで以下のことに留意するのは無駄ではあるまい。

公的な学校とクラスはどこでも、課業の周期は一年の周期と同じにする。つまり、一年の始めと終わりが冬至に置かれているのがもっとも自然なのと同じように、学校とクラスの始まりもそこに置かれてそれ以外ではありえないようにするのだ。それは第一に、すべてに対してすべてを調和させるためである。第二に、その時が他の時よりも、人々が公的仕事から引き離されることが少ないからだ。また、人間のいわんや若者の魂は、春よりも夏や秋よりも、冬の方が集中しているからだ。空気そのものが、どの生命体にも自然の力を集中させるのである。（だから多くの学校で行われているグレゴリウス祭は、冬至に時期を移すべきだ。）

### 〔学校は遊びとなる〕

**二十八.** ところで快さの最大の薬味は、まったく実践的でまったく快適な学習方法であろう。それは、学校が真の遊びとなり、人生全体の快い序曲となるような方法である。そのためには、生活のすべての作業を子どもらしい形にして、ただ理解するためだけではなく楽しむためでもあるという具合にすればよい。その年代の人が楽しまざるを得ないような対象に向けるのだ。学校を卒業して生活の仕事に送り出された人が、新しいことは何もなくて、真面目な仕事に新たに楽しく向かっているだけだと思うようにさせるのだ。そのためには、物事を次のように配置するのが良いだろう。

すべての学校をいわば(1) 小さな家庭経済にして、家事の練習を十分にさせる。(2) 小さな共和国にして、市民を部族に分けるように十人組にして、自分たちの執政官や法務官や元老院、裁判所などを持たせ、すべてを良き秩序に保つ。(3) いわば小さな教会にして、神への称賛と聖なる勤行で一杯にする。要するに、小さな楽園のようにして、そこでは快適で楽しい散歩、見物、会話がみちあふれる。それらはあるいは即興のものだったり、思索のために提示されるものだったり、また、明らかにすべき問題への回答だったり、手紙で書く回答だったりする。さらには立派な言葉遣いを身につけるための舞台俳優の所作だったりする。もしそうなれば、あの銘文のようになるだろう。「真の学校は、純粋の遊びである。」

### 〔行政官が必要〕

**二十九.** 最後に、いったん確立したこれらすべてを正しく維持するために、クラスの教師や校長の他に、どの学校にも学校行政官と呼ばれる監察官ないしは視学官を任命する必要があろう。それは公職から、つまり牧師や市民から選び抜かれた人々である。すべてを秩序良くしかるべく維持するためには、それらの人々は学者である必要は必ずしもないが、非常に敬虔で威厳があり思慮深くなければならない。常に寛大でかつ厳格に、逸脱に注意して秩序ある道に戻すことを知っておりかつそう望んでおり、また公の権威をもって実行できる人がよい。

**〔普遍的な学校の要件、まとめ〕**

**三十．**また、これらすべての学校は、パンソフィアの学校と呼ばれ、またそうであらねばならないということを付け加えておく。そして以下のすべてを段階的に扱う。(1) 感覚的なもの、(2) 知的なもの、(3) 霊的なもの。つまり物理学、形而上学、超自然学だ。これらを一つ一つばらばらにではなく、人間の七つの年代の生活すべてを通して結びつけて、土台と初歩から上昇し、より大きくより高い段階を経て、天の下で到達することができる頂点に至るまで、扱うのである。パンソフィアの学校には大きな困難は存在せず、むしろこの上もなく容易であろう。骨の折れる図書館や教師や方法を求めてはいないからだ。というのは、図書館は (1) 各人自身、(2) 自分たちの身の回りにいる被造物、(3) 聖書の本であり、パンソフィアの生徒はそれらをいつも必ず手にしていることだろう。教師はこれも (1) 各人自身、(2) 理性的に観察される神の被造物すべて、(3) 常に献身的に呼びかけ教えている内部の神の霊、となろう。また方法は、単一の永続する単純で容易なものとなろう。それらは常に理論から始まり実践を経て応用に至るのだが、それについては以下の諸章で扱おう。

# 第六章　パンビブリア　普遍的書物

## 書物について、また才能の普遍的な教育に役立つその他の道具について。

**訳者による紹介**

この章で論じるのは学校で使う書物、つまり教科書のことです。ギリシャ語でちょっと気取ってビブリアと呼んでみました。日本語でも最近使いますよね、ビブリア。人生すべてが学校であり、建物がなくても学校なのと同じく、冊子になって印刷されてなくても書物なのです。それをまずご理解ください。あのデカルトも「世界という書物を研究しよう」と方法序説第一部で述べています。私たちはまずこの世界という書物から学ぶのです。次に私たちの心の中が教科書です。日本語でも「こころを読む」というでしょう?自分の心は読み物なのです。それと聖書。キリスト教に縁のない皆さんには意外かもしれませんが、聖書にはたくさんの知恵がつまっています。以上を「神の三書」と言います。神様が「読みなさい」と私たちにお与えになったのです。それについてはこのシリーズの第二部パンアウギアでもう少し詳しく述べられています。

もちろん、紙に印刷された本が重要なのは言うまでもありません。特に、子ども用の教科書はできるだけ精選することが必要です。そのための仕組みをいろいろ考えてみました。まず、教科書は無制限に出版するものではありません。「光の協会」という団体を組織して、出版をコントロールします。皆さんの時代にもいろんな規制は存在しますよね。学校の生徒のためには少数の精選された教科書があれば良いのですが、「光の協会」は学問を進めるための様々な種類の出版を促進する役割も担うことになるでしょう。この章の後半は読者の皆さんにはちょっと縁遠いかもしれません。

〔教育の道具〕

一．これは普遍的教具と呼ぶこともできよう。それは才能を磨くことに役立つものであり、使い方がここで示される。

（1）まず最初に事物。感覚に直接提示される物のことである。

（2）次に事物を再現するもの。絵や彫刻のことである。

（3）最後に、言葉でなされる事物の描写。それを私たちは書物と呼ぶ。実際の事物をなんでもかんでも学校に持ち込むことはできないし、描いたものを常に、あるいは適切に十分に持ち込むこともできないから、どのような書物をどう使用すべきか、準備すべきかを忠告すれば十分だろう。

〔神の三書〕

二．私たちがパンビブリア〔普遍的書物〕と呼ぶのは、普遍的な教育を目指し、また普遍的な方法の規則に則して十分に整えられた書物のことである。ではそれは完備した図書館のことだろうか。普通はこう考えられている。将来の賢者は多くの書物を読まねばならないが、すべての人にとって大量の本があることはありえないから、知恵にたどり着けるのは少数者のみである、と。しかし神はすべてのことにとって十分な三つの書物を私たちに授けたのだった。作業に満たされた、私たちの周囲のこの世界。理性に満ちた、私たちの内部の精神。言葉で為され聖書の中で私たちに提示された神の啓示。これらについて、賢者であるシラが賢明にもこう述べている。「知恵の泉はいと高きところにいます神の言葉である（シラ1-5）」すなわち神の言葉は三重である。考えたこと、述べたこと、為したこと。神が為したこととは、神の御業のこと、すなわち被造物に満ち満ちた世界である。神が述べたこととは、神的に吹き込まれあるいは口述された書物のことである。神が考えたこととは、神の似姿として造られた私たちの魂の活動そのものである。その似姿は原型を反映している。これら三つの書物は知恵の泉と呼ばれる。これらに比べれば、人間の書物は、たとえ最善のものでも小川にすぎない。部分的な観察という雨から小川に集まって、いつかどこかへ流れていく小川だ。それに対してあの神の書物の方は、地下の大きな深淵のように、けっして枯れることなく自らあふれ出る泉である。あるいは、広々とした大海のように、常に蒸気、雲、雨を供給している。ところが人間の書物は、家で灯されるロウソクのように、部屋の中を照らすだけだ。あるいは通りを進む時に役立つ松明のようなものだ。それに対して神の書物は、世界全体を照らす、支えとなる光である。

**〔書物の必要性〕**

**三.** 神の知恵のこれら三つの書物は、真の充実した図書館である。人間がこの世でも永遠の世でも、知ったり信じたり、為したり期待したりするのに必要な、あらゆる事柄の図書館であり、もっとも完全な規範である。だがそれはすでに完全なる知恵へと導かれた人のためのものだ。まだ途中の人は、指針となる何らかの小冊子、神のあの充実した図書館への導入となる冊子が必要だ。その適切な準備についてこれから論じよう。そのための最高の条件とは、人間のほんとうの教育が、人間のほんとうの目的に、直接に、十分に、明白に、対応するようにさせるということである。

**〔直接に〕**

**四.** 直接にとは、導かれた人が、自分の目的から外れて到達できないようなことがないようにするということである。もしも私たちの永遠の最高善である神が、この世の至る所に、いわばすべての生命と魂であるかのようにずっと行き渡り、私たちの生命と魂を天に至るまで絶えず鼓舞するようになるならば、そうなるであろう。

**〔十分に〕**

**五.** 十分にとは、この道を導かれた人が、現世と来世の生命について、何らかの自らの善を失うことがありえないようにするということである。もしも神が自らの劇場で公開した何かがここでも示されて、人間をすべての面にわたって開発するなら、つまり精神において知恵ある人に、意志において聖なる人に、神の御業において有能な人にするならば、そうなるであろう。

**〈明白に〉**

**六．**明白にとは、この道でたどり着けない人がいないようにするということである。第一に、もしも学校のこれらの書物が、まずできるかぎり少数で簡潔で、数と量で威圧することがなく、必要なことは何も抜け落ちず、副次的な重荷はまったくない、というふうになればそうなるであろう。第二に、伝える方法が快く、常に新しい楽しみがあり、たえず光で誘われるようになっており、また、繰り返しやあいまいなゴツゴツで退屈になるようなことがなければ、そうなるであろう。第三に、神の書の中にほんとうの鍵がある、すべての事柄が理解されるように解き明かす鍵があると、すべてを明確で着実な真理として伝え、すべての人間の感覚が認めざるをえないようになれば、そうなるであろう。これらの個別の要件については、別々に少し長めに述べねばならない。

**〈少数の小冊子〉**

**七．**これらの小冊子は少数だと私は述べた。それは数で威圧しないためだが、複数は必要であり、実際相互に異なっている必要がある。つまり年齢段階が異なるのに応じてである。人間は誰でも、揺りかごから人生の最後までを年齢段階を経て進んでいく。二つの年代が同時ということはけっしてありえず、一方から他方へと続いていく。だから行うべき課題が各年代に適切に割り当てられて、墜落の余地がないようにすべきなのだ。たしかに、二段あるいは三段を一度に登ろうとしたり、違った段に同時に立とうとしたりする人は、目も手も足も混乱し、精神も錯乱し、ついにはどうしても下に墜落してしまう。

**〔段階に応じて〕**

**八.** その冊子は何冊になるだろうか。年齢のクラスの数だけ、そして相互に異なる進歩の目標に応じた数だけ、ということになろう。ところで学校の生徒のクラスは、同じ学習で等しい進度で結びついて一つに集められている。それは、一斉に同じ指示を与えられ、練習を促され、相互の模倣で進歩することが容易にできるようになるためである。だが同じクラスの中での同じ学習も、段階で構成される必要がある。もっとも重要なのは以下の三段階だ。(1) 初級者、(2) 中級者、(3) 上級者。

**〔簡潔で確実な書物〕**

**九.** 冊子が複数あったとしても、簡潔であれば害にならず許容されるだろう。確実に真実で現世と来世の生活のために明らかに役に立つのでなければ何も記載するに値しないと見なし、些細なことや奇妙なことや論争的なことを認めないなら、それは可能となろう。私たちのすべきことは、争いの種を蒔いたり固定したりするのではなく、また若者の魂をあれやこれやと議論できるようなことで満たすことでもない。まず第一に大切なのは、確実に知ることができてそこに何も多義性がないような事柄を知ることであり、滑りやすい危険な状態に才能を導くことではない。それには若い時から確実なことにのみ依拠するよう習慣づけることだ。それが人生を通しての思慮深さの土台となろう。またセネカのあの悲嘆を防ぐことにもなろう。「私たちは必要なことを知らない。必要なことを学ばなかったから」[52]。もしも後になって、ありえそうなことや両陣営の論争を調べることを楽しむ人がいるとしたら、学校の門を通過した後に言語と事物の考察に進んでいくための、あらゆる著作家の平原が開けることだろう。

〔神は、ノアの箱舟に虫類、虱、蠅、蚊などではなく、種の増殖のためにもっと大きな構造の動物を持ち込むよう命じた〔創世記7〕。なぜなら、それらの非常に小さな動物たちは自然の戯れであって、太陽が力を及ぼしているところにはどこでも生じてくるものだ。同様に、精神の明かりは、土台が正しく据えられていさえすれば、内部の力によって無限のものを生み出す。これらのことを考慮すれば十分である。)

## 〔初級者にも上級者にも同じ本〕

**十.** 簡潔さの別の理由を示そう。それは、物事に対する明瞭で堅実な判断にとって同時に多面的に役立つことだ。学校教育の小冊子は、初級者にも中級者にも上級者にも、同じ本文が与えられて使われるという具合に書かれることが可能である。最初の手引き用の特別版や後で追加する拡張版がなくてもよい。つまり要約の章を前に置いたり、欄外に詳しい説明を付けたりしなくてもよいのだ。それは、本文が異なった書体で課題を配分すれば可能となる。最初の初心者が読んで記憶すべきことは大きな文字で印字し、中級者には古典の、上級者には斜体の文字で印字するのである。

例を挙げよう。「神は、始まりのない始まりであり、すべての本質の泉であり、自らの無限の力、知恵、善の偉大さを現したいと望んで、この見える世界を無から創造した。そしてその世界を無限の多様性でもっとも美しい形で飾り、自らの永遠の美しさ、豊かさ、快さの甘美な光景として示した。」ここで初心者には大文字で印刷された文字だけを読むように命じる。文章全体の基礎は三つの単語「神は、世界を、創造した」これで示される。中級者には、同じものに古典の文字で印刷されたものを加えて読むように命じる。「神は、自らの偉大さを現したいと望んで、この世界を無から創造した」と13語のより充実した文章が示される。最後に、順に読めば42語で構成される完全な文が示されよう。

## 〔欄外注は不要〕

**十一.** 学校教育の小冊子を(また聖書の手引書も)この形式で書くことをあえて勧めるのは、以下のような理由からである。第一に、事物のぼんやりした観念が、課業のはっきりした最高の十分な説明に先だって生じざるをえないからである。何でもこのように生じるのだ。章の要約をあらかじめ置いたり、欄外に詳しく述べたりすることがよく行われるが、提案しているこの簡便な方法の方が洗練されているし、中身が増えることもない。第二に、欄外が欄外注で占められなければ、紙と書物の量の節約になる。第三に、特に若い読者の判断力がよりいっそう鋭くなり、言葉の上で、さらに事柄において、また事柄の概念において、何が本質的で何が補足的あるいは装飾的かにずっと注目しやすくなるだろう。

**〔連続的に〕**

**十二．**これらのすべての小冊子は段階に分けられる。いわば章節がそれぞれ相互にあるいは内部で、鎖で連結されているようにである。つまり、後に続くものすべてが先行するものから生じるような、樹木の新しい小枝、葉、花、実がすべてその木の枝から発芽するようなやり方である。そのような小冊子を書く人は、それらの冊子のどれについても次のように言うことができよう。

「私たちの書物には審判者も保証人も必要ない。秩序と全体の光に依拠するだろうから。」

**〔独習者にも役立つ〕**

**十三．**特に遵守すべきことは、これらすべての小冊子が、あるきわめて明確な方法に従って書かれねばならないということである。学校ではっきりと容易に理解されるだけでなく、学校の外で自学自習するにも役立つようにだ。公的な学校での練習に与らなかった人がいたとしても、自分の努力で読み方を獲得してその損失を補い、自分ですべてを習得して同じように獲得できるようにするためである。この根拠に基づけば、個人的に学識を身に付けた人と公に教育を受けた人との相違は、後者が非常によく訓練を受けて自分の知識がこの上もなく確実になっているが、前者には何らかのためらいがつきまとうかもしれない、ということだけだ。だが、知らなくても害にならないという点ではどちらも同じことになるだろう。

**〔対話体で〕**

**十四．** 特に、これらの小冊子が大部分対話体で書かれて、実に見事に使用されるならば、目的は実現されるだろう。プラトンの本の中でトラシュマコスが述べた「答えるよりも問うほうが易しい」という言葉が正しいとすれば（誰もそれを疑わないのだが）[53]、さあ、教える人と学ぶ人の労力をもっと容易にする道が用意されている。つまり、すべての人がすべての事について賢明に問い、賢明に問われたことに対して賢明に答える、これに慣れることである。あるいは学ぶ人が教える人に問い、教える人が学ぶ人に問う、と交互に要求するのだ。つまり学んでいる間に、あるいは審査している間に、誰もが両方の役を演じることに慣れていくのだ。このように、すべての事柄について、思慮深く問いかつ答えることをすべての人が教わるならば、すべての人が賢者となるであろう。

**〔倉庫ではなく漏斗〕**

**十五．** これと同じ理由で、学校の小冊子がこれまで言われてきたような学識と知恵の宝庫ではなく、漏斗となることが可能になろう。管や水路を通るように、神の知恵の三書から流れ出るものがすべて、読者の魂に注意深く流れ込むのだ。また学校の苦労は、教える人にとっても学ぶ人にとっても、明るい書物から明るい精神へと光を移すことにほかならないということになろう。

**〔パンソフィアの書物〕**

**十六．** 要するに、新しい時代のすべての書物（特に学校〔教育の教科書〕）は、すべてがパンソフィア〔普遍的知恵〕の書物、パンパイデイア〔普遍的教育〕の書物、パングロッティア〔普遍的言語〕の書物、パンオルトシア〔普遍的改革〕の書物とならざるをえないだろう。パンソフィアの書物というのは、これらの書物が知恵全体の十分な真髄を伝え、それぞれが段階に応じて圧縮されたり拡張されたりするからだ。パンパイデイアの書物というのは、すべての事柄においてすべての人の才能に役立ち、またそれぞれの段階に応じて再度役立つものだからだ。パングロッティアの書物というのは、単純で容易な文体であらゆる国の言語に翻訳されるからだ。パンオルトシアの書物というは、堕落した事柄の予防や改善に強力に役に立ち、さらにそれぞれの場所や方法で役立つからだ。

**〔世界の普遍的改革を目指す書物〕**

**十七．**だがそれをどのようにして行うのか。答えよう。世界の改革を目指す公的な書物であるパンソフィア、パンパイデイア、パングロッティア、パンオルトシアの書物を完成させることによって、と。そしてパンソフィアで真を偽から分かち、パンパイデイアで簡略を浪費から、パングロッティアで明瞭を不明瞭から、パンオルトシアで救済を害悪から分かつことによって、と。そうして前者を至る所で保持し、後者を至る所で除去するのだ。

**〔光の協会〕**

**十八．**さらに、書物を執筆するための特別の規則を作るべきだと思われる。それらの規則を光の協会あるいは後に書物の執筆に専念しようとする別の団体が遵守することになろう。そのような規則は十二になるのではないか。

**〔書物の精選〕**

（1）明るく照らされた時代に考えるべきことは書物を増やすことについてではなく、有害な書物を廃し、無益な書物を消滅させ、そして良い書物を短縮することについてである。増大させるべきなのは喜びであって数ではない（イザヤ9‐3）し、シオンの道は単純で正しくあるように開かれているからだ（イザヤ書35‐8）。

**〔引き写しではなく〕**

（2）それでも書こうとする人がいれば、引き写しでなく書くという規則の下で許可されよう。かつてクリュシッポス[54]という人がいて、彼についてアテネのアポロドロス[55]が次のように言った。「もしもクリュシッポスの書物から他人の文を取り去れば、後には空白の紙が残るだけだ」。私たちの時代には書物をつなぎ合わせただけのものが無数に存在し、そこから新しい書物が大量に無数に生じている。だがほとんどは新しい事柄や発明が何もない。それらが才能を被い隠したり混乱させたりする役を果たしているとすれば、徹底的に止めさせるべきだ。

**〔権威や憶測ではなく〕**

（3）書く人は、寄木細工ではない書物を書かねばならない。また、自信がないため、あるいは自慢のために、すべてを権威から引用するような慣習も廃止すべきだ。偉大な証人がいると言わないと信頼されない、尊敬されないと恐れるような人、あるいは多くを読んだと思われたいと願う人がそんなことをするのだ。その結果、文章だけでなく語句や語彙もどっさりと詰め込むことになってしまう。そうして読者に同じ骨折りと嫌悪感を与え、短く言えることを煩雑なことで被っている。今後はそのようなことがないように命じるべきだ。なぜなら、事柄についての憶測ではなく事柄そのものが目の前に差し出されなければならないからだ。もしも文章が優雅であれば共通のものとして使用される。あれこれと知ることに興味がある人に対しては、別個に編集された名言集を示してやり、読者が物事を探求している時に瑣末なことで妨げられないようにする。狩猟の最中にどの犬がどこにいるか、槍が誰に貸してもらえるかなどを調べて、遅れをとるようなことはしないものだ。食卓に料理を運ぶ人も、何がどこの庭や市場から来るかを数え上げるようなことはしない。料理人はそんなことを気にしないし、胃もまったく気にしない。胃は、食べ物を消化してすべてを別のものに変えてしまうのだから。

## 〔新しく有用な書物〕

（4）新しい良い発明でなければ、公に出版してはいけない。あるいは、以前の発見について確実に新しい役に立つ観察が、神秘的な事をより良く理解するためや、より適切に良い事に応用するために、出版されるならよい。すでに知られている問題について書物を書くというあの悪癖（つまり、他のところから書き写して料理し直すような）は廃すべきだ。もしも、文体を変えることによって書物を作ったと見なされたいと望む人が、他人のものを自分のものだと売り込むようなことをすれば、それは盗作者と同じ、あるいは他の料理人が作ったものを作りかえて笑い者になった例のプラウトスの料理人[56]と同類だ。

## 〔公表の原則〕

（5）何か新しい発明や以前の発明に関する見事な観察を行なう人は誰でも、すでに知られたことに混ぜずにそれをそのまま世界に公表すべきだ。たった一つの新しい発明のためにまったく新しい書物を執筆するというあの悪癖は廃止する。宝石は、砂や泥や籾殻の堆積で隠されているよりも、自ら輝いてそのまま単独で示される方が良い。私が言うのは、以下のような多くの利点があるということである。

(1) キリストは明かりを点けて升の下に置くのを禁じ、燭台に立てて家の中の全員を照らすように命じた〔マタイ5 - 15〕。ところが、見事に観察された発見の新しい火花をすでに知られている事柄の灰に埋めている人は、それと違ったことをしているのではないか。既知のものは何ももたらさないのだから。

(2) もしも賢明な人がいて、自分が見事に考え出したことを世界に伝え、その賢明な発明でさらに容易に世に知られるようになれば、それは発明者自身にとって好都合だ。自分の宝石を埋めずに明るい光の下にさらせば、それは知恵の宝石を熱望する人々に発明者の名前と共にすばやく知れわたるからである。

(3)これは、半可通やお節介屋の無分別が運び込んだ有害な書物の氾濫を止めるのにも役立つだろう。彼らが自ら提出するものは何もないということになれば差し控えるだろうし、またそのことで世界の仕事の大部分が軽減されるだろう。

(4)そこから、読み書きの問題も容易に推進できるだろう。表面的なことから解放されれば、些細なことから解放されるからである。

(5)また知恵そのものの増大にもなる。新しい発明がすべての人の目の前にもたらされるならばだ。分別のある人は、何か良い発明がどこかで光の下に現れ出ることを毎年楽しみにすることであろう。そのことで、良き才能の火口の中に明るい火花が発生し、新しい良い炎を容易に燃え立たせるだろう。

(6)これは思慮深い政治を模倣することにもなる。そこでは、他人の財産を積んで登録しに来ることは市民の誰にも許されないし、そう望む人もいない。また、自分のもの以外の兵士や武器を毎年の調査に連れてくることは、百人隊長の誰にも許されない。

(7)このようにして私たちは、「言葉が突き棒や釘のようなもの（コヘレト12-11）」になるように努め昔の賢者の足跡を辿ることになろう。たしかに、ギリシャの七賢人[57]たちは何らかの格言で世に知られるようになったことは明らかだ。ほとんどの卓越した人々は寸言至言を残している。ヒポクラテス[58]は、短く書いたので神託を書いたと思われている。イギリスの騎士ウォットン[59]は自分の墓標に次のようにだけ刻むことを望んだ。「ここに埋葬されているのは『論争したくてむずむずしている者は教会のカサブタである』と最初に述べた者である」。

**〔人間を進歩させるもの〕**

（6）光と人間の便益を増大させるものでなければ何も光の下に出版してはいけない。そうして、これまで知られていなかったものをここで見つけ出し、混乱を秩序へと戻し、ふらつくものを安定させる、そういうことがはっきりと行われてほしい。要するに、人間を、無知の暗黒や憶測の煙や分裂のめまいから解放し、光の輝きや好ましさや力強さへと運ぶような書物だけを出版するのだ。

**〔確実なもの〕**

（7）確実な真理やこの上なく確かに利用されるものでなければ何も書かれたり出版されたりしてはいけない。アウグスティヌス[60]は「真実はどんなにわずかなものでも、意のままにでっちあげられるものよりはましだ」と述べている。また偉大な人物の誤りが他人を誤りに引きずり込むことはよくあることだ。だから警戒しなければならない。そして、真ではないことを真だと売り込んだ人が見つけられたら、公衆の前で不名誉な罰を受けねばならない。

**〔証明による〕**

（8）新しい書物は、数学的方法以外で書かれてはならない。議論によるのではなく、すべてが証明によって書かれねばならない。

問題、順序、文体に関しては、すべてが太陽の光線で書かれたかのように見えるべきだ。つまり、健全な目は太陽が出ていればロウソクがなくても困らないし、望遠鏡も手引きもいらない。また太陽も太陽の下にある物も否定することはほとんどできない。同様に、健全な精神はそれらの書物を通読すれば注釈がなくても困らないし、明らかに証明された真理に賛同することを否定することはほとんどできないだろう。もしもそのように書くことができない場合は、肯定的にも否定的にも書かずに問題提起的に書くべきだ。つまり、問題の双方の立場をまじめに探究して、真理の契機がどちらに傾いているように見えるか率直に公表し、しかしながら自らの同意は抑制して他人に自由の余地を残し、その問題をもっと十分に探究するように他人の勤勉を駆り立てるのである。このように、抑制する理由がもっともだと明らかになる。また、無分別な判断に陥らないようにと他人に見本を示して、もっと厳しく真理を探求するように刺激することになる。このように私たちは、普遍的な実践によって使徒の規範に従うことになろう（フィリピ3-15、コリント1-3-13）。また、あの古代の称賛すべき誠実さ「証拠不十分」[61]を称賛すべく模倣することになろう。そうして、私たちの時代にあまりにも勢力をのばしたあの疫病のような論争的書き物は、終わりを迎えるだろう。

**〈書物に時間をかける〉**

（9）それだから、むやみにせきたてて書物を流産させるようなことは誰にも許されない。誰もが自分が書くものすべてを、書いては直し、なめるように校正を繰り返す習慣を身につけ、そうして出版されたどの書物もポリュクレイトス[62]の基準に正確に合致するようにしなければならない。

急いで生れたものは急いで消滅する。長い時間かけて正確に仕上げられたものは時代を越える。ゼウキス[63]は同じく画家のアガタルコスが素早く描くのを誇示しているのに対してこう答えた。「私は長い時間かけて描く。不朽のものを描いているのだから」。またウェルギリウス[64]が苦しみつつ三日間でようやく三つの一行詩を作り出した時に、ある人が一日で三百作ったと自慢した。ウェルギリウスはこう答えた。「作ることはできる。でも私の詩とあなたの詩には、あなたのが三日で消え、私のは永遠に残る、という違いがある。」

**〈書物には索引をつける〉**

（10）大きな書物は、索引なしで出版されてはならない。

索引なしの書物は、窓のない家、目のない体、目録のない財産である。索引はすぐには利用されないかもしれない。

たしかに、順序良く書かれているように思われる書物は、各項目が関連する事項の間に配置されていて一度調べればどこに何があるか分からないことはありえないのだが、それでもしかし、事項を正しく並べるだけでなくアルファベット順に並べて示すならば、書物に何らかの光が射し込むことになろう。だから詩人の次の言葉は文脈に応じて理解されるべきだ。

「索引は私たちの書物には必要ない。保証人もだ。そこではすべてが自らの光で明らかだから。」[65]

**〔神の書への入門として〕**

(11) 新しい書物はどんなものでも、神の書である自然、聖書、そして自分の理性の仕事場への鍵、入門に他ならない。それは、人間が神の教えを受けた人となり、「主を知れ」と教えられ諭される必要がないように磨き上げられるためである。「エレミヤ書31 - 34」で約束されているように、大きい人も小さい人もすべての人が、自分の仕事や言葉や衝動においてどこでも、神を見、触れ、聞き、認めるようになるためである。

**〔協会の承認の下での出版〕**

(12) どの書物も、光の協会の知らないうちにあるいは相談なしに公刊されてはならない。さらにこの協会は、教会や政治の体制に係わる問題について神学者や政治家抜きに決めてはいけない。注意せよ。どんな文書でも公共の場に勝手にばらまくというあの悪癖は、あらゆる混乱を永遠に助長するものだから、絶対に終わらせてどんな足跡も残さないようにするのだ。

**〔範疇による整理〕**

**十九．** これらが良い提案だということがますますはっきりして、その記憶がより容易に心に残るように、それらをパンソフィアの一連の範疇[66]に整理してみよう。そうすればどの箇所でも何らかの有益な忠告が見いだされるだろう。

例えば次のように。

（1）実体の箇所では、書物は確実なことや確実に役立つことについて書かれねばならないと忠告する。

（2）時間の箇所では、書物は年に一度出版される、つまりあちこちで書かれ編集された書物が一度に一斉に公刊されるように忠告する。それはいわば、光の息子に願われ期待され、喜びをもって受け取られる光の収穫となろう。

（3）場所の項目では、世界のこの松明は、いわば最高の光の工場である学園だけから現れるように忠告する。その他の所からは不正常として警戒される。

（4）量の箇所では、新しい書物はできるだけ量は少なく数も少なく、重要なことを、と忠告する。そうすれば、才能に新たに疲れを引き起こさずに、新たに回復し、容易に消化され確実に吸収される新たな栄養になる。

（5）質の箇所では、論証可能なように命じる。憶測の煙ではなく明るい真理の光が降り注ぐようにする。

（6）能動の箇所では、この道が守られれば少なく書いてもずっと良いものであり、世界の大きな便益となると約束する。

（7）受動の箇所では、すべての新しい書物はすぐにすべての人に知られるようになるように忠告する。世界のすべての学園が、新しい見事な書物が登場したその年にすぐに新しい目録を交流し合うのである。

（8）順序の箇所では、この事柄についてのあの多数の混乱と、それについてのソロモンの時代から広がっている賢者の多数の嘆き（コヘレト12-12）[67]は除去できると約束する。

（9）使用の箇所では、世界中が祝福できるような事柄に役立つと忠告する。なぜなら書物の洪水の氾濫がようやく収まり、多数の著作家に引きずり回されることなく、事柄そのものがはっきりと示されて、見るべきこと触れるべきことすべてがすべての人に与えられるようになるからだ。そうしてついには世界が憶測から解放され、知識へと前進するだろう。

(10) 愛の箇所では、この事柄はなんと楽しいことかと忠告する。世界が光の中に留まり、年を経るごとにどんどん好ましくなっていく。

(11) 欠陥は取り除かれる。輝かしい才能の人々の、光の増殖についての見事で秩序立った競争によって、あの大きな割れ目を埋めることができないことがあろうか。

(12) 怪物。読み書きの事柄においてどんな怪物が残りうるだろうか。何もない。すべてが美しい。

(13) 結合と集合。もしも二人あるいは多数の学者が、あるいは学園全体が、同じ題材について共同で作業して論証可能に作り上げるなら、支障ないだろう。例えば出版前に双方あるいは全部の人から一つの団体を作る、あるいは各人が離れていても同じ巻をいっしょに編集し、世界の他の才能の人々が全部あるいは個々について判断する自由な機会をもつ、等々である。

## 〔さらに必要な特別な書物〕

**二十．** 光の協会は、もっと大きな光のために、特に普遍的な書物[68]を備えるよう配慮することになろう。それらはパンコスモグラフィア〔普遍的な宇宙学〕、パンクロノロギア〔普遍的年代記〕、パンヒストリア〔普遍的歴史〕、パンドグマティア〔普遍的教義〕、パンソフィア〔普遍的知恵〕である。また神の書のパンハルモニア〔普遍的調和〕の注釈書、それと共にヘブライ語の扉とギリシャ語の扉が必要だ。預言者はヘブライ語で使徒はギリシャ語で語っているので、それらの言葉を明らかにするのに必要なのである。さらに、完全なパングノミカ〔普遍的格言集〕、難問の総合的な解明、誤りの残骸、そしてさらに今後時代が普遍的に必要とすることが明らかな物があるならばそれも必要だ。それらの一つ一つについての意味をもっとはっきりと説明しよう。読者の許しを願って、図書の改善についてこの場にもう少し長く立ち止まろう。というのはここがパンオルトシアの一番本質的な部分なのだ。

〔宇宙学〕

二十一．パンコスミアあるいはパンコスモグラフィア〔普遍的宇宙学〕は、天と地、および両半球の地誌の正確な一覧ができれば完全なものになる。それは、各国民が祖国の土地を正確に記述することに専念すれば可能だ。そしてそれらから全体的な要約を作成することが可能になる。それを使って、死すべき存在である人間誰もが自分の居住地の全体を知らないことがないように、また各国民が自分自身の居住地を（世界はどのくらい部分に分かれているのか、どのように配置されているのか、自然や技術がどんなふうに授けられているのかが分かって）隣人たちと共に評価することを知るだろう。

（島や岬や河の名前に気づかせることもできる。それらは発見した人の名や発見された祝祭日から名前が付けられる習慣になっている。だがこれは事実からするとどうなのだろうか。住んでいる民が呼んでいる名前の方がすぐれている。つまり住んでいる人々が呼んでいるような名前以外ではないということだ。私がヨハネスと呼ばれているのに誰かがパウロと名づけるだろうか。マダガスカルを聖ローレンス島と呼ぶ方がマダガスカルより良いのだろうか。）

二十二．パンクロノロギア、パンクロニア〔編年史〕。〔原文の説明欠落〕

二十三．パンヒストリア。〔原文の説明欠落〕

〔様々な理論の集成〕

二十四．パンドグマティアは、様々な国民の、またそこの卓越した人々の、物事についての最近の個々の意見を集めた書物となろう。それらを正しく備えることは三重の効用がある。(1) 祝宴であらゆる味覚がすべての人に供されているのと同じく、古代の図書館は才能の許容力がある人にもっと推奨される。(2) そこでは、人類における明かりが階段状になっていることと神の賜物が相違していることが分かる。そしてまた、誤りと妄想の暗闇の中を通して輝く真理の力が見える。(3) そして、かくも深く多様な誤りの逸脱が光の中に正しく引き出されて、パンソフィアの真理の光そのものがさらにさらに勧められ、強固にされ、回復される。たとえ前の時代の誤りが忘れ去られ埋葬されるべきだと思われても（イザヤ43-18、65-16、17等々、66-24等々、エゼキエル39-12、13）、他人の誤りを調べることが真理についての安全を損なうようなことはありえない。むしろかくも大きな神の恩恵と明かりへの感謝の念を私たちに呼び覚まし、誤りの闇の再来に対してすべての裂け目をあらかじめ塞ぐようにと、光り輝く人々が活用する機会を与えることになると分かるだろう。

人間の発明と見なされることは何でもここで教えられることになろう。どんな才能や書物も、時と場所を問わず、どんな人間社会においても、哲学、医学、神学の党派を問わず、見過ごされてはならない。それらの理論を再検討し詳しく調べ、そして真理の試金石であるリュディア[69]の石にしたがって吟味し、至る所に拡散している事柄の真理を集めて一つにまとめるのだ。というのはどんな誤りも何らかの真理の中に根をはるものだから（誤りは正しく受け取られなかった真理の何らかの歪みにほかならないから）、誤りがぬぐい去られあらわにされたら、残っているのは真理であり、それはあちこちに散らばっている共通の調和的な真理に付け加えられる。そしてこれは、エンニウス[70]だけではなくウェルギリウスやキケロやセネカや、神ではない賢者の塵芥から金を選び出すことになろう。パンソフィアの建設者にとっては触れずに残されているものがあってはいけない。奇怪な逆説すら詳しく調べて、隠れた真理が潜んでいれば把握するのだ。それは強力にすべり込んだ誤りを打破し、私たちの精神に永遠の真理の王国を確立するためである。毒に対抗するには、毒草から毒を除いたものを利用する以外に有効な治療薬は見いだせない。何らかの毒の本性と結びついている物は毒によって滅ぼされないように自らを維持する力を持っており、他に移されてもその毒に抵抗する力を持っている。それと同様に、真理を保つには、忌むべき誤りの束縛から真理を解放する他に有効なことはないのである。

〔誤謬の一覧〕

二十五．かつては優勢だった誤りの一覧表を別個に書いておくこともできよう。それらがやがて真理の力で打ちのめされて、すべての人が徹底的によりいっそう警戒できるようにするためである。医学のそのような誤りについてヤコブス・プリミロシス[71]が実例を示した。だが論証可能なように書かねばならない。これまで私たちは他人の誤りを他人に押しつけるのが普通であり（哲学者の誤りを哲学者に、神学者のを神学者に、等々）、誤りを非難されても認めないだけでなく、まことしやかに弁護し続けてさえきた。そうして、誤りをでっちあげ、またまた増加させ、さらには十分強力に証明されていないし認知されてもいない不合理を弁護して、不合理が次から次へと考え出されたり積み重ねられたりして、このようにして人間は誤りから解放されずに、さらに深く困難に陥り盲目にさせられている。

注意。方法の要点は、ただ真理だけを教えるべきで、誤りを指摘したり誤りを教えて改めさせたりすることではない。とはいえ、何らかの誤りが精神を危険に陥れるなら、その誤りをどのようにして真理の基礎から引き離すかを示すことは害にならないだろう。しかしながら、それはパンソフィアの流れを混乱させかねないから、『パンソフィアの補遺』という名の別の書物が書かれるとよい。それに『誤りの脇道』という書物を加えることもできよう。それはどこでどんな場合にあれやこれやの哲学者や神学者が迷ったのかを示す書物である。というのは、あらゆる誤りは何らかの真理に依存しており、何らかの本当らしさを偽りの憶測に伝えるものだからだ。どのような原因であの人この人を欺いてきたのかが暴かれねばならない。例えば「前の形相を除去しなければ、形相は質料に導き入れられない」という公理を説明するには、実例で説明してこう言える。「この除去の必要性を強調して、アリストテレスは適度を越えて欠如を原理の数の中に持ち込んだ」と。「この世の光は知恵の御業、すなわち神の子の業である」ということを説明する時には、「マニ教徒は、太陽をキリストの代わりに崇め、印を実物の代わりに、作品を製作者の代わりに崇めるようになった云々」と付け加える。「楽しみは善の真髄である」を示す時には、「ここでエピクロスは快楽を最高善とする誤りに陥った」と加えるのだ。

**〔パンソフィアの完成〕**

**二十六．** パンソフィアを、パンソフィアの前ではすべてはカオスのように見えるというふうに完成させる必要がある。パンソフィアのみが神の完全な体系であり世界の機構の類似物であるべきなのだ。自然の業が技術の助力によって為されるすべてのものの規範であるのと同様に、パンソフィアも（完全なものに作られたら）すべての個々の書物の規範となろう。そしてパンソフィアの形式、規範それに土台は、精神の光であり、最高の類から下位の種へと順々に下っていく事物の系列であろう。たしかにそれ自体は確かなものなのだが、私たちの不注意のために私たちにとっては同じく確かとは言えない。それは実例で示すことができる。かつて世界中に住んでいた人間は非常に多数で、また今生きている私たちもいわば無数に存在しているのだが、私たちは皆一つの血、一つの幹から出ている。最初の父であるアダムからだけではなく、洪水後の世界の祖先であるノアから、またその同じノアの息子ヤペテからヨーロッパ人が、セムからアジア人が、ハムからアフリカ人とアメリカ人が末裔として由来していると考えられている。他方で、これらの息子から様々な国が、また孫から様々な家族が生じた、等々と考えられているのだ。ところで今、私たちの誰がどの血筋から他と分かれたと言える人がいるだろうか。重要人物の家系図は（時と場所が常にはっきりしているならば）先祖の系列を説明してくれるが、その他の人々は互いの分岐を知らない。ユダヤ人は皆家系図に非常に熱心だったが、今ではすっかり混乱してしまった。辿ることはできない。過去のことだし記録が手元にないからだ。だから不可能なのである。しかしながら、神によって生み出されたような事物の体系（イデアの世界と現実の世界の体系）は常に存在し、人間の精神の前に置かれている。たしかに事物の系列は、最高の類からより下位の種へと下がっていくが、相互の区分はすでに百をはるかに越えている人間の世代ほどには多くないのだから、人間の家系図を計算するのは不可能としても、事物の類と種を数と系列で再編成することは可能だ。もしそれが実現すれば、信じられないほどに快く有用となろう。

**〔学説の総覧〕**

**二十七．** パンソフィアのパンデクタエ〔学説総覧〕[72]を完成させる。神は自然の中に私たちの世界の原型となりうるすべてを（つまり技術の世界だけではなく美徳と悪徳の道徳の世界も精霊の世界も、ウァルドス[73]が磁石や碧玉で示したように）配置したのだから、自然の世界のすべては良いものとなろう。すなわち、世界という書物は、聖書のように、同じく良心の書物のように、個別の主題に即して良いものとなろう。例えば。

アブラハム。真のかつ生き生きとした信仰の美徳について。

アハブ。暴君について。

ニガヨモギの滋養強壮。十字架の効用について。

毒麦。敬虔な人の間にもつねに生じる不信心について。

犬。嫉妬という病について。

雄熊。不平をこぼす我慢のなさ。

このように、自然の事物の特徴はすべて、これまで非常につまらないと見なされたものでも、最高の優雅さと効用でもって、技術や思慮深さや敬神や永遠などの秘密をあらわにするために応用できる。

〔注釈書〕

**二十八．** 神の書（世界、精神、聖書）についての『総合的な注釈書』ということで、私たちは三種の三つの書を理解している。

それらは以下のことを説明する。

（1）世界を、

(1) 世界そのものによって、つまり自然を自然によって説明する。

(2) 理性によって、つまり私たちの精神の中に据えられている事物のイデアによって、すべてはあるべきようにあらねばならず使用されねばならないと証言しているイデアによって説明する。

(3) 神の聖書によって、つまり神の計画によって命じられ定められたことがまさにそのようになると私たちは見るのである。

（2）精神を、

(1) 理性の類推によって説明する。

(2) 精神が語るすべてのことを感覚的に証明することによって。

(3) 聖書の証明によって、説明する。

（3）聖書を、

(1) 聖書そのものによって、調和的に一致している聖書によって。

(2) 理性によって、自然の光からすべてをもたらす理性によって。

(3) 真理を感覚的に証明することによって、説明する。

もちろん、どのようにかして誰かが、神が語ったことを何でも、理性を通さずまた感覚すらなしで、英雄的な信仰心で信じたというはっきりした実例がある。また、神が諭したすべてを、肉と血にとって非常に困難なことでも、英雄的な慈愛心で追い求めた事例もある。さらに神が約束したことを何でも、希望に反しても期待して、英雄的な信頼心で喜んで受け入れ、それがその通りになったという例もある。

聖書だけから用意される聖書の注釈書の主要な効用は、「外観上争っているように見える聖書の箇所の和解」となろう。それは簡略と証明に従って次のように美しい未来が見られよう。神学的に対立していることがすべて、ページの両側のコラムに対置して置かれる。対立していると思われる聖書そのものの言葉が置かれるのだ。そうして中央のコラムにはその対立を和解させるような、同じ聖書の引用が置かれる。それが対立を除去する鍵を与える。こうすれば、論争の一方の陣営に頑強にしがみついて、あらんかぎりの逃げ口上を使って対立者を粉砕するような論争好きの神学者はごく一部だということが明らかになろう。聖書全体を、極端を中間に和解させ、外観は対立しているように見えるものですら和解させることを知っている堅実な人ばかりだということが明らかになろう。

**〔格言集〕**

**二十九.** パンアンテア〔アンソロジー〕ないしは『華詞集』とは、あらゆる時代に格言風に美しく述べられた材料を著者の名を添えてアルファベット順に収めた書物である。「運命は勇気ある人を助け臆病な人を追い払う」ウェルギリウス、「放任されると誰でもダメになる」テレンティウス[74]、「論争したくてむずむずしているのは、教会のカサブタ」ウォットン、という具合である。このように語順に従って項目が配列される。

**〔辞典と文法書〕**

**三十.** ここでパングロッティアの辞典とパングロッティアの文法も見過ごすべきではないが、それはパングロッティアの第四章で扱う。

**〔無知の一覧〕**

**三十一・**人類の無知の一覧。

（1）神の恩恵によってすでにあらわになった無知の一覧。

（2）知られ始めるにつれてさらにあらわにされた一覧。

（3）すでに真理の力で征服された誤りとこれから征服されるべき誤りの一覧。ついには楽園の生活が出現し、そこではどこでも神の真理と知恵の広がりが見られ、すべての人が神の善意と至福を享受する。

# 第七章　パンディダスカリア　普遍的教師

**才能の全般的な耕作者、すべての人にすべての事をすべての面にわたって教えることを良く知っているパンパイデイアの教師について。その必要性と要件。**

**訳者による紹介**

第四章では「教え方」つまり教育方法について論じたつもりでした。この第七章では、教える人、つまり教師の条件について考えます。

ここでもディダスカロスというギリシャ語を使いました。古代ギリシャの伝統的な教師というのは子守とあまり違いがなく、奴隷の仕事だったのです。日本でも西洋でも、少し余裕のある家庭は子守を雇いました。ちょっとした勉強も教えたので「家庭教師」と呼ばれることもあるのですが、通いではなく住み込みです。現代日本では花輪くんを送迎するヒデじいを想像してもらえば、いやサウンドオブミュージックのマリアの方が近いかな。とても尊敬されている人もいれば使用人同然という人もいました。学校の教師の場合も、博士の学位を持った大学教授以外は、教師の地位は一般的にいってけっして高いものではありませんでした。日本語でも師匠、教師、教諭、訓導、そして先生、といろんなニュアンスの言葉がありますね。「先生と言われるほどの馬鹿でなし」というちょっとひどい言葉も残っています。そのような状況の中で、教師の地位を高め、学校は楽しい場所、遊びの場所だという理想を実現するためにどうしたら良いか、コメニウスはいろいろ考えました。

以前に執筆した『大教授学』ではいかに教えるかという教授方法について詳しく述べました。そこでは教育の普及を力説したために、「教師はだれでもよい」と誤解された読者もいたようです。いやいや、教師はだれでもいいわけではありません。教える熱意のある人、そして教える技術を身につけている人、それが教師の条件です。そして教師は生徒の見本になれる人でなければいけません。自ら模範を示す、そして上手に教える、さらに、できるようになるまで辛抱強く何度も練習させる、それがとても大事です。教えっぱなしではいけません。「教えたからね、あとは君たちの責任だよ」ではダメです。もちろん子どもが間違ったことをしたり先生のいうことを聞かない時は懲戒を加えることも必要ですが、それは叱るだけに留めるべきで体罰は絶対にいけません。

〔書物の活用〕

一．以上のようにパンパイデイアの書物が正しく秩序づけられたなら、次の課題は以下のようになろう。生徒たちが、学校から学問のつまった書物を持ち帰るのではなく、精神、心、舌、手を教育されて、それによって日々の生活の知恵を、書物にではなく胸に携えて実践できるようになるということである。そうなるためには、すべての人が書物の使用法を教わり、いわば御輿に乗ってのんびりあたりを見回したり気持ちよくまどろんだりするのではなく、車や小舟に乗ってできるだけ早く急いで知恵へと向かうようにすることだ。だから良い書物を持っているだけでは十分ではない。書物を熱心に読むように、しかもただ読むだけではなくほんとうに理解するように、しっかりと記憶に刻みつけ、正しく作業を実行できるようにしなければならない。終末にあってすべての人がこのことを知るために、パンディダスカロス〔普遍的教授者〕の手引きが必要である。

〔普遍的教師とは何か〕

二．ではパンディダスカロスとは何か。パンパイデイアを教える人、すべての人間を形成することをよく知っている人、言い換えれば、人間の自然の本質を完成させるすべてを使って、すべての面にわたって人間を完成させる人のことである。キリストに教えを受けた使徒たちがそのような教える人たちだった（コロサイ1‐28）。使徒の後の時代に人間の形成を引き受けている人々は、そうなるよう配慮し取り計らうべきだ。

〔普遍的教師の要件〕

三．ところで、以下の三つの要件がしっかりと守られたら、パンディダスカロスについての配慮がなされたということになろう。(1) その人は、他人を作り上げるべき人である。(2) 他人を作り上げる技術を持っている。(3) 自分の仕事に熱意がある。すなわち、普遍的な知恵者を作る力があり、知識があり、意欲がある人、ということだ。

〔普遍的教師の資質〕

**四.** 人間を形成する人は、もっとも選び抜かれた人でなければならない。敬虔で、高潔で、威厳があり、熱心で、働き者で、思慮深い人でなければならない。まさに私たちは、終末のこの時期に、全員が光に照らされ、平和で、宗教心に満ち、神聖であるような状態に到達してほしいと願っている。そうするには次のような人でなければならないと私は言うのだ。

敬虔な人。すべてを神に捧げて、神を協力者と見なしている人。

高潔な人。人間の前ではどこから見ても汚れのない人。

威厳がある人。すべてを非常に優しい厳しさで行なう人。

熱心な人。自分の義務をけっしていやがったり恥じ入ったりせず、苦労にすぐめげたりしない人。

思慮深い人。というのは人間の才能は、特に刺激されやすいプロテウスのようなものであり、捕まえて秩序の鎖でしっかりと縛っておかないと様々な形の怪物に変形してしまうからである。

〔普遍的教師の心得〕

**五.** そのようなことを達成するためには、教師は次のことを知っていなければならない。(1) 自分の職務の目的すべて。(2) そこに導いていく手段のすべて。(3) 方法のあらゆる多様性。

〔普遍的教師の職務〕

**六.** 最終目的がその手段の尺度であるべきだし、また一つの事柄に複数の目的が与えられることがありうるから、普遍的な教授法の手引きの基礎を正しく据えねばならない。これを理解した人は、その目的にしたがって自分の仕事をよく分かって基礎を確立するだろう。

## 〔普遍的教師の固有の目標〕

七．ところでパンディダスカロスは、一方で人間の普遍的教育全体の目標を考慮し、他方で自己の職務の特殊かつ固有の目標を考慮しないといけない。その目標とは、喪失した神の似姿の回復、つまり喪失した自由な自己裁量権を完成させることだ。それは良いものを選び悪いものを拒絶することから成り立っている。換言すれば、人間が真を知り、善を欲し、必要なことを行なうということを学ぶことだ。つまり、(1) 銅貨のために銀貨を捨てるようなことをしない。(2) つかの間のことで永遠を無視したりしない。(3) 高価なものを安いものと交換したりしない。そうでなければ、生れなかった方がよかった、あるいは畜生に生れた方が良かったということになる。畜生にとっては、死すべき魂なのだから逸脱しても何も永遠に害にはならないのだ。

人間の形成者は、自分の義務は人間にすべてを教えることだと銘記しよう。すべてとは、私たちの中に神の似姿を回復するようめざし、また神の三書に親しむようにすべての人を仕向け、すべての人を次のように再生させることだ。(1) 知者、賢者。自分と世界と神を理解している人。(2) 自分と世界と神を治めるのに力のある人。(3) 善き人。つまり敬虔で慈悲深く正義の人。堕落した人を回復させるために来たイマニュエルは、人間の中で私たちに見本となってまさに同じことを教えられた。イザヤ書第7章第15節ではたしかな手段として凝乳と蜂蜜がいっしょに比喩的に呼び出されている。聖書では、善の見本が凝乳であり、聖なる教示が蜂蜜である。

若者が自分の教師から教えてもらうためには、その教師はすでに合意した通り最高に選び抜かれた人であり、知恵が少ないことはなく、義務を果たす用意が備わっている人、教会の牧師や政治の長官のような人が必要だ。いや、それ以上の人が必要だ。なぜならここにあの教会と政治の土台が据えられるべきだからだ。だからすべての面で崇高で、非常に慎重に選抜され、名誉と報酬等々に値する人でなければならない。そしてこれがすべての形成者にとって共通の重要な目的である。人間の教育全体はその目的に向けられねばならない。すなわち、失われた神の似姿を私たちに回復することである。

**〔教授の三目標〕**

**八.** パンディダスカロスがほんとうにそうであるためには、教授学の三つの目標が打ち立てられねばならない。

（1）普遍性。すべての人にすべての事を教えることができる。

（2）単純性。確実な手段を使って確実に教えることができる。

（3）自発性。楽しく愉快にいわば遊びのように、すべての事を教えることができる。人間を教育する全活動は「遊びの学校」と呼ぶことができよう。あるいはもっと短く三語で表現すると「すべての人にすべての事をすべての方法で」教えることだと言える。

**〔問題別に〕**

**九.** すべての人がすべての事をすべての方法で開発されるとはどういうことか、またその必要性、可能性、容易性はどうなのか、このパンパイデイアの先の四つの章で十分詳しくしっかりと説明した。そこで、同じことの退屈な繰り返しは避けて、できるだけ短く、これらの言葉で何が望まれているのかを説明しよう。そしてすべてのパンディダスカロスがすべての事をすべての人に対して、学校と書物で、すべての方法を駆使して教えることができるし、またそうすべきだということを少数の問題で示そう。

**〔すべての人に、すべての事を、すべての面にわたって〕**

**十.** すべての人に教えるとは、どんな年代、生まれの人にも、事物の十二分の認識を染み込ませるということである。すべての事とは、人間の自然本質を完成させること、すなわちすべての真を知り、すべての善を選び、生と死において知るべき必要なことすべてを実行する、ということである。

すべての面にわたって教えるとは、(1) 着実で確実に、(2) 楽しくそして喜びをもって、(3) 敏速に、何でもどこでも思慮深く教えるということである。

これが説明されたなら、パンディダスカロスの誰もが到達できるはずのこの三つの目的に向かうための手段と方法について、問題の形で提示しよう。

**問題1〔最初から継続する〕**

**十一.** すべての人間が、神の知恵全部を受け取ることが十分できるようにする。

それには三つの道がある。

（1）できる限り最初から、つまり幼児の時から教育が授けられる。

（2）できる限りずっと、つまり一定の生活様式を始めるまでは、精神のよき競技場に留まらせておく。

（3）その期間全部を、継続的で魅力的で入念な練習にあてる。

そうすれば求めていることが得られるだろう。

そしてこれは実に容易なことではないか。すべての若者の年月にとってなんと公正かつ公平なことではないか。若者にこれ以外のことに打ち込ませるのは無益なのだ。自分と隣人と神とのために人生を送ることに精通しないうちに人生を始める人が誰もいないようになってほしい。

**問題2〔上品になる〕**

**十二.** どんな人間も、教育を授けられて上品になる。

どんな種類の品の良さも、実例が示され、教示され説明され（理解されない、好かれないということがありえないように）、そうして教師の注視の下で一定期間実践が続けられて強められるようにする。そうすればどんな木材からもマーキュリー像[75]が作られるはずだ。木材とはありふれた才能のこと、マーキュリー像とはきれいに磨かれた才能のことである。たとえ上品さの違いや程度はなくならないにしても、誰もがそうなるはずだ。

**問題3〔すべてを学ぶ〕**

**十三.** 誰もがすべてを学ぶようにさせる。

感覚を、感覚できる何にでも向けさせる。理性を理解できる何にでも、信仰心を啓示の事柄何にでも向けさせる。そうすればすべてが自ずからそれらに注ぎ込むだろう。

**問題4〔知り、選び、行なう〕**

**十四.** すべての真を知り、すべての善を選び、すべての必要なことを実行させる。

それには三つの道がある。

（1）すべての人間の感覚と精神を、事物と自分自身と神とに向けさせる。換言すれば、神の三書によってすべての事に親しませ、永遠の知識と思慮と敬神の心とを汲み出すようにさせる。

（2）意志を、より上位の意志に、そして最上位の意志に従わせ、それを最大限に求めるようにさせる。その最高意志者がその善を最大に永遠に授けてくれるだろう。

（3）人間の内部と外部の力を常に働かせる。そうして暇なために力が鈍くなったり衰えたりしないようにさせ、たえざる運動と活力によって、自分の目的へとたえず進むようにさせる。

**問題5〔神の書物〕**

**十五.** 誰もが神の書すべてを容易に読み通せるようにさせる。

その進行は、感覚的なものから始めて、理解できるものを経由して啓示の物事へと至る、という具合に段階的となろう。神ご自身がその方法をあらかじめ示したように思われる。神はまずこの感覚的世界を造った。次に理性を備えた人間を、最後に神の声を人間に語って付け加えた。キリストも、感覚的ものから知性的なものへ、見えるものから見えないものへと高まった。このように、それらの諸能力は人間の中にも伸びている。

（1）幼児では感覚が、
（2）青年では理性を働かせる力が、
（3）次に神への信仰心が形成される。

私たちはパンソフィアではこの方法を辿った。ただし、感覚的事物がすでに滲み込んでいるように語って、精神の明かりを先行させたことはあったが。

**問題6〔すべての面にわたって〕**

**十六．** すべての面にわたって教える。

こうすれば実現する。

**〔精神、舌、手〕**

（1）常に三つの存在をつまり精神、舌、手を平行して働かせる。

これらの三つを学校で教え伸ばさねばならないのは明らかだ。(1) というのはこれらの三つにすべてがかかっているからだ。(2) モーセについてステパノが「使徒の行ない第7章第22節」で証言している。「モーセはエジプトの知恵すべてにおいて学識があり、言葉も行ないも力強かった」と。(3) 天の教師である神の子自らが、肉をまとい、人間の中に住み、手本となって教えた。最初に、青年時代に博士たちと寺院で論じ合って知恵の模範を示し、大人になると理論的知恵の他にも多くの大きな奇跡で物事の本質を従えて自らの力を行使した。最後に凱旋者として舌という賜物と共に精霊を天から送った。その舌は、知識と信仰の一方から他方への運搬車である。これらのことを、間を置いて教えることを望んだわけではない。同時にできるしそうしなければならないが、段階的に行なったのであり、そのように行使しないと力を持たないからだ。物事が力強く理解されないと力強く作業できないし、知性と作業が力強くないと雄弁も力強くならない。そこで、私たちに段階的な方法を教えることを望んだのだ。また神の賜物を使用する際に順序を守るようにさせたのだ。

まず最初は、何をどのように作業すべきかを理解するために、精神を光で染めること、次に生涯を通して作業すること、そうしてに知性に満ちあふれて力強く作業ができて、他人に教えるようになることだ。そこから、年齢を考慮すると次のことが容易に理解される。児童期と青年期の年代は知識の学習に充てる。若年期は美徳の力を強く固める。そうしてようやく、人生を送るにふさわしく、また他人を教えたり形成したりするのにふさわしい存在になる。同じくキリストは、若者がもっとも専念すべき学習は何かを、自分の例で教えた。つまり、私たちの知恵は、神を知ること（神の御業と神の律法を調べること）と神を崇拝することから成り立っている。また、私たちの力強さは、主に私たちの堕落した自然を矯正することに行使される。舌は、神の偉業を語るために使われる（使徒2-11）。

**〔実例、教示、練習〕**

（2）いつでもどこでも、実例、教示、練習[76]を結びつける。

実例なしでは何も容易に学べない。教示なしでは何も理性的に学べない。使用しないでは何も着実に学べない。というのは、耳は他人の言葉を信じ、目は自分が見たものを信じ、他方で手と舌と精神は事物を捉える。だから、物事が耳から目へ、そして手へと移されるように注意すべきだ。そしてその順序に常に従うのだ。というのは、(1) 事物の中に正しく入り込むためには、実例が感覚を事物に導いていく。(2) 事物は常に知性へと浸透せねばならず、その知性には詳細な教示が事物を導いていく。(3) 事物を理解した知性は常に事物を使用へと導くのだが、使用には頻繁な試みと入念な練習が知性を導いていく。

**〔分析、総合、類比〕**

（3）完全な方法を適用する。つまり分析、総合、類比の方法[77]を結びつける。

何か巧みな構造を、例えば時計の構造を完全に習得したいと望む人は、手に取って注意深くこうする以外ないだろう。(1) 分解し、今度は再び (2) 組み立てる。どのくらいの数のどんな部品と小部品から成り立っているのか、それらの個々の働きはどんなものかを観察する。それでも次のようにしなければ完全には理解できない。多数の様々な形の時計を互いに (3) 寄せ集めて比較する。どんなものがあり、どのくらい多様な形がありうるのか、実質は変わらないものを集めて注目するのだ。同じように、事物の体系を理解するには、事物の分析、事物の総合、事物の類比が必要である。

**〔分析〕**

分析とは、ひとまとまりになっている元の状態を部分へ分解することだ。それはすべての真の認識の最初の最低の基礎である。分かれていないものや区別のないものは乱雑であり、感覚や精神やそれ自身を混乱させる。判然としているものには光がある。それらは三通りだ。(1) あるひとまとまりを別のひとまとまりから区別する、分類する。(2) ひとまとまりのものを部分へと分割する。(3) あるひとまとまりを種類へと配分する。

分析は、何でも良いわけではなく厳密な分析が必要である。そうでなければ事物の観察は煩わしいものになってしまうし、認識もあいまいで不確かで偽りのものになってしまうだろう。解剖学者と肉屋〔屠殺業者〕を見よ。どちらも動物の体を切り刻むが、やり方はまったく違う。解剖学者は手足、血管、接合部を、密着している部分が分かれないように、関節ごとに切り刻む。結合してない部分は切り裂かないで正確に見通す。屠殺業者は、モノが与えられると、手足を真っ二つに切り、血管をずたずたに切り刻み、各部を勝手気ままに切ってしまう。たしかに、物事の認識については実に大きな相違が生じてしまう。解剖学者は、一、二回の切断によって体全体の構造をしっかり学ぶ。屠殺業者は千回繰り返しても自然の巧みさを決して見通さない。同様に、物事を、物事そのものを調べるために分析する人と、なんでもいいから好き勝手に分析する人とでは、両者の間に違いがある。前者は、物事を精神の目の前で魅力的に解体して知性に明かりをもたらす。後者は、物事をこなごなに砕いて、暴力、闇、偽りをもたらすのだ。そこで、世間で言われているような「よく分ける者はよく教える」とはその通りである。哲学者の中でもっとも賢明なソクラテスは、プラトンの証言によれば常々こう述べていた。「物事を分けることを知っている指導者にもしも出会っていたなら、その人の足跡に神を慕うごとく従うのだが」[78]。彼は、物事をその真の血管に従って切断する技巧をこのようにみなしたのだ。だから、厳密かつ敬虔なやり方で物事の分析に取り組まねばならない。

**〔総合〕**

総合とは、部分をその全体へと戻すことで、もしも正しく行われたら物事の確固とした認識に大いに役立つ。たしかに部分をそれだけで考察しても何の役にも立たないし、それが何であるかを理解するのは容易ではない。しかし、しかるべき順序に戻して互いに結びつければ、その用途がすぐに明らかになり役目を果たす。ちょうど分解された時計が組み立てられた時に見られるようなことだ。

**〔類比〕**

類比とは、部分と部分を、また全体と全体を、しかるべく集めて並べ比べることであり、物事の認識を上手に説明しまた無限に増大させる。というのは、一般の人がよくやっているような、物事を個々に理解することは、それが何であるかを部分的に理解することだからだ。しかし物事の調和を理解し、またすべての共通の割合を理解することは、すべてに降り注ぐ清い光を精神にもたらすことなのだ。

**問題7〔知り、欲し、できる〕**

**十七．** 各人が本当に知り、欲し、できなければならないことは何でも、本当に知り、欲し、できるようにさせる。これは偉大な技術のように思われるが、しかしそうではない。神は、自分の似姿である人間が、知り、欲し、できるようにと望み、知り、欲し、できるような力を与えた。つまり知りうるすべての知識、欲しうるすべての意欲、できうるすべての力、それらの根を人間に植え付けたのである。それらの根は自ら、いわんや穏やかな助けがあればどんどん芽を出す。それは自学自習者の場合に明らかだ。ああ、知らないことを知っており、欲しないことを欲しており、できないことをできる人間がどれほど多いことか。つまり、多くの人間は、知っているそのことを、知っているのに知らないのだ。欲しているそのことを、欲しているのに気づかないのだ。できることを、できるのに理解していないのだ。つまり、このことが唯一最大の重要問題であり、人間は自らを知ることから始めねばならない。自分は神のどのような被造物なのか、何のために造られたのか、自らの卓越した目的に対して確かな手段を備えているか、その目的から逸れないためにどのような方法を活用すべきか、そのようなことを知らねばならない。このことをはっきりと理解するようにさせれば、また同時に、自らの幸福の目的を追求するよう努めることを欲し、そうでき、そう知るようにさせられるだろう。真剣な勤勉と謙譲の信頼とに協力して、神はいつでも好意の手を差し伸べるだろう。

**問題8〔闇から光へ〕**

**十八．** 人間を極端な無知の暗闇からもっとも明るい認識の光へと、確実に前進させる。

（1）すべての松明を人間のために灯す。つまり事物を差し出し、観念を刺激し、これらについて語っている神に耳を傾けさせるのだ。

（2）すべての事に対して目を開かせる。つまり感覚を事物に向けさせ、理性を観念に、信仰心を神の証言に向けさせるのだ。

（3）段階的に導く。一般的な認識が特殊の認識に先立ち、全体的認識が個別的認識に、不明瞭な認識が明快な認識に先立ち、最後にもっとも特殊でもっとも個別でもっとも明快な認識に至るように導くのだ。というのは、内部の光が精神に差し込むことができるのは、見えなかった目が回復するのと同じなのだ。マルコの福音書第8章第24節25節で示されている例では、目が見えない人は、はっきりと人間だと分かる前は木が歩いていると思ったのだ。

**〔段階的に〕**

そこでもしも〔教師である〕あなたが、感覚できるものすべて、つまり世界全体を把握し、理解できるものすべて、つまりイデアの世界全体を把握し、信じられるすべて、つまり啓示の全体を把握するなら、さらにまた、（それらを生徒に示すことによって）最初から最後まで、最高から最低まで、最大から最小まで、進むなら、知恵のもっとも明るい明かりが現れてくることだろう。

学習がどこから始まるかは重要ではない。ただ、一番知っていることから始めるべきだ。そしてその次の未知のことを通して、その助けでもっと遠くの認識すべきことへ進み、最小のものから始めてより大きなものを通って最大のものへと向上することができる。例えば初心者は、アルファベットとその読み方を、aからでもzからでもどこから始めても、学ぶことができよう。ただ最初はアルファベットの全部を習うべきで、それから音節、次に単語、そして単語を文にまとめるという具合に習うのだ。その他のものも何でも、同じ判断で行う。地上のどこでも、泉が小さくてもそこから小川があふれ出し、辿っていけばより大きな水の流れとなり、最後は海にまで至る、そのような力をもっている。それと同じように、認識すべき始まりが小さくとも、他と結びついて認識の河を増大させ、人間の全知の深淵へと導くのである。もしもそのように追求することが好ましいことであれば、導くこともできるはずだ。

### 問題9〔善に向かう〕

**十九．**すべての善に向かって人間を確実に前進させる。

これは三つのことで全般的に達成されよう。

（1）人間の意志を神の意志と結びつける。そうして神が人間について欲したと思えることを、私たちも欲し、望み、そこから同じことを嘆願する。

（2）人間の思慮を神の摂理に従わせる。そうして私たちのためにあらかじめ立てられた目的に向かって私たちを導く手段を神が気に入り、その同じ手段で導かれることを私たちもまた気に入り、またその手段が栄えるように懇願する。

（3）人間の努力を、神の約束された援助に連結させ、物事を確実に前進させる。神が作った自分の被造物を神自身の意志に協力させないということはありえないし、善を上手に（慎重に着実に）実行させないこともありえない。また人間も、自分の目的の正しい実現を望まずかつ喜ばないというようなことはありえないのだ。

### 問題10〔完璧を目指す〕

**二十．**もっとも完璧な作業を行なうように人間を習慣づける。

（1）見事な実例を、何をなすべきか、どんな間違いに気をつけるべきか、という実例を示してやる。

（2）ポリュクレイトスの『カノン』を手渡し、その使い方を言葉と実例で正確に教える。

（3）模倣するよう命じる。やってみてもしも逸脱したら、もう間違わない、誤りをけっしておかさないと分かるまで、何度もやり直させる。このようにして熟練者が作られるのだ。

## 問題11〔後戻りしないように〕

二十一．形成される人誰もが、逆戻りしないように堕落しないように堅固に形成されるようにする。

たしかに、どんな熟練者にとっても、手にした作品が決して壊れないように注意することは不可能だ。そこで、人間のような、かくも多様に込み入ってあらゆる部分が変わりやすい被造物を、確実な規則で形成するにはどうすればいいのだろう。このことについて「エレミヤ書第18章第1節」での神自身の証言が注目に値する。だが、私たちの手の下で堕落した人は、私たちの過失ではなくその人のせいで滅びるという具合にとりはからうべきだ。

ところで、その他の様々な事柄と同じく、堕落を防ぐ唯一の技術と配慮は、堕落の可能性があるものから遠ざけ、保護できるものの中で保護するということである。人間の自然の本質は常に運動しており、いわば石臼のようなものだから、その精神から偽りを遠ざけ、意志から悪を遠ざけ、活動から虚無を遠ざける。そしていつでも、ほんとうの真が、ほんとうの善が、ほんとうの有用性が与えられるように注意するのだ。そうして、神が恩寵を授けるよう助けてくれるなら堕落を防ぐことができるだろう。

## 問題12〔学び尽くす〕

二十二．学ぶことは徹底的に学び尽くすようにさせる。

（1）一度始まった学習は、途中で止めずに最後まで完成させる。

（2）すべてを、理論、実践、応用、あるいは教示、実例、経験を通して学ばせる。教示は少なくてよいから明確に伝え、多くの実例を物事に適用し、そして何度も何度も経験させて習慣になるまで行なう。

**問題13〔忘れない〕**

二十三˙いったん学んだことは忘れないようにさせる。

実際神は、何事も学ぶよりも忘れる方が苦労するという具合に、教わるのに適した本質を人間に与えた。そこでソクラテスは、記憶する術よりも忘れる術の方を望んだのである[79]。というのは、見たり聞いたりしたことを思い出すのは容易であり、軽率に見たことは忘れたくてもできないことだからだ。とはいえ、記憶は技術を拒否したわけではない。それは、より容易に記憶に刻みつける技術、より堅固に保持する技術、より早く思い出す技術、あるいは失われたものを確実により容易に思い出す技術などである。

**問題14〔確実に〕**

二十四˙すべてを確実に教える。

（1）感覚なしでは何も教えない。何かが存在しているということをはっきりさせるためである。

（2）理性なしでは何も教えない。なぜ存在しているのか、それ以外ではありえないということをはっきりさせるためである。

（3）神の言葉の証言なしでは何も教えない（重大なことについてだ）。それは、私たちの感覚と理性が迷わないようにはっきりさせるためである。

以下のような注意が必要だ。

（1）危険なあるいは不誠実に思われることは感覚に持ち込んではいけない。

（2）理性をどこにでも適用するのではなく、ただ必要なところにだけ適用する。もちろん疑わしい事柄には必要だ。誰にとっても明らかに疑わしい、あるいは証拠がないので疑わしいと思われる場合だ。そうでなければ、何でもかんでも理性で防衛しようと望むのはばかげたことだ。神は、十戒[80]の最初の板の戒めにそれぞれの理由を付けたが、二枚目の板は同じではなかった。というのは、殺すなかれ、盗むなかれ、という二枚目の板の戒律は自然法から自ずと十分に知られており、証明は足りているからだ。だがより崇高な一枚目の板は、感覚から隔たっているので証明が必要なのだ。とりわけ、多神教と偶像崇拝が横行していた時代はそうだったのである。だから慣れてないことやあまり知られてないことが人から指摘されたら、理性で取り囲まねばならない。そうすれば人間の事柄においても神の事柄においても、理性的に自発的に真剣に従うようになるだろう。

（３）神の証言の場合も事情は同じだ。求められている場合にだけ適用すべきで、その他の場合は邪魔で時間の無駄である。

学習者には (1) 少数の、しかし例外のないほんとうの教示を与える。(2) 多くの、すべてえり抜きの実例を与える。(3) 正確な練習を、習慣になるまでやらせる。そうすれば目的が達せられる。

**〔繰り返し練習〕**

この三番目の練習というのはとても強力で、自然を越えたり反したりするほどに信じがたい力を及ぼすことが実例で示されている。野生の獣ですらそうだ。たしかに、曲芸師は犬や馬や象などを、望み通りに習慣づける。だから理性的な被造物である私たち人間もそうできないことがあろうか。その判定は私たち次第だろう。リュクルゴス[81]は同じ母親の子犬を違うように育てた。スイスではある牧師が、犬、猫、鼠、小鳥の四匹を穏やかにしつけて食事を共にし、毎日小さな同じお皿で好きなだけ何度でも食事をするほどだった、と自分の目で目撃した人が語っている（ドレクセリウス[82]の『金山』114ページ）。

**問題15〔容易に〕**

**二十五．** すべての事を容易に教える。

これは、以下の忠告に従えばなしとげられるだろう。

（1）時間の原理。

(1) ちょうど良い時に始める。

(2) 継続して教える。

(3) 楽しい実践を促す。そうすればどこまでも前進することだろう。

（2）道具の原理。

(1) すべてを用意しておく。

(2) すべてを手元に置く。

(3) すべてもっとも単純でもっとも正しいものを用意する。

（3）対象の原理。

(1) すべてをまず感覚に提示する。

(2) 次に実践させる。

(3) その後でその事について語る。

（4）段階の原理。

(1) 全体をざっと粗削りに。

(2) 次に部分をしっかりとはっきりと。

(3) その後でもっとも細部にわたってもっとも正確に。

## 問題16〔喜んで学ぶ〕

二十六．人間がすべてを喜んで学ぶようにさせる。

教師が生徒に説得するそのことが、生徒が自ら進んで自然に欲することだと思わせるように教える。そうすれば生徒はすぐに自分で欲することを喜ぶようになるだろう。

望むことが自然に実現できると知らせれば、生徒もできることを喜ぶようになるだろう。

生徒が自分は知らないと思っていることを、実は知っているのだと教えれば、知ることを喜ぶようになるだろう。

つまり人間の本質は、感覚、知性、意志、実行能力のどれも、自分の食糧をたえず求めるように作られているのだ。もしも食糧を拒めば、それらは悲しみ、しおれ、しぼみ、破滅してしまう。もしも慎重に与えれば、それらは喜び、生き生きとし、活発になり、何でもできるようになる。そしてあまりに過剰に与えれば、それらを衰えさせ、腐敗させ、破壊することになる。したがって求められる思慮とは、目に光を巧みに与え、欲するものをすべて光の中に置くということだけだ。知性に真理を、意志に善を、力に素材と道具を与えれば、目とその他の外部感覚と内部感覚がすべてを捉え、意志が捕まえ、各器官が活発に働きかけることだろう。

### 〔誘い、励ます〕

さらに、神の劇場（世界、精神、聖書）が光に満ちていることが別の所で示された。そこで、神の御業の光がすべての人の周りで輝き、神の声の光がすべての人を照らしているのだから、すべての人間の才能に対してすべての事柄が明るく提示されないはずがない。それも哲学的な厳格さではなく、民衆的なやり方でだ。ところで哲学的な厳格さとはどういう意味か。事柄を厳格な命令によって伝えることだ。民衆的やり方とは何か。勧誘、説得、激励によって伝えることだ。つまり、独り言ではなく語りかけ、教条的ではなく励ますのだ。教条的やり方は、何らかの暴力を才能にもちこんだりおびやかしたりして脅えさせる。励ますやり方は、内部の光を呼び覚まして炎へと燃え立たせる。光の特徴は、閉じこめたり押しつけたりするのではなく、広がり伸びていくことだ。だから〔教師が、生徒に〕自己の内面の光を、永遠で不変の光を（つまり自ずから知られる永遠の真理を）指し示したら、後は何もすることはない。ただ、すべての中を進んで行ってその光を個々の事柄に適用するよう教える、あるいはむしろ精神の面前で適用してみせるだけでよい。そうすればすぐに〔生徒は〕、物事の真理もまた逸脱も分かるようになるだろう。また、新しい論拠で証明する心配もいらない。事物の真理が自ずから光の中に差し出されるのだから。

### 問題17〔理解させる〕

**二十七．**教えることはすべて、理解しないではありえないように教える。

子どもが読み書きを教わるのはいとも容易だし、その他すべてを教わるのも容易だ。それは次のようにすれば実現する。

（1）すべてを等しく機械のように組み合わせる。

（2）少数の原理から引き出す。

（3）階段のように段階的に配置する。そうして先に行くものが後に続くもののために道を舗装するようにする。

かくして、生徒に次のように行なう人は、誰でもパンディダスカロスになるだろう。

（1）まず最初に物事の全体を示して、何を学ぶように命じられているのかを目の前に明らかにする。

（2）次に、機械的に分解して、まとまっている各部分がはっきり見えるようにする。

（3）さらに、模倣するように命じる。理論的なものはその同じものを指し示したり名前を言わせ、あるいは実践的に教えるべきものは作業させる。

そこで、以下のことを守らねばならない。

（1）途切れることのない手引きが必要である。最初の試みは指導者なしではいけない。なぜなら、未熟な最初の試みは平地であっても簡単に逸脱するからである。たしかに、逸脱すれば、それが危険ではないとしても逸脱した所に戻るという苦労をかけるものだ。だから、間違って進んで再度長々と戻るというくらいなら進まない方がましなのだ。そこで、（指示する人とか改善してくれる人とかの）教師がいない初心者は、一人で放置されて使い方に悩んだり、それだけではなく間違いをさらに学んだりするくらいなら、むしろ遊んで才能を回復する方がましということになろう。

（2）最初の試みはゆっくりとしかし正確にやらせ、後になればもっと自由にさせる。最初はすべてゆっくりやれば、後の練習では確実性と敏速性だけを付け加えればよくなる。だから最初はでこぼこを克服するために煩わしさに耐えないといけない。最初の誤りが後続の多くの誤りの発端にならないように警戒することだ。

ここで問題5の補足。

神の書すべてを容易に読み通せるようにすること。

**問題18（多くを知る）**

人間を、多くを知る人にする。

三つの道がある。

（1）多くの作家あるいは書物を注意深く読むことによって学者となる。

（2）経験を様々に重ねることによって経験者つまり熟練者となる。

（3）イデアを理解する。そのイデアによって一般的な事柄も個別の事柄も、これこれである、あるいはそうでないと必然的に決まるのであり、これを理解すると賢者になる。

最初の道は一番簡単だがあいまいだ。というのはそこには無限の多様性があり、誤りに陥りやすく、他人の陳述、あるいは証言や権威、そしてそれらへの信頼に基づいているからだ。だからこの道を通る学者は、物乞いのパンで暮らしているようなものだ。

第二の道は、より困難だがより確実である。というのは感覚の証言に支えられており、正しく適用されれば誤ることがない。しかし人生が短いためにこれもあいまいである。人生はたった一つの技術の習得にも十分ではないのだ。化学者などがその例だ。こういう人はいくらでも金を出してパンを買うようなものだ。

第三の道は、もっとも困難だが、正しく整えられたらもっとも近道でもっとも快適でもっとも確実である。このような道を行く人は、土地を耕してパンや水や葡萄酒や金、その他の財産の成果を末長く所有しているようなものだ。そしてこのようなことが神の知識であり、永遠から永遠へとすべてにおいてすべてを見、観想する知識である。天使の知識もそうだ。多くの議論や推論なしに物事を理解している。預言者と崇高な知恵者の知識もそうだ。物事をたえず象徴化し、あることを別のことへ自分と他人の知性に示している。そこで私たちはこれら三つの道を結びつけねばならないのだが、それは段階的にだ。まず最初は信じること、そして他人の感覚に従うことを学ばねばならない。次にどこでも自分の感覚を当てはめることを学び、最後に事物を抽象的に理解するように学ばねばならない。この方法で教育された者は学者、熟練者、賢者になるだろう。

あなたが生徒に多くの事を教えようと望むならこうするのだ。

（1）教えやすい人を受け入れて、教える。

（2）十分な時間をかけて（一月といわず一年かけて）、一刻も無為に過ごすことのないようにする。

(3) 感覚、知性、意志、実行能力に対して、多数の良質のものを、しかも好ましいものをたくさん提示すれば、長足の進歩が見られるだろう。

すべての事を教えようと望むならこうする。

(1) 受容力も意欲もある総合的な才能の生徒を受け入れる。

(2) すべての時間、つまり若者のすべての年月、いや生涯の時間をかける。

(3) 何も残らなくなるまで、段階的に毎日何かを教える。人間の精神はすべてを受容できるように作られている無限の存在の似姿なのだが、やり方は限られている。すべてを一度に把握するのではなく、各部を一つ一つ順々に把握するのだ。だから継続的に行なえばすべてを把握するのに十分なのである。

要するに、あなたが人間〔である生徒〕に、

すべてを知るようにと望むのであれば、神のすべての劇場を通して導く。そうすれば知るだろう。

最善を欲するようにと望むのであれば、善と悪の区別を提示するのだ。

すべてができるようにと望むのであれば、力を可能であるはずのすべてに対して練習させる。そうすれば習慣になるだろう。

**〔逆説〕**

生徒が多くの着実なことを知るようにとあなたが望むのであれば、生徒が多くのことに無知であるようにと教えるのだ。つまり大衆がかかずらわっている馬鹿話を知らないようにさせるのだ。

**問題19〔自発的に〕**

**二十八.** すべてが自発的に流れるようにする。

これは次のように教えればよい。

（1）何か新しいことが教えられているという希望をもたせる。なぜなら何か新しいことを学ぶのを喜ばない人は誰もいないから。

（2）〔教師の話を〕聞くのが好きになるようにすべてを穏やかに教える。なぜならそのように教えられることを好まない人は誰もいないから。

（3）明らかで誤りのない証明を使ってすべてを教える。なぜなら間違いたいと思う人は誰もいないから。

（4）アウトプシアで、つまり自分の直感によってすべてを教える。なぜなら他人よりも自分を信じない人は誰もいないから。

（5）またアウトノミア、つまり自律心によってすべてを教える。他人の意志よりも自分の意志に従うことを望まない人は誰もいないから。

（6）アルトクラテイア、つまり自己実現力によってすべてを教える。つまり自分自身の試みと経験を通して教える。

（7）アウタルクセイア、つまり自己充足に至るまですべてを教える。どの生徒もすべてにわたって十分だと自分で認めるまで、ということだ。

## 問題20〔遊びの学校〕

**二十九．** 学校を苦労の多い製粉所や工場から、遊びに変える。

それには次のようにする。

（1）年代に応じて機会を分節に分けるよう留意する。自然そのものが自ら動き始めるその時までは何も行なわない、何も始めないようにするためである。自然なしでは何も産み出すことができないのだから。

すべての学校を普遍的な遊びの場とすることは可能だ。もしも私たちが、自然の衝動が生じるその時に正しく快く取り計らうように努力すればそうなる。というのは、人間の自然の本質そのものは、すべての人間的なことへ向かって誘うものだから、それを禁じないで、妨げるよりもただそう仕向ける方が、ずっと容易だということになるのではないか。少年たちは葦の馬乗りを喜ばないだろうか。小さなお家を建てるのを、徴兵ごっこを、戦争ごっこを、格闘訓練を、王様を選ぶのを、役職の配分を、裁判ごっこを、そしてこのように国を再現するのを喜ぶのではないか。さらに人を集めて演説したり、葬式ごっこを執り行ったりする者もいる。そこではたしかに、自然が捉えたものがどこに行くのかがはっきり分かる。また、好きにさせるべきではなく、思慮深く教えるにはどうすべきかも明白だ。少年が馬に乗りたがっているのなら、手綱、鞍、背、鐙を示すのだ。そしてそれらの名前も示す。そうすれば乗馬の技を遊びながら学ぶだろう。建築、魚釣り、あるいは格闘をしたがっているのなら、道具とその使用法を示すのだ。建築術を教えたことになる。国を治めたがっているのなら、それを許し、役職の名称と階級を与えて、裁判の形式と規則を示してやるのだ。何についてもうまく取り組ませることになろう。

**〔好機を待つ〕**

このように、先取りせずに、若者を形成する好機に留意するのだ。時期を早めて自然を助けずに台無しにするようなことがないように、ちょうどよい時期に始める。母親が時期より早く子を産んだり、産むよう強制されたりすることはなかった。それと同じように、魂も時期より前にそこから知性を産み出すことはできないし、そうしようとしたら流産してしまう。何にでも時期があるのだ。愚かな産婆は、妊婦を言葉や薬でせかして妊婦や胎児を損なってしまう。しかし妊婦を時期が遅れて放置したために損なってしまったという事例はほとんどない。巣に留まっている小鳥は脚を折ることはない。だが時期を誤って巣を早く飛び立ったり追い出されたりすれば脚を折ったかもしれない。だから過度な貪欲さは抑制すべきだ。私たちは子どもを好きなように走り回らせることになりがちなので、好奇心を勝手にさせて破滅を招くことのないようにしよう。この問題ではそれほど頻繁に間違いが起こるわけではないのだが、注意しないと間違いが起こる。自分の先生や哲学者を大急ぎで真似ようと望む人が失敗するのだ。さらにせかすと、その人を疲弊させたり愚かにさせたり狂乱させたりしてしまうだろう。ミネルヴァ[83]が不本意なら、何も試みるべきではない。ミネルヴァは自分自身が作らないものを私たちが作るのを許さないが、自ら作ろうと望んでいるものは、確かな兆候でもって十分に示すのである。そしてこの意味でカトー[84]が述べたことは本当だ。「自然は最高の指導者だ」と。キケロも「自然という指導者に従うなら、私たちは決して迷わないだろう」と述べている〔義務について1-28-100〕。またセネカも言う、「自然が示している道を守るべきで、そこから外れてはいけない。自然に従う人にとっては、すべてが簡単で快適だ。それに逆らって生きる人は、水の流れに逆らって泳ぐ者に外ならない〔書簡集122-19〕」と。

ところで、ある学習の機が熟しているというのはどうすれば分かるのだろうか。あなたが模倣させたいと思うことを、〔生徒の〕面前でやってみる、あるいは誰かにやらせるように取り計らうのだ。もしも生徒が行われていることに注目したり、真似しそうになったら、模倣するのを許す。もしも熱心に模倣して失敗したら正す。もしも正されてもさらにやりたがるなら、自然がすでにわき出ていると分かる。そこで導き、教え、正すことを続けるのだ。事態はこのように進行する。この規則に従うとすれば（いや従わねばならないのだが）、幼児期には特に外部感覚が訓練されねばなるまい。というのは、この時期に外部感覚が伸び出して自分の対象にもっともよく向き合うからである。児童期には記憶力だ。その時期にもっとも活発だからだ。青年期には理性が働く。若年期には純粋の知性が活発だ。壮年期は実践と活用に充てられる。

**〔意欲をかりたてる〕**

（2）もっと大きな熱望を駆り立てて、楽しさなしには何も行われないようにさせる。これは意欲ある人にとっては、何も難しい事はないであろう。アウグスティヌスが述べているように[85]、好きなことは苦労ではないし、また苦労そのものが好ましいのだ。だがどのようにして熱意を刺激すればよいのだろうか。行ったことを称賛したり、あるいは楽しいことを提示したりして行なうのだ。それには (1) 自分の直感 (2) 自分で読む (3) 自己実践 (4) 自己活用などによる。つまり生徒にすべてを差し出して、生徒が自分自身の目で（あるいはその他の感覚を使って）見つめ、名前を呼び、次に行動し（というのは物まね小猿は真似が好きだから）、知ったことの使用法を示し、使おうと試みることを許す、そのようにさせる。そうして、どんな苦労も、本来無気力な人にとってすら、ついには甘く楽しいものにならざるをえなくなる。これは怠惰に対するすばらしい解毒剤であり、生徒をどこでも活発にさせるのだ。

**〔節度も大事〕**

また、楽しさと熱心さを維持するためには、過度にならずに節度も重要だ。むしろ数多の先生たちの度が過ぎた勤勉が非難されよう。彼らは朝から晩まで真剣な事柄に従事させて学習者の才能を疲れさせている。同じようなことがソクラテスについて述べられている。彼は太陽の本質を観察し追求しようとして、日の出から日没までじっと立ち尽くし、目を太陽に向けて考え込み、まるで精神が肉体から離れてしまったかのようだったというのだ（ゲッリウス[86]『アッティカの夜』1-2-1）。もしもこの例をイデアとしての太陽あるいは神の言葉の太陽に移し替えてみれば、それはつねに考察に値する実例としてその勤勉さが称賛されうるかもしれないが、適当なやり方ではない。というのは、神が太陽を創造したのは、その太陽をただ注視するためではなく、その他の神の御業を太陽によって見せるためだからだ。太陽は目を眩ませるためにではなく私たちを明るく照らすためにあるのだ。

## 〔順々に〕

（3）〔楽しい学習の実現のためには、〕いつでも最初の最低のものから始めて、最高の最後のものへと進む。同じく、易しいことからより難しいことへ、そしてさらにもっとも難しいことへと進む。また、小さな個別のことから、小さな結合物を通して統合したものへ進むようにする。例えば読み方では、(1) アルファベットから始めて、(2) 音節の表を使って、(3) 語彙、節、格言集、本文等々へ進む。このように、算数でも、初心者に一番明らかなことから始めることがいつでもどこでももっとも役に立つのだ。

## 〔ゆっくりと〕

（4）ゆっくり前進して（特に最初のうちは）、何か苦労が課せられていると感じないようにさせる。苦労が克服されたと思われないうちはそうするのだ。

## 〔段階的に〕

（5）すべてを段階的に行なう。もしも階段で一段、いわんや二段三段を取り外せば、登る人に困難や墜落を引き起こし破滅の危険を招いてしまう、そのようなことだ。物事の組み合わせは一つになっており、どこでもつながっていて割れていることはなく、物事を順序良く進めばいわばまったく新しいものに出会うことはなく、前の段階から必然的につながっている、それが新しい当然の方法あるいは段階なのだ。同じく人間の魂においても、物事の認識は結びつき繋がっていなければならない。例えば子ども、若者、大人等々にとっても、何も新しいものに出会うわけではなく、以前の認識がより特殊に展開しているようにする。そうして、幼児期にはすべての根が据えられて、それを言わば知らず知らずのうちに行なう。注意を向け始まった時にはもう、生命、健康、熱心さ、活動、道徳、敬神の行い、このようなことが身についているのに気づくだろう。

（6）常に実例、教示、実践を組み合わせる。これについてはすでに前に述べた。

（7）いつでも三つの存在を平行させて教える。つまり精神、舌、手を同時に訓練する。先に述べたところを見てほしい。

**〔演劇〕**

（8）何ごとも遊びと競争によって行わせる。児童期、青年期、若年期などの学校の年代に応じてである。これは『言語の扉』を八つの対話劇にしたやり方で、どの学校、クラスも劇にすることが可能だ。自分の直感や自己実践のために、パンソフィア全体ですら、劇化できる。

次のように演劇に構成することができる。

アルファベットの劇
読み方の劇
書き方の劇
お絵かきの劇
算数の劇
幾何学の劇
音楽の劇
歴史の劇
形而上学の劇
自然学の劇

技術の劇
道徳の劇
宗教の劇

特に、聖書の歴史劇は、年代を追って世界の歴史を九つの場面の劇にすることができる。このように。

(1) 世界の始まりからノアの時代まで（悲劇）。
(2) ノアからファラオまで（悲劇）。
(3) モーセからダビデまで。
(4) ソロモンからバビロンの君主国の崩壊まで（悲劇）。
(5) ゼルバベルからキリストまで。ペルシアとギリシアの君主国の崩壊を含む。
(6) キリストから千六百年の反キリストまで。
(7) それから反キリストの崩壊まで（悲劇）。
(8) キリストの王国。そこは、喜びの楽園。
(9) ゴグとマゴグ。世界の終末（悲劇）。

**〔娯楽を取り入れる〕**

（9）肉体と魂の様々な娯楽を取り入れることによって楽しい学習を実現する。

つまり次のような使い方をする。

(1) 健康のために、運動、競走、格闘をさせる。
(2) 感覚のために、様々な新奇なものや絵画を調べさせる。

(3) 才能のために、様々な競争をさせる。
(4) 記憶のために、復習の競争をさせる。
(5) 判断力のために、謎解きと議論をさせる。
(6) 仕事の熱心さと巧みさのために、慎重に管理された行動をさせる。
(7) 雄弁のために、即席の対話と手紙と弁論の練習をする。

このようにしてこそ、ほんとうに「遊びの学校」と呼ぶことができるだろう。

**〔競争についての注意〕**

他人と美徳を競うなら、うまく予見された事柄を自分でも得ようと努力するなら、慎重に考慮された勤勉さを維持したいと望むなら、人間は信じがたいほどのことができるはずだ。というのは、私たち死すべき存在である人間の内には、神的な不死の力が存在しており、その力にとって到達できないものは何もなく、近づけないものは何もなく、すべてが疲労や嫌悪なしに喜んで浸透するもので、それには周到な導きが欠けていなければよいのだ。まさに、正しく理解された一つの基礎によって、無限の事柄が理解されるのである。いわば道具がいったんうまく準備されたら、作業が無限に生み出されるようなものだ。足がしっかりしていればどこまでも限りなく旅ができる。目が健全ならどこまでも無限に見通すことができる。舌が流暢ならいつまでも際限なく会話を続けることができる、等々。要するに、意欲が不足していなければ、私たちには自然によって（自然の両親によって）不足するものは何もないようになっているのである。また、学芸の女神ムーサを呼び出すには、（詩人が言うように）私たちの中に置かれた神の賜物を鼓舞し、記憶を刺激し、才能を揺さぶる、それ以外にはありえないのだ。

（10）暴力なしの、甘美で魅力的な規律を適用することによって〔楽しい学習を実現する〕。これについては次に説明する。

**問題21〔訓戒〕**

**三十．** 訓戒を、生徒が学習から遠ざかってしまわないように行使する。

これは三つの道で達成されるだろう。

（1）訓戒や懲戒が必要ないようにあらかじめ配慮する。規律を守るようにとただ勧めるだけで学習へと誘い、教えるための食料を感覚に心地よく与え、過剰な課題を課さないなら、これは達成されるだろう。

（2）規律を守らせる場合でも、あまり不快感を与えないように正しく管理する。つまり、用心深く、慎重に、適度に、そして荒々しくなく、懲戒を加える時でさえも愛を示してやり、限度を越えないことである。いつももっとも穏やかな段階から始めて、警告や叱責など行使して規律を守らせるのだ。

（3）学習の力がない（才能が劣っている）、あるいは（嫌悪感がどこからか入り込むかして）学習の意欲がないという理由で懲戒を加えるべきではない。教えられてもまったくその通り行なわないでただ強情なときだけだ。そして生徒が厚顔無恥という悪に気づいてあとは用心するようになるという目的以外で懲戒を加えるべきではない。

**〔学校は遊びである〕**

学校が遊びと呼ばれるのには理由がないわけではない。そこではすべてが遊びであるかのように管理され、喜びをもって楽しく物事が進行するのだからその通りなのだ。遊びの時に怒ったり不機嫌になったりぶったり鞭で叩いたりする人がいるだろうか。技術学校ですらそんなことは起きない。読み書き学校はもっと劣悪でなければならないのか、そんなことはない。神の知恵はこの地上で自らの被造物と、特に人間の息子たちと遊ぶのだから、同じように、学校を管理する者は、自分の領域で自分のもの〔である生徒〕といっしょに遊ぶべきなのだ。すでに明らかなように、自然に生み出され生成され形成されるものはどれも、暴力を使わず自ら自発的にそうなる。そして神が人類とともに行なうことはどれも、招待であり、説得であり、勧誘である。だから私たちは、ただ役立つことをだけではなく、楽しむことを求めるようにしよう。

**〔楽しい学校〕**

教えることは容易で楽しいということについて述べたことは、以下のようにまとめることができる。

「学識の根は苦いが果実は甘い」とは賢者ソクラテスの言葉だ[87]。それは私たちも経験している。しかしながら、その根すら甘くできるかどうか検討すべきだ。

次のようにすれば可能だと思える。

(1) 教育から嫌悪感や動揺を取り除く。

(2) すべてを明白で、そしていわば自発的なものにする。

(3) さらにすべてを魅力的なことで満たしてやる。

第一のことはこうすれば達成できるだろう。

(1) 邪悪な歪んだ見本を避けて美しい良い快い見本を常に提供する。

(2) すべてについて好ましい、また感覚に対して明確な指示をだす。

(3) これまで行使されていたよりもずっと好ましい訓戒を与える。

第二のことはこうすれば達成できるだろう。

(1) 自然の本質そのものが、願望をあちこちに向け、時期が来たと告げるその時まで機会を待つ。ちょうど芽や花がそうするようにだ。教師は自然のただの助力者なのだ。だから猛スピードや暴力を避けよう。方向づけるには方向づけられるものを待たねばならない。若駒を力がつかないうちに荷車につなぐものではない。

(2) 少しずつ進行する。たとえやる気まんまんでも、自然に対して過度の重荷をかけてはいけない。（ゆっくり急げ[88]。）

(3) 意欲が十分に引き起こされるように、むしろ引き止める。

第三に、魅力的にするには――〔原文欠落〕

## 問題22〔敏速に〕

**三十一．** 学習者の感覚、精神、手がすべてを敏速に捉えるようにさせる。〔教師が望むものを何でも、生徒に〕自由に妨げずに与えてみる。与えるものは、不明瞭だったり節瘤だらけや刺だらけであってはならず、明白で平明なものでなければならない。また理解する手がかりとなるものを適切に振り向けるなら、〔生徒は〕すべてをすばやく把握するだろう。

## 問題23〔主要点だけを〕

**三十二．** すべてを敏速に学ぶ。

何ごとも個別に追求するのではなく、次のようにする。(1) 最初に中心軸を正しく把握する。(2) あまり役立たないものはよけておく。(3) その他の物は、もしもばらばらになっているなら集めておく。もしもこのように続けていくならば、信じられないほど短期間で、感覚、精神、手によって多くのことが成し遂げられよう。アレクサンドロス大王[89]が良い例だ。彼はごくわずかの生涯で「何事もためらうことなく」多くを成し遂げた。都市や国を征服すると、そこに留まったり無為に過ごしたりせず、カンパニアのハンニバル[90]とは反対に、常に先を先を目指したのだった。彼は個々の都市や要塞を攻略したのではなく（それには生涯でも不十分だ）主要な所を攻略した。その他の所は主要な所が征服されると自ら陥落した。ただ若すぎる死のみが勝利の進軍を中断させ、全世界の凱旋者になることを妨げたのである。こういうことがあの小さなアレクサンドロス〔生徒たち〕に起こらないために、まず何よりも命を長く伸ばさせる、あるいはともかく維持させるように努めるべきだ。だが、すべてがもっと容易になるような方法の戦略がある。なぜならすべては結びついており、妨害するものは何もなく、川の流れのように、自ら流れるからだ。まさに、死でさえも知恵の学習を妨げることはできず、むしろ推進することになる。死は永遠の志願者を永遠の完成に向かって推進することになるのだから。しかしこの世の期間に限定して、完全な知恵の学習が、才能が鈍くて物事が秩序立ててまとめてあっても難しいかもしれない人に対しては、アレクサンドロスが行なったことを私たちも行なおう。秩つまり力を主要なことへ特に集中するのである。そのようにすれば、その他のことは自ずと身を委ねるか、あるいは沈黙させられて、私たちの君主政治が支配することになろう。

ところでその主要なこととは、知るべき原理ということであり、その原理によって正しく構成され理解されたからには残りは自ずと明らかになるのである。まず何よりもこのことを学習者へ適切に教え込むべきだ。花や果実が豊かに実る庭を欲しがっている人に対しては、樹木や潅木や草を外から苦労して運び込む必要はない。ただ種を蒔いて、苗木の挿し木を良い挿し木に接ぎ木してやればよい。後はただ太陽と天の恵みだけですべてがどんどん育っていき、毎年ますます豊かに広がっていく。それと同じように、知るべき原理が正しく構成されていれば、無限のことが自ずと明らかになっていくだろう。

次に、あなたが生徒に多くの着実なことを知るようにと望むのであれば、生徒が多くのことに無知であるようにと教えるのだ。つまり大衆がかかずらわっている馬鹿話を知らないようにするのだ。

## 問題24〔役に立つことを〕

三十三．教授学の書物が学習者に有益であるようにさせる。

（1）教授者は、新しい冊子に取りかかるたびごとに、もしも印刷ミスがあればそれを取り除くことから始める。間違った見本からは間違いが学ばれてしまう。

（2）子犬に骨を与えるかのように、生徒に書物を投げ出してはいけない。忠実な乳母が歯のない乳児にあらかじめ噛んで食べ物を流し込むようにするのだ。弱い人に対してはどこでもへりくだってていねいに応じることだ。

（3）いつでも次のようにして教えればうまくいく。(1) 手本を正しく示す。(2) 模倣の方法をはっきり示す。(3) 模倣している人へ、外れないように注意しろと指示する。

たえず次のようにする。例えば。

（1）知識の学習の場合、事物の理解は感覚によって遂行される。つまり、視覚、聴覚、味覚に事物を差し出すことによって、また、それがどのように為されるのかを説明し、正しく受け取られたかどうかを吟味することによって遂行される。

（2）技術と実践の場合も同様。行なうことによって教えるのだ。先にやってみせて真似するように命じる。正しく真似したらほめる。逸脱したら正す。ただし怒ってはいけない。

（3）語学の場合、話すことを教える際には、〔教師〕自らまず発音し、次にそれに続いて真似させる。そうすると分かるようなる。また注意すべきなのは、着手した事は習得するまで絶対引き返してはいけないということだ。

（4）また、以下の最高の指示も、最高に遵守すべきだ。すべて〔の生徒〕に次の習慣を徹底的に身につけさせる。物事の明瞭で、はっきりした、明白な (1) 知覚、(2) 言葉の表現、(3) 作業による模倣。これらの三つについての誤りが生涯にわたって犯されている。というのは、私たちはある物事を別なものとして把握して混乱して受け取っているのだ。そこから人間の思考、会話、作業の、そして生涯にわたる誤りと逸脱が実に多数生じている。そのような害悪の治療薬は、最初の形成の時以外には求められない。また、事物、言葉、思考のあの明確化と組織化以外に効果的な治療薬も見いだされないだろう。

### 問題25〔段階的に〕

**三十四.** すべてを順序良く段階的に教える。

これは、先のものが先に、後のものが後に教えられれば実現するだろう。ホラティウスの言葉がよく知られている。

「有用に快楽を混ぜた人は、満票を得た91。」

実にその通りだ。ただし快楽と有用に、高潔、敬虔、神聖が先行しているならばだが。というのは、快楽と有用という二つは大衆が自ら競って追い求めており、それを教わる必要はない。各人誰もが自分の刺激で十分にそこへと駆り立てられる。だが高潔、敬虔、神聖という後の三つは、特に教え込む必要がある。自分の崇高さを省みて、人間として生れた誰もが単に快楽や有用さだけではなく、まず何よりも高潔ということに配慮しないといけない。これがいつも土台であり目標であり、私たちのすべての意図と行動の本質的な部分であるはずだ。有用さが結びついたなら高潔さはもっと良くなる。さらに甘美さが結びついたなら（もしもそうできるならば）、もっと良くもっと甘美になる。

だからホラティウスの言葉は次のように修正すべきだ。

「最初の段階にあるのが高潔、有用性は次の原理、楽しいことは三番目。」

ところがこの世界は、愚かにも最後のものを最初に配置して逆転させている。

だから、最初に来るのは魂の食材である敬神の心、

第二が人間の交際の規範である良き徳性、

最後に才能の食料である学問となる。

**〔敬神がまず最初に〕**

何よりもまず敬神の心が注ぎ込まれないといけない。この世とあの世の生命の約束がかかっているからだ。最後を見通し、そこに至る道を見通す人は分別がある人だ。

この世の生活の目標は、永遠に向けて準備をすることである。その準備がこの世で行なわれないと生命は滅んでしまう。

ところで永遠に向かうのは、死を通してそこに至るのだから、人間は正しく死に向かうようにあらかじめ準備をしないといけない。

だが、良い生活を通してでないと良い死にはたどり着けないのだから、すでに人生の最初うちに良い生活への備えをすべきだ。

その良い生活に向かうには、良い習慣を通してでないと達成できない。だから若者は、幼いうちから、行なうことは何でもうまく行なえるような習慣をつけねばならない。

ところで、良い行動の習慣づけは、いつでも良い見本があることによって、また自らたえず良いことを選び悪いことを退けるということによってしか獲得されない。また、理解することによってしか正しく選ぶことはできないし、さらに、それを理解するのは善悪の別を比べさせる学びによってだ。だから、物事の区別に時間をふり向けて、青年期の最初の時期は徹底的に、その後は生涯にわたってこのことに専念すべきなのだ。

そしてこれがあの「唯一必要なこと」であり、「良い方」を選んだ人から取り上げてはならない（ルカ10-42）。

**〔道徳〕**

敬虔に続く場を占めるのは、良き道徳性である。それは生涯にわたって人間の交際に役立つ。これについては一般にこう言われている。「学問に優れ、道徳に劣っている人は、優れているというよりも劣っている人だ」と。そこで、もっとも気をつけるべきなのは、誰もが幼いうちから、暇ではなく労働と勤勉を習慣づけるということだ。若者を暇ではなく労働に慣れさせせたら、その時初めて学校は真の人間性の製作所と言われるに値するだろう。学校はただ暇な見物人を作ったり、よく理解していない事柄についてまでも何でもおしゃべりする饒舌家や、両陣営について詮索する審判者を作ったりするのではなく、物事に対する活発な活動家、慎重な管理者を作らねばならない。それは、彼らをたえず活動するように、また任された仕事を正しく遂行する機敏さを備えるように、訓練することによって行われる。すべての公立学校は、公的な労働場、生活のために訓練するもっとも有用な闘技場でなければならない。それは、ほとんどの人が学校で被り、その後生涯にわたって続く一般の無気力に対する効果的な治療薬となろう。セネカが次のように嘆いている。「人生の大部分は悪事をしている間にすべり落ち、最大の部分は何もしないうちに過ぎ、人生全体はどうでもいいことで終わってしまう」と〔書簡集1 - 1〕。

**〔最後に学問〕**

最後に、心地よく楽しい学問がくる。それは人間の才能の食料となり楽しみとなるにふさわしい。なぜこれが最後にくるのか。答えよう。多くを、できるかぎりすべてを、知ることは素晴らしいことだ。そのために、善悪の知識の木が神自らによって楽園に植えられた。目に美しく楽しい光景だったので、エバが不注意に近づきおびき寄せられて欺かれるほどだった。しかし、命の木を眺めそれを食べて生きる方が、命の木を無視して知恵の木を取って死ぬよりも、彼女にとっては健全なことだったはずだ。もしも自分のために期待するなら、美には害が内在する。したがって、たえず墜落したり誤ったりする方を選びたいというのでなければ、死すべき人間にとっては、善悪の知識の木よりも命の木の方を、より熱心に待ち望むべきなのだ。また、自然の相違について議論を始めるよりも前に、ソロモンと共に神に服従する心を求めるべきなのだ。天のソロモンであるキリスト自らが、人間の姿になって実例を示した。まず人間の前よりも神の前で、知恵と恩寵に役立つ配慮をした。また、三十歳で自然を従わせるよりも前に、十二歳になると神の法を認識し、また自らの神に服従するよう努めた〔ルカ2・42〕。ちょうど盲人が、光があってもなくても闇の中に座しているのと同じように、不敬虔な人は精神の光である知識があってもなくても、闇に取り囲まれているのだ。そうして最高善である神や自分の中にある至福を見ることがなく、また求めることも見いだすこともない。神と神の永遠の明かりから、永遠の闇へと墜落してしまう。最良の液体でも汚い容器に注がれたら腐ってしまうように、最良の教えも邪悪な矯正されていない魂に注がれれば同じことだ。

**〈畏敬の念〉**

それだから、私たちの知恵の学習全体は、神と人間と自分自身への畏れを植え付けることから始めなければならない。神への畏れ。その方は、罪深い人の肉体を滅ぼし、魂を地獄に引き渡すことができると想像させて、神を畏れるようにさせる。

人間への畏れ。親や先生やその他の善良な人々の怒りを怖がるよう習慣づける。

自分自身への畏れ。自分自身の不安定さを知り、自分について常に疑いを抱くだけでなく、自分自身をもっとも不安になるよう習慣づけ、神の霊に服し、自分の指導者の良き警告に喜んで従うようにさせる。

このようにしておけば、聖書が何度も教え込んでいるあの言葉「知恵の初めは主への畏れである」〔箴言1・7〕がどういう意味かだけでなく、いかに真実であるかも理解するようになるだろう。しかし畏れは、十分に訓練を受け、粗野や嘘や短気や強情から解き放たれた魂の中にしか存在できないのだから、知恵の学習を道徳と敬神から始めることがどれほど大切かは十分明らかだろう。

### 〔認識の段階〕

次に、パンディダスカロスが遵守すべきは年齢段階である。つまり、教えるべきこと、知るべきことがどの年代にふさわしいかということだ。その思慮の基礎は、物事の認識の段階を知るということである。それは三つだ。

(1) 直感。認識すべき事柄を、直接感覚に提示して、知性に像を刻みつける。例えば、木星の星を見て、同時にその名前を誰かから学ぶという場合、そこには像を作る対象、その像、像を受け取る人という三つがいっしょに存在している。

(2) 比較。以前に知った事柄と同じ事柄にまた出会ったり、別の似た物といっしょに提示された時、それは同じものなのか別なものなのかを考察する。例えば、木星に似た新しい星を見て、それは同じ木星なのかそれとも似ているものなのか迷う時には、大きさ、色、場所、木星が出現するはずの時間を比較して、木星なのか違うのかを結論づける。ここにも同じく、二つの対象と、既知のものと新しいもの二つの像と、像を想像している人がいっしょに存在する。この方法は初歩の理性の働きである。そこでは似ているものから似ているものが、違ったものから違ったものが、反対のものから反対のものが、主張されており、三組の一つが一致すれば（あるいは一致しなければ）、相互に一致する（あるいは一致しない）のだ。

(3) イデアによる認識の段階。事物のイデアから完全に認識されることが、そのイデアについて多かれ少なかれ関わっており、同時にそれが認識され、また完全からどれだけ離れているか、という判断を下すような認識である。この場合も三つが存在する。(1) イデア、(2) 一つあるいは多数のイデアになる対象、(3) イデアを比較し認識する精神。

これは最高の、最高に明白な方法である。実に、最終的な最高のパンソフィアの方法である。注意せよ。認識を次のように言うことも可能だ。

個別の認識。一つの事柄の認識にのみ行き着く。

結合した認識。比較された双方の認識に導く。

統合した認識。すべての事柄の認識を与える。

そこで、最初の段階は最初の年代つまり幼児期と児童期に、第二段階は青年期と若年期に、第三段階は若年期と壮年期に充てられる。最後に老年期には、はっきりと提示されたものあるいは比喩や寓話で示されたものなどの物事についての完全な判断力が形成される。

**〔危険な状況への対処〕**

**三十五．**もしも、明かりに対して本気で反抗し、頑固で手に負えず、良き忠告にも警告にも耳を貸さないままでいる人がいたら、どうすべきだろうか。

答。非常に凶暴で扱いにくい馬がいると言われている。人間に捕まって引っ張られたり押さえつけられたりしても、馬屋に引き入れられることに従わないような馬だ。それでも、技術を適用すれば引き入れることができる。例えば、最初に何かで目を覆っておく。そうすればどこに引かれていくのか分からず、引く人に従うということだ。これがもし本当なら、またまさに人間の中にも、もっと良い教えを受け入れることに対して反抗的で凶暴な人が見いだされるとしたら、どうしてこれを真似ようとしないのだろう。だがこれには三つの問題が生じる。

（1）手に負えず、教えを受け入れる力のない人間を、どうやって捕らえるのだろう。

（2）抵抗させないように目を覆うにはどうしたらよいのだろう。

（3）連れて行きたいと思う所まで、どうやって導いたらよいのだろう。

最初の問題への答。人間は、その人自身の心の綱でしか捕らえることができない。つまり、良いことへの生得の願望で、その良いことを確実に獲得し、所有し、享受することを、その人に任せる、これしかない。もしもその人がパウロを真似ることに従おうと望むならばだが（使徒17‐23）。

二番目の問題の答は、こうすれば得られよう。その人からあらゆる権威を奪い取るのだ。つまり周りの実例、例えば他人が言ったり言わなかったり、やったりやらなかったり、希望したり絶望したりといった他人の事例を眺め回すことを止めさせ、各自が自分自身を指導者に選ぶようにさせるのだ。自分自身の内部の観念や衝動や実行能力の自分自身の明かりを選ばせるのだ。そうすれば容易に他人の指導に従うことを断念し、自分で道を踏み外すことをもう恐れないようになり、自分であらゆる決定を下すことができるようになる。

この三番目の問題が達成されれば、残りの指導は容易に進む。常に段階を踏んで、ゆっくりと、穏やかに導けばよいのだ。そうすればどんな割れ目に気づいても恐れたり、ためらったり後退したりしなくなる。これは、誰にも共通の内的明かりからでなければ何も語らないようにすれば達成されよう。そうして他の忠告者や指導者ではなく自分自身に従ってどこへでも進んでいるということが分かり、躊躇せずに、自分自身の目に示され、そして安全だと証明された道を進み、最後は最高善というあの馬屋へ、本当に目の前に見えて本当に美味なあの馬屋へ（つまり完全な知恵の使用へと）導かれるのだ。そこでは、まるで光と喜びの領域に送り出されたようになる。そして私たちはパンソフィアやその他において、そのように進むよう努力したのだ。それが正しいかどうか、賢者たちが判断してくれるだろう。事実そのものが証明してくれるだろう。そして思慮深いパンディダスカロスたちが模倣することだろう。

### 〔ここまでのまとめ〕

**三十六．** 普遍的な学校、書物、教師について以上三つの章で伝えられたことから、続く章では次のような法則が受け入れられることだろう。人間のそれぞれの年代に応じて、学校、書物、教師がどのように配置されるべきか、そうしてすべてがパンパイデイアになる、つまりすべての人間をあらゆる点で磨き上げるにはどうしたらよいか、ということである。

# 第八章　誕生期の学校

## 母の胎内にいる人類の最初の用意周到な配慮について、両親に役立つ指針[92]。

### 訳者による紹介

ここから先は、人間の発達段階に合わせて教育の課題を考えていきます。子どもの教育は小学校入学後から始まるのではありません。子どもの命が宿った時から、つまり妊娠時から始まるのです。今なら「胎教」というのでしょうね。いや、違いました。男女が結婚して子どもを作ろうと考えた時から教育は始まります。いや、それも違いました。子どもは作るものではありません。神様から授かるのです。無神教の人なら「子どもは天からの授かり物」と考えてください。男女が作る、などと考えるから子どもを大人の都合で堕胎させたり虐待したりするのです。まずもって、子どもは授かり物だから大事に育てようと決意してください。

それからもう一つ、子どもを産むのは母親しかできませんが、妊娠は男女の共同作業ですし、育児は両親の神聖なる義務なのです。また、母乳の大切さも指摘しておきたいと思います。洋の東西を問わず、母親がお乳をあげずに乳母を雇うという風習が広まっていました。本来は非常手段のはずなのに。また二〇世紀以降、粉ミルクが普及し母乳より優れているという宣伝が広まったそうですが、そんなことはありません。あらゆる点で母乳が優れているということが科学的に証明されているはずです。乳母を雇ったりミルクをあげたりするのをまったく否定するつもりはありませんが、原則は母乳です。

**〔人類の繁殖の仕方〕**

一．創造主は、天使を創造したのと同じように、全能の力で人類を十分な数で創造できたはずなのに、別のやり方で自らの知恵を示すことを好んだ。ただ幹だけ、つまり一人の男と女を創造し、残りはそこから繁殖によって増えるようにしたのである。神自ら預言者を通してこれを示している。「男と女が作られて、神聖な結婚という契約によって結びつき、そうして神の種子を求めるように（マラキ2－15）」と。そこから次のことが明らかだ。(1) 人間の子孫は神の種子である。(2) 他の植物や動物の種子のようなやり方で繁殖する。(3) しかしこの繁殖が神聖に行われるように、その世話は神に代わって両親に任され、神の種子を求めるよう命じられている。

**〔人間にふさわしい繁殖〕**

二．そこで、永遠の楽しみに定められた被造物である人間は、気ままな生殖による獣の群のように繁殖するのはふさわしくない。敬虔かつ神聖に、神の息子であり娘であるように産まれてくることがふさわしい。また、獣のように胎内から出てそれからは世話を受けないというのではなく、神の貴い宝であるかのように、神から任された信頼のおける保護に委ねられるのがふさわしい。また、世界の新しい市民として将来の永遠の相続人として、愛され形作られるのがふさわしい。この問題はとても重大で、周到な注意が要求されるから、これについて両親は徹底的に指針を与えられないといけない。子孫を産むのは自分のためではなく神のためであり、この世のためではなく天のためだと学ばねばならない。そこで、ただちにいくつかの忠告を述べることにしよう。

**〔良く産まれ良く生き良く死ぬ〕**

三．良く産まれ、良く生き、良く死ぬ、この三つが人間の祝福の要点である。しかし、第二は第一次第、第三は第二次第ということになろう。だからまず第一の根拠を考えよう。

**〔良く産まれる〕**

**四．** 第一に、良く産まれる人とは、高潔な両親から高潔に産まれる人である。だから、結婚以外の性交があってはならないし、庶出の子が産まれることがあってはならない。第二に、健全な肉体、感覚、精神をもって生まれた人が良く産まれた人である。だから婚約者と慎重に結婚すべきで、まず大人たち自身が健康に留意すべきだ。後のものはいわば根から成長してくるのだから。第三に、良く産まれた人とは、聖なる両親から教会の中で産まれた人である。つまり、未来の両親は何よりもまず敬虔であるよう努めなければならない。そうして自分たちが産もうとしている者が神の種子だと認めてもらうのだ。

**〔良く生きる〕**

**五．** 良く生きる人とは、次のように生きる人である。（1）名誉ある暮らしを送り、称賛されるような行いをして、人々の下で好意と名声を得る人。（2）健康に恵まれ、自分の暮らしが平穏である人。（3）神の恩寵と祝福の下で敬虔に暮らす人。

**〔良く死ぬ〕**

**六．** 良く死ぬ人とは、次のように死ぬ人である。（1）名誉ある記憶を後に残して死ぬ人。（2）荒々しくなく、自然に平穏に死ぬ人。（3）死を通して生へと移っていくように敬虔に死ぬ人。

**〔誕生期の学校〕**

**七．** まずこの良く産まれるということはこの誕生期の学校に係る。残りの二つはそれぞれの学校に係る。死ぬ定めの人間は、正しく理解し生きることができるのはイデアに対してなのだから、この誕生期の学校のイデアについても正確に定めておかねばならない。いくつかのアフォリズムに短くまとめておこう。

**〔受胎の前から〕**

（1）人間は形成され始めるやいなや、形が損なわれたり堕胎したりしないように、配慮されないといけない。したがって、最初に受胎した時からすぐ始めるのだ。いやむしろ、受胎に先立って、子孫を産もうとする両親の計画から始めて、良く形成されて産まれた子孫を見るまで、配慮し続けるのだ。しかも、出産の時だけでなく、幼児期さらに児童期にも続けるのだ。悪への機会は常に増大していくからである。だから誕生期の学校で最初の基礎が非常に注意深く据えられることを、問題そのものが要求している。というのは最初の誤りは直すのが難しく、基礎が間違って据えられると残りは崩れてしまうからだ。

（良き徳性とともに敬神の心が注ぎ込まれるべきで、それは正しくも、最初の幼児期から母乳とともに注がれると言われている。しかし、母乳より前に、父と母の血と共にだと言う方がもっと素晴らしい。そこから、子の実質が最初に形成され始めるのだ。敬虔で行儀の良い子を産みたいと望むのなら、両親自身が敬虔で行儀良くあらねばならないということを、両親になった時から理解しておかねばならない。だから子どもへの配慮は、子どもが産まれる前から始めるのだ。なぜなら両親は神の種子を求めるように命じられているからだ。けれども求められているものはまだそこにない。だから種子への配慮はいったん企てられたら、果実に育ち熟するまで続けられないといけない。）

**〔神の種子〕**

（2）ところで夫婦は子どものために特に次の三つのことに努めようと考えるだろう。まず、この目に見える世界は、神の種子の繁殖という以外の目的で維持されるのではなく、選ばれた数で満たすように努めねばならない。次に、人類の創始者である神が、いわば自分の役目を夫婦に任せて神の種子を求めるようにさせたことは、夫婦にとって大変な名誉である。そしてこの聖なる神の御業をひたすら聖なる畏敬の念をもって行ない、敬虔な両親が神の種子を、つまり悪魔ではなく神の似姿である種子を蒔くことに最大の努力を払うことだ。

### 〔夫婦の生活〕

（3）これを行うには、自分たちの義務は、神を畏れ、神へ祈り、純粋で聖なる意図でもってすべてを行なうことだと知っておかねばならない。列挙してみよう。(1) 結婚が高潔に始められる。(2) 夫婦の寝床が適度に用いられる。(3) 子をすでに受胎したら、節度を守って、慎重に、敬虔に、神聖に、暮らすよう気をつける。このように、種を蒔く前に畑が準備される。そしてまた、良い純粋な種が蒔かれるように種に気をつける。そして植え付けが用意周到に行われ、最後に天の祝福に委ねられる。樹木園、果樹園、葡萄園も同じことだ。さらに、鶏、鵞鳥、犬、馬を繁殖させる手はずの技術も同じだ。つまり、忠実に育てねばならないものは何でも、最初に根を育てなければならないのである。

### 〔誕生期の学校の三クラス〕

**八．** この学校には、三つのクラスのようなものがあろう。そのうちの第一は、結婚の方策を慎重に誠実に敬虔に講じて、未来の子の配慮をずっと前から行うクラス。第二は、新婚の後で子が近いうちに産まれると期待されるクラス。第三は、子をすでに受胎した時から出産までを配慮するクラスだ。

### クラスⅠ〔結婚の時期〕

**九．** 結婚する時には、特に次のことを守らねばならない。まず、若すぎる少女や青年のような年齢が成熟してない人は結婚してはならない。そうでないと、自分たちも子も損なってしまう。生命力が力強くなる前の若すぎる小さな木は、実を結ぶことができないか、あるいはただの未熟な実ならすぐに落下してしまう。このことから、遅く結婚した家長たちは、逆に活力ある子孫を産んだのだ。実にスパルタの立法者リュクルゴス[93]は、子を産む以外のための結婚を許さなかった。成熟し妊娠に耐える体が丈夫な人にだけ、結婚を許すことを望んだのだ。カエサル[94]は同じことを古代ゲルマン人について証言している。しかし適齢になっても、病気や何かの疫病に冒されているなら、結婚は断念することになろう。貧乏で困窮している人や自分と子を養う手段が欠けている人についても、同じような判断が下されるのが一般的である。もちろん、健康で元気で、労働に耐えられる人なら、天の父にとって彼らを子と共に養うのに十分な蓄えがあるのだ。

## クラスⅡ〔新婚時代〕

十．結婚の時にすでに子をもうけようと努めている父親は、自然の力強さが、食事、労働、節制によって維持されるように注意すべきだ。また、自分、自然、自分から誕生する者、後継者を、弱めたり損なったりしないように注意する。母親についても同じことが言えよう。たしかに、時代の息子たちはこのような思慮に注目して、血統の良い役畜の子が産まれるのを望むのなら、良い血筋の母親を選び上手に飼育してその後に守るべきことを知っているのである。

## クラスⅢ〔妊娠時〕

十一．神の祝福によって最初に妊娠に気づいた母親は、次の三つを真剣に守ることだろう。

まず有害なものを避ける。健康についてだけでなく、道徳についてもである。というのは、母親が行なったり被ったりしたすべての印象が、幼児の肉体と魂に刻まれるということを、あの印が示しているからだ。妊娠している母親が、過度に何かを欲してそれが得られない場合や、不意に驚かせられたり、体のどこかの部分を手で触られたりすると、産まれてくる者がその印を付けて出てくるのだ。聖書の論証や実例がある。例えば獣の出産の時に毛の色が違っていた（創世記30－37、38。それは神の刺激によるものだった。創世記31－10、11）。あるいは人間の子の場合、サムソンはナザレの人だったので禁酒せねばならず、母もまた葡萄酒と強い飲み物を抑制するよう命じられた（士師記13‐4、5）。また洗礼者ヨハネは、すでに母の胎内にいるときから精霊に満たされていたので、母親自身も神聖に行動せざるをえなかった（ルカ1‐15）。不信心な母の胎内では神聖になれないからである。幼児は母の胎内に囲まれていて、大きな円の中に同じ中心の小さな円があってすべてが平行になるのと同じことだ。だから、大きな円の半径が中心に向かうと、小さな円を切断せざるをえない。このように、母が行なうことや被ることは何でも、行動と感情の同じような傾向が胎児に刻まれるのである。もしも母親が酒飲みだったり、ふしだらだったり、怒りっぽかったり、嫉妬深かったり、盗癖があったりしたら、それらの種子が、知らず知らずのうちに確実に胎児に移ってしまう。そこから、両親の肉体と魂の病気が、産まれる者へ、さらに健康な家族へも、遺伝として伝わってしまうのだ。

## 〔妊婦の注意〕

**十二．**第二に、健康と徳性に役立つものを活用することだ。すなわち、よき食事、適度な運動、子の衛生と姿形と才能に適した薬などである。規則的な生活の利点は、未来の母親が自分と未来の子のために健康を増強するのに慣れ、（まだ知らないならば）反対のことにも慣れさせたりすることであろう。つまり、寝すぎたりずっと寝ずにいたり、運動したり運動を抑制したり、長く授乳したり逆に断食したり、寒さに耐えたり熱さに耐えたり、等々といったことだ。要するに、軟弱になるのと両極端になることを警戒することだ。

## 〔神に祈る〕

**十三．**第三に、神に熱心に祈ることだ。悲惨な事態を避けるだけでなく、幸せな出産と、よく形づくられ健康で元気で力強い子が授かるように祈るだけでなく、さらにこの新しい創造物に胎内の時から神の霊を満たし、それがアダムからの罪で汚れた誕生の渾沌を清め、神の善意の光で満たすようにと祈るのだ（創世記1‐3）。

〔幸せな出産〕

**十四．** 幸せに子を産んだ産婦は、生みの親である父親と共に、精霊の父なる神に感謝する。神は、産まれた者は神から由来する後継者であり、胎の実りは報いであると証言しているからだ（詩編127－3）。そこで、両親は良き贈り主である神の名を誉め称え、感謝の心で自分たちの務めを返すことだろう。そして熱心に祈り、自分たちの子へ命を与えてくれた方に、その生命がこの天の下だけでなく、永遠の準備に用いられて、神の下で無限に続くことができるようにと祈るのだ。

〔母乳〕

**十五．** 母親は、子を自分の乳で養わねばならない。(1) 神の定めにより、産まれた幼児の食糧にこの母乳を命じ、無駄にしないようにさせた。(2) それを栄養分として用いるのが、幼児の健康にもっとも安全である。母の血と同じですでに慣れているからだ。母親の健康にも良い。(3) 産まれた者の徳性にとっても、父と母の血と霊で何も混ぜずに養われることは非常に安全である。もしも母が死んだり病気だったり、あるいは徳性が悪かったりして、別の乳母が健康で元気で誠実で徳性が良ければ、事情は別だ。

# 第九章　幼児期の学校、母の膝[95]

## 誕生からおよそ六歳までの人間の子の用意周到な形成について。

**訳者による紹介**

ここでは幼児教育を考えます。幼児教育の重要性については皆さんに一々説明するまでもないでしょう。聖書の中には幼児教育の重要性を強調した箇所がたくさん見られます。コメニウスはこの学校を「母の膝の学校」と名づけてみました。『母親学校の指針』という題で単行本を出版しています。でもここでも母親や乳母に任せっきりで父親は何もしなくても良いということではありません。

ところでここで「幼児教育」と述べてきた言葉は educatio、つまり英語でいえば education なのですが、実はラテン語の伝統ではエデュカティオ educatio という言葉は、小さいものを大きく育てるという意味で、勉強を「教える」という意味は含んでいないのでした。ですから、訳者は educatio を「教育」と訳さずに「子育て・育児」と訳しています。幼児教育を重視した例えばルソーやフレーベルは、幼児の教育は学齢期の子どもの教育とは原理的に違うことを強調したのですが、コメニウスもまったく同じです。ですから軽々しく「教育」と訳してほしくありません。そして幼児期の「子育て」と学齢期の「教育」、この両者がそれぞれ独自の任務を果たすことが大切なのです。

幼児期の六年間を六段階に分けました。これは一年刻みの機械的な区分ではないことにご注意ください。放っておいても子どもは育つ、もちろんそういう面もありますが、幼い時から子どもに話しかけ、たくさんの事物に触れさせることが必要です。それがあとの教育の土台になります。幼児期の最後の一年は、子どもが集まって文字を学習します。学校教育への準備ですが、もちろんそれも遊びを通してです。これは画期的な提案です。もう日本では保育所や幼稚園でやっている？それはけっこうなことです。

## 〔改革は幼児から〕

一．世界の普遍的な堕落が根底から始まっている。だから世界の普遍的な改革もまた、その根底から始まらねばならない。そこでパンパイデイアの目標は、詩編第８章の「乳飲み子の口によって称えられる」ということの実現であろう。キリストの到来がその序曲であり、その時幼児が寺院で「ホサナ〔救いたまえ〕」と歌ったのだ。今や、地上全体が神の寺院となり（詩編100－1）、（そこで詩編の全体はこのことに関わっている）、すべての人間が神の子となるだろう。そこで、私たちもホサナと歓声をあげ始めよう。地上全体にわたって歌声が響くように、真剣に誠実に力を尽くそう。

## 〔幼児とは〕

二．定義。幼児とは、この世界に入ってきたばかりの新しい人間のことであり、すべてが未開発で、すべてについて未開の状態を抜け出し開発され〔教育され〕なければならない人間のことである。だから行なわれなければならないことはどれも未開人向けの初歩の試みである。未開状態から抜け出すように、すべてが用心深く慎重に扱われなければならない。

三．未開発でありかつ開発されるべき人間という定義に付け加えよう。一方で未開発とは、すべての学校の素材あるいは主題を、他方で開発されるべきとは、子育て96の目的と学校の苦労の目的を呼び起こす。そこで、未開とは何か、開発されているとは何かを知り、これらの相違を知ることが、私たちの関心事となる。例えば、私たちはどのような学校に進むべきか、どのような学校を卒業すべきか、また私たちの義務は何なのか、それを正しく終えるにはどうするか、目的を見失なったり達成したりするのはどうしてか、それらを見過ごさないようにすることが大切だ。そこでこれらについて少し説明しよう。

**〔未開発の状態〕**

**四.** 機械職人は、磨かれてない、仕上げられてない、まだ使われるに至っていないと認められる物（金属、石、材木、革など）をどれも粗野なもの[97]と呼ぶ。他方で、職人の手がすでに加えられ、伸ばされ、叩かれ、切られ、削られ、刻まれ、何らかの新しい形に作られて、確かな使用のために整った（おそらく輝くほどに磨かれてさえある）と思える物は、仕上げられたものと呼ぶ。同じ理由で人間も、人間の姿をしているもののその他の点では、精神は空っぽで、舌はたどたどしく、手は不器用で技巧的なものを生み出すことにまったく精通せず、ただ歩き回って、そのうえさらに行儀作法が粗野で、神を知らない人間、それは粗野で未開な人間であり、またそう呼ばれている。その人間からは、未熟な思考、野暮な会話、粗野な活動、他人と神との品のない交際しか期待しようがない。

**〔開発された状態〕**

**五.** それに対して、開発され〔教育され〕ているとは次のような状態のことだ。精神が、明るい鏡のように輝いて闇を通してでも全世界を示す。舌が、精神がその光を別なところへ移動させようと熱望するたびに、実にすばやい車のように働く。手が、言葉ではなく行為が必要なところはどこでもすばやく作業を実行する。そして道徳心が、魅力に満ちあふれて誰も傷つけることなくすべての人に奉仕するために活発にそこにいる。さらに心が、神に満たされ、神の好意を得、神の恩寵を享受したいとたえず熱心に願っている。要するに、ほんとうに教育された人間とは、実に、いわば神の生きた似姿である。有限な自然が可能な限りにおいて、知性ですべてを受け止め、言葉ですべてを表現し、行動ですべてを示しているのだ。そしてこれらすべてをできる人が、真に磨かれた人間、真に教育された[98]人間ということなのだ。このような教育が、すべての学校の、とりわけ最初の学校の、そして私たちの子育て全体の、目的であり目標であり、またそうでなければならない。その種子は、まさにこの幼児の時に蒔かれねばならず、土台が築かれねばならない。

**〔幼児教育の必要性〕**

**六.** このような用意周到な子育てがまさに幼児期から必要だということは次のように証明される。

(1) 聖書から。(2) イデアないし原理から。(3) 典型と実例から。

**〔聖書の実例〕**

**七.** 聖書で注目すべきなのは次のような箇所だ。詩編8－3、イザヤ28－9、ゼカリア13－7、イザヤ40－11、イザヤ60－22、マルコ10「幼子をそのままにしておきなさい」、マタイ18－3やその他の所で神は幼子に神の秘密をあらわにする約束をした、詩編19－8、同119－130、マタイ11－25、ルカ10－21。このように、この世の最後の改革は再生と呼ばれる。私たち誰もがまさに産まれたばかりの幼児のように生まれ変わらないといけないからだ。

**〔原理から明らかである〕**

**八.** 原理。

(1) 事柄の総体的な改善の希望はすべて、最初の子育てにかかっている。それは、前述のように聖書から集められるだけではなく、次のような原理からさらに明らかになるだろう。

(2) 私たちの肉体、魂、徳性、熱意、会話、行いなどは、最初の子育てと、それに続く青年期の育成[99]とがもたらしたようなそのままの状態を保持する。もしもこれが正しく行われて、真と善の基準に沿っていれば、その人が他人に優っていないということはありえない。そこには全生涯の幸福が依存している。道徳に係ることや霊に係ること、また同じく自然に関することや技術に関することも、同じように、為された通りにできあがる。庭は植えられた通りに、家や都市は建てられた通りに維持されるのだ。

### 〔改革が間違っている〕

（3）私たちは、この時代に邪悪が広まり、すべての身分、性、年代にわたって混乱が増大していることに涙を流している。家や学校や教会や国の至る所でそれぞれに改革は試みられているのだが、やり方は様々で、たいていは暴力的に試みられている。というのは、成長した子どもを両親が棍棒で改造しているのを私たちは知っているのだ。支配者たちは従者に対して牢獄や剣や縄や刑車を行使している。国王たちも、家来をマキャベリ100の技術で扱って欺瞞と詐欺を使うので、家来は逆に自分の王に対して反抗して復讐する。そうして戦争、暴力、災難ですべてがあふれている。しかし、法律や処罰の力でよりも理性で制御された手綱による方が、ずっと人間にふさわしいのではないか。ところが、人々は理性の導きには従わないと一般に言われている。ほとんどの死すべき人間の才能は野蛮で、かくも巨大な害悪や至る所に根を張っている頑迷さに対しては、寛大なやり方が適用されても無駄だと言われている。しかし、理性的な被造物が理性の手綱で統治されることがどうしてできないのか、その原因を探るべきだ。適用されている統治そのものが、何か非理性的に適用されているのではないか。医者が言うには「最初の消化の欠陥は二度目や三度目の消化で治らない」と。物事の始まりが間違っているのだ。精神を正しく形成してないので、意志のために正しく照らしていない。意志を善の方に向けていないので、良心が暴力に耐えられない。だから幼児期の用意周到な配慮が必要なのだ。

### 〔最初の重大さ〕

（4）種子には植物の全部の力が宿っている。つまり種子に起きることは植物全体に起きるのだ。この真理の明らかな実例は、最近発見された、種子への施肥技術だ。砂の多い畑で、そこに施肥する十分な藁や糞がない場合、まず種子を選んで十分に準備した肥料に三、四日浸し、その後で一定の距離を置いて蒔くか植え付ける。そうすると一つ一つが確実に発芽して、畑そのものにたっぷりと肥料を施したよりも多くの豊かな収穫が得られるのだ。これはイギリス人プラット[101]の発明によるもので、彼は、種を蒔き散らすのではなく手で慎重に蒔くなら種を四分の三に節約でき、しかも普通のやり方で施肥して植え付けるよりも成果は三倍になることを見いだしたのである。

この比較から次のようなことが引き出せる。

(1) 知識の最初の基礎がしっかりと形成され、それを予め配慮して才能に注ぎ込むと、信じがたいほど労力が節約され、しかも種子の収穫はより実り豊かになる。

(2) いわば種子の中にすべてが隠れて含まれているのだから、才能の最初の耕作の中に人生と学習の残り全部の期間以上のものが置かれている。

**〔幼児期の重要さ〕**

幼児期は人生の春だ。そこでは、才能の小さな畑を準備する機会を疎かにしてはならない。また、十分な収穫を望むならば、所有している畑全体に種まきをする必要がある。耕さないところが何も残らないようにしよう。将来の収穫のための種子は春の初めに（前年の秋でないとすれば）播かれる。それと同じように、良き人生の種子は、人生の始めにこそ播かれるべきなのだ。

最初の始まりの時に曲がって生えた幹は、欠陥を簡単には捨てない。改善せずに伸びたならどうしても直らずにそのまま固まってしまう。それと同じように人間は、最初の年代に慣れてしまった事柄そのままで年をとる。最初の子育ての欠陥が生涯を通してつきまとう。だから、人類の特別の監督は、揺りかごの中にあるのだ。配慮の行き届いた管理は、後に続く年代に驚くほど役に立つ。軽視すれば害になる。終点に向けて最初から正しい行程を立てておくことが、非常に大切だ。

〈危険もある〉

（5）ここで付け加えておくのは、この世界に入ってきた人は皆、危険な状態に入ってきたのだということ、そしてここから出ていく先は、永遠の光かあるいは永遠の闇かのどちらかだということである。だから、ここでは早くから闇を警戒し、光を求めねばならない。

〈国や教会にとっても重要〉

（6）始めと終わりの間にある人生は、厄介な仕事に満ちている。だから、人間は、自分のためだけでなく他人のためにも早くから教育されるべきだ。というのは正しくもキケロが述べたように「国全体の土台は若者の正しい育成（教育）にある」[102]からだ。しかもこれは国に関するだけではなく、教会や天を良くするためにも十分に当てはまるのである。

〈子育ての重大さの典型例〉

九．さらに典型と実例を付け加えよう。

〈典型〉

（1）カナンの土地は老人たちではなく息子たちに与えられた（申命記1-39）。

（2）イザヤの息子は七人おり、そのうち最年少で背も小さい人が王になった。

（3）重い皮膚病の人が子どもの体のように清くなった（列王記2-5）。

（4）すべての人の復活者であるキリストは、小さな人にならねばならなかった（イザヤ9-6、7-15）。

何にもまして素晴らしい実例がソロモンの書「箴言」にある。彼は自分はか弱い時から知恵の教訓を聴くように処遇されたと箴言第4章第3、4節に書いている。

### 〔子育ての責任は両親にある〕

十．人間には用意周到な子育てが幼児期の最初から必要であるということが、また人間に関わる事柄の総体的改善の希望はそこにかかっているということが、説得的にはっきりと示されたのだから、この職務を誰に課すのが一番良いのだろうか。ともかく誰かに委ねることになるのだ。答。子どもの最初の世話は、両親に依存しているということは、忠告されるまでもなく分かる。子への愛は、もっとも賢明な創造主によって、どんな生き物にも植え付けられたはずだ。ほとんどの獣は、自分の子どものために命すら捨てるほどだ。とはいうものの、人間の中には血も涙もない人がいて、自分と自分の腹のことだけ、あるいは財産を貯めるのに熱心で、子孫のことにはまったく無関心な人が見いだされる。この点では、自分の卵を地中に投げ入れて自分の息子がまるで自分のものではないかのように平然としているダチョウと似ている。神がダチョウから知恵を奪い分別を与えなかったからだ（ヨブ39‐16）。そのような人でなしの行動は止めるべきで、警告されねばならない。例えば悪徳からではなく単純さによって過ちを犯している人々がいる。そのような人は、乳母を雇いさらにその後に教育掛を雇って子どもの世話をまったく任せてしまい、彼らから生じるあらゆる損害に注目していない。これは致命的な誤りであり、自分の子孫に対する不正である。

### 〔子どもは私たちから生まれた〕

そのことは、まず子どもたちそのものの起源が私たちの実体から現れ出てくることから明らかだ。というのは、子どもたちは私たちの血であり、私たちの肉であり、私たちの霊だからだ。疎かにしないだけでなく、私たちと同じ配慮をして保護しなければならない。樹木が、生じた枝を支えるだけでなく元気に育てるのと同じことだ。それはどういうことだろうか。子どもが受胎前に父の腰の中にいる間は、たしかに私たちの一部であり、私たちの実体から切り離されていない。聖書では、アブラハムを出迎えた時レビは父の腰の中にいたと言われている（ヘブライ7‐10）。

そして出産前に母の胎内にいる間は、まだ母から切り離されておらず、たしかに母によって運ばれ養われている。危険から平穏に保護されている。私たちからほんの少し分離して誕生した、私たちのこの実体である子どもが、どうして同じように愛され、育てられ、見守られないということがあるだろうか。

**〔子どもは宝〕**

次に、子どもたちは、いわば自然の衝動からして、自分たちにとって金や宝石に優る、他のどんな宝よりも何よりも貴重な財産である。子どもにおいていわば私たちは生き返り、死後も生き続け、私たちの種を存続させていくのだ。そうして私たちは幸せで称賛に値するような、できるものなら栄光に満ちた暮らしを続けられるように、努めねばならない。それは美徳なしでは不可能だ。さらに、自分と自分から産まれた者の幸せを欲する自然の願望があり、その泉から、遺産を増やすという（財産や外からの名誉や立派な結婚とかへの）熱意が流れ出てくる。これを神の美徳によってすべての財産の泉に結びつければ、千倍にもなるのではないか。というのは、知恵、美徳、親愛なる神、天の尊厳、そしてこの世の生の後の王国の永遠の遺産、これら以上にすばらしい遺産や貴重な財宝を息子たちに残してやることはできない。

**〔神が望んでいる〕**

両親が子どもを生んだのは、自分たちのためではなく神のためだと神が述べている（エゼキエル23－37）。神は子どもを自らの種子と呼んでいる（マラキ2－15）。そこから神の子孫が生じ（使徒17－29）、それから神の子が、彼らを自分の小さな弟や妹のごとくに、未来の時代の共同相続人として連れて来るように命じている（マルコ10－16）。そして彼らの一人でもつまずかせる者には呪いを宣告し（マタイ18－5、6）、最初に彼らに確実に雷が落ちるだろうと述べる。彼らを信頼してこの使命をまず最初に彼らに委ねたのに、裏切りや無視による破滅が明らかになればそうなる。今や、彼らに委ねた全財産の帳尻を請求するために神の子がやって来るだろう。さらに、子どもの監督は誰の手の中にあるものでもない、神はただ両親にそれを望んだのだ。神は子どもを愛の中心である心臓の下に置いた。そこから胸、懐へ移し、最後に、彼らを視野のうちに置きたい、あるいは居ないのなら彼らを思い出したいという願望を魂に植え付けた。それは無駄なことだろうか。まさに次のことを認めざるを得ない。子どもが、両親だとみなした人を最初の先生とみなすことは、きわめて自然だと。また、生命の製作者とみなした人を、誠実で神聖で幸福な生命の製作者とみなすことも当然なのだ。

**〔代理人を雇う〕**

しかしながらすべての両親が、子どもに適切に学識を身につけてやるための時間の余裕を、望んだとしてももてるわけではない。そこで、金を払ってお願いして、教育掛や監督者や養育掛を雇うことが採用されているのだ。インドやバラモンでは、幼児が生まれるとすぐに世話する人と生活の教師を雇うのが常であるという記録がある。（彼らの監督の下、良き規律によって形成され有益な実例によって教育された。）私たちの下では、洗礼の秘跡によって幼児を神に捧げ、代父と代母を設けている。それはよい慣習なのだが、本来の意義はあまり守られていない。しかし後になって道徳と学問の教師を雇う際に、何と多くの人がひどい誤りを犯していることだろう。彼らは教師を適切に選ぶことや、気前よく報酬を払って教師の勤勉さを鼓舞することを望んでいないかあるいは知らないのだ。リュクルゴスのように、自分の息子をもっと良くしてやると約束している人に対して、一千ドラクマどころか財力の半分をつぎ込む覚悟ができている人はどのくらいいるのだろうか。

**〔誤った子育ては取り返しがつかない〕**

十一．ところで若者の形成はまさに幼児期から始めなければならないのだから、無関心で愚かな両親のためにさらに詳細な説明が必要だろう。彼らは、子どもが幼いうちは何でも甘やかしておくべきだと考え、成長すれば何にでも適合するようになるだろうとみなしている。彼らが致命的な誤りを犯しているということを、以下に明らかにしよう。

**十二**　別の所で示した通り、人間はこの世界、いわば学校に送られてきて、ここで神の似姿に形成され、これをすぐに引き継ぐあの世の生命のために準備するようになっている。人間に割り当てられている滞在場所は三つだ。母の胎内、地上、天。もしも不幸にも天から逸脱する人は、永遠の闇の深淵が滞在場所だ。最初の住まいである胎内から次に進むのは、誕生によってである。第二の住み家から第三の住み家へは、死によってだ。第三からは永遠のみがある。ところで、最初の仕事場である母の胎内で、もしも肢体の全部が形成されなかったり、不完全だったり奇形だったりすると、そのような損失を修復するためのどんな方策もこの世では無益だ。そのような人は、肢体が欠けたまま、あるいは不完全で奇形な肢体のままで日々を過ごさざるをえない。それと同じように、今身体の中にある魂が神の似姿として形成されない人は、この世の生命の外にさらに上っていく手だてがない。永遠の日々を神と共に過ごすことはできないのだ。このように重大な事がこの世では行われるのだから、そして時に私たちの子どもや私たち自身に死が差し迫っていて、思いがけずに命を奪い去ることがよくあるのだから、ああ、何としたことか、人間の内部の形成を疎かにしたり遅らせたりすることがどれだけ危険なことか。なるほど私たちは、人間の気づかいが眠っている時も人間の救済のために神の慈悲の心が警戒していると信じている。しかしながら、人間が行なうべきことを行なわないで眠っているなら弁明に値しない。

**〔人間は学ぶべきことがたくさんある〕**

**十三**　しかし、幼い時に死を免れたとしても、また長生きする希望があるとしても、子どもの形成は延期されてはならない。人生で学ぶべきこと、行なうべきことは非常に多く、たとえ年齢が二倍になったところで無駄に過ごすことは何もないからだ。実際のところ、古代人と同じ学識を望むとすれば、私たちが今学ぶべきことは彼らよりもずっと多くある。なぜなら彼らは一つの言語、自国語で哲学したのだが、私たちは多くの言語を学ばねばならない。彼らは哲学だけ、あるいは神学だけで満足したが、私たちの前には神があらゆる財宝を開いている。彼らの背後にはわずかの時代しかなく、そこで確認された事件もわずかだ。ところが私たちの背後にはすでに過ぎ去ったあらゆる時代の過程がある。彼らはほとんど平穏な時を過ごしていたが、私たちは騒々しい仕事にあふれた時代に陥っている。生涯にわたって、知るべき、経験すべき、実行すべきことがたくさんあるのだから、人間のあの感覚は早いうちに全面的に開かれるべきなのだ。また、行なうべきことが多いだけではなく多種多様なのだから、急がないといけない。なぜなら、知らない道に入っていく人にとっては、とりわけ道がたくさん分かれている所では、まさに出発点から正しい道がきちんと示されていることがとても重要だからだ。ここで誤ると大きな損害になりやすく、反対側に連れていかれる可能性すらある。だから、人生のまさに始まりのうちに、人間は見捨てられてはならないのである。ほら、野獣は、大きな体の馬、牛、象ですら、生きる要件を前もって学ぶことがなく、一、二年で一定の体に到達し、十分使用に耐えられるようになる。人間は二十年でもそうはならない。その理由は、よくよく考えて行動すべきだから、という以外に考えつかない。

### 〔最初が肝心である〕

**十四．** 両親は、自分の子どもに有用なことを最初からきちんと教えるのを怠ると、好機を失ってとりかえしがつかないということをしっかりと知らねばならない。

もしも「良い事はいつでも学ばせることができる」と甘やかしを続けるなら、私はこう答える。「最初の機会を失うと、大きな成果はもう得られない」と。最初の年代に吸収したものだけが確実で安定しているということは、あらゆる事柄の実例から明らかだ。樹木は若い時に広げた枝をそのまま維持して変えることはない。羊毛は色を吸い込むと染め替えを受け入れないほど強固である。土器は壊れても以前に吸い込んだ香りを保持する。固く曲げられた輪はまっすぐに戻そうとするとすぐに粉々になってしまう。同じようなことが人間にも起る。例えば、最初の印象が完全に付着してしまうと、後からやって来るもので取り除くことはむずかしい。そこから、人間の精神の中に、誤りと真理に対するある種の先入観の力と強情さが生じてくるのだ。最初に脳の宮殿を占めた物が支配しようとするからだ。誰ののでもない物は、最初に占有した人の物だと見なされるからだ。それだから、子どもの欠陥はまさに老人になるまで付きまとうだろう。ただ違うのは、子どもでは下らないことが失われるだけだが、老人では一日が失われ、子どもでは改善の可能性があることが、老人では改善不可能になるということだ。

## 〔柔らかいうちこそ教育が重要〕

**十五．**「小さい子どもは魂と肉体の力が柔らかくて、教育[103]を受け入れる余地がなく、労力と時間の無駄だ」などと非難する人がいれば、次のように答えよう。「幼児はすべての言語を知っているが、実際に学んだ言語だけを話すのだ」とよく言われているが、もっと一般的にこう言える。「幼児はすべてを潜在的に知っているのだが、実際に学んでしまったことだけをすべて知っているのだ」と。というのは、幼児の可能性と適合性は何に対しても限界がない。プラトンはそれを考察して世界の永遠の循環という考えに至り「学ぶとは想起することだ」[104]と述べたのである。

**十六．**したがって、まさに柔軟な幼いうちから多くのことを習慣づけるべきなのだ。事物の最初の印象を知恵の真の規範に向けて形成し、また最初の習慣を美徳の原型に向けて形成することは、もっとも熟慮に値することだ。もしも私たちがそうしなければ、良い印象と習慣の損失だけではなく、別の害悪が続いて生じてしまう。つまり、無用で破滅的な概念と想像力の混沌と、さらに行動の混乱が引き起こされる。例えば、畑に良い種がまかれないとしても、なるほど繁殖が止まるわけではない。けれども生えてくるのは茨、茂み、棘の実、羊歯、毒麦などだ。同じように人間の魂も、外部感覚が仕事をし始め、自らを事物に広げ始めるやいなや、決して休むことができず、もしもその時に有用なことに取りかからないなら、まったく無益なことにでも、まさに有害なことにでも、取りかかってしまう。堕落した悪い時代の実例に関与し、悪を警戒するように警告されないとそうなるのだ。後で忘れようとしてもそれは不可能かあるいは非常に困難だ。

**十七．**これについて神が預言者の前で述べた言葉がある（エレミヤ13 - 23）。習慣が自然の本性になってしまうと、それを変えようといくら望んでも人間の手にあまる。世界が異常なことであふれているのはそのためだ。最初の悪の噴泉をふさぐように真剣に努力しなければ、政治の行政官も教会の下僕も、その異常さを止めることはできない。神は、眠っている私たちに対して、神の畑に敵が撒き散らした毒麦が収穫まで伸びるに任せている。ああ、眠っている私たちに災いあれ。

**〔聖書の中の実例〕**

**十八．**次に、なすべき実例を示そう。とりあえず二つの例を聖書から指摘する。ソロモンが自分の父のダビデについてこう証言している。「私は父にとっては幼い息子であり、母のもとでは一人っ子だった。父は私に教えて言った、『私の言葉をお前の心に保ち、私の戒めを守って生きよ』と（箴言4 - 3、4）」。見よ、敬虔な父は幼い息子にすでに知恵を注ぎ込んでいるのだ。敬虔なる母であるバト・シェバは自分の一人っ子にそれが為されるのを妨げない。神はどちらの親の熱意も気に入り、その子に預言者によってエディドヤという新しい名を付けさせた。つまり神の寵愛と呼ばれるのを欲したのだ（サムエル2 - 12 - 25）。司祭のエリは、自分の息子にそのようにするのを無視し、自分自身は敬虔だったにもかかわらず、息子たちを穏やかに扱い、成人してすでに邪悪になじんでしまった時に叱責しようとしたのだが無駄だった。こうして不敬な息子だけではなく自分自身と自分の家全体に、神の呪いと全体の没落を招いた（サムエル1-2、3、4）。使徒の言葉も真実である。「間違ってはいけない。神は侮られる方ではない。人間は自分の蒔いたものを刈り取ることになるだろう（ガラテヤ6-7）」。もちろん種まきは最初の若い年代の時である。それに続く年代は収穫だ。だから若者にとって非常に有益なことといえば、最初の年に賢明に教育され、その好機を逃さないということである。要するに、幸福な永遠は良き死に依存しており、良き死は良き生に依存している。良き生は良き形成に由来し、訓練による良き行動のしっかりしたふるまいにかかっている。そしてこれは早くから上手に始められた土台から生ずるのだ。

**十九.** そこで、一人一人にとっては自分たちの子孫が大切であり、また政治と教会の統治という人間に関わる事柄の指導者たちにとっては人類の救済が大切なのだから、天の苗木がちょうど良い時期に植えられ、刈り込まれ、水をやられ、そして学問と徳行と敬神の分野で実り豊かな成果が得られるように、思慮深く形成され始めるように、急がねばならない。

**〔幼児教育の目標〕**

**二十.** 最初の教育[105]の目標は次のようなことであり、またそうあらねばならない。

（1）肉体の塊に隠れている神の火花を早いうちから燃え立たせる。

（2）世界と悪魔と自然の力そのもの（いわば運動を構成する機械のようなもの）が、無益で危険なことに前もって係ることによって、人間をそこに引きずり込むことのないようにあらかじめ注意する。人間はすべてにおいて自分の権利に無知というよりは、それを追求することを知らないのだ。だから追求し始める前に、追求するということを知るように教えられるべきだ。

（3）現世と来世に真に役立つだろうことがほんとうに教えられてほしい。それはこういうことである。
(1)人間が通過していく世界と、世界で出会うすべてのものと、親しくなるように結びつける。それらを損なったり利用できないということのないようにする。
(2)世界の中で人間と正しく交際するよう徹底的に教える。世界の仲間から逃げることはできないし逃げるべきでもないのだから。
(3)神へと高まり、天の生活を送るように教える。

**〔これを推進する手段〕**

**二十一．**手段はこうである。
（1）世界という劇場そのものと、そこにあるすべて。私たちの感覚の絶えざる訓練。
（2）人間の自然の本質の体系そのもの。それは正しく分析されれば、すべての人における本質が同じことを示す。各人が自分で学んだ一つのことからすべての人を評価したり、自分に対して望んだり望まなかったりすることは、皆に対しても望んだり望まなかったりする、という具合だ。
（3）神託の体系。それは私たちに、神、天使、天そして来世を、知らせ、親しくなるようにさせる。

**〔これを適用する方法〕**

**二十二．**方法はこうだ。
（1）自分自身への思慮深い気遣い。
（2）他人の援助をどこからであれ準備しておく。
（3）神の祝福を祈り嘆願する。

第一についての根拠。他人のことを自分のことと同じように配慮する人はいない。自分と自分の物に関して他人にやってほしいと望むことを、まず自分がやることだ。

第二についての根拠。一人で何でも見える人はいないし、いつでもどこでもその場にいることはできない。特に仕事に忙殺されている人ならそうだ。

第三についての根拠。人間のどんな思慮も、神の予見の目がなければ何にもならない。

**二十三.** そこでこうすべきだ。

（1）時間的余裕のある人は、自分の子どもの監督者、形成者の役割を自分で果たす。

（2）余裕のない人は、忠実な威厳のある熱心な人を別に雇い、そうして少なくも七日に一度は自分ですべてを調べて気をつける。

（3）自分自身で義務を果たすにせよ、あるいは他人に果たしてもらうにせよ、自分の子を毎日神に委ねる。

**二十四.** これらのことを (1) 真剣に、(2) しかしながら厳しくはなく魅力的に、(3) 継続して行うのだ。

（1）真剣に。なぜなら、人間は事物の主人であり神の未来の仲間となって永遠の幸福を味わうのだから、事物を使用し、神と同じように神聖に正しく形成されることは、真剣な事柄であるからだ。最初が正しく進まず正しく整えられないと、残りの苦労は無駄になってしまうだろう（シラ22・7、8、9）。

（2）魅力的に、子どもっぽく。玩具は魂の元気回復に役立つが、さらに、物の名前を呼び、その時期に使用法を前もって学ぶのに利用されるとよい。子どもは大人の物を教わることができるけれども、それは子どもっぽいやりかたでだ。テモテは幼児の時から聖書をつまり神学を学ぶことができた。それなら哲学、法学、医学などを、それぞれの方法で学ぶことができるのではないか。

（3）継続して。〔この説明の原文は欠落している〕

**〔幼児期の学校は六クラスからなる〕**

**二十五．** この幼児の学校は、六クラスとなろう。

I 新生児のクラス。一か月半。

II 乳児のクラス。一年半。

III 片言と歩行のクラス。

IV 発語と感覚のクラス。

V 道徳と敬神のクラス。

VI 最初の共同の学校、あるいは最初の読み書きの学校。

**I 新生児のクラス**

**二十六．** これには、『大教授学』の「母親学校」を見よ。

何よりもまず、この世界に入ってきたばかりの幼児は、まだ幼いうちは神の奉仕へ捧げられねばならない。神の栄誉のために建てられた寺院は、建物が完成するや否や古くなったり崩れたりしないうちに神に捧げられる。それと同じく人間は、神の寺院に定められており、自分を使用し始めるよりも前にまず神に捧げられねばならない。それは不浄な事を何も覚えないうちに、自分がやるべきことは何かを知るためである。しかしそれはどのようにしてだろうか。まさに最初の幼児期から直ちに始まる、祈り、洗礼、良き教育によってである。

**II 乳房の、または乳児のクラス**

**二十七．** 人間の子は養なわれることが必要だ。自分一人では死んでしまうからだ。しかしながら、家畜のように実際の乳で体が成長するように養なわれるだけではなく、同時に、神の恵みの乳で内部の形成の根を受け取るようにしなければならない。人間の力や勤勉さがまだ浸透していないので、内部で動いている神の霊が恵みの容器を準備してくれるようにと、父や母や乳母、引受人、親戚、そして教会全体が祈ることだろう。二歳、三歳、さらに四歳の子どもには、神と自分、生と死の知識を、また現在の生は死を経由して別の所へ向かっているということを滲み込ませることができる。例えば、なぜここに存在しているのか、ここで何をすべきか、などということを、能力の範囲に応じて気づかせるように始めるのだ。

**〔乳母の要件〕**

**二十八.** 母親は自分の子どもに乳をやらねばならない。しかし貴族は、健康で誠実で敬虔な乳母に委ねて敬神と誠実の種子を吸わせることもある。

**二十九.** 乳母が賢明であることをクリュシッポス[106]は願っていた。彼は人間が幼児の時から愚かで狂ったばかげたことで養なわれないようにと熱望していた。というのは、私たちは本質的に、未開の年頃に受け取る物に強く固執するからだ。ちょうど新しい陶器が吸い込んだ香りは、それが粉々に砕けても残っているようなものだ。だから乳母は、愚かでなく分別があり、堕落していないことが特に重要だ。愚かなあるいはばかげた不敬な印象を、あの幼い時期に注ぎ込んではいけない。幼児期には、良い物であれ悪い物であれ向き合った物を何でもすべて捉えて、それらが精神の内部にまで付着し、どうにも防げなくなってしまう。毒の一滴は損なわれていない甕を台無しにするのに十分だし、少量の酵母で塊全体に十分だ。それは最初の行ない〔アダムとエバ〕に見られる通りだ。もしも元々の自然によってもこのようなことが起るとすれば、今や堕落した自然には何が起るのだろう。今私たちの精神は、火を捕らえようと開いている火口に、そしてすぐに火花を発しようとして炎に向かおうとしている火口に似ているのだから。

## Ⅲ 喃語と歩行のクラス

**三十．** 幼児に対しても言葉を教えよう。それを事物の導きによって、とにかく話すことが分かるようにするのだ。これはあのソロモンの言葉によって明らかであろう。「知恵は口が利けない人の口を開き、幼児にもはっきりと語らせる（知恵10－21）」。これは、物を示さないうちに物の名前を言わないようにすれば実現するだろう。

**〔楽園のやり方で言葉を教えてほしい〕**

（1）幼児が目を物へ巡らしているのが分かったら（年齢の力がそれを知らせている）、その同じ物を指し示して名前を呼ぶことを教えてほしい。

（2）大きな物から始める。例えば、頭、目、尻尾などよりも先に、犬と呼ぶことから始める。

（3）複雑な名称や短縮語よりも、簡単な名称から始める。例えば、ワンワンよりも犬と呼ぶように。まだ愛称を学ぶ必要はない。言葉と発音を学ぶのだ。

（4）どこでも物と言葉を平行させるように努めてほしい。つまり物をはっきり示して「これは何？」と言う。今度は逆に物の名を唱えてその物を示すように命じる。「犬はどこ？机はどこ？あなたの頭はどこ？」という具合だ。

**〔体を鍛錬する方法〕**

**三十一．** 健康なだけでは不十分で、あなたが愚かで無知ならあなたは役に立たない。幼児は今こそ、肉体と魂を働かせる訓練をしなければならない。運動と労働そして寒さの訓練を、サーヴェドラ[107]が二十ページで述べているように行なうべきだ。ペルシャ人は息子を最初の七年間は体の訓練にだけ充てたのだ。

（1）母親は、妊娠中は怠惰を避けて幼児の土台を据えることが必要だ。

（2）乳母がこの土台の上に建物を築いていく。幼児を運び、歌い、できる限りのやり方で喜ばせ、血と霊の活気を呼び覚まして、そうするのだ。

（3）子どもが自分の足で立って動き始めたら、運動していろいろやらせてみる。何も運動しない、つまり無気力はけっして許してはならない。いつも運動していることに慣れるよう、遊び回り走り回るようにさせよう。活動的な生活はまさに生活そのものだ。暇は生きている人間の葬儀場だ。人間は仕事のために生れたのだから、仕事のために訓練されないといけない。真剣なことによる訓練が許されない間は、遊びによって訓練するのだ。それは同じことを目指している。静かにやる遊びよりも動いてやるような遊びを選ぶ。だからサイコロやカルタのような遊びを許してはならない。体全部を同じように動かすような競走やボールや円盤で訓練する。これは古代スパルタ人を見習うことになろう。彼らは少年たちを、(1) 元気で健康であり、(2) 労働に耐え、(3) 危機に備えるように、過酷なことにも慣れさせたのだ。

**三十二．** 幼児は甘やかされてはならず、スパルタ人の例に倣って、活動によって慎重に訓練されねばならない。これについては『大教授学』の十二ページを見よ[108]。むしろ次のようなことに慣れさせる。(1) 運動と物を使った様々な訓練を熱心に行う。(2) 労働に慣れる。(3) 試練によってケガに耐えることに慣れる。言い換えれば、次のことに慣れさせるのだ。(1) 労働に慣れる。それは労働することによって学ばれる。(2) 慎重に行動することに慣れる。それはしばしば失敗することによって失敗から呼び戻されて獲得される。(3) まさにやってみることによって獲得される。どこでも何かをやってみるように追求するのだ。

**〔教示、実例、実践〕**

**三十三．** この目的に達する手段、つまり実際に慣れるための手段は、教示、実例、実践である。

**三十四．** 教示は簡潔でなければならない。教示は何でも簡潔に、つまり口で言って指示することは何でも次のようにするのだ。(1) 時と物事に対して適切に、(2) 簡潔に、(3) はっきりと着実に。そうすれば幼児は (1) 注意して受け止め、(2) たやすく受け取り、(3) 確実に保持する。そうでないと (1) すぐに嫌がり、(2) 把握せず、(3) 当面把握しても保持しない、ということになろう。

**三十五．** まさに労働の実例を与えてほしい。工場、畑、倉庫などに連れて行くことだ。もしも自分で行動に取りかかったら、妨げてはいけない。いやむしろ、同じような道具を買い与えて、それでもって遊ばせることだ。それらは、幼児に事物の名前と働きをうまく刻みつけるだけではなく、可能なかぎり活動そのものを刻みつけることになる。(為すことによって為す。)

**三十六．** 自己実践には大いなる秘密が潜んでおり、すべての勤勉の鍵である。昔のある賢者は、学問に専念し著作家を読むように青年を励まして、よくこう述べたものだ。「鳥や家畜の肉は、あてがわれた餌で飼育されたものではなく、自分で食料を探して食べた方がはるかに美味しい」。幼児も同じことで、自分で探し回り、求め、集め、選ぶことによって訓練することが遵守されるべきだ。そうすれば大いなる喜びをもって、労働が節約された老年を送ることになろう。

**三十七．** しかしながら、子どもは真剣な事柄を行なうことはできないのだから、遊びがその真剣なことの前触れになるように、よく検討しなければならない。

(1) 常に何かを行なうよう習慣づける。時間と才能を浪費しないためである。

(2) 何らかの目的を抱いて仕事をするよう習慣づける。でたらめで愚かで不合理な衝動によらないようにさせる。

(3) 手段が目的に向かうように学ぶ。

そして手段を適切に用いよう。そうしないと目的に外れたことを学ぶようになる。

## Ⅳ　感覚のクラス

**三十八．**幼児はこの時期まではこの世界の新しい客であり、善悪のどんな概念もまだ自分の中に抱いていないが、いよいよそれらを運び入れる時だ。しかしそれは、感覚という門を通さなければできない。理性的な動物である人間は、意志の決断なしには何も行わない。しかし意志は、自分の助言者の命令、つまり知性ないし理性なしには何も決断しない。ところが知性には、あらかじめ感覚になかったものは何もない。他の何にもまして最初にあるのは、（才能の教育に関しては）感覚の配慮、監視なのである。とりわけ注意すべきことは、空虚、偽り、奇形、不敬なものを感覚で捉えて柔らかい精神で吸い込むことのないようにすることだ。そんなことになればそれらは長い間おそらく生涯を通していつも付着するだろう。最初のものは付着するものなのだから。

### 〔初歩的な訓練のみ〕

**三十九．**繊細な事柄の理解は、たとえそれ自体は最善のものであっても、子どもに適さない。というのは、物事のもっとも大ざっぱな相違もまだ知らないからだ。だからそのようなことには取り組ませないで、ただ物事の初歩だけを訓練し、多くの目立つ相違には少しずつ出会うようにさせよう。

### 〔具体的な事物を通して〕

**四十．**同じように、言葉は片言以外から始めてはならず、喃語を通して発語へと進まねばならない。それも常に実際に自分で見て実際に自分で触れることによってである。事物から概念を抽出して自分の精神に刻みつけていない人に対して、抽象的に語りかけることはできない。音を聴いてその観念を呼び起こしたり感じたりするようになっていないからだ。だから幼児に話しかけるのは難しい。だが事物そのものを持ってきて示し、そしてその名前で呼ぶことは容易だ。つまり、まだ幼児に話しかけることはできないので、自然そのものが、目、耳、鼻、味覚、手に印象を刻みつけることによって話すようにするのだ。

**〔事物に即して〕**

**四十一．** このように、事物に即した感覚を持つことは、これら幼い者にとって生涯を通して有益となろう。確実な真理に同意し、すべてにおいて自分の判断に基づくことに慣れるようになるからだ。この方法を知っておくべきで、これはきわめて完全でしかもこれのみが正当なのである。ここで、自分の感覚ですべてを吟味するという原理を採用することによって、私たちは次のような人を作り出すことになろう。他人や自分の憶測の奴隷ではなく、真理の探究者、真の知恵の幼い志願者、物事について自由に判断し、偽りや空虚や非合理を何も認めず、ただ真理と知恵の着実な食糧だけをためておく人、である。

**〔感覚の訓練〕**

**四十二．** 全生涯の統治は感覚にかかっているということを、感覚論の哲学者たちが注目しているので、この感覚という指導者が正しく調整されれば、すべてが正しく進むようになるだろう。

**四十三．** 次のようにすれば感覚は正しく形成される。

（1）生き生きとした才能が作り出されるように感覚を刺激する。

（2）事物が才能に正しく受け取られるように知らせる。

（3）害悪から遠ざかるように抑制する。

**四十四．** 感覚は対象によって刺激される。対象が目立てば目立つほど、目立って刺激される。このため神は自ら教会の幼児の時代に多くの儀式を定め、奇跡によって注意を喚起することが常である。エゼキエル書第12章第6節を見よ。

**四十五．** 感覚は言葉で指示することによって知らされる。ここではほんの僅かな注釈を付けて事物の名前を付けるだけでよい。

**四十六.** 訓戒を与えて抑制する。そうして恐怖のうちに留めて、命じられていないことやいわんや禁じられていることをあえて犯すことのないようにさせる。

**〔感覚の調整〕**

**四十七.** さらに、感覚は次のように調整される。

（1）あちこちにでたらめに向かないように抑制する。よく組み立てられた精神の最初の印は、しっかりと立つことができて、自分に留まっていることだ。

（2）ただ良い方にだけ向ける。というのはこの年代は柔らかい蝋なのだが、すぐ変化してしまうのだ。

（3）着実なものに慣れさせる。誤りに先を越されるのでなく、誤りに先んずるようにする。

これらすべてが、自ずから簡単に達成されるだろうという希望がある。セネカが次のように述べているからだ。「若くて柔軟な才能は誠実で正しい愛へと容易に結びつく。教えるのに適しており、堕落をすぐに矯正できる者へは、真理が手を差しのべる。適当な弁護人が見つかるならばだが」〔書簡集108・12〕。神の声もそれに唱和している（イザヤ28・29）。

**〔この時期に基礎を据える〕**

**四十八.** 学問は学者を、道徳は道徳心のある人を、敬神は敬虔な人を作るのだから、学問、道徳、敬神を正しく訓練されようとしている人に対して、それらすべての基礎を最初の年代で注意深く据えねばならない。時間と労力を無駄にするのではないかと恐れる必要はない。セネカが証人である。「若くて柔軟な才能は誠実で正しい愛へと容易に結びつく〔書簡集108・12〕」等々。

## V　道徳と敬神のクラス

**四十九．**道徳を形成する時期は、子どもが何かを欲したり避けたり恐れたりし始めた時だ。まだ話すことができなくてもである。

おしゃべりしたり走り回っている生意気な子を、「あの子はまだ分かってないから」と言って弁護する人は、致命的な誤りを犯している。使徒は子どもが怒りに駆り立てられることを禁じている（エフェソ第6章）。なぜか。腹を立てることに慣れてしまわないようにするためだ。後でその習慣を止めることは難しい。人間では、すべての物事と活動の根は最初の年代に形成される。作られているものはすべて、作ることによって作られているのだ。

### 〔実例による〕

**五十．**幼児に道徳を教える方法は三つある。実例、教訓、訓戒[109]だ。

実例について遵守すべきことは次の通りである。

（1）教えることは導くことである。そして先に行く人が導くのだ。逆に、先に行って実例を示さない人は教えていないことになる。それはつまり、自分自身が行なわないことを行なうように命じる人のことだ。

（2）悪いことを学ぶような機会に出会うことを（自ら求めるにせよたまたま出会うにせよ）禁じる。

（3）だが悪い実例がないというだけでは十分ではない。良い実例がそばになければならない。「すべての人間の面前に良い実例を用意しよう」と使徒は言った。だから、まだ無垢な者にこそ、最善の実例が必要だ。陥れる人がいるとしたら、その人に災いあれ。

注意。もしもただ悪い実例がなくて良い実例もないなら、まだあいまいな状態でどちらへもありうるということになろう。実に、この世に送り出された幼児は、すぐに邪悪な実例に出会い、それによって堕落させられてしまう。だから堕落させられないように、強固になって出て行くまで、良い実例に向けて慎重に形成せねばならない。もちろん、支配者の実例は大衆に浸透する。

（4）そのような実例は無造作に与えられるのがよい。実例がわざわざ示されていると感じるのではなく、これ以外ではありえないと信じるようにさせる。だからどこまでも誠実に行うのだ。

（5）子どもが知らないでいるべきことは、見ない、聞かない、その他の感覚でも感じないように、特に注意すべきだ。このように予め注意しておけば、子どもはたしかに無知でいるだろう。門が閉じていれば知性に何が入り込むというのだろう。そこで、少し前に警告したように、ここでは感覚の監視がとりわけ必要であり、子育ての大きな秘密がまさにここにあるのだ。だからけっしてそのような機会に陥らせてはいけない。そのような機会に出会わないように、一人きりで放置されてはならない。

**〔教訓による〕**

**五十一．**教訓は、明確な言葉によるはっきりとした明白なもので、事物の対比による効果的なものであってほしい。例えば、従順とは何かを、若い樹木と老木の例で教える。また、次のような一般的な公理をまず遵守する。幼児期には、自然によって進み始めた物を、そのまま導き形成し始めるのだ。そして害悪と認められた物へ逸脱しないようにする。最初の方向づけは快く、最大限慎重であるべきだ。

〔大人の〕人間の目的が、幼児の目の前にも提示されるべきだろう。これを求めて捕らえそこなわないように、頻繁に強調するのだ。人間は誰でも次のように生れた、(1) 被造物を賢明に支配するために、(2) 自分自身を賢く治めるために、(3) 自分の原型である神に類似して作られた、と。人間はその原型から、それによって、それにおいて、この世でも永遠の世でも、甘美さを十分に享受できるはずだ。

そこで端的に言えば、幼児期の学校で教えるべきことは、自己の断念である。人間は他人の忠告で管理される方が安全だと判断して従順に従うということに慣れさせるのだ。

**〔訓戒による〕**

**五十二．** 訓戒について留意すべきことは、この最初の年代にそれがもっとも重要だということである。鞭に頼るのではなく（鞭は、極端な強情を打ち砕くのに使う以外は避けねばならない）、たえず注意して行なうべきことを行なわせ、賢明な練習を繰り返し行なわせ、注意深い方向づけによって正しく行なわせる。生意気や怠慢のせいで逸脱することに慣れてしまってはならない。ここでは医者[110]のあの言葉が当てはまる。「最初に抵抗せよ」

**〔敬神〕**

**五十三．** 敬神に対する手引きの必要性は次の例にも示されている。イザヤ28‐9、詩編8‐3、申命記31‐13。この方法も同じく三つある。実例、教訓、訓戒である。

**〔敬神の実例〕**

**五十四．** 実例について注意するのは以下の通り。

（1）子どもがいる家はどこでも、そこが教会でなければならない。そこでは朝と晩に共通の祈り、感謝の行動、賛美歌、神の言葉の朗読、敬虔な会話が必要だ。

（2）両親が教会へ連れて行くことも始めるべきだ。プラトンは子どもたちを戦争に連れて行き戦いの目撃者になるように勧めた[111]。それは二つの理由からである。(1) 子どもたちに見られている父親たちが、子どもたちのためにさらに強力に戦うように。(2) 子どもたちが父親たちの勇気を真似ることを学ぶように。ここで勧めていることはさらに重要だ。子どもが、静かに座っており、黙々と行動し、聖所で鍛練し、そうして最初から自らを神が望むままに神に預けることを学ぶようにさせるのである。

## 〔敬神の教訓〕

**五十五．** 教訓には次のことが属する。

（1）どんな場合でも、雷が鳴る時も稲妻が光る時も雹が降る時も、神について話してやる。もしも死者が埋葬される時があれば、この世の生命から通過していく別の生命についての（また両方の）想像が早いうちから刻みつけられよう。あるいは悪者が刑場へ連れて行かれる時も。

（2）神の裁きの話を読んでやる。神は不信心な者を見本としてどのように罰したか、また罰しているかということだ。

（3）しかしもっとも勧めるべきは祈りである。それは短く、そして比喩よりも言葉の本来の概念によるべきだ。例えば、次のような嘆きで始める人がいる。「この世の罪を取り除いてくれます神の子羊よ、私を憐れみ給え」。幼児はこれを、羊と言われた物が何かを自分の感覚ではほとんど理解しないし、またキリストとは何か、なぜ神の子羊と呼ばれるのかをほとんど把握せず、理解を越えたことは分からない。こう言う方がましだ。「キリストよ、神の子よ、私を憐れみ給え」

（4）祈りの間は、手を組み、目を天に向け、きちんと立ち、あるいは膝を折って、周りをきょろきょろしない、ということを、言葉と実例でもって教えてほしい。

（5）きちんと振る舞うからといって誉めるものではない。というのは幼児はそのうちこれらを軽蔑するようになり、いわばただ気に入られるためにやっているのであり、やるか無視するかは自分たちの自由だとみなしたり、あるいは人に気に入られようというつもりだけでやっていると考えてしまうからだ。

（6）なによりもキリスト教の基礎である信仰、愛、希望を早いうちから幼児に教え込もう。それは創世記第15

章と第17章にある通りだ。「私は全能の主である(1)。私の前で誠実と真理の中を歩め(2)。私はあなたの盾となろう。あなたの受ける報いは非常に大きいだろう(3)」。これらの言葉の意味は次の通りである。

(1) 私を信じなさい。―信仰の基礎はここにある。

(2) 私を聞き、尊重し、従いなさい。―愛の基礎はここにある。

(3) 信頼し、すべての善を私に期待しなさい。―希望の基礎はここにある。

（7）自分自身の身体の使用法や、また自分以外の被造物や食物、衣服、穀物、植物、鉱物、特に家畜などの人間の利益になるものの使用法を、教えよう。そして与えてくれる神と神の栄誉に引き寄せて教えるのだ。また、敬神と道徳について機会があれば忠告する。例えば、「汚れた豚のような者は人間にふさわしくない、胆汁のない鳩は怒ることなく無垢である、純白で単純であれ」等々。

（8）聖なる訓練、特に祈りはおろそかにされてはならない。あらゆる種類の方式を朗読し先導してやって、神に祈ることを教える。特に主の祈り、父への祈りを教えるのだ。

## 朝の小祈祷

**五十六．** 私たちの神、主よ。あなたは私が今日一日安全にいられるよう思し召しました。お願いですから、あなたの美徳で私をお救いください。罪に落ちないように、あなたの正義に沿って、私の心の考えと私の口の言葉と私の手の作業を、私たちの主であるキリストを通して導いてください。アーメン。

## 食事の時の短い感謝の祈り

**五十七．** 供された物は何でも、また供される物は何でも、聖別されるようにと、ご自分の好意ですべてを与えている方が、命じています。アーメン、私たちの父よ。

**食後の感謝の祈り**

**五十八.** 私たちを創造し、救い出し、神聖にし、今は養ってくれている方、永遠に祝福あれ。アーメン。私は神を信じます。

**夜の祈り**

**五十九.** 全能で慈悲深い神、父と子と聖霊とが、私たちを祝福し守ってくださいますように。アーメン。

**いつもの祈り**

**六十.** あなたの慈悲を私たちに与えてください、主よ。私たちはあなたを信頼したのですから。

**〔訓戒の適用〕**

**六十一.** 訓戒は厳格であってはならない。だが、自分が注視されており、もし行なわないなら叱責される、と感じるようになっていなければならない。大いに誉められることもありうるが、それも厳しい表情で、真剣さを感じるようにさせるのだ。このようにして、幼児は冗談と真剣な行動の間の区別に気づき始める。私が警告していることは非常に些細なことだと思われようが、しかしたいそう重要なことだ。

## VI　母親の膝の、共同の実際のクラス

**六十二.** これは半ば公的な、ある種の学校である。そこでは子どもたちは、交際し、遊び、歌い、数え、徳性と敬神の心を育み、感覚と記憶力を(読み書きを伴わずに)訓練する、そのようなことに慣れるのである。高潔な既婚女性の監督の下で、彼女の所に近所の成人の集会場のようなものが建てられる。そしてわが子が好ましく形成され、公的な学校が調えられることを望んでいる人々の報酬で賄われる。およそ四歳から六歳までの子どもたちの学校である。

**六十三.** ソフォニアス・ハーゼンミューラー[112]は、文字の読み書きがまだできない子どもたちのために、このよう

な学校の建設を支持した。はっきりと発音し数えることを教えて、文字の教育がもっとうまく受け入れられるように前もって整えるためである。記憶力をつけさせたい者に対しては、正しく発音すべきことを予め説明し予め読んでやり、そして頻繁に発音してやって、復習と繰り返しによって記憶に刻みつけるべきだというのである。例えばこうだ。

(1) アルファベット全部を順序良く記憶する。
(2) 単音節を読み上げる。次に二音節、さらに三音節、多音節。
(3) 美しい格言。二語、三語、最後に多数語のもの。それによって神への畏れと誠実と不実の知識が注ぎ込まれると感じる。
(4) 短くて的を射たできるだけ多くの小祈祷。
(5) 信仰告白。
(6) 十戒。
(7) 百まで数を唱える。
(8) ケベスの表を使った掛け算。
(9) 音節の暗記、しかし単音節だけ。その練習は非常に有用なので推賞される。
(10) 絵の添えられた明快な本(ルキダリウム[113])を提供する。

**六十四.** 子どもにとって、最初のアルファベットの学習に費やされる以上の苦労はない。年少の者にとっては、文字を学び、知り、描くことは非常に煩わしい。この苦労が克服されれば、まるで泉を掘ったかのように、その他のことが川となって流れ出るのだ。だから学識のその最初の苦い根を何らかの方法で、煩わしいと感じないように甘くする、それをやってみる価値があろう。しかしこれは、その非常に厳しい苦労が遊びの形に変えられるという以外にはありえない。その方法をサーヴェドラ[114]が36ページで教えている。だが二十四のサイコロについての彼の忠告は非常に冗長なので、六文字が刻まれている四個で十分だ。

**〔文字学習にサイコロを使う〕**

（1）母音が書かれたあるいは刻まれたサイコロを一つ使おう。それを投げて、遊んでいる各人に、何の母音がでるか言わせる。分からない人は遊びに負け。

（2）これが完全に分かったら、口蓋音の別のサイコロを使う。最初は単独で投げて、子音がよく分かるようになったら、次に最初のサイコロといっしょに投げて、音節を作らせる。

（3）次に唇音の書かれた三番目のサイコロを取って、まずそれを単独で投げる。次にさっきの母音といっしょに投げる。さらに口蓋音のサイコロといっしょに投げる。そうしてここで、ただの音節だけではなく、単語を意味する組み合わせを始める。

（4）これらすべてを正確に理解した後で、四番目の、歯音と鼻音のサイコロを与え、順々に進む。最初にそれらの文字だけ、次に母音といっしょに、さらに口蓋音、唇音等々、という具合に。

（5）最後に、全員が全部のサイコロを同時に投げる。つまり、完全な音節、次に単語を構成する。さらに二重母音のサイコロが付け加えられる。

そうすると、サイコロが五個必要になる。

最初は母音、A, E, I, O, U, Y。

二番目に口蓋音、H, G, K, Ch, Q, X。

三番目に唇音と流音、W, B, P, F, L, R。

四番目に歯音と鼻音、D, T, S, C, M, N。
五番目に二重母音、au, ae, eu, oe。

〔読み方の練習〕

六十五．幼児に読み方を敏速に教えるもう一つの方法。
(1) a を書いて発音する、これを一時間
(2) e をもう一時間。ae と ea とを同時に組み合わせて。
(3) i を三時間目に。aei と eia と aie をさらに組み合わせて六通り。
(4) o を四時間目に。これを二十四通り反復。
(5) u を五時間目に。これを百二十通り。
(6) L を加える。(7) V を、(8) W を、(9) N を、(10) S を、(11) C を、(12) Z を加える。
このように、二十四時間の間に幼児に文字を知り書くことを確実に教えることができる。それも敏速に素早くである。続いて、一時間で二文字の、さらに一時間で三文字の綴りあるいは音節を教えることができる。要するに、一か月間で読み方と書き方を教えることができるだろう。

〔幼児用の本〕

六十六．幼児期の最後に、絵が添えられた二冊の小冊子を手渡そう。
（1）一冊はルキダリウムである。そこには身近な物、家にある物、そしてその見出しが、また何よりもまず生き生きとしたアルファベットが掲載されている。
（2）二冊目は聖書の手引書だ。聖書の大事な物語あるいは聖書全体が掲載されている。

そこでは二つのことが守られないといけない。

(1) 二冊を同時に渡してはいけない。半月に一冊ずつ別々に渡す。

(2) 好きなように子どもの手元に残しておいてはいけない。午前と午後の一定の時間に渡す。破ったり、何度もひっくり返してついには嫌になったりしないためである。

**六十七.** これらの本は次のように役に立つ。

（1）幼児にとっては、走り回ったり無駄になったりする遊びの代わりに、洗練された訓練となる。

（2）精神が知らず知らずのうちに、本への愛を、絵がなくてもかきたてる。

（3）事物の最初の印象が、はっきりと明瞭に詳細に、混沌なしに受け取られる。

（4）聖書の朗読によって何でもしっかり身について忘れなくなる。最初の印象は特に留まるからである。

（5）これは、さらに高度な訓練の序曲、準備となろう。母親あるいは乳母が本から選んで朗読してくれたものを見れば、絵が無駄ではないことが容易に分かり、同じ本を読んで学ぼうと努力するだろう。このように両方の冊子の句の記憶が形成されると、読み方の学校に行ってこの両方の本を再び手に取る時には、非常に親しい容易なものになる。何か新しいものが加わることがあったとしてもいわば既知のことにすぎず、読み書きを知り、記憶して学び、何度も復習してたくさんの成果があがるだろう。

**六十八.** 神を称え幼児を完成させることについては、ここで語ったことで十分だろう。この学校を卒業する前に、ここで私たち年配者が有益な忠告を提示しよう。それは疑いもなく、人間、家族、王国の破滅に対して機先を制するために差し出されるのである。

**〔幼児期の学校の公理〕**

公理Ⅰ。子育ての無視は、人間、家族、王国、世界の破滅である。

公理Ⅱ。家庭の堕落は、学校、教会、公的事柄でのその後の苦労を困難にさせる。

公理Ⅲ。人々の期待が寄せられている人物に対してはもっとも細心の子育てが行われるべきだ。例えば貴族や君主の息子の子育てである。

公理Ⅳ。良い子育ての基礎とは、次のような事を理解するように学ぶことである。人間と獣との違い、良い人間と悪い人間の違い、博識と無学の、賢いと愚かの違い、この世とあの世の、祝福へ至る道と破滅へ向かう道との違い。

**六十九．** このように良く根付いて植えられた小さな苗から出てくるのは、天使と敬虔なる人々にとって最上の誠実な快楽以外ではありえない。だが、偉大な良い事の希望がもてるという所まで物事を進めてきても、それはまだ実現しているわけではないということを忘れてはいけない。だから配慮を止めてはいけない。そしてもしも力強くなっていく才能に食糧を与えるのにまだ十分でないとすれば、公的なものに委ねることだ。これについては次の章で説明しよう。

# 第十章　児童期の学校

## 六歳から十二歳までの年少者の賢明で用意周到な形成について。

**訳者による紹介**

この章が扱うのはちょうど日本の小学校六年間に相当します。『大教授学』ではこの学校を「母国語学校」と名づけました。つまり自分たちが日常使っている言葉で教育を進めるということです。読者の皆さんは当たり前と思うかもしれませんが、中世から近代までの学校で使われていた言葉はラテン語でした。今でもアジアやアフリカのいくつかの国では自分たちの国の言葉ではなく英語やフランス語で学校教育を受けています。日本だって、学校で使われている言葉は「標準語」であり、方言ではありません。大阪の小学校では大阪弁、東北の小学校では東北弁で教科書が書かれているとは想像できないですよね。

英語やフランス語で勉強したら卒業後に役立つかもしれませんが、ラテン語で勉強して何の役に立つのか。実用的に役立てるためではなく、古代の知恵がつまっている書物を読むためなのです。大事なことは私たちの周りにあるのではなく古代の書物にすべて収まっている、だからラテン語を学んだのでした。日本でも漢文（一種の中国語）で読み書きするのが教養人の証でした。たしかに古典を学ぶのは必要です。皆さん、古典を読んでください。でもその前にやることがあります。そう考えれば母語で教育を行うという考えは画期的なのです。

子どもにはまだ理性が十分には育っていませんから、感覚を活用して教育を進めていきます。教科書を使って勉強していくのですが、学校は楽しい所という原則は何よりも守らなければなりません。そのためにはクラスの名前を愛らしくして、ゲームを取り入れたり、謎々を使ったりといった工夫をとりいれます。道徳教育についても子どもに親しみやすい教訓話をたくさん利用します。神様を敬うこともこの時期にしつけておいてほしいのです。

文字を書く練習にも手順があります。いきなり何でもいいから書き始めるのではありません。単なるテクニックと軽視しないでください。日本の小学生だって、まず鉛筆の持ち方から始めますよね。算数の基礎もとても大事です。そのようなことがかなり具体的に紹介されています。

**〔後のものは先行するものに依存する〕**

**一．**どんな事においても、先行するものはどれも、後に続くものにとっての入口となり、基礎を提供する。そして後続するものはどれも、先行するものに追加として加えられるだけではなく、その上に重ねられて、先行するものに依存したり寄りかかったりのしかかったりするのである。だから、建物に良い土台が据えられていなかったり、据え方が良くなかったりしたら、建物の上の構造は構築できないし、強固にすることも持続させることも確実に建てることもできない。それは明らかだ。そのような建物は常に不安定で、崩壊の危機にあり、新しい柱で支えられなければいつかはとうとう崩れてしまう。

**二．**幼児と児童が、動かしたり見たり聞いたり、話したり行動したりするのを始めたら、それらがすべて土台となってその上に生涯にわたって続くすべてが築き上げられる。それだから、私たちがこの土台を正しく据えることについて心配するのはまったく正当なのだ。前の章では、まだ理性を使うことを知らない幼児から始めて、その年代の理解力に合った学校を割り当てた。今度はそこから出て児童期の学校に着手しよう。そこでは、後に青年期の学校で学ばれるべきすべてが教えられるだろう。といってもずっと簡単で母語で一般的なやり方でだが。

**児童の定義**

**三．**児童とは、若い新しい人間であり、現在のこの世界（政治、教会、学校）を構成している人々の、将来の後継者である。

（1）児童は人間なのだ。だから人間らしく形成されないといけない。
（2）児童は児童なのだ。だから子どもらしく、つまりこの年代の理解力に合わせるのだ。
（3）将来の大人なのだ。だから大人に役立つことが身につくようにしてほしい。

（4）そして大人は老人となり、老人は死に至り、死は復活するのだから、現世を通して来世へと幸せにつながるにはどうしたらいいかを知らされないといけない。
（5）死は確実にやってくるが死ぬ時がいつかは不確実なのだから、遅れることなく形成されないといけない。
（6）年齢の段階に沿って進むのだから、段階的に行われる。
（7）児童の年代は柔らかいので、仕事としての労働には向いていない。だから児童の時期はもっと柔らかいことに、つまり真剣なことの序幕になるようなことに充てるのだ。
（8）つまり、もうその年代でできることだけに充てるのだ。
（9）つまり、文字、言葉、軽めの技術に、人間の才能にとって遊びであることに、そして人生にとって素晴らしい序幕であることに充てるのだ。
（10）しかしこれ自体は真剣な事柄である。彼らに用意されている人生は、遊びではなく真剣な事柄なのだ。児童が真剣なことを真剣に行なうことはできないと見なすべきではない。ただ彼らなりのやり方で行なうのだ。エラスムス[115]が正しくもこう述べている。「学識を獲得するには、柔らかい時の一年間の方が、十年間よりふさわしい。十年では魂が別の気がかりに捕らわれて教えるのには固くなっている。」

**四．**若い新しい人間はまだ物事に未熟なので、この最初の年代には信頼できる巧みな教師が特に必要だ。建物には最初の土台が必要であり、絵には最初の輪郭が正しく引かれることが必要なのと同じことである。最初がすべてを支配するからだ。最初のクラスから、教える人は他の人より賢明でなければならないし、他の人より高い給料で雇われねばならない。

## 〔児童期の学校の目標〕

**五.** この学校の目標と終点は、肉体と感覚と才能に活発さを備えさせることとなろう。（1）しっかりと運動する習慣をつける。目は文字をすばやく読むように、舌は読んだものをすばやく発音するように、手はすばやく書いたり描いたりするようにさせるのだ。（2）外部感覚と内部感覚、想像力と記憶力といったすべての感覚を対象で満たす。全宇宙の事物の本質を知るためである。（3）技術の初歩を通して（算数や音楽など）、また思慮の手引き（適切な道徳）や敬神の基礎を通して、理性の使用を開始する。

**遵守すべきこと。〔1　感覚の配慮について〕**

**六.** 外部感覚の訓練はここでも継続されるが、主な関心はすでに内部感覚の訓練に移っている。つまり、感覚が注意力をさらに遠い所へ拡大し、もっと鋭く事物に向き合い、事物そのものをより鋭く把握し、想像し、判断し、もっと正確に記憶することに慣れさせるのである。なぜなら今やもう時が押し出てきて自然の力をせき立てているのだ。脳の蝋が固まってしまって提示されたものを把握するのが難しくなるまで待っていてはいけない。ある人が正しくもこう述べた。「子どもによって学ばれることは、すばやくだけではなく完全に吸収される」

**〔遵守すべきこと。2　学芸と知識について〕**

**七.** 学芸の中でも特に数学は、数と量と重さの相違を示すものだと私たちは理解している。それらを最初のうちからすべての若者に伝えるよう勧める。上手に伝えれば子どもの理解力を越えるものではない（描いてやったり目の前に示してやったりできる）のだから、特に数学は才能をその他すべての学芸に対して刺激し駆り立てるのである。そこで、この学校で伝えるべきことは以下のようになろう。

(1)感覚できるもののまとめ。これまでのように触ることができるものに触れて、確実で証明できる証拠を使って、私たちが生来知っている原理に従って行う。

(2)精神を使用する際の鍵と扉。それは理性の使用の混乱を防ぎ、不安定な想像力を捕まえ、対象に固定させる。

(3)知恵全体の基礎。そのすべての秘密は、数と量と重さの割合にある。古代の哲学者の研究はそこから始まっている。そこで、この量の技術に数学という名前がつけられた。つまり科目のうちの主要なものという意味である。児童は、もしも上手に提示されるならば、この知識の受容力にとても優れている。児童の手に、定規、コンパス、秤、数と量の道具を与えてみれば、様々なことが観察されるだろう。

**〔児童期の学校の六クラス〕**

**八.** これを進めていく手段は六つのクラスとなろう。それぞれに任務が割り当てられ、その任務に見合った冊子が用意される。そのクラスと冊子は以下の通りだ。

I　文字の初心者。

II　感覚的世界(明快な本 ルキダリウム)。

III　児童用の倫理学。感覚的事物から、また人間の自然本性の分析から選択されたもの。

IV　聖書の物語の要約。

V　聖書の真髄。信ずべき、希望すべき、行なうべき、非常に簡潔な重要点が示される。

VI　児童用のスフィンクス(脳の研磨)[116]。

**〔教科書の対象者〕**

**九.** この学校に指定された書物は、それぞれどれもが次のように整えられないといけない。

（1）ラテン語の道へ進もうとする人のためには前もって準備となる。労働に進む人には生活の明かりをもたらす。
（2）この母語のクラスを続ける人もそうでない人も、皆その段階に値する成果が得られる。というのは、読み方をすでに最初のクラスで覚えているからだ。
（3）公的学校が見つからない人でも、個人的に誰かに文字を教えてもらい、残りは自分でやり通せる。

**〔教科書の特徴〕**

十．それぞれの冊子がどれも次のようになっていればそれは実現する。
（1）総体的である。すべてが含まれている。
（2）方法的である。知性が段階から段階へと上に上っていく。
（3）絵の表象や何か好ましい物の助けがある。
（4）園芸から採られた名前が付いている。例えば、苗木畑、苗床、スミレ園、バラ園、庭園、楽園など。そしてどの冊子にも根や種蒔く人やスミレ、バラ、庭園、楽園などの像あるいは絵が付けられ、含まれる内容は題名に対応している。例えば、(1) 苗木畑には、アルファベット、音節、語彙、数、お祈りが含まれる。(2) 苗床には、あらゆる格言の(あるいはパンソフィア全体の)要約が含まれる。(3) スミレ園には、もっと長い完全な格言。(4) バラ園には、(実践を伴う) 世界の分析、自然界。(5) 庭園には精神の分析、技術と道徳。(6) 楽園には、聖書の分析と信仰、愛、希望の要点と実践。

このようなことが必要とされる理由としては次のようなことが挙げられる。(1) 児童がこのやり方の題名に魅かれ、誘われやすくなる。(2) 示すべき事柄は公然と示し、段階をふんでよりよく理解されるようにする。

**〔教科書の数と量〕**

**十一．**冊子の数は少なくする。世界が書物の氾濫から解放されねばならないとすれば、まず最初の教育の時から解放されねばならない。この世は神の聖なる書物から始めるべきだとすれば、最初の教育からそうすべきだ。

**十二．**課題の量は、児童期の全体を適切に占めるように、無駄な悪いことが何も残らないようにする。

**〔教科書の内容〕**

**十三．**聖書やその他の本から厳選された文章と、母語で書かれた格言から構成されるようにする。そのような文章を柔軟なうちに学ぶことは、何千あったとしても非常に有用だと思われる。アイスキネス[117]は次のような忠告を気に入っていた。彼の言葉はこうだ、「私たちが子どもの間に詩人の文章を学ぶのは、それを大人になってから使うためだ」。またシラ書39章の証言におけるシラの判断も同じだった。だがどのような文章を学ぶべきだろうか。

（1）聖書から千の文章を選ぶ。すべてこの数に収める。

（2）自然の事物から選ばれた百の精選された格言。

（3）詩編と賛美歌から千あるいは二千。

（4）道徳の生活から選ばれた諺、格言など。

それらを薪のように積み上げるのではなく、一定の順序に並べれば美しいだろう。すなわち、

（1）合理的な文脈、つまり対話形式。そしてこれが本文となる。

（2）アルファベットの順序。これは索引の代わりになり、辞書の前触れになる。

（3）短い文法を付け加えることもできよう。児童が真似して学ぶようになる。

**〔教科書は道具に過ぎない〕**

**十四．** ところでこれらの教授用の冊子は、その他の技術の道具と同じく、私たちにとって足ではなく添え木のようなものでなければならない。それは、歩こうとしている人を支え導き、足が強くなったら投げ捨てられるのだ。そのように、私たちの才能、精神、意志、手、舌も、導きが不可欠なのだが、いつでも配慮が必要というのではなく、しばらくたてば捨ててもよいという具合に利用するのだ。

**〔実施の手順〕**

**十五．** すべてが遊びによって行われるような、魅力的な方法で、たえず次のように行う。(1) 直感的に、(2) 自分で読む、(3) 自ら実践、(4) 自ら活用。

すべてを自分で (1) 見る、聞く、触る、(2) 発音する、読む、書く、(3) 描く、行動する、(4) 自分で使用できるように変換する。

**問題**

**十六．** 最初の児童期に、簡略に教える方がいいのか、それとも完全に順序良く段階を追って教える方が都合がいいのか。

回答。(1) 児童には行動すべきことは別にない。人間にとっては副業ではない本業に、子どものうちから急いで取り組ませる必要はない。(2) 簡略にやると、性急や曖昧に陥りがちだから、最初の年代ではすべてをはっきりと目の前に示す必要がある。

**初心者のクラス I　最初の学年、苗木畑**

**十七．** このクラスは三段階となろう。

（1） 初級者の、音節の段階。

（2）中級者の、読み方の段階。
（3）上級者の、書き方の段階。
もちろんどの段階でも書くのだが、主として書くのはこの第三段階だ。

**十八．** 道具も三種である。
（1）理論
(1) 人間アルファベット[118]。
(2) 音韻のついた格言の語彙。
(3) 三つの対話。
（2）実践
(1) アルファベットと音節の一覧表。
(2) 白墨とペンのための書き方の板。
注意。書き方の基礎は、(1) 直線、(2) 斜線、(3) 幾何学的な曲線。ハルスドェルファー[119]のような。
(3) 紙とインク。
（3）練習
(1) アルファベットの練習。アルファベットのサイコロ遊び。
25人が選び出され、各人に文字の名前が付けられて袖にその文字が書かれる（または印が付けられる）。ある人が隊長に選ばれて名前を唱える（父とか私たちとか）と、各人はそれを発音して順番に立ち上がる。できなかった人あるいはうまくいかなかった人は遊びに負け。これが生き生きとした音節読み上げということになる。これは千までの数を唱えるのにも役立つ。
(2) 速記。競争による。何かを（信仰告白など）書くよう命じられて最初に書き上げた者が勝ち、一番最後の者が負け。
(3) 能筆。これは速さを争うのではなく、機械的な文字の構造の正確さを競う。ハルスドェルファーの『元気が出る時間』第2部512、513ページの問題3参照。

## 初心者のクラスⅡ　第二学年

### 目標

**十九．** ここでは、知るべきことを解剖し分解して提示する。つまり、事実をそのまま認識するのである。
（1）世界全体の認識。感覚に明らかな程度で。
（2）魂全体の認識。理性に明らかな範囲で（精神の解剖）。
（3）聖書全体の認識。信仰に明らかな範囲で。

### 手段

**二十．** これらすべての分析が企てられ、問答形式に置かれる。必要な所には図が付け加えられ、上手な説明がなされる。実践的な練習が行われる。そうすればすべてが把握されるようになるだろう。

**〔辞典〕**

**二十一．** 『前庭』[120]の辞典についての注意。『扉の辞典』を真似て、語彙の語根だけが含まれて文に結びついているようにする。次のように。

母音 A の文字から始める。「Abies, Acer, Alnus, sunt Arbores.（モミ、カエデ、ハンは木です）Acerbum pomum est Austerum.（未熟な果実は苦い）Aloe est Amara sicut fel.（アロエは胆汁のように苦い）Acetum, Acidum（酢は酸っぱい）piper Acre.（コショウは辛い）」

このような辞典は（母語やラテン語で作られて）『扉の辞典』では大いなる喜びと楽しみを引き起こすだろう。いわば根が若枝や小枝を同じように発芽させ枝分かれさせるようなものだ。

**スミレのクラス III　感覚できる事物から集められた、子どもっぽい倫理学**

**二十二.** ここでの冊子は、若者たちが自然の弟子になることに慣れ、さらに高潔な徳性へと形成されるように保証するだろう。感覚の百科全書でなされたように、事物の中に存在し生成する森羅万象を通って、人間の独自性と活動を考慮し、自然の事物の事例によって善を教え、悪を学ばせないようにすれば、それは可能だ。

**〔自然の事例から教訓を得る〕**

**二十三.** 例えば、水という題で次のように気づかせることができる。

（1）水の表面は（風で吹きつけられない限り）どこでも平らである。どの部分も他より優位に立とうとはしない。人間もこれに見習って、だれもが本質は同じなのだから他人より抜きんでることのないようにしよう。

（2）水は触れる物をどれも湿らす。つまり自らの水気で濡らすのである。人間もできるかぎり人間らしい義務感でもって働きかけねばならない。

（3）川は、町や村へとあちこちに灌漑のために水を自発的に運ぶ。その同じ行為で、水自体を生き生きと保ち（沼に留まると腐敗する）、その他の役にも立つ。同じように人間も、任務に対して活動的なら尊重され、怠惰なら嫌われ、自分でも他人からも無用な者となってしまう。

（4）太陽についても同じである。太陽は常に走り回ってすべてに光を提供している。同じように、勤勉な人間は、できるかぎりすべての人に対して奉仕するように願うべきだ。

（5）木についてはこうだ。木は一年では成長せず数年かかる。人間も心と体はそうだ。ところで木は毎年成長する。しかも夏は毎日だ（冬は寒いので成長が妨げられる）。私たちも毎日そうしないといけない。枯れた木は火にくべられる。良き成果をもたらさない人間も同じことだ。

木は実よりも先に花をつける。人間も、他人に教えるよりも前に学ばねばならない。あるいは人間社会で他の任務を成し遂げる前に学ばねばならない、等々。

（6）犬についてはこうだ。石で打たれた犬は石に噛みつく。悪意ある怒りっぽい人間も同じだ。犬の習性に陥らないよう用心しないといけない。

（7）森を通りすぎる時に、樅や松など元々高い木から森が構成されているのに、カシやブナやカバやポプラなど元々低い木が混じっているのを見ることがある。それらの低い木が習性に逆らってもっと高く伸びようと努めていることが分かるだろう。まるで自由な空に関わりたい、圧迫されたり窒息させられたりしたくないかのようだ。このように、植物の霊の間にすら競争心がある。天の植物である私たち理性的被造物は、他人の見本によって向上しようと努力し続けてはいけないのだろうか。

（8）バラは香しい香りがするが棘がある。同じように、学識と美徳は美しいが、それを準備させる練習（苦労と訓練）はイバラのように見える。

（9）太陽がなくて、それでも明かりがほしい時には、月や星で、あるいは小さなランプを灯して満足する。同じように、大きな物がないときは小さな物で満足し、神を称えねばならない。

**二十四．** このようなやり方で、あらゆる種類の被造物から無数の物を選び出し、人間の活動に応用させることができ、児童期に非常に強力に役に立つ。ところでこの教え方は楽しいものであり、嫌われる心配がほとんどない。また効果的でもあり、事物の象徴に深く浸透して、魂にしっかり働きかける。さらに、人間全体を形作り、自然の法則に従って形成することができる。またそれは、後に続くすべてのものにとってすぐれた土台であり、より容易に把握し、より素早く受け入れるための土台である。超自然な物に対してもそうだ。というのは、自然は恩寵に至る段階であり、恩寵は自然を取り除くのではなく高め、無にするのではなく完成するからだ。

### 〔工芸技術から選ばれる教訓〕

**二十五．** 工芸技術から道徳的な問題を選ぶこともできる。例えば、家や塔を建てようとする人は、砂の上ではなく岩や石の上に建てる。同様に、高潔な人生の土台となるのは、甘やかされた幼児期や青年期ではなく厳しい訓練である。高い塔を建てようとすればするほど、土台をそれだけ深く据えるものだ。同じように、偉大なる知恵と美徳の建造物を築こうとする人は、深い謙遜から始めるべきだ。

火をおこすのに使用される鋼鉄と火打ち石が最上だとしても、ほくちが不適切なら打ち付けても無駄だ。同様に、教える人とその人の教えがたとえ最上だとしても、愚かで怠惰な者にあてがわれたら無駄になるだろう。

### 〔著作家から引き出される教訓〕

**二十六．** 作家の格言からも教訓が引きだせる。

少年よ、学べ。称賛によって、また慎みによって、学問への熱意をかきたてよ。

称賛は拍車となり、慎みは手綱となろう[121]。

このように、著作家の比喩から同じようなことを選び出すこともできる。例えば詞華集に見られるようなものだ。しかし順序は別にすることが必要だ。というのは、それらは比喩を先に出してそれが適用される問題を選ぶのだが、私たちは問題を先に置いてそこから比喩を引き出すようにするのだ。（注意せよ。）

## 倫理学の思慮の概略

**二十七.** このようにすれば賢くなるだろう。

（1）見るものすべてを欲しがるものではない。
（2）聞くものすべてを信じるものではない。
（3）知っていることすべてを話すものではない。
（4）できることすべてを行なうものではない。
（5）知り合いになった人誰とでも親しくなるものではない。
（6）信じよ。しかし相手をよく見よ。
（7）失ったものを後悔するな。
（8）過去に戸惑ったり苦しんだりするな。
（9）目は額に置くものであり、踵に置くものではない。
（10）行われたことを行なうのではなく、行なうべきことを行なうのだ。

**二十八.** 何よりもまず教えられなければならないのは、なぜ生れてきてどこに向かうのかという人生の目的を、理解し、熟慮し、見すえることだ。生きていながらなぜ生きているかを知らないのは、ハエやイラクサのように生きているのと同じことだ。それらも生きて栄養を摂っているのだから。

**二十九.** 人間の生活は、思索的であらねばならない。そして交流し活動的であらねばならない。理性、言語力、行動力が備わっているのだから。だから、神を思うことを学び、神のためになることを学ぶのだ。そして神と人間と上なことだ。

**三十．**人間の魂の崇高さについてこの場で描いておこう。カンパネラ[122]が16章64ページその他で素描しているように交際することを、そして神にかなうことをいつも行なうことを、学ぶのだ。

**三十一．**この児童期の学校では、良いことすべてを考察し、話し、行動する習慣を身につけ始めてほしい。この世とあの世で善を享受するためであり、それもいつでもどこでも幸福の目標に向けてそうしなければならない。そこで、どこでも誰にでもあの「なぜここに居るのか、言ってごらん」という言葉を目の前に描かせる。そしてこれに役立たないものには敬意を払うことなく、この目標に反することは毒のように避ける習慣がつくようにさせる。このような習慣づけは、その他すべての学校でも形成され続けねばならない。

**三十二．**すでに時間を正しく割り振ることには慣れているはずだ。朝の時間はムーサ[123]に充てられ、午後は交流と仕事に、夜は静養に充てられる。

このクラスには、聖書の年代記あるいは手引書もまた、児童期の第三学年用として与えられる。

## 祈りの式文

**三十三．**主よ、お願いですから、私たちの行動を、あなたの息で導き、あなたの助けで共に進み、あなたの恵みで満たしてください。私たちのすべての言葉と行動が、常にあなたから始まり、あなたを通って進み、あなたのところで終わるようにしてください。すべてが始まり、通過し、終わるところの、父と子と聖霊よ、唯一の神、私たちを憐れみ給え、アーメン。

神よ、あなたの光と真実を放ち給え。私をあなたの聖なる山へと、あなたの幕屋へと導いてください。

## クラスⅣ　第四学年、バラ園

**三十四．** ここまでは、三番目の原理、外的な神の啓示の解剖である。ここからは練習は舞台演劇となる。カステリヨ[124]が『聖なる対話』で企てたような、しかしもっと完全で魅力的に入念に作られるものだ。

**聖書の前庭。その見本**

**三十五．** 神は永遠の力であり、すべてを作り維持している。また神は知恵であり、すべてを支配している。神は善であり、すべてを良き目的へと導いている。

人間は神の似姿であり、力、知性、意志を同じ程度に賦与されている。

世界は人間の住み家であり、養いの場であり、学校である。

聖書は神の書物であり、預言者と使徒によって書かれた。外的な事柄に関わっている人間に、内的で永遠のものを思い起こさせるためにある。

預言者とは旧約における神の人であった。神は自らの聖霊で息を吹きかけた人々に、神が望んだことをヘブライ語で予言し書くように命じた。

使徒とは新約における神の人であった。キリストは彼らに福音を告げ知らせるように命じた。彼らはそれをギリシャ語で語り、書いた。

預言者のうちで書かれたものが残されているのは、モーセ、ヨシュア、ダビデ、サムエル、ナタン、ソロモン、イザヤなどである。

使徒には、マタイ、ヨハネ、ペトロ、パウロ、ヤコブなどがいる。

聖書の物語の劇場をこのクラスのために準備することについて、ルビヌス[125]の新約聖書の序文33ページの忠告をぜひとも参照せねばならない。

**三十六.** この学校の三年目と四年目に徹底的に学ぶべきことは、過去を振り返り、現在を管理し、未来を見通し、そしてそれをたえず次第に増大させていくことだ。ちょうど木が、最初の芽から下には根を張り上には天に向かって伸びていくようなものだ。それはしっかりとした均衡を保っている。つまり、成長していけばいくほど、さらに下に根を張り、枝は上へとより高く伸びていくのだ。そこから導かれることは、これまで幼児にも両方向が同時に存在していたはずなのだが、いわば種の中に含まれているかのように隠れていたのだ。児童ではそれが芽吹き始める。一日の、二日の、三日間の行動や過去のことを思い出したり、今のことを語ったりできるはずだから、それと同じだけ先を見通すことを学ばねばならない。青年ではもっと長い年月を思い出せるのだから、もっと長い重要な年月を適切に見通さねばならない。次に何を行なうべきか、どのようにして現在を過ごすべきか、そのようなことを考察するのだ。過去の記憶を揺りかごから語ることができる人は、永遠を見通してそれに備える人だ。

## 祈りの式文

**三十七.** 神よ、あなたのお気の召すままに、私を清め、聖なる者にしてください。私の歩みを管理し指揮してください。あなたの命じる道を進むようにさせてください。あなたの下僕である私を、現在と永遠において、あらゆる悪から守り防いでください。主よ、私はあなたを期待しました。私が混乱させられませんように。アーメン。

主よ、あなたの瞳のように私をお守りください。神よ、私を見捨てないでください。あなたの聖なる名において、私があなたを見捨てることがありませんように。

信じる心を聖霊で照らしている神よ、今日もそしていつも、私が正しいことを知るように、聖なることを為すように、有用なことを話すようにさせてください。あなたの内なる慰めを、私たちの主イエス・キリストを通して享受させてください。アーメン。

## クラスV 第五学年

**三十八.** ここは聖書の真髄の場所である。これは、聖書の言葉をアルファベットの順に割り振ったホップ[126]の『聖書の華』から作ることもできる。

**三十九.** 今や敬虔な心の育成にもっとも努めねばならない時であろう。特に、自然に反していない自由な才能を与えられている者に対しては、その者を神の管理の下に委ねて神の意のままに自らをすべて断念することを学ばせるのだ。そうしないと、児童や青年は、心の中に不敬神の巣をつくり始める。それは、根に虫が入って完全に枯らしてしまったヨナのトウゴマである〔ヨナ4‐7〕。

**四十.** 特に警告すべきことは、自分と自分の行動に、神の目がいつでも向けられているということだ。ベルナルドゥス[127]が彼の本『考察について』で敬虔に考察している通りである。彼は言う、「神はすべてを愛している、愛だから。すべてを知っている、真理だから。座している、平等だから。支配している、権威だから。治めている、君主だから。見守っている、救いだから。行なっている、高徳だから。あらわにする、法（あるいは光）だから。助けている、慈悲だから」。

**四十一.** まさに神は被造物の間におり、中にいる。存在しないことはありえないからだ。どこにも存在しており、天と地を満たしている。ちょうど魂が体全体を、そして体のすべての部分（小さな取るに足らない部分も）を満たしているように、神はこの物体的な世界を満たし、その世界を神の知恵の劇場として、また栄光の座として建てたのだ。だから、神はどこにいるかと問う人は誰もいない。あなたの中に、あなたの前に、あなたの後ろに、あなたの上に、あなたの下に、いるのだ。どこでもあなたを取り囲み、把握している。もしも慎ましく、敬虔に、高潔に行動すれば、神は慈悲の手で捕らえ、罪を犯せば正義の手で捕えるのだ。

**四十二.** また、私たちを作った方のみが私たちの内部を知っており、形作った方のみが作り直すことができるのだから、私たちにとってすべてが幸運に進むためには、その方のみの祝福と恩寵が必要だ。さて空と太陽と雨がなければ地面を耕しても無駄なように、才能の耕作も神なしでは進まない。大地に種を蒔くだけでは十分ではなく、空からの雨を待たねばならない。木々は植えられ灌漑されるだけでは十分ではない。祝福が加わることが必要だ。才能の形成も同じことだ。

### 神の援助は次のようにして獲得される

**四十三.** 神の助けを得るために。

（1）素朴な暮らしぶり。求めるものはただ、神の栄光と教会の建設と自分と近隣の幸せだけの場合がそうだ。

（2）次に、疲れをしらない労働。求め、探し、叩く人にだけ、求めることを受け取り、探すことを見いだし、望むことが開くようになるだろうと約束されたのだ。

（3）最後に、熱心に祈ることによって神の援助を戦い取らねばならない。自分自身だけを信じていると思われないようにしよう。この祈りの式文をいくつか示そう。

### 〔祈りの式文〕

**四十四.** 全能で永遠で慈悲深い私たちの神よ、あなたはあらゆる真の知恵と思慮の泉です。私たちにあなたの聖霊を与え給え。今日、私たちが幸せに始めるようにあなたが欲したことを、最も聖なるあなたの名前を称えることなしに、また隣人や私たちに救いを期待しないままに、私たちが考え、話し、行うことが何もないように。あなたは実に父の永遠の知恵、主イエス・キリストよ、あなたは若い年代に適切な教える可能性を与えた。どうかお願いだから、自然の傾向にあなたの恩寵を加えてください。あなたの栄光に従うことになる文学と自由学芸をより早く習得するように、そしてその助けで私たちの精神が、父と聖霊とともに生き、支配しているあなたの考えをいっそう十分に獲得するようにしてください。アーメン。

善なるイエスよ、私たちに信仰を強めたまえ。自由な信仰告白において、私たちの生命の最後の息に至るまで、変わることなく続けるようにさせてください。ここでは私たちは普遍的に使徒の心と口で告白しています。神を信じます、と。

そしてこれと同じような印刷物を参照せよ。

**〔教会での礼拝〕**

**四十五．** ここで問題がある。少年少女を教会の集会に連れて行くべきか。賛否両論がないわけではない。

**反対論**

（1）子どもたちは聴いたことをまだ把握しない。司祭が彼らに言葉を合わせようとすると、それ以外の人を無視せざるをえない。

（2）子どもは注意力が不足しているので、聞き取ったことを役立つように受け取らないだろう。もしもお互いに注意し合わなければならないとすると、必然的に自分を疎かにすることになる。

（3）生涯にわたって破滅的で有害だ。若い時から不注意でいることに慣れてしまうと、それが生涯にわたって及んでしまう。

では注意深くなり始めるのはいつなのだろう。不注意が習慣になると感動は生じないのではないか。

**賛成論**

（1）教会の礼拝に行くのは神の命令である。

（2）キリストの事例がある（ルカ2・41）。ではどうすべきか。

**四十六．**もっとも考慮すべきことは、あの神の言葉を彼らの受容力に応じて別々に学校で説教すること、そしてそれを聖歌や賛美歌を母語で歌って練習すること、そうしてしっかりと審査することだ。そして成長した後でもっと集中できるようになったら、彼らが望むのであれば、教会に行くのを許してやることだ。

**〔教会に連れて行く時の注意事項〕**

**四十七．**しかし教会に受け入れられるとすれば、彼らの弱さを考慮するようなやり方を考え出さないといけない。それはこうだ。

（1）家庭で両親がしかるべく準備をする。寺院で行われることを両親が予めきちんと教える。

（2）子どもの注意力を喚起する。両親がいつでも子どもの目の前にいたり、あるいは集会の説教師が子どもの受容力に応じて話をしたりするときに注意するのだ。

（3）説教が終わったら子どもを試す。秘跡や信仰の部分の知識をもっと豊かに教えることを疎かにしてはいけない。例えば、義認についての理論はこのようなやり方で子どもに伝えることができよう。

（1）聖書に「すべての人間は罪深く、神の栄光が不足している」と書いてあると説き伏せる。ローマの信徒への手紙第3章などにそう書かれている。

（2）「神の正義の広場に留まることをどのようにして期待するか」を問う。答。父の下に居る私たちの主イエス・キリストの仲介と弁護によってだ。

（3）それをどのようにして証明するのか。ヨハネの手紙一第2章第1節第2節「息子たちよ、罪を犯すな。たとえ罪を犯しても、弁護者がいる」(ヨハネ1-2-1、2)。

(4)その弁護は有効か。その通り。まず、キリストはこの任務を自ら無理に引き受けたのではなく、父によって定められたのだ(ヘブライ5-5)。次に、キリストは自ら正義であり、すべてにおいて神の指示を維持し、神の法を犯す人を作らなかった(ヘブライ7-25、26)。第3に、犠牲者に加えて贖罪者を、罪人のために差し出し(ヘブライ2-14)、それで世界中の罪人の代わりに十分だった(ヨハネ1-2-2)。

(5)キリストは誰のために仲介するのか。悔い改める者、信ずる者のためだ。キリストはこの二つの言葉を福音書の要点とした(マルコ1-15)。

(6)悔い改めるとはどういうことか。

(7)信じるとはどういうことか。

(8)義認とはどういうことか。私たちは正義であり、罪と永遠の死という罰から潔白であると宣言することだ。それは罪の赦しによってなされる(ローマ4-5、6、7、8)。

(9)キリストは義認に何を求めているのだろうか。答。さらに罪を犯すことなく、神の恩寵において慎重にふるまい、汚れのない神聖さを守り、さらに悪いことが起きないようにすることだ。

(10)人間が本当に堕落したらどうなるのか。答。もしも弱さによるものなら、神は煙が出ている薪を消さない。何か恥知らずによるのなら、改善するように矯正する。もしも最後まで頑固なら、恩寵を捨て去る。改善されないなら、放棄する。

## クラスⅥ 子どものスフィンクス(楽園)

**四十八.** ここでは、この年代にふさわしい、神聖で道徳的な謎々、寓話、たとえ話、様々な比喩が示される。主題が引用される物語はすでに知られているだろう。特に注意すべき点は以下の通りだ。

（1）聖書の謎々。

（2）もっと大きな世界、物理学や天文学や地理学の領域から引き出される問題。例えば「輪の無い車があるのはどの地域か。二十人、三十人、五十人、さらには百人を乗せて、飛んでいるように見えるほど速く一頭の馬が引いている車、それはなんだ」。答、オランダ。

さらに。「雨が降らないのに穀物が豊かに実るのはどの地域か」。エジプト。

このように、砂の数や雨粒や永遠の日についても、謎々ができる。

これに、同じような故事も加えることができよう。「地球ほど大きい砂の山」「千年もの間飛んでいて穀粒を運び去る小鳥」などだ。

同じような問題は、フェルゲンハウアー[128]の『百の暗号』『千の暗号』にもある。

（3）知性の工場からは、両義性や詭弁の問題が作られる。論理学と文法からも問題が作られる、等々。

**〔注意その1〕**

**四十九．**児童期にとっては、慣用句のようにして、記憶すべきことを一定の三組にまとめて、記憶の補助にすることは良い事だ。例えばドイツの若者のためにはこうする。

**子ども用の辞典と文法のグリュプス**[129]

**五十．**私を導いてください。私なしで、私によって導かれることのないように。最善の神よ。

自分で導けば滅び、あなたが導けば救われるでしょう。

もしもあなたがその椅子に座っていて、またそれがあなたにとって快適ならその椅子に座っていて下さい。そして、その椅子から去らないで下さい。
〔訳注 椅子 sedes、座る sedeo、行く eo、去る cedo の語呂合わせ〕
あなたはヴィーナスの顔の前に来たらそれをしなくてはなりません。
座らずに先に進みなさい。それによって滅びないようにするためです。
〔訳注 来る Venio、ヴィーナス Venus、する facio、顔 facies の語呂合わせ〕
あなたがお金の外観に捉われるのなら、金の奴隷になるでしょう。
どうしてあなたは金に固執するのですか。明日はその金の相続人ではなくなるのに。
〔訳注 お金 aeris、なる eris、相続人 haeres の語呂合わせ〕
〔訳注 以下はドイツ語の語呂合わせ〕
（1）神から三つのWを学びましょう。
神の存在 Wesen、意志 Willen、働き Wercken。
（2）神は三つのRを留保しています。
忠告 Rahten、支配 Regierung、復讐 Rachen。
（3）人間は神に三のGの義務があります。
信仰 Glauben、服従 Gehorsam、忍耐 Gedult。
（4）その上、神は人間に三つのSを約束しました。
神に対する配慮 Sorgen、神への祝福 Segnen、神への崇拝 Seeligmachen。
同じように、経済についても。

平地（分農場）には三種のWがあります。

水 Wasser、森 Wald、牧草 Wiesewachs。

（チェコ語では、牧草地 Luky、川 Luhy、森 Lesy。）

家長は三つのお金を集めておかなくてはなりません。

食費 Zehrpfenig、下賜金 Ehrenpfenig、非常用貯金 Nothpfenig。

チェコ語ではこうだ。

花嫁はその衣裳として五つのPを身につけていなくてはなりません。

それは、敬虔 Poboznost、名誉 Poctiwost、美 Pekna、富 Penezita、安息 Poklidna。

花婿も同じ数のMを身につけています。賢明 Maudry、平穏 Mjrny、愛情 Mily、等々。・・・

**〔注意その2〕**

**五十一・** ここでプリスキアヌス[130]が役立つ。それはこれまで以上に完成された新発見の読み書きの技術である。ずっと簡単に正確に文法を教え学ぶための、黄金の発明。

すべての表現の組み合わせを十五の規則にまとめる。それらの規則を白い紙に書いて余白を残しておき、よそから実例を探すことができるようにする。そしてそれを先生の指示の下、注意力や判断力の競争の練習として行う。もしも一つの規則に一つの実例が付くだけでなく、連結文にまとまった文章が同じ規則の下に置かれたり、例外が添えられたりしたら、いっそう完全になるだろう。

注意。ここで語の統語法について述べたことは、句や文の統語法についても同じだと理解できよう。

**〔注意その3〕**

**五十二．** 敬神の心を根づかせる厳粛な原理をここで考察しよう。さもないと青年は心に不信心の巣を作り始め、根に虫がはらんで枯れてしまうヨナのトウゴマとなる。とりわけ、神と天使の存在に畏敬の念を抱くよう習慣づけるべきだ。しかも敬虔な人がそこにいればそれらの人々に対してもである。さもないと、自分自身をいわば神の似姿として、また自分の良心をいわば神に与えられた番人や証人として、さらにいわば常に自分に向けられている神の目として見なしてしまう。また、肉体への配慮を魂への配慮よりも低く見なすよう習慣づけるべきだ。肉体は大地からできており、土の器以上の価値はないと見なすようにしよう。しかし魂は神からのものだ。だからより大きな世界のために魂を清く保護し、神のために再興すべきなのだ。

**五十三．** ここで、選び抜かれた神聖な文章を彼らに飲み込ませるのが有益だろう。それを記憶に委ねて将来の役に立たせるのである。キュトラエウス[131]の『旅費』にその例が見られる。

もしも家畜のように食べて飲んで眠るだけの人なら、家畜の生活を送っていることになる。

もしも人間が、人間であるべきこと、人間らしい労働をし、技術、思慮を働かせているなら、人間の生活を送ることになる。

天使が行なうこと、つまり神を見つめ讃え、慎ましく服従して崇拝するなら、天使の生活だ。

悪魔が行なうこと、つまり神に逆らい、神を避け冒涜するなら、悪魔の生活だ。

キリスト者の幼い者も（キリストの例では十二歳の少年の時に）、両親によって神の寺院へ連れて行かれる。それも物体的な形のある外的な教会の集会へだけではなく、心の内の教会へ、霊の形成のために連れて行かねばならない。そこに私たち自身もいっしょにいて、幼子キリストと共に座り、お互いに問い教え合うのだ。

## 〔神への祈りの言葉〕

**五十四．**また、神への献身的な祈りと嘆願によって真剣に神を求め続けるように励ます。例えば、子どもが家を出る時にはこう言う。「あなたの道を私に指し示してください、主よ。あなたの小道を私に教えてください。私の歩みをあなたの言葉に従って導いてください。でこぼこ道が私を取り囲まないようにしてください。私の歩みをあなたの道において確認し、私の足取りが逸らされないようにしてください」

寺院に入る時にはこう言う。「主よ、あなたの慈愛にあふれた、あなたのお家にこれから私は入ります。あなたの聖なる寺院を崇拝します。あなたの名において告白します」

子どもが寺院でどうすべきか、キリストはこう述べた。「私の家は祈りの家である。盗賊の巣窟ではない〔マタイ21-13〕」。だからここでは恥知らずなことをしてはいけない。傲慢なことをしてはいけないし、ひそひそ話や冗談を言ってはならない。また目をキョロキョロさせたりぼんやりしてはいけない。魂を祈りに集中させるのだ。賛美歌が歌われたら歌い、祈りが始まったら祈り、言葉が聞こえたら聞くのだ。何もない時間が残ったり間に挟まったりしても、静かに嘆息して、神の慈悲を嘆願するのだ。

聖餐式を挙行する時にはこう言う。「慈愛の父、すべての慰めの神よ、あなたは炎のような愛で、一人子の息子を、私たちのために死に遣わしました。それは苦痛によって砕けた彼の肉体が、私たちにとって生命の食料となり、あふれる血が不死の飲み物となるためです。私たちにこの恩寵を授け給え。それは今や救済の神秘に試され、敬虔に畏れを抱いて参加するためです。イエス・キリストよ、あなたの死は私たちの罪の死をもたらし、死後のあなたの復活は、あなたが好む神聖化と正義において私たちを新しい生へと蘇生させます」

眠りにつく時はこう言う。「神よ、起きていて私たちをお救いください。眠っている私たちをお守りください。私たちが安らかに休み、喜びに満ちて目覚めるように。主よ、私たちをお護りください、あなたの目の瞳のように。あなたの翼の陰で私たちを守ってください。主よ、私たちを憐れんでください。私たちを憐れんで、私たちの罪をお許しください」

新しい建物や住居に入る時には、「主よ、お願いですから、その住居を訪問してください。敵のあらゆる陰謀をずっと防いでください。あなたの聖なる天使が私たちといっしょにそこに住み、私たちを平和に見守り、あなたの祝福が私たちの主イエス・キリストによっていつでも私たちの上にありますように」

楽しいことが起った時にはこう言う。「至高の神に栄光あれ。聖なる万軍の主よ。あなたの栄光で天と地が満ちています」

## 児童期の練習についての一般的な注意事項

**五十五．** 児童期の学校全般にわたって、練習についてあらかじめ配慮されることだろうが、それらは感覚的なことを越えてはいけない。だからお話や謎々は、もし提示されるなら、スフィンクスのように非常に単純で簡単であり、楽しいものであって苦しめるものではいけない。

## 書き方の練習

**五十六．** 書き方の時期が来たら、練習は次のように行われる。
きれいに書く、一年と二年。
速く書く、三年と四年。
正しく書く、五年と六年。最初の段階。

**五十七．** ファビウス[132]は、偉大な学識に導くには上手に速く描く以外の近道は何もなかったと述べている。たしかに児童期から書く技術を学んだ人々によって、それは諸学芸の偉大な研究に近づくのに役立つと良く考えられている。

### 美しい書き方について

**五十八．** きれいな書き方の基礎を正しく据えねばならない。それは、点と線と簡単な形、そして文字の、巧みな描写である。

（1）点についていえば、点とは四角■や円●や下向き）あるいは右向きの円弧）の記号である。

（2）点はまずあらゆる種類の印として描かれる。真直ぐや斜めや横の組み合わせ ∵ ∴ ⁝、横や縦の真直ぐに連続する合成 …… ⋮ ……、三角∴や四角∷の合成 △ ⏢。

（3）線は細い線や太い線 ─ ┃、垂直線に斜線 ─ ／、半円 ︶、鎌形 ︵、さらに2本の組み合わせの線 ＝ ＝ ︶︵ や3本の合成された線 ≡ ≡ ⫻。

（4）図形は、円○、三角△、四角□ □、S字型 S。

**五十九．** 次に、文字を描き始めるのだが、アンシアル書体か装飾大文字（ラテン文字）から始める。それらがはっきりしており均整がとれ優雅で、もっとも識別できるからだ。これが終わったら、小文字で筆記体に容易に移行できる。しかしここでも大きな尖ったペンで書くようにする。

そこで、まず行なうのは。

（1）直線から、ＩＬＨＦＥＴ。

（2）鎌形から、ＣＯＳ。

（3）混合した線から、

直線と斜線で、ＮＺＭＫＸＶＡＹ。

直線と曲線で、ＤＰＢＧＱ。

直線と斜線と曲線で、Ｒ。

**六十．** 速く美しく書く技術は、優雅に描かれた一種のお手本によって、簡便に習得される。角製の板の上に刻まれたお手本を真似するのを学び、黒いインクで上をなぞるのである（それは消すことができる）。あるいは灰色で刻んだお手本をたくさん作っておき、黒いインクで上からなぞる。そのようなやり方で、同じ文字を同じような美しさで描くのに慣れるようになる。

**六十一．** 優れた文字というものは次のようなものだ。

（１）見た目が好ましく、形がおかしくないもの。ギリシャ文字やドイツ文字よりもラテン文字がすぐれている。特に私たちの装飾大文字は技巧に走りすぎている。

（２）お互いによく区別ができて、別のものが紛れ込んだり間違ったりするおそれがないもの。例えばヘブライ語では、י ר、ב נ、ה ח ת が間違いやすい。

（３）線引きが容易なもの。丸い形であって、四角だったり線が途切れていたりしないもの。

**六十二．** 速記。古代人が使っていたような速記法は消滅した。これについてはカエキリウス[133]が13ページで、クナピウス[134]の辞典の「省略法」の題で述べている。

**六十三．** 語の正しい綴方は、書くことと発音することが互いに対応しているのがもっとも優れている。この点で、特にフランス語と英語はあまりにも不都合だ。それらが弁明するには、古代の書き方が維持されており、ラテン語の語源から単語が派生しているのは明らかだというのだが、現代の発音はその地位を放棄している。これは損害をもたらす。(1) 文字を学ぶ人にとって。(2) 外国人にとって。(3) 目と口の(口と心ではないが)なんらかの不調和をもたらす。

**六十四．**書き方には三段階ある。最初は目で測って、文字の線が確実に釣り合いがよくとれるようにさせる。第二に、速く描くように手を訓練する。第三に、それぞれの言語の特質に留意するよう習慣づける。

**六十五．**これらの基礎は数学であり、私たちが理性を働かせるすべての根源は、数を数え、量を測り、重さを量ることにあるのだから（人間と獣の間の違いを、この点に置いた人もいる。獣は数を数えることを知らない）、ただちに、算数、幾何学、静力学を、母語の学校で普遍的に扱うように取り計らうようにしてほしい。

**〔数学が重要な根拠〕**

（1）これら三つは、すべての人にとって理性的な生活のためにとにかく必要だ。アルファベットを知らないでは、読み方の技術は習得されず、どんな本も読むことはできない。それと同じように、数え、測り、量る知識がなくては、世界の秘密を探求することは許されない。世界においては神の技によってすべてが、数、量、重さに応じて作られたのだ。それらなしではものごとの連関をよりよく観察することはできない。

（2）それらは才能の砥石、知恵の鍵、もっとも名誉ある取り組みである。

（3）この年代の者にとっては楽しい。有効に選んで彼らを刺激せねばならない。

（4）その有効性は生涯に及ぶ。

**〔児童期の算数〕**

**六十六．**児童期の算数は、数を数えることから始まる。まず十まで、あるいは十の十倍の百まで、さらに二個組、一ダース十二個、六十単位を数えられるだけではなく、前からでも後ろからでも数えられるようにして、才能を迅速にさせるのだ。

前から、2の倍数で、2、4、6、8、これを20まで。

同じく3の倍数、3、6、9、12、15、18、21、24、27、30。

4の倍数、8、12、16、20、24、28、32、36、40。

5の倍数、5、10、15、20、25、30、35、40、45、50。

同じく、6、7、8、9の倍数を数えさせる。

さらに10の倍数、10、20、30、40、50、60、70、80、90、100。

逆向きには20から始めて、20、19、18、17という具合に数えさせる。

**六十七.** 児童が学ぶことはすべて記憶に刻み込ませる。
この年代は苦労を感じない。苦労と見なしてないからだ。好奇心が強いのですぐ夢中になる。脳が水々しいので楽々と取りかかり、一年で多くを身につける。どこかの言語の全部も獲得できる。だから今や自分の宝物を獲得しないといけない。

## 〔外国語の学習〕

**六十八.** 児童期の練習には、隣国の言語の学習を含めるべきだ。家庭で、召使いや教育掛が知っている言語を学ぶこともあろうし、あるいはその外国語を使っている人々の間で学ぶこともある。十歳か十一歳、あるいは十二歳か十三歳の児童を、そのような人々に委ねることもできるだろう。児童期と青年期の学校で、これを通常の学習の課外として取り入れるのである。そう考えるのは次のような理由からだ。
言語を学ぶのにもっとも適しているのは児童期だ。というのは、
（1）舌が、どんな難しい不慣れな音に対しても、後の時期よりも柔軟に容易に形づくれる。
（2）記憶力が非常に強力で活発である。言語は記憶力に強く依存している。

（3）おしゃべりの欲求が児童には内在しており、この言語の学習を強力に推進している。

（4）実際に応用するのは、それは判断力に依存しているので児童期の才能にはまだ適していない。ではこの間には何を行なうべきか。すばやくできるよい方法というのはこうだ。いつでもよく知られた材料を経由して進み、知性が事物と格闘するのではなく、ただ事物の光の助けで言葉を服従させるようにするのだ。

**六十九．** 簡単なやり方はこうだ。母語で学んだ冊子と同じものを、さらに学ぼうとしている言語で対応させて記述して手渡すのである。そこから次のような結果が引き出される。

（1）精神を事物（それらはすでに知られている）にではなく、ただ音と語句に向けるのだから理解も容易である。

（2）反復によって知性がさらに明るくなる。

（3）それによって、さらに高いレベルの学習へと精神が強力に整えられる。

**〔音楽の学習〕**

**七十．** すべての人が音楽に招かれる。

（1）なぜなら、すべては調和していなければならないからだ。この音楽が調和であることはまったく明々白々だ。

（2）それは高潔さを回復するのに資する。

（3）神の称賛のためである。皆がダビデと競うように。

**一般的な規範**

**七十一．** 児童期の一般的な学校においては、誰が将来貴族になるのか、庶民か、職人か、商人か、農夫か、あるいは牧師になるのか聴講者か、そのような後の状態に関しては、一般的に扱われるべきだ。すべての人間が母の胎内ですべての肢体を形成されるのと同じやり方で、すべての人に将来役立つことが伝えられてほしい。つまり、普遍的な知恵の種子を、キリストに神聖化されたすべての若者の魂に蒔くのだ。あるいは上級のラテン語学校へ進むとしたら、すべてをいわば前もって知ることになるし、あるいは卒業して仕事につくとしたら、母語の書物を読んだり、様々な人の議論を聞いたり、とりわけ神の言葉を読んだり聞いたり、そのようなことに自分の目で携わることができるだろう。

### 注意、初心者についての対話

**七十二．** 児童は対話によって学習へと活気づけられる。

例えば。

「あなたはすべてを知りたいのですか？　どうして？　それならすべてを学ぶべきです。学んでないことは知らないのですから。ほとんどの人は才能は不足していないのに、それを刺激してないから何も知らないのです」

「でもすべてを知るのはおそらくできませんよ」

答「できます。神は、すべてを人間のためにお作りになり、そのすべてをすべての人間が把握できるようになさったのです。そして目に見える全世界を、そこに含まれるすべての物と共にお作りになりました。そして三種の書物と三つの目、つまり感覚、理性、信仰をお授けになったのです」

「でもことによると難しいのでは」

答。

「(1)努力しなくては何も起こりません。努力しないと、食べ物を調達したり手に入れたり、服を着たりできません。それどころか遊ぶことも元気回復することもないのです」

「(2) 力をふるう必要はありません。少しずつ徐々に進むのです。雨垂れ石を穿つ、と言うでしょう。塔に入るのに飛び込む必要はなく、階段で登ればよいのです」

「（3）その努力は遊びながら行なえば容易になるでしょう。すべてを愉快に探索して、すべてをあたかも遊びのようにして学んでしまうことができるでしょう」

## 訓練の規則について

**七十三．** 規則。意志に関しては、快楽に関わるよりも前に、まず困難に慣れさせる。馬丁は馬を扱う時、柔らかい手綱を使う前にまず端綱に馴れさせるのだ。

反論。たくさんの事柄の一覧表があるのは何のためか。

回答。

（1）私たちはあらゆることに携わっているのだから、あらゆる知識をもつことは美しいことだ。

（2）すべてを調べることは、人間の才能にとって楽しいことだ。それをこの年代の者に与え渋ることがあろうか。他に有益に行動することがあるというのか。

（3）その年代に、誰にどんな運命が指定されているのか、どんな機会が与えられるのかは分からない。だから何でも試食してみて、最大限味わったものを保持すればよい。旅行者は多くの場所、町、地域、王国を見て楽しみ、最後には一か所に落ち着くだろう。

（4）人間の断片ではなく人間そのものでありたいと思う人は、事物の平原全体を調べて、自分の全体を耕さねばならない。

（5）私たちはアダムの相続人であり事物の主人として作られたとすれば、事物の目録を調べるのが楽しくないことがあろうか。ソクラテスはいつもこう言っていた。「十分に知っていることについては、誰もが十分に雄弁である」と[135]。もしもこれが本当なら（たしかに本当だ。予め良く分かっている事には、言葉はまったく嫌がることなく従うからだ）、物事の相違を教え、話す時に注意深く迅速になるような方法は愛するに値する。特にそうなった人は、やがてその人間らしい言葉で人に対して話すようになるだろう。要するに、事物の本当の相違を知ること、しかも正確に知ることは、最も真実の知恵の船首であり船尾、土台であり頂点である。

### 児童期の前庭についての留意事項

**七十四．**前庭では、句を越えて進んではならない。もしも文章が述べられるなら、非常に簡単な単語と構文で、しかし意味は十分な文章を使う。そこで、児童には15の規則だけによる練習が行われる。例えば。

（1）規則1。第一章から採った名詞に説明を付ける。例えば「創造主である神」「罪人である人間」「元素である水」「シナという木」など。この練習は物事についての判断力を鋭くする。

（2）二つの名詞の一方を属格に結びつける。「世界の創造主」「神である人間」「人間の書物」「シナの木」など。

（3）第二章から採った名詞に形容詞を加える。名詞に、数、性、格を一致させてさらに続ける。

（4）動詞を加えた文で練習する。「神が世界を創造した」「人間は神を崇める」など。

留意事項。

前庭では、単語と句を越えてはならない。

扉では、文を越えてはならない。

広間では、完全文を越えてはならない。

個々の語彙が先行する。

会話と書物がそれに続く。

# 第十一章　青年期の学校

言語と学芸のギムナシウム〔学園〕。
とりわけラテン語とその他の学識、学問と技術、道徳と敬神の百科全書。

## 訳者による紹介

この章は、日本では中学校と高校の六年間に相当する期間の教育です。題名は「青年期」としましたが、本来「青年」はもっと年齢の進んだ人のことだと思いつつ、うまい言葉が見つからないのでご容赦ください。ルソーはうまい言葉が見つからないと言って「子ども第一期、子ども第二期、子ども第三期」と表現していましたが、その手がありましたか。

この時期は、これまでの伝統的な学校と似通っています。難しい本を読んだり討論したりして理性を磨き上げることが課題となります。ラテン語やギリシャ語なども学ばねばなりません。母国語で正しく考える習慣がついていれば、むずかしい外国語もすぐマスターできるはずです。本を読んだり先生の講義を傾聴するだけではなく、生徒同士の討論も積極的にとりいれます。今の用語だとゼミ形式というのでしょうか。

さらに道徳教育がいっそう重要になってきます。知識をため込んだだけでは足りず、それを上手に活かせるような人間性豊かな立派な人間にならないといけないのですから。この時期の子どもは悪いことを覚えがちです。悪に陥らないための方策もここでいろいろ考えられています。

**一．** 未開発であるとはどういうことか、開発されて未開を脱するとはどういうことか、これらの相違は何か、そのようなことを幼児期について観察した。そして幼児期と児童期の学校で、未開発の魂の耕作〔教育〕の原型を述べた。今度は青年を形成することにしよう。もしも物事を自然と技術の事例で説明するならば、人間の精神は適切にも「宮殿」と呼ぶことができると私たちは思いついた。幼児の精神はまだ暗く、児童のは小さなぼんやりした絵が描かれている白い板だ。青年ではすでに教育されており、明るくもっと美しく描かれている。あるいは別の言い方をすると、未開の人間の精神は砂地の平原のような、あるいは草がぼうぼう生えた草原のようなものであるが、教育されていれば、よく耕された庭園のように、目に快く鼻に香りをもたらす。各人にとっても公共善にとっても、しっかりと開発された才能をもてるようになることが非常に重要である。それをもっとよく理解するために、そして青年の才能を開発する際に労力をもてあそばないためにも、青年の形成そのものに進む前に、人間の才能の耕作について前置きしておこう。

**〔人間の才能について〕**

**二．** 人間とは何か。全能で、全知で、神聖で、永遠に祝福された神の似姿である。

**三．** 才能とは何か。人間に生まれつきの適性であり、神の似姿へと耕やされることを可能とする手段として、精神、手、舌が与えられている。

**四．** 人間の精神とは何か。事物を映す鏡であり、全知の神に似せて作られた。

**五．** 手とは何か。道具の中の道具、無限の仕事を作り出すものであり、あらゆるものの建設者である神の右手に似せて作られた。

**六．** 舌とは何か。理解すべき、あるいは行動すべきことについて、あるいはすでに理解され為されたことについて、人間と人間を仲介するものである。

**七．** 才能を耕すとはどういうことか。畑、庭、葡萄園を耕すという意味で語られている。つまり、注意深く世話をして、人間の生活に役立つ成果をもたらすように耕すのである。この点で、才能は魂のある畑だと言われるのだ。

**八．** 才能の耕作にはいくつの部分があるのか。才能の部分（精神、舌、手）と同じく三つである。精神は耕され磨かれる。多くの真理をほんとうに知り、誤りに欺かれないようにするため、そうして善を選び、悪を避けるためである。手は、私たちの中のその他の能力とともに耕される。行うべきことを行い、不足する事柄を勤勉でもって乗り越えることができるようにするためである。舌が耕される。他の人との交際が、理性的であり楽しく快適になるためである。要するに、私たちは徹底的に耕されて、分かり、行動し、話すことができるようになるのだ。

## 〈理解するということ〉

**九．** 物事が分かるとはどういうことか。事物の像がきれいに描かれている精神を持つことだ。これにも三つの部分がある。(1) 物事を知る、(2) 物事を理解する、(3) 物事を活用する。

**十．** 物事を知るとはどういうことか。物事に無知でないということだ。それは、見る、聞く、嗅ぐ、味わう、触る、そのようなことによって保持される。最初の年代は感覚的なものによって訓練をする。

**十一．** 物事を理解するとはどういうことか。それは本来何なのか、何のためにあるのか、どこからどのように由来するのか、そのようなことを理性で追求することである。青年の時代は理性を働かせる訓練をする。

**十二．** 物事を活用するとはどういうことか。物事の知識と理解を生活の何らかの有用な目的へと向けることだ。創造主の意図には何も無駄なことがないのだから、知ったり理解したりして無駄なことは何もない。だから成熟した年代は物事の使い方を訓練するのだ。

**〔行動するということ〕**

**十三.** 行動するとはどういうことか。物事の知識と理解と活用を実際に追求することだ。それは、自分の物と他人の物を増大させ、個人と公共の便宜を、事物と人間と神の観点から促進させるためである。

**十四.** 事物の観点からは、人間は何を行うべきなのか。答。創世記第1章で創造主から命令された通りに統治することだ。つまり、この世界に存在するすべてを、配置し、変換し、活用するのに適合させることは誰にとっても好ましいのである。

**十五.** 人間の観点からは、どうすべきか。誰もが自分の立場と地位に応じて、すべての人に対して穏やかに、正当に、親切にふるまい、そうして平和と友好を育てることだ。

**十六.** 神の観点からは、どうすべきか。最高善である創造主を愛し、畏れ、さらにほめたたえ、誓い、信頼して、敬意を払うことだ。この訓練は、人間のどの年代を通しても行わねばならない。

**〔話すということ〕**

**十七.** 話すとはどういうことか。魂の内部に思いついたことを、教えたり忠告したり励ましたり慰めたりして、他人に伝えることである。すべてを共通の救済に役立てるのだ。

以上のすべてについて、とりわけすべての青年が、ふさわしい時期に訓練されなければならない。下級の学校で学識の基礎がより確実に築かれていれば、青年はそれだけいっそうこの学校へ適しているということになろう。

**〔青年期の学校の目標〕**

**十八.** 青年とは、若く新しい人間である。児童期を脱しているが、身長、判断力、力強さはこれからまだ増大するように定められている。

**十九．**この学校の目標は、感覚で集められた学識の森を、確実な形にまとめ、理性の使用をより完全でより明確にすることだ。そのわけはこうだ。獣に優る人間の尊厳は、理性にかかっているからだ。そこで、理性を何よりも注意深く耕して、獣からできるだけ遠く離れねばならない。そして天使にできるだけ近づくのだ。

**二十．**あるいは。世界、精神、聖書を経由して、それらの本質の統一的な理解に至らねばならない。だからここではすべての事柄の原理が説明されるのだが、それはもっとも親しみやすい民衆的なやり方でだ。

**青年期の学校の手段**

**二十一．**哲学、政治学[136]、神学というそれぞれの原理から出てくる三つの別々なものを統合する。

**青年期の学校の方法**

**二十二．**対話、討論、舞台演技、書簡によって実践的に行う。

**対話についての注意事項**

**二十三．**これまでの学校が会話の技術を教えなかったことは、驚くべきことだ。人生の大部分は会話で占められているというのに。だから、練習の手本を与えて青年に会話の技術を教えるべきだ。またおそらくすべての冊子が対話の練習になるだろう。

**討論についての留意事項**

**二十四．**青年期の学校では、才能の訓練のために討論が採用される。だが次の若者期の学校では止めるべきだ。その代わりに、論証可能な技術と弁別の技術[137]を練習する。例えば。

前庭の生徒には、対話。
扉の生徒には、扉の喜劇の実践。
広間の生徒には、格言、諺、優雅な文などから同じような物。

**〔青年期の学校は六クラスからなる〕**

**二十五.** 『大教授学』〔第30章第4節〕では、この学校は六つのクラスから構成されていた。

Ⅰ　文法学
Ⅱ　自然学
Ⅲ　数学
Ⅳ　倫理学
Ⅴ　弁証法
Ⅵ　修辞学

これには、様々な文体の練習、歴史、ゲッリウス流の同僚との討論[138]が含まれる。
また、どの学校もどのクラスもパンソフィアの方式であるべきだとすれば、段階が違うだけで、それ以外はまったく同じことが学ばれることになろう。

**〔一般的な留意事項〕**

**二十六.** 物事を簡単に説明すると、留意事項は以下の通りだ。
青年期の学校（ラテン語学校）では、児童期の母語の学校と同じことが教えられる。しかし、(1) 異なる言語によってだ。特にこの年代は母語ではない学習に専念することになろう。より容易に専念させ大きな成果を導くために、すでに知られたことで導くことによってこれを成し遂げるのだ。(2) しかし、新しい刺激がなくならないようにして、嫌悪感が広がらないようにする。(3) 物事の原理を明らかにすべきなのだから、哲学的に教える。

**二十七.** ここで特に学ぶべきことは三つある。

（1）言語。

（2）技術。

（3）道徳。

**二十八.** ここで学ぶべき言語とは、次のように理解される。(1) 近隣の国の一つあるいは二つの言語。(2) ラテン語。(3) ギリシャ語。(4) ヘブライ語。これらは六年間で適切に学ぶことができる。ラテン語に費やすのは三年、ギリシャ語には二年、ヘブライ語には一年だ。

**二十九.** 技術。(1) 神の技、自然学。(2) 人間の技術、この世界の人為的工芸技術。(3) 聖書の技術、信じ、行い、希望する事柄。

**三十.** 訓練するのは、感覚、知性、意志、実行能力（あるいは作業の能力）および文体。

（1）書くのではなく口頭で即席で、皆といっしょに作業する。「これは何ですか？ あれは何ですか？」「どのように分かったのですか？」「どのようにそれを扱い、どのように表現するのですか？」「母語では？ラテン語では？ギリシャ語では？」

（2）考察の準備には二種類ある。学校に一時間留まって、自分で静かに考え、思いめぐらし、それから答えるようにする。

（3）もっと大きな課題には、もっと長い準備が必要だ。とりわけ先に進んだ時期にはそうである。

## 〔様々な著作家の研究〕

**三十一．**ところで、ゲッリウス流の同僚との討論の練習をここでやる必要がある。ある一つの時代やある言語の作家を理解するだけではなく、ある言語で書かれ数世紀にわたって記憶されるべき書物や、私たちに理解できる用語で書かれ伝えられた書物も理解すべきだからだ。

**三十二．**非常に立派な仕事として商業が始まった。商人たちが一定の場所に集まり、そこに来た人が良い商品を運び入れ、それを別の人がその地方から持ってきたものと自由に交換する。このような商業がもしも無くなったとしたら、どの地域でも必要な物が必然的に不足することだろう。自分たちのものだけですべてにわたって満足するほど幸せな所はないからだ。

**三十三．**知恵の交流についても同じように考えるべきだ。著作家がそれぞれ割り当てられる、ちょうど一定の大地の部分が島、都市、鉱山等々に割り当てられるようにだ。そこで作家は、誠実に入念に正確に、見事に、生活に役立つものを何でも提供し（生活を維持するための必需品と考えられる認識、あるいは生活の飾り、見解や格言や物語の真珠や宝石、その他もろもろ）掘り出したり、あるいは労働の対価として獲得したりして、共同の市場に持ち込み、自分のものを他人に伝え、他人から受け取るのだ。

**三十四．**そこで、著作家の集団読書が認められるべきだ。(1) 指導者の裁量の下でだ。(2) 誰でも別の著作家を個人的に読んでもよい。(3) だが選んだ書は、それを公的に示して読んでやり、よく記憶して朗読するのだ。

**三十五．**その効用はこうなるだろう。

（1）注意深く読む習慣がつく。不名誉を被らずに称賛されるためには、内容を皆の前で説明しないといけないからだ。

（2）大勢が注目しているので、皆の共通のものになり、遅れた人ですら多くを獲得する。
（3）ゲッリウス流の同僚との討論（アカデミアではよく行われているのだが）をここで身につけることができるだろう。

**三十六.** 各人は自分の選んだ著作家から次のものを選び出す。
（1）文献学。単語、語句、文、比喩、例文を抜き出す。
（2）論理学。まれな質問、鋭い回答、機知に富んだ論証を抜き出す。
（3）現実の問題を抜き出す。これまで無知だったこと、物事についての美しい物語、どんな仕事でもどんな生活様式でも家政において行動すべき技術と簡単な問題などだ。

## 〔ラコニア風の文体〕

**三十七.** 青年はラコニア風[139]の文体の規則に無知であってはならない。だがそれを無理強いしてはならない。勧める理由はこうである。(1) 普遍的な方法は、普遍的なことを教えることを目指しているから。(2) アジア風の文体の根拠は、対立物の根拠なしでは十分に得られないから。

無理強いしてはならないという理由は、児童期からその重大さを…〔原文欠落〕。（そうしないと、不承不承に簡略であることを求めるようになるからだ。）

青年にこのような訓練を課すと、他人が多くの言葉で説明しているその同じことを短くより正確に説明することを学ぶようになる。

口から言葉を溢れさせるのは簡単だ。だが魂が感じたことを縛りつけるのには知恵が必要だ。「哲学的よりもラコニア風の方が難しい」とも言われている。物事の根拠を正しく知っていないと、その神秘を閉じ込めることも開け放つこともできないからだ。ラコニア主義は一種の強力な知恵であり、雄弁の頂点である。そして頂点には階段なしでは行けない。墜落したくなければ急いでは行けないのだ。

**〔類義語と同義語〕**

**三十八．**会話体と文体の優美さの中には、多数の類義語の賢明な使い方があるのだから、無関心でいるべきではない。また同語反復や無意味な反復には注意すべきだ。

（1）類義語はまったく同じ物を意味するのではなく、類似の種類、異なった段階を意味する。例えば「美しい」「優雅だ」など。まったく同じことは嘲笑の的になる。例えば「彼は馬に乗った」あるいは「彼は鞍にまたがった」。同じ言語あるいは異なる言葉でもそうである。例えば「予言者」と「占い師」のように。フリシュリン[140]の本でも、自慢家が「ラテンとイタリアを見た、ガリアとフランスを遍歴した、アングリアとブリテンを、ゲルマニアとアレマニアを歩き回った、ルテティアとパリに住んだ」等々と述べている。

（2）段階をふんで良い順序で配置する。小さなものから大きなものへ、またその逆に進める。

（3）…〔原文なし〕

**三十九．**このようにすれば類義語は有益で役立つものとなろう。(1)物事をよりよく表現する上で、(2)私たちがもっとよく教える上で、である。

物事にとってというのは、同じ物事を、様々な観点からあるいは様々な特徴から十分に表現するのに役立つ。テレンティウス[141]が愚か者を表現しようとして、「切り株、棒っ切れ、木偶の坊、ロバ、鉛」などと呼んだように。

私たちにとっては、次のようにすれば役に立つ。

（1）精神の点から。一つのことがうまく知覚できないなら、第二、第三のものを受け取るようにする。それを単純な繰り返しではなく、むしろ様々な呼び方で退屈にならないようにする。

（２）記憶の点から。注意が抜け落ちてしまい、記憶にきちんと刻み込まれないなら、別のものが別のものを叩いて痕跡を刻むことができるだろう。

（３）感情の点から。一つのことが刺激しないなら、多くのことが刺激すべきだ。単独では役立たないものを多くが助けるようなものだ。

**〔日記の使用〕**

**四十．** 青年期の学校では日記を使い始めるのがよい。

（１）なぜならこの時期にはたくさんのもっとずっと多様なことが起るからだ。だから混乱に対して多くの補助手段が必要だ。

（２）想像力と記憶力はすでに感覚的事柄で満たされているが、すべてを等しく容易に把握したり保持したりしているわけではない。だから支えないといけない。

（３）残りの生涯を通して、いわんや学習が進行中は、日記が必要だ。その使用法を教えるべきで、どこかで始めないといけない。それは、感覚的事柄を通り過ぎ、想像力と理性を適切に働かせ始まるこの時期以上に良い時はないのではないか。この時期に日記の使い方と限度を教えねばならない。

**〔日記の使用法を教える〕**

（１）頻繁に起こることは何でもかき集めておき、記録して所有し、反復して忘れないようにして、さらに利用するために着実にしておく。

（２）理解していないことに出会ったら、それを調べたり、学友や先生に後で尋ねるのを忘れないよう記録しておく。

注意。この後者（尋ねたり調べたりすること）は、本の別の箇所かあるいは狭い欄に書いて、そこに答を書き加えるようにして、混乱がおきないようにする。

**〔道徳〕**

**四十一・**だが何よりもまずここでは、徳性と敬神の心が根づくような真剣な配慮が払われねばならない。全神経が注がれねばならない。ここで悪徳を根絶し美徳を植え付ける技術を訓練するのだ。美徳を耕すことは、すべての人にとって等しく困難なわけではない。生来節度のある人は、あまり激高しないしあまり動揺しない。激しい性格の人にはたいそう苦労する。寛大な性格で、自発的に美徳へ向かって美徳を行使する人もいるが、その他の人は格闘せざるをえず、時には傷や悲しみが伴う。

**〔悪徳を根絶する〕**

**四十二・**問われているのは次のようなことだ。

（1）悪徳を根絶する技術はあるのか。

回答。もしも畑からドクムギや無駄な枝が根絶できるなら、身体から病気が根絶できるなら、魂からも根絶できないことがあろうか。

（2）それは可能か。この問題に関心のない人は、できないと言うだろうが、関心を持ちたいと思う人は、逆のことを体験している。セネカ[142]の書簡集116を参照。

（3）それは容易だろうか。容易でもあり困難でもある。怠慢な人にとっては、また自分の配慮を他人への配慮より軽視する人にとっては困難だ。だが勤勉な人にとっては容易だ。つまり自分たちの救いのために努力し、神の助力を懇願し、悪徳を治す方法に無知でない人にとっては容易なのだ。ここではそのような技術を少し説明しよう。

〔病気の治療法〕

**四十三.** 治療法はこうだ。魂の悪徳は病気なのだから、病気の治療の時のようにやるしかない。それは健康の回復、維持、増進のために配慮することだ。そこで必要なのは、(1) 悪い体液の浄化、(2) 自然本来の強化、(3) その後の厳密な食餌療法である。魂の場合も同じだ。

**四十四.** 病気の身体を処置するには、まず悪い原因の物体を排泄させなければならない。それには、(1) 安静にして、(2) 化膿させ、(3) 取り除く。最初に体液の流れを弱め、第二に体液を身体の部分から分離させ、第三に投薬で体外に排出させる。

**四十五.** そこで、良い医者には三つの要件が必要となろう。(1) 病気とその原因の知識。(2) 悪いものを除去するための対抗物の知識。(3) 現実的な慎重な、一定不変の適用。

〔悪徳の治療法 1〕

**四十六.** 悪徳に汚染した魂の治療の際もこのような処置を行うべきだ。第一に、悪徳から解放するには、悪い仲間とあらゆる悪の機会から引き離さねばならない。水から取り出さずに魚を焼くことはできないのと同じことだ。管を閉じないで貯水槽を掃除することはできないし、水を飲み続けている人の水腫を治療することが、あるいは性交と飲酒にふけっている人の通風を治療するのができないのと同じことだ。酒浸りの癖がある人間をしらふに戻すのは、酒浸りの人の間にいる限り不可能だ。「自分の悪徳を放棄しても、他人と争わねばならないのならあまり役に立たない」[143]とセネカが述べている。

**四十七.** ここに私たちに働きかけるものや私たちを汚染したり変質させたりするものが関わっている。それらを用心し、かつ規制することを知らねばならない。それらには三種類ある。
（1）外部の物体。
（2）身体の中の体液。
（3）自然の衝動や他から獲得された想像を伴う精神。
これら三つは、もしも警戒しなければ私たちを徹底的に悪徳へと突き落とす。だが使い方を知っていれば美徳へと引き戻すのだ。

つまり。
(1)外部の物体は機会と刺激を与える。だからその物体を追い払うか、魂が物体の刺激に耐えるかだ。ユリシーズ[144]が耳を塞いだように。
(2)肉体の体液は、内部の激しい刺激を引き起こす。そのような体液は、食餌療法で節制したり断食したりして弱めるのだ。あるいは魂を強固にして、魂が肉体に隷属しないようにする。
(3)精神の自然の衝動は、善なる創造主の御業なのだからそれ自体は善であり、善の追求以外に適用されるべきではないし、健全な理性と神の言葉が示している誠実な道と方法によって追求されるべきものだ。実に、外からやってくる観念は後で追い出すよりも前もって遮る方が容易だ。特に若い時は悪いことを見たり聞いたりしないように用心して遮ることが大事だ。あるいはできるなら悪を忘れさせて根絶する。さらに悪を攻撃するのだ。

## 〔悪徳の治療法　２〕

**四十八．** 次に、悪徳を引き離すためには、人間に付着している悪徳の根を切り倒さねばならない。あるいは、暴力なしに清めることができるようにするために、ねばねばした体液を化膿させて拭い去るのだ。それは、悪徳への嫌悪感を引き起こすことで達成される。実に人間の魂は、嫌悪するものからただ離れるようになるだけでなく、自ら進んで遠ざけて、留まらないようにするだろう。また嫌悪感は、不名誉や破滅、さらに恥や労苦を想像することによって引き起こされる。自己を悪徳から解放しないなら、生涯それらの想像から逃れられることはないだろう。そのような想像を生み出すことができるものはどれも、この場合にあてはまる。例えば、警告、非難、見本の提示など。また、良き人と交際し、その人の目の前で美徳の見本を見れば、悪徳の人でも狼狽し自分を非難するだろう。

**〈悪徳の治療法　3〉**

**四十九．**第三に、悪徳は対立する習慣によって追放される。というのは、対立物は対立物によってのみ駆逐されるからだ。

**五十．**悪徳に対立する魂の強さは、次のようにして作られる。

（1）神の意志を頻繁に瞑想する。

（2）人間の賢者の言葉や行いを思いめぐらして模倣する。

（3）実行した後で、美徳の魅力そのものによって強化される。

**五十一．**食餌療法にあたるものはこういうことだろう。

（1）善人との交際。

（2）悪の機会を避ける。セネカの書簡集〔69〕を見よ。

（3）起こりうる悪の機会に対して、魂を奪われないように強固にする。汚点で汚されないようにするのを美徳の進歩とみなす。〔ベーコンが、法、実例、交友、習慣が人間を形成するにあたって何ができるかを『学問の進歩』で〕

述べている[145]。）

**五十二．** 以上が病気としての悪徳についてである。しかし、魂が病気であり、魂は理性によって支配されているのだから、悪徳の治療全体は理性によっても行われることが必要だ。例えば。悪徳が偽って魅力的に約束することは、美徳からはもっとより正しい善が期待されると自ら知らねばならない。いかなる悪にも報いがあるのだから。セネカの書簡集69を見よ。

**〔美徳を植え付ける〕**

**五十三．** 美徳を植え付けるには次のようにする。

（1）知性で明るく照らすことによって、事物の相違を知り、高潔、利用、楽しさとはほんとうはどういうことなのか、そうでないのは何か、を知るようにする。それが教えとなる。

（2）最善のものを願望するようにして、後悔ではなく喜びをもたらすようなものを受け入れるようにする。これは頻繁な励ましと実例と次のような規則によって達成される。何かを行なおうとする時は、それでもって自分自身や物事がどうなるかを考えよ。意図した通りになる場合もあれば、そうでない場合もある。

（3）実際に行って習慣にする。

（人間を美徳へと形成するのは簡単だ。意志が自然によって善に向かえばいいのだ。だから善を提示し、それは善だと説得し、経験するように仕向ける。そしてそれが正しい習慣になるまで保持するのだ。そうすれば好ましい習性ができあがるだろう。）

**〔美徳の祈り〕**

**五十四．** 悪徳を根絶し美徳を植え付ける技術はすでに見た通りだが、うまくいくためにはこうする。

（1）神に祈る。すべての善と私たちの特性すべては神から由来しているからだ。神はあれこれのやり方で、求める人に与え、叩く人に開くのだ。

**青年の短い祈り**

おお、聖なる神よ、あなたの善意の感覚で私を浸してください。あなたの知恵で見つめて私を満足させてください。あなたの手の助けで支えてください。あなたの神意の美しさをすべての者に述べて、すべてのものの価値を卑しめてください。それらは私たちの神であるあなたではないのですから。わたしたちの感覚が敏感に、知性が容易に、記憶が強固になるようにしてください。意志が熱心になり、作業が効果的になり、うまく始まった事が前進するようにしてください。前進した物を持続させてください。そうして私が向かう所はどこでも、あなたの手が先導するようにしてください。そして祝福が伴い、あなたが連れてきた多くの者とともに、私をあなたの所に導いてくださいますように。アーメン。

**〔祈りの際の留意事項〕**

さらに自信をもって神に近づけるように、私たちの祈願の対象である父なる神、子、聖霊について思いめぐらし、聖なる人々を見習うのだ。

(1) 誰にお祈りするのか。父に祈る、兄弟に祈る、代理人に祈る。
(2) どういうつもりで。父が命じ、兄弟が教え、代理人が促すように。
(3) どのように信頼されているか。父が約束し、兄弟が助け、代理人が証言する。
(4) 何を求めるのか。兄弟が獲得し、父が受け継ぎ、代理人が認めた遺産を。というのは私は神の相続人でありキリストの共同相続人だからだ。だから私は、神性に近づくたびに、神性全体をただ単に眺めるのではなく、十分に専念して見つめるのだ。ああ、近づかないでいると、ないしは準備しないで近づくと、呪われるのだ。

**〔素直に従う〕**

（２）思慮深い人、指導する人、教える人に、従い服従せねばならない。ちょうど果実が、花が咲かない木には実らないのと同じように、青年期に何らかの訓戒を受けなかった人は、老年期に正当な名誉を得ることはできないだろう。ところで服従しないままでは戒めても何になるというのだろう。そこで「服従しない青年は戒められなかった青年だ」とキプリアヌス[146]は述べたのである。同じように、思慮深い人に挨拶し、従い、服従することは、恥ずかしいことではなく立派なことなのだ。アリスティデス[147]も同じことを述べている。

**〔刺激する〕**

（３）刺激をかきたてるには、例えばこうする。

(1) 生活と学習の目的を目の前に示す。セネカによれば「人間は人に役立つことを求められている。できることならなるべく多くの人に、しかしそれができないなら少数の人に、それもできないなら隣人に、それもできないなら自分自身に、役立つよう期待されている〔閑暇について3‐5〕」。もしも自分に役立つことしかしなくても、共通の仕事をしたことにもなる。自分に良い事をする人は、そのことで他人にも良い事をしているからだ。つまり、他人に対して自分を役立つ存在にするならば、共通の仕事をしているのだ。自分をおとしめる人は、自分を害するだけでなく、もっと良く役立つはずだった人皆をも害せざるをえないのと同じことだ。このように、自分に価値ある人は、そのことによって他人に役立っている。将来役立つことを準備しているからだ。

(2) 青年には、悪から遠ざかるためにこう教え込もう。「悪は忘れられるよりもずっと容易に学ばれてしまう」と。

忘れようと望み努めてもそうなのだ。そこから後悔しても手遅れだったり、最後まで悔い改めずに破滅したりすることがある。無思慮や無分別によって、健康、視力、聴力、処女、良き評判、良心などが、何らかの偶然な災難で失われることがありうる。神の全能の力によってもそれらの回復が不可能なこともある。だから、悪に先んじられないように、悪の機先を制するように努めよう。

(3) 悪徳のうちでもとりわけ注意すべきなのは、私たちにその傾向がある悪、あるいは陥りやすいと分かっている悪である。だから敵を恐れ、防備の手薄な場所にいっそう警戒するのと同じことを、身体の病気についても行うのだ。

**〔学校は国家である〕**

**五十五．** すべての学校は小さな国家であるべきなのだから、ラテン語の古典語学校では、物事が次のように配分されるのがよいだろう。最初の2クラスは民主制、次の2クラスは貴族制、最後は君主制で管理されるというふうに。

**〔学校は教会である〕**

**五十六．** またすべての学校は小さな教会であるべきなのだから、牧師がいるのがよい。生徒と共に聖書を考察し、説明し、親しませ、祈る牧師である。

**〔生徒の健康〕**

注意。美徳と魂の配慮についての留意事項。

**五十七．** 生徒の健康にいっそう配慮することが必要だ。なぜなら。

（1）肢体が繊細だから。自然の上からもそうだし、労働に対してもあまり丈夫になっていない。だから被害を受けたり堕落したりしやすい。

（2）教会や国の将来に役立つ人物を失ったり打ち倒されたりするのは、下層民を失うよりも大いなる損害となる。だから、良心に基づき公共の損失を予防しなければならない。

（3）健康には薬よりも食餌療法の方が安全である。

# 第十二章　若年期の学校

さらに充実した知恵の獲得をめざすアカデミア。

**訳者による紹介**

次はアカデミアです。古代ギリシャのプラトンが作った学校がアカデメイアと名づけられていたのにちなみ、大学レベルの学校を指す言葉として使われています。英語風に発音するとアカデミーです。インターネットのドメイン名が大学では ac.jp になっているのにお気づきですか。ac はアカデミアのことです。

この学校は全国津々浦々に作られることを想定していません。おそらく各国の首都に一つです。

ここで学ぶべき内容は、コメニウスが作成に努めているパンソフィアになるはずです。人間が知るべきすべての知恵が収められている本なのですが、それをただ読むのではなく、演劇形式にしたり討論形式にしたりという工夫を織り交ぜて学ぶことになります。その他の本もたくさん読むことが奨励されています。最後には試験（口頭試問）があります。

この学校の必須事項は外国旅行です。これは当時のヨーロッパに普通に行なわれていたものです。英語ではグランドツアーというらしいです。現代のＥＵでは、大学生が他国の大学に留学するプログラムを「エラスムス計画」というようです。エラスムスはコメニウスより一世紀前の非常に有名な学者です。教育についてもいろいろな著作を残しています。そうそう、ＥＵには「コメニウス計画」というのもあるのですよ。調べてみてください。

一．ここは、感覚や理性や神の証言によって集められた学識を、人間の全知の単一の木にまとめるための学園である。実に、理性の完成とは事物の純粋な理解に、また意志の完成とは事物の最善の選択に、そして実行能力の完成とはすべてを楽々と実践することから成り立っている。

二．だから、才能を理性の働きで限定することにすでに慣れた人は、この学校へ進まねばならない。そうすれば、面倒な論証なしで多くを理解し、明かりのある所では明かりを見て、物事について話し行動することが、すばやく賢くできるようになる。

三．ビベス[148]が『法の殿堂』でこう述べている。

美徳よ、伸びよ。実り豊かな年代が花開け。
才能にとっては前途洋々だ。
それに値する人に拍手喝采があふれ、
勤勉はふさわしい賜物で飾られる。
高く立ち上がれ、神の輝きの一部である傑出した魂よ。
卓越した終極に向かって走れ。

シラ書第6章第18節では、こう述べられている。

子よ、若いときから教訓を受け入れよ。白髪になるまでに、知恵を見いだすように

四．ああ、なんと美しいことか。若者が知恵の称賛によって輝いて、諸侯を教え、長老に思慮を教えるにふさわしいと見なされるほどになる。それは詩編105編22節で若きヨセフがしたことであり、またダニエルが仲間にしたことでもある。カルデア人の制度についてこう語られていることは記憶に値する。素質の良い若者が賢者のもとに通常三年

間託されて、王の面前に立ち助言者となるように訓練を積んだのである（ダニエル1‐5、18、19）。これはどういうことか。私たちは古代世界の奇跡を模倣することを知らないというのだろうか。キリスト教徒の若者が、王の中の王であるキリストの面前に立つのにふさわしくなるまでに磨き上げるようにもっと努力すべきではないのか。このような形成についても、どれだけの苦労と希望があるのか、試してみよう。

**〔若者の定義、学校の目標〕**

**五．**若者とは、青年期を背後に残している人間のことである。つまり体の背丈は伸び終わっているが、身体と魂の力はまだ強くなり続けているのである。

**六．**若者を形成する目標は、十分に調和的な普遍的明かりということになろう。それは(1)知恵と(2)美徳と(3)信仰とを確固としたものにさせる。特に信仰を強めるものである。

**〔若年期の学校の手段〕**

**七．**手段は、世界全体、精神の広場全体、聖書の法典全体である。そこから集められた三組のパンソフィアの統合体であり、感覚、理性、信仰の完全な平行体によって調和的に提示され、その明かりですべてが照らされている。そしてこれは最初の原理とそこから由来するものとの永遠の円環となろう。図書館と外国旅行がそれに付属する。

**〔若年期の学校の方法〕**

**八．**方法は、青年期の学校と同じである。討論の代りにパンソフィアの探求と証明が、異論がありえないように行われる。また相互批判の方法が取り入れられ、さらに、家庭、学校、国家を統治する試みや予行練習も行われる。使節や新しい発見も。

**〔若年期の学校の三部分〕**

九．この学校は三つの部分からなる。（1）アカデミア〔学園〕、（2）アポデミア〔留学〕、（3）人生の選択。

**〔アカデミアのクラス〕**

十．アカデミアでの研究のクラスは三つとなろう。

I　パンソフィア〔普遍的知恵〕のクラス。

II　パンビブリア〔普遍的書籍〕のクラス。

III　パンエトイミカ、パンエピステモニカ〔普遍的な準備、精通〕、試験のクラス。

クラスIではパンソフィアを理論的に概観することになろう。個々のほとんどのことはすでに知られているので、ただ調和的に見るだけでよい。

クラスIIでは、様々に実験を繰り返してパンソフィアを実践する。ここでは人間の知識の領域全体が、様々に実践して考察される。そうして人間が見つめてきたものは何でも、自然のものであれ人工のものであれ、道徳的な霊的な永遠の事柄に喩えることができるようにするのである。これは象徴的な論理学といえよう。

クラスIIIは図書館の探索だ。これは各人が打ち込んでいる専門分野の卓越した著作家を知るだけではなく、それらの概要を見事に集積していくためでもある。これはパンデクタエ〔学説総覧〕の仕事である。

**アカデミアについて**

十一．アカデミアとは何か。(1)賢者の常設の集合体である。(2)所有できる限りのあらゆる分野の書物の一覧である。(3)常に真剣に現実的に熱心に実践している知恵の工場である。

クラスは三つある[149]。Iパンソフィアを探求するクラス。IIゲッリウス流の討論。III競争あるいは試験のクラス。

**〔アカデミアの場所〕**

**十二.** アカデミアが設立されるのは、

（1）王国ごとあるいは大きな州ごと。

（2）入学に便利な場所、生活の利便性が豊かな所。

（3）宮廷などの騒音から離れた所。

しかしそれと逆を勧めることもありうる。というのは、すでに実際の生活が近づいており、明かりの下へ呼びだされる時だからだ。最初の学校は胎内で、深い闇の中にあった。第二の学校は私的な壁の中だった。第三は私的な建物の中、第四は離れた場所、そして第五の学校はとうとう光のあふれる所だ。そこからは誰もが光の下で自分の公的なあるいは私的な職務へと出て行くのである。だからむしろ首都がよい。

それでもやはり、アカデミアはコレギウム〔学寮〕の中にあるべきだ。というのは、人生の志願者は光の中へ進み出て実践の準備をせねばならないから、人間が大勢集まるところでこそ、医学や法学や神学のような研究を実際に行う機会が十分に持てるからである。

**〔アカデミアを離れた場所におく理由〕**

神は、自らの下僕である預言者に隠された秘密を明かしたいと欲するたびごとに、群衆から離れた所に連れ出した。例えばモーセを荒野や山に連れ出した。エリヤやヨハネに対しても同様である。さらにすべての感覚から引き離して我を忘れさせ恍惚とさせたこともある。

答。堕落した世界にあっては、聖者は離れることが必要だった。だが改善された国では、人間の集団の中で人間的な問題の取り扱いを始める方がずっとよい。そこからわが家に帰ればすでに実践しているわけで、新たに学び直すことはないのだ。そうしてこそ、次の壮年期の学校が彼らの学校となろう。

〔学生の任務〕

十三．すべてのアカデミアは、教授と熱心に学ぶ若者とから構成される。（というのは、最初の年代は主に感覚によって導かれている。しかし感覚は多くの誤りや無駄を生じさせる。そこで、成人して仕事を始める前に、若者時代の誤りをきちんと改める時がやってこなければならない。そして基礎から正しく理解していないことは身につけないように、あるいは取り違えて行動することのないようにするのだ。またここでは良い指導者が必要だ。その一番の近道は、パンソフィアによる道だ。クラウバーク[150]の『論理学』第一部問題127の58、59頁を見よ。

アカデミアでの研究はどうあるべきか、そのほんとうの義務は何か、ということについて、アントニウス・ヴァレウス[151]が自らの弁論の中で、またウォシウスの本の序文で、理性についてのその他の小品で、みごとに述べている。アカデミアでは若者は何をすべきか、これについても『大教授学』で、ゲッリウス流の同僚との討論について最大限配慮して述べた。さらにパンソフィアの研究についても言及した。『教授学全集』第４巻の『蘇るラティウム』を見よ。）

〔学寮〕

十四．アカデミアには住居つまりコレギウム〔学寮〕があって、そこでは知恵に専念するあらゆる人が、職人や商人や庶民と交わらずに生活する。つまりいわば神のナザレは世間の雑踏から離れているべきで、一般大衆から離れ、質素で非常に合理的な食事と質素な身なりで暮らさねばならない。いわば世間の愚かさを改善しようとする指導者のようでなければならない。

**〔三種の訓練〕**

**十五．** アカデミアの若者の訓練を三種に分ける。パンソフィアの訓練、パンビブリア〔書物〕の訓練、パンエトイミカ〔試験準備〕の訓練である。

**Ⅰ　パンソフィアの訓練について**

**十六．** この学校の目標、アカデミアの生活の目標は、物事を純粋に理解することと実践へと導入することである。手段となるのは完全なパンソフィアであり、これまでの書物はそれに対するいわば序幕のようなものであった。つまりここでは、感覚、知性、信仰で把握された事物の光線のパンハルモニア〔普遍的調和〕の複合体から、あの偉大な明かりが昇ってきて、感覚、知性、信仰の中にひび割れしたものや不明瞭なものや曖昧なものが何も残っていないようになるのだ。

**〔演劇の上演〕**

**十七．** やり方はパンソフィアの実践となろう。それは、すべてにわたって理解する、知恵の遊び、すなわち、『事物の扉』[152]の喜劇の上演である。

その実演は人間の誤りに気づき改善する真の道を、好ましいやり方で示す。その基礎は、箴言第8章第30、31節と第3章第17節にある[153]。

「知恵である私はいつでもエホバの前で遊んでいる。その人の地上で遊んでいる。私の喜びは人間の子と共にある。私の道は喜ばしい道であり、私のすべての小道は平和である」

**十八．** この知恵の遊びはもう一つの扉〔『言語の扉』〕に対して平行になっていなければならない。そしてパンソフィアとパンオルトシア〔普遍的改革〕の全体を含むようになっていなければならない。

パンソフィアの取り扱いは次のように行う。

人間に関する事柄すべて（人工の、道徳の、霊の）を、原型においてあるべきように考察する。またそうならないのはどのようにしてか、秩序に戻すにはどうするかを考察する。そこで、ソロモンを長官に任命し、プラトンに補佐させる。そして次のように進める。

（１）初めにソロモンが、この仕事がうまくいくようと祈り、他の人々が唱和する。

（２）次に手段を探し見いだす。

（３）それから適用と実行の方法を求める。

（４）それと同じように、三種類の逸脱、つまり混乱、過剰、不足が光の下に引き出される。それらすべては、見落としがありえないように理論的に引き出されなければならない。

（５）最後に、これらの治療法がパンオルトシアから示される。

(1) 余分なものを除去する。

(2) 不足を補う。

(3) 秩序に戻す。

そしてこれらがパンソフィアとパンオルトシア全体の簡潔で容易な要点となる。

このような訓練が若年期の学校で提示されて、パンソフィアの七つの世界のすべてが一年間で仕上げられ、それぞれのイデアを一つにまとめて表現することになるだろう。

〔競争による訓練〕

**十九．** パンソフィアにはもう一つ別な訓練もある。それは競争によって実施できるもので、何らかの任意の事柄の(1) 定義、(2) 構造、(3) 公理、(4) 種類を尋ねる競争である。良く知られている事柄、例えば着席、歩行、走行、乗馬、航海など、またペン、白墨、小枝など、さらに植物や年間を通した園芸について、以上の問題を尋ねるのだ。

**二十．** これは何のために行うのか。

（1）方法こそが、真に普遍的に事物の中核に導くのだということを学ぶためである。

（2）見たり読んだり聞いたり書いたりする事柄に深く注目し、物事をいっそう豊かに理解しようと日々突き進む習慣を身につけるためである。さらに、比喩、格言、寓話などの比喩的表現においても、事物をより深く理解する習慣がつくだろう。

（3）無数の問題を話題にしたり、提示された問題にすばやく答えられるようになる。この訓練には、表向き約束された以上の効果がひそんでいることだろう。またこれは、金の釣り針で魚を釣るのではなく、鉄の鍬で金を掘り出すことになる。つまり最小の出費で最大の利益が得られるのだ。

**二十一．** パンソフィアのまた別な訓練を設けることもできよう。公理に従ってのみ話して書く競争をするのだ。基本的な前提以外には何も頼らずにある事柄を考えさせるのである。

〔寓意文の訓練〕

**二十二．** 同じく、寓意文の訓練もありうる。それは巧みに描かれた象形文字の文であり、古代人の知恵が装いを改めて現代に新たに輝くもので、それを模倣して寓意的に話すことを知るようにするのである。つまり格言のように寓話のように象徴的に話す練習だ。

**二十三．**そこで、百の寓意文が載った書物を作るのがよい。パンソフィア全体が、優雅な格言が折り込まれて描かれているような書物だ。例えば「もしもあなたが国王になりたいなら、国を与えよう。自分自身〔という国〕を統治したまえ」「哲学者になりたいなら、光の泉を与えよう。あなた自身〔という光〕を知れ」「祭司になりたいなら、寺院と祭壇を、あなたの心〔という寺院〕を与えよう。毎日神にあなた自身を捧げよ」。このようにパンソフィア全体を通して、どの学生も熱心に取り組み、自分の手で喜々として追求し、そうして知恵の全体を所有しわが物にしていると気づき、それを自ら実践するようになる。ところで冊子全体は実践的で応用できるものである必要がある。そのような冊子は、ほんとうの携帯図書館、生きた携帯便覧、不滅の光となろう。これはサーヴェドラの『政治的なキリスト者の君主』のやり方で作ることができるだろう。事物の改善についての仕事全体も、そのように構成することができるかもしれないし、たしかに整えることができるかもしれない。特に、パンオルトシアでは、誤りの醜さと改善の美しさを、寓意的表現で並べて飾りつけることができよう。例えば、未開墾の精神は闇と混沌、開発された精神は光と秩序、という具合だ。

（聖書からどのように寓意文を作るのかについては、クラメリウス[154]の『道徳の寓意文』の第36章を見よ。同じく感覚的な倫理学は『教則詩』88を見よ。というのは書かれたもの全体、自然の事物全体、私たちの精神全体は、知識や衝動とともに、微細な先端、極小、塵芥に至るまで、互いに照らし合っている神秘に満ちているのだ。）

### 〔パンソフィアの実践〕

**二十四．**以上がパンソフィアの理論的訓練についてである。これが完成したら、パンソフィアの実践を始める。それは実験を通して行われる。アカデミアの場所に首都が勧められるのはそのためだ。首都ではあらゆる仕事が実践されて賑わっているからだ。

**二十五．**哲学者たちはこう考えるかもしれない。「事物の実験の取り組みをまさにアカデミアで扱うのは、実践ぬきの抽象的で理論的な観想や、目が回るような議論で明け暮れるよりも、優れているのか」と。もちろん優れているのだ。ここでは直視や直観によるあらゆる種類の必然性が、知識の機械的な確実性に向けて確立されねばならない。ベーコンが正しくもこう述べている[155]。「もしも学識ある人々が機械的な物事の探究や観察に落ち込むことがあるとすれば、学問の何らかの不名誉を撒き散らしていると見なされてしまう。しかしながら、小さくて卑俗な事柄が大きな認識をもたらすことの方が、大きなことが小さな認識をもたらすことよりもしばしば起るのである」。その後にこう付け加えている。「もしも私の判断に重みがあるとするならば、私は断固としてこう決断する。機械技術の歴史の効用は、自然哲学のためにもっとも根本的で基本的だ。自然哲学ということで私が理解するのは、細かく崇高な煙のような空論ではなく、人間の生活の不都合を軽減するのに有効に働くものだ」。第3巻第4章では「これまで使われていた自然学者による探究の方法では、自然の事物の形相をけっして捉えられないだろう」と述べた後でこう付け加える。「この悪の根源は、人間が自分の思考を、あまりにも急いでかつあまりにも遠くに、実験と個々の事物から引き離し遠ざけて、思索と議論にすべてを委ねることに慣れてしまったからである」。

## Ⅱ　普遍的な書物の活用について

**二十六．**これに関わるのは、人間が書いた書物と図書館の利用法についてだ。このもっとも適切な方法は、ゲッリウス流の同僚間の討論によるものである。それについてはすでに述べた。

**二十七．**ところで、私たちの神の書は三つあり、しばしば述べ示したように事物の思考には十分なのだが、これまでに書かれ出版された人間による書物についてはは、それで耐えられるのかが問題となる。

答。もしも良い書物であれば、それは神の泉からもたらされた小川に他ならないのではないか。神が織り上げたテキストの注釈書、用語集に他ならないのではないか。自然に関する書物については哲学者と医者による書物が、精神に関する書物については論理学者と政治学者による書物が、聖書に関する書物については神学者による書物がある。だから清い小川が流れているなら健全だし、その泉そのものから水を飲むのはとても安全であり甘美である。もしも用語集が本文をみごとに説明していれば、無害なだけではなく有益だ。しかしながら、明らかになるよりも曖昧になることの方がよくあり、それどころか真理から誤りへと引き離してしまうこともあるから、判断が必要である。

**二十八．**そこで、神の書へすでに入門した人は、次のようにするのがもっとも安全であろう。

（１）多くの書物ではなく、役に立つ書物を利用する。

（２）真理の試金石でもってすべてを確かめ、金を採り出し鉱滓を捨てる。

（３）残りかすのような書物は徐々に忘れるようにして、純粋に神の書に専念し、テオディダクトイ〔神の弟子〕にふさわしくなれるようにする。

## 〔古典を読む〕

**二十九．**古代の著作家を読むべきだ。人類の時の流れと光の流れに無知でいることのないようにしよう。また、アカデミアには古代の研究者がいるのが良い。

すなわち。

（１）歴史学の探究者。助言を求める人に教える上で知らないことは何もない人。一つのアカデミアに二人いる。そうすれば、(1) 古代の広範な研究に十分である。(2) 互いに競争して刺激しあい磨きあう。(3) 人間は死ぬのだから、一人が退職したり運命によって亡くなったりしても専門に空白が生じることはない。

（２）卓越した批評家。古代のすべてを調査し修正し、是認された真理と効用以外はもう今後存在しないようにする人。虚しいものが永遠にありえないように命じる。あるいはそれらを隔離して、見たい人がいれば見られるようにしておく。例えば馬なしの馬具や、鳥なしの羽、そして預言者が述べたような（イザヤ66・24）殺人者の死体などだ。そこで。

**三十**．ところで、非常にたくさん読んで古い時代の人々と交わることは、外国で生涯を過ごすのと同じことだ。そこで。

（1）どの時代であれどんな題材であれ、十分に選択されたものだけを読む。

（2）最初は要約、概要を、それもすばやく読む。次に抜粋を使ってもっと十分に読む。

補足。もしもあらゆる古典からすべてのすぐれた著作家の概要集が作られているなら、非常に役立つだろう。プルタルコスが哲学者たちの見解をまとめたような本だ[156]。

（3）適当な時期に古典から自分の所に戻り、祖国のことや現在のことが分かるようにする。そしてできるかぎり自分たちで住み、自分たちを統治し、自分たちを享受するようにして、自分たちと神にいつも心から専念するように訓練する。自分自身の心の内の良心以上に喜びとなる知識はないのだ。

（良き書物の読書について、また悪いあるいは虚しい書物を警戒することについて、デカルト[157]が『ウォエティウスへの反論』の第一部20ページで書いている。またどのようなものをどのように読むべきかは21ページに、何に注目すべきかは22ページに書いてある。彼は「書物の抜き書きと注釈から学ぶのは止めるべきだ」と言う。そこから次のように結論づけることができる。人間が書いたものはどれもほとんど、神の書の注釈なのだから、最も賢明な人とは、神の書によって育まれ、人間の書にはできるだけ関わらない人であろう、と。）

**〈子どもの時から、聖典あるいは神の啓示を使用することについて〉**

**三十一**．子どもに聖書を読ませる注意

（1）洗練された模範を用意しておく。それは学校であるいは民衆に向かってあるいは家族で用いる言葉で非常に

立派に編集されたものだ。
（2）それを、生涯にわたって十分なように、しっかりした紙で、長持ちするように注意して綴じ込む。
（3）この一冊だけを保持して、その他のものに動揺しない。そうすればすべてにわたって場所の記憶が固定され、注釈もしっかりする。
（4）読む時には、優れた言葉に下線を引いて毎日毎週毎月繰り返して記憶するようにする。二回目に読む時は新たに注目した所に赤線を、三回目は緑色で線を引く。四回目やそれ以降も同じようにする。
（5）通常の読書は二年間で終了するようにする。つまり午前二章、夕方二章で毎日四章を読み通す。公的な集会やその他の度ごとに、あれこれの書物や章節を参照する機会が特別にあれば、それをけっして無駄に過ごさないようにする。
（6）読書に考察を結びつける。

## III　試験の準備について

**三十二．**これについては、『大教授学』第31章のアカデミアを見よ。その11節で、最終段階の試験に付け加えたことを注意してほしい。そのような試験が行われるためには、似たような形態の予備練習が、教授の下で（あるいは公開で）、私的なコレギウムに導入される必要があるだろう。つまり、神学や医学や法学の共通重要問題を考察して、午前中は主任教授が自ら教え、午後からは次のように学生に質問して試験するのである。
（1）各問題の意味、あるいは論争の真の争点。
（2）どんな議論によって証明するのか。
（3）解決が分かるまで学生は何度も追及される。

神学部に特有な訓練は、(これが目標であり形式なのだが)すべてを本来に、つまりすべてを神と来世へと浸透させる。

**三十三.** これはこのように熟考することによって成し遂げられよう。この世で出会う問題を不可視の神と純粋に比較するのだ。神の恩寵が私たちの中ですでに作用していることやあるいは天に留まっていることなどだ。

**三十四.** 次のように進めることが望ましい。(1) 新しい若者の神聖な楽しみになるように、(2) 神の知恵の栄光を類比の方法に委ねて明らかにするまでに、(3) 人間の精神をもっとよく神に従わせ、虜にし、神の快楽に心酔するまでに進める。

これは、神の三書に収められたすべてを比較し、また神および神自身が表現されている神の事柄に当てはめることによって前進するだろう。

## 留学、外国旅行

**三十五.** 外国の土地への旅行は、用意周到に計画されれば、実際的な教育の好ましい一部であり、経験を大いに豊かにする。これを実行するには、以下の点に留意する。

(1) 誰を旅行させるべきか。

答。多かれ少なかれ、学校を卒業したすべての人。

それは何のためか。

(1) 魂に風を送るため、

(2) 楽しい時を過ごすため、

(3) 生活のありようについてより確実により容易に処理できるようにするためである。

(2) どこへ行かせるか。隣国または遠い土地へ。故郷の隣の都市、城砦、学校、あるいは郷里の隣の州、大陸の中の遠くの王国、大陸の外の別な場所、まったく別の場所でもよい。

（３）目標は何か。自分と他人の知恵を強めるためである。だから学びかつ教える心の準備が必要だ。

（４）どのようにするか。

**三十六．**スパルタ人は外国旅行を禁じた。他国の堕落した慣習によって堕落するのを恐れたからだ。ああ、何と神聖なことか。彼らは自分たちの子を自国内で正しく育てることに確信を抱いていた。私たちの所では、あまり堕落していない自分たちの国民を、もっとも堕落した慣習の国民へ送ってきた。（おお時代よ、おお習俗よ！[158]）そのため、イタリアとフランスにあった害毒がことごとくヨーロッパの他の国々に流れ込んだのだ。

**三十七．**このように警戒することがあったとしても、それでも外国旅行の効用が薄まることはない。商人は儲けがあると思う所には行こうと決心する。だから、知恵や思慮や敬神の利益を求める人は、役立つ人々がいる、役立つ物があると聞けばそこに急ぐのだ。

**三十八．**実際、若年期の好奇心に対する何らかの治療薬を得ようとして、賢明なる人がこう書いたのは無益ではない。「人類の習俗を知りたいと望む人には、一軒の家で十分である」と。しかしこれと反対のことを言う人も間違いではない。「とんでもない、ほとんど全世界を見ることが必要だ」と。なぜならどこにでもどんな機会があるわけでもないし、すべてのものがどこにでも現れるわけではないからだ。それでも私たちのやるべきことは、人々に拡散させるのではなく集めるように勧めることだ。そして無学あるいは浅学の経験の奴隷になったり、自分の憶測の知識に満足したりするのではなく、外国旅行においてもいつでもどこでも中庸を勧めて、過小だったり過剰だったりせずに賢明に計画するべきだ。外国旅行を首尾よく計画するために、次のような規則を述べておこう。

**〔旅行の留意事項〕**

**三十九．** 外国旅行に際しては、次のことに留意する。

（1）遍歴は、祖国の土地から始める。つまり、まず故郷のすべてを調べるのだ。鳥は飛ぶ時にはそのようにする。家ではモグラなのに他所では鷲になろうとすることは止めよう。

（2）軽い目的から、つまり海や大地の広がりを見るためとか、都市の豪華さや様々な衣装の特徴を見物するためとかいうふうに軽率に企てられることのないようにする。（この意味で次のように言うのは正しい。「一つの山、一つの谷、一つの平地、木、馬、人間を見た人は、世界を見たことになる。世界はこれらから構成されているのだから」）。旅行は軽率に行われるのではなく、思慮を広めるために行なうのだ。だから、若年期の最初の部分が完成し学識の基礎が着実に据えられるまでは、企てられてはならない。

（3）信頼できる指導者、監督者あるいは召し使いなど、その場所とそこの言葉をすでに知っている人を得るようにする。

（4）自分が赴く国が、開発されており役に立つようであれば、準備する。

（5）その土地の記録された地誌や誰かの旅行記、そして歴史を、携えていく。

（6）観察したことを記録するための日記をつける。

（7）ただ通過するだけにしても、同じ場所に長期間留まるにしても、通過する所では学識ある人々や著名人に挨拶をする。大都市なら著名人がたくさんおり名声を博しているから、長く滞在することになろうが、あまり長期間はいけない。必要な期間を越えて留まるべきではない。

（8）ある人への推薦状を誰かからもらうのは害にはならない。

（9）むしろ公的な主要な宿へ泊まるようにしよう。そこには、自国あるいは他国から旅行に来ている、名の知れた人々がいっしょに住んでいる。多様な国の人々と交際することによって、他のことをしながら多くの地域の知識を獲得できるだろう。

（10）他所の家にいる客人にふさわしく、礼儀正しくかつ慎重に振る舞う。

（11）見るべき物が珍しく類いまれなものなら、調べ回って意味がないと思えるものは何もない。山や岩壁のような自然の産物、例えばスペインのヘラクレスの柱、シチリアのスキュラ岩礁やカリュブデスの渦、同じく燃えているエトナ火山など、あるいは庭園や独特の建造物のような芸術品、それも現在栄えているものや廃虚となった古代の遺跡などだ。

（12）だがむしろ人間の思慮が示された様々な施設をもっと見るべきだ。学者の協会、元老院や法廷、寺院や修道院、教会の枢機卿会議などだ。とりわけ教えたり判決したり熟慮したり議論したりする活動の実際を見るべきだ。また兵器庫、商品や交易物の保管所、もし開催されていれば劇場や大競技場など、さらに儀式、結婚式や葬式、宴会など、祖国の慣習と違うものは何でも見るのがよい。

（13）長い間自分たちの視野の外にあったということは、多くの人にとってはそれは無かったことだった。良心の緩みに慣れた人は、快楽に陥る。あるいは暇や虚しい生活に慣れてしまう。そうして無益な時間が飛び去り、年月が逃げ去り、大事なことが何もないことになってしまうのだ。

### 〔留学の補遺〕

**四十．**留学の付録は、多くの人々と交流する幸福についてである。

その自然の基礎は多才な回転の速い才能である。これについての小詩。

世界に形が多数存在するように、胸にも多数の性質がある。分別のある人は無数の性質に適することだろう。

だが、多義的な世界の様々な才能に自分を合わせない人は、ほとんど才能を身につけない。

補助手段は次の通り

(1) 言語の知識。
(2) 人相術。外部の印から魂の特質について判断するためだ。
(3) 歴史の認識。それは経験を要約して教えてくれる。
(4) 道徳の正確な認識。
(5) 外国旅行。

〔交際の注意事項〕

**四十一.** ところで、交際にあまりにのめりこんだり、すべての時間を交際に費やしたりすることのないように注意しなければならない。というのは、未熟な者は、この荒波の海で正しい航路を保っている、衝突や非難の岩礁にぶつからないようにしている、放縦という帆で連れ去られたりしないようにしていると信じているが、ことはもっと重大なのだ。このため賢者はこう勧めている。「むしろ自分の所に留まれ。立ち止まって自分とともにいられることが、良き精神の第一の印である」と。これはセネカの言葉だ〔書簡集2 - 11〕。逆に、自分を見せびらかしたり内面に平穏を見いださないのは病人のすることだ。「自分が自分自身の友人になれた人は、多くを為しとげた」とセネカは〔書簡集6 - 7で〕述べている。存在するものの大部分はまずは自分のためにあり、次に一部が他人のためにある。自分の外よりも内にある運動の方が自然なのだ。

〔さらに注意〕

**四十二.** しかし特に注意すべきなのは、混乱した交際、むしろ疑わしい交際である。多くの人との交際は美徳にとっては敵であり見苦しいものだ。私たちに何らかの悪徳を勧めたり刻みつけたり、あるいは知らないことで汚したりしない人はいないのだ。交わっている人が多ければ多いほど危険は大きい。だからできる限り自分の中に閉じこもることだ。あなたに良いことをしてくれる人や、あなたが良くしてあげる人とだけ付き合うようにしよう。というのはそういうことは相互作用であり、人は教える限りにおいて学ぶのだから。

**四十三.** 多くの人と多くの交際をする人は、名前の一覧つまり友人の名簿を作るのがよい。交際を始めた人や遠方の人の名簿だ。もしも必要な時が再びやってきたら、名前、肩書き、地位を知るためである。こうしておけば間違いを防ぐができる。記憶していれば好感を得られよう。

## 若年期の学校の第三部〔日記をつける〕

**四十四.** 若年期の学校の第三部は、生活日記をつける習慣を確立するための忠告である。
これに含まれるのは次の事項だ。
(1) 過去のこれまでの時期の記述。
(2) アカデミアでの学習の記録。
(3) 外国旅行で観察したこと。
(4) すでに行ったこと、生涯にわたって行うことの記述。

〔生活に役立つ実践〕

**四十五.** プラトンは「古代の哲学者たちは、若い時に研究に打ち込んだものだ。壮年期には外国に旅行し、老年期には静かに引きこもった」と述べた[159]。彼らにとって哲学することが楽しみ以外の何ものでもなかったとすれば、それも悪くない。しかしいつ祖国に身を捧げたのだろうか。というのは哲学は、実らない木のような、他の生活階層に何も役に立たないものであってはならないからだ。それだからパンソフィアは、若年期に思索に専念し、次に人生を仕事と実践に費やし、最後に老年期に、通過してきた人生を上手に賢明に思い起こして平穏と喜びを享受することを、巧みに教えるのだ。

**四十六．** それを成し遂げるためには、幼児期から三つのことを教わり知る必要がある。

（1）良い目的のためでなければ何も行わない。

（2）確実な手段で行う。

（3）好ましい方法で行う。

**〔無知からの解放〕**

**四十七．** 世界は誤っている人々で満ちている。彼らを終わりのない誤りから解放する道は、無知から、あらゆる悪を噴き出している泉から、解放する以外にない。旅人が道から外れている場合、その原因は無知以外にはない。外が暗闇だから、あるいは目が見えないからだ。もしくは心の目が見えずどこに行くべきか知らない、または不注意で他のことに気を取られて道に注意していないことによる。だから、人類の永遠の誤りの罪は、(1) どこに向かうべきかという人生の目標を知らないことにある。(2) あるいは、目標に向かう手段を知らない、または (3) 現在の仕事による喧騒に妨げられて、もっと良いことに注目しないからだ。ということは、どこに向かうべきかをすべての人にはっきりと示すなら、人々が破滅を望まないなら、そしてそこに導く道を、その他の様々な小道とともに光の下にはっきりと置くなら、虚しいことからついには解放される希望が生じるだろう。

**四十八.** そこからトリスメギストス[160]が賢明にも述べたことが明らかになる。「哲学の知識なしで、最高に敬虔であることはできない。熱烈な愛をもち、あらゆる悪を忘れるのは、自分の創始者を学んだあの魂なのだから。善から離れることはもはやできない。神に似せて作られたものが純粋な精神となるのだ」

**四十九.** 思慮は人間の活動の太陽であり、その他のすべての美徳の指導者であり教師だ。升、物差し、水準器であり、始点、中間点、終点であり、土台にして冠であり、また宝庫でもある。

**若年期のための祈りの式文**

**五十.** おお、神よ、あなたは地上の役畜よりも、天の鳥よりも、私たちを教え（ヨブ35 - 11）、すべてを探索するためにあなたの灯を人間の中に置きました（箴言20 - 27）。私の心の目を見えるように開けてください。理解できるように知性を開いてください。真と偽、善と悪を正しく識別し、正しく選び、正しく行うように、判断力を開いてください。あなたの名誉の名において、そして私の魂の救いのために。

**ベルナルドゥスが行っていた祈りから**

主よ、あなたは、私が、

知らないたびごとに、私を教え、

間違うたびごとに、私を引き戻し、

罪を犯すたびごとに、私を糺し、

つまずくたびごとに、私を起こし、

行くたびごとに、私を導き、

立つたびごとに、私を支え、

働くたびごとに、私を助け、
危険にさらされるたびごとに、私を守り、
背くたびごとに、私を戻し、
衰えるたびごとに、私を元気づけてくださいます。

# 第十三章 壮年期の学校[161]

**ここには、よく生きる技術と、自分に関するすべての事柄を望み通りに行なう技術が含まれている。すなわち、生活の実践である。**

## 訳者による紹介

通常の学校は、小学校から大学までで終わりです。そこからは人生そのものが始まります。毎日毎日が学びであり学校です。自分自身が生徒であり先生です。自分で自分に教えるのです。現代の表現にならえば「生涯学習」ということです。これまでの学校で学んだことを十分に活用して、死ぬまで学びの連続です。人間はいかに生きるべきか、といったような人生訓は昔も今もたくさん出ています。よく選択して読みましょう。ノートをとることも役立ちます。

この時期にもっとも大事なのは職業の選択です。コメニウスによれば、人間は生まれた時は誰もが平等であり、将来の職業が決まっているわけではなく、だから皆がいっしょに学ぶべきなのですから、大人になって職業を選択するのです。もっとも、ほとんどの人は農業を営むことになるでしょう。

大人になれば、職業生活だけでなく、家庭での業務や社会人としての活動など様々な用事があると思います。時には辛いこともあるでしょうし、危険に遭遇するかもしれません。どんなことが待ち受けているか分かりません。贅沢を求めず、倹約をして、神をうやまいながら堅実な生活を送ることが大切です。この時期に、結婚や子育てという任務も控えているわけですが、それについては八章や九章で述べたことをご覧ください。

マタイの福音書第6章第33節　「まず、神の王国を求めよ」
ルカの福音書第10章第42節　「必要なことはただ一つである」
おお人間よ、そこでは神と結びつくことが生涯の本業であり、
人間やさまざまの事柄に関わることは副業である。

セネカ『人生の短さについて』〔7-3〕
「一生かけて学ぶべきことは、生きることだ。
しかしおそらく君はとても驚くだろうが、生涯かけて学ばねばならないことは、死ぬことなのだ」

だから、おお人間よ、生涯かけて死ぬことを学べ。
またそれゆえに、死ぬ時になってやっておきたかったと望むような事を行え。
アウグスティヌスは「死なないように努めるような人生を送る人は愚かである」と述べている[162]。

**壮年の定義**

一．壮年とは、身長と体力が限界に達して、仕事に堪えることができ、これまで準備してきた暮らしぶりが実際に始まっている人間のことである。

**〔人生は学校である〕**

二．人生はすべて学校である。それはこれまでの各章で見てきた通りだ。そこでもちろん、活力にあふれた人生のこの中心部分は、まさに学校なのだ。というのは、先行する年代と学校（幼児期の学校、児童期の学校など）は、単にここに至る段階に過ぎなかったのである。ここで前進しないのは後退であり、とりわけ学ぶべきことがたくさん残っている。そしてそれはもちろんただの予行練習によってではなく、真剣な活動によって学ばれるのだ。

三．下級の学校では、たくさんの教えやすいをことを教えることができて、これまでそうやってきた。しかしそれはこの学校以上のことではない。今や残りの人生全体を通しての、事物そのものの真剣な取り扱いや人々との様々な交流が始まるのだ。

**〔ほんとうの実践が始まる〕**

四．次のように述べた人は、根拠がないわけではなかった。「私は先生から多くを学んだ。だが同僚からはさらに多くを学んだ。生徒からはもっとも多くを学んだ」。つまり私たちは製作することによって製作し、作業することによってのみ作業の熟練者になれるのである。そこでここでは、各人が関与する自己の集団（学校、教会、国家、さらには家庭）が、またそれらについて行うことすべてが、いつでも自分の先生となるのだ。たしかに、学校教育のほんとうの方法は、製作することによって製作することである。つまり理論をたえず実践に当てはめることによって仕事の経験者を作るのである。だがその実践は学校ではただ練習のために実施されるから、いわば気楽な戯れで実行され、遊びの外観をしている。年月を経た力が真剣なことに真剣に行使されるほどには、本当で真面目な進歩を成し遂げることはできないのだ。

**五.** 何かを成し遂げたと考えても、真剣な活動を伴わなければそれは影であり憶測である。そうガレノス[163]は観察している。それはこういうことだ。実践なしの理論家は、本を読んだだけの水夫だ。椅子に座って安心して、港、岩礁、岬、スキュラの岩礁とカリュブディスの渦[164]を上手に描写する。そして台所を通ってあるいは食卓の上に船を上手に導く。ところが実際に海で船に乗るとしたら、そして三段櫂船の舵を任されたら、以前に良く知っていたはずの岩礁にぶつかってしまうのだ。

**六.** だから、学校を卒業した若者よ、来たまえ、まさに人生において仕事の大海原で水夫が行っていることを学ぶのだ。私が言うのは、大人が行っていることを学び、そして自分の問題を力強く、しかし慎重に、自分で管理することを学べということだ。歯のない子どもには乳が、歯の生えた者にはあらかじめ噛み砕いた柔らかい食べ物が与えられる。さらに成長した者は自分で食べる。成人は自分と自分の家族のために労働して食べ物を調達するようになる。このように、幼児期、青年期、若年期それぞれの時期に用意されたものが与えられてきた。今や、大人には、自分の腕で、自分と自分の家族のために、大人の知恵を財宝として蓄える役割が委ねられている。自分自身が自分たちの教師であり生徒となる。その問題の根拠を少し説明しよう。

## 〔壮年期の学校の目標〕

**七.** この学校の目標は、人生のあらゆる能動と受動の賢明な管理ということになろう。特に人間愛の実践も含まれる。若い時に蓄えた学識、道徳、敬神が、生活の仕事と喧騒へと振り向けたら消えてしまうということのないように注意するのだ。むしろすべてが自分が本当に経験する上でようやく適するようになる。実に、知恵のすべての成果は、生活の賢明な活用に依存しているのだ。だから人間が教えてもらわねばならないことは、集められた知恵の明かりを人生のあらゆる仕事にどのように適用すべきかということだ。そうすればその明かりが善悪のすべてを通して妨げられずに進み、最後には最善の結果を見いださざるをえないようになる。

**〔壮年期の学校の手段〕**

**八.** その手段はこうだ。(1) 神の三書、それを自分で読まねばならない。成人した大人は、幼児期の添え木や入門書をもう捨てなければならない。(2) すでに仕事に打ち込んでいる人は、神と自分の天職に向き合う以外の暇はない。(3) しかしほんとうに良い著作家に出会ったらその本を読むのがよい。

**〔壮年期の学校の方法〕**

**九.** 方法はこうだ。すべてを真剣に、つまり実践的に実用的に行う。プリニウス[165]についてこう書かれている。「選ばなかったものは何も読まなかった」。成人した大人も、こう言えるように気をつけよう。「人生で活用できるように変換してないものは、何も読まず、言わず、行なわなかった」と。

**〔壮年期の学校の三クラス〕**

**十.** クラス、あるいはここではむしろ段階というべきだが、それは三つある。

I　壮年期に入った人、あるいは生業[166]を始めた人のクラス。

II　生業を継続している人のクラス。

III　生業の終わりに近づいている人のクラス。

ここでの方法は、自問自答によって実施される。教えを受けた成人の誰もが自分自身に語りかけ、すべての問題を自分で設定し解決するのだ。

## Ⅰ　壮年期の学校のすべてのクラスに役立つ考察

### 1　人生は学校である

十一．人生は学校である。だから書物を放棄してはいけない（たいていはそうしているのだが）。今こそ書物の正しい理論と使用法を獲得せねばならない。

学校には実例、教示、練習が必要である。だから、壮年期も学校だとすれば、壮年になった人も次のようにしないといけない。

（1）実例を得るために歴史に取り組む。

（2）理論的な書物で抽象的知恵を得る。

（3）たえず練習して実践する。

また、学校の練習には競争（暗黙のうちに行われる場合は張り合いと呼ばれる）が取り入れられているのだから、親しい大人同士が誠実に張り合って善へ向かって互いに刺激し合うにはどうすべきかということも考えねばならない。

もちろん壮年期の学校はもっと自由であり、書物や教師に拘束されてはいない。しかし今や自分の天職が各人にとっての学校となるのだから、自分自身がもはや自分と家族にとっての教師であり、自分自身が書物であり自分自身が学校であるということも必然となろう。同じくいつでも自分自身が自分と家族に提示される実例であり教示であり練習である。とはいうものの、一つの目よりも複数の目の方がよく見えるのは確かだし、また、生きている友人や死んでいる友人から何か忠告を受けて物が分かることもあるのだから、次のことを付け加えよう。

#### 〔読書についての助言〕

十二．学校の外でも読むべき書物についての助言。何をどんな目的でどのように読むべきか。

学校を終えるとすぐに書物をまるで足枷のように捨ててしまうという悪い習慣が植え付けられている国があるので、この悪習に対して何か言わざるをえない。それがいかに愚かで有害で不当な悪事を犯しているかを考える機会としよう。つまり、機械職人が斧を研いで鋭くしたのに捨ててしまうのを愚かと言うのではないか。また、長年の労働の成果を放棄するのを望む以上の損害があるだろうか。継続しなければ失うし、ここで前進しないなら後退することになるのだ。生活に備えて技術の訓練を学んできた職人が、後になってそれを無視するというなら、それ以上の不当なことがありうるだろうか。

まさに読むべきなのは、とりわけ神の書である。つまり、

（1）精神という書物。不合理なものを決して受け入れないために。

（2）世界という書物。自分の活動で調和しないものに出会わないために。すべてが神の御業のように体系的であるはずだから。

（3）聖書。神に相談なしに行われることがないように。ここに私たちの聖なる神殿が、ウリムとトンミム[167]が、神の口があるのだ。

しかしその他の良い書物も熱心に読むべきだ。まず物事を常により豊かに理解するために、歴史、哲学、神学の書。次に、文体を向上させるために、弁論家と詩人の書。作業を指示したり作業の際に思慮を得たりするために、道徳の書、機械学の書など。また同一のすばらしい著者にそれらすべてを求めることも可能だ。ちょうど同じ草原で、牛が草を、犬が兎を、蜂が花を求めるのと同じだ。

### 〈書物の選択〉

**十三**　「多くを読むべし」というのはその通りだろう。誰も一人ですべてを持つことはないからだ。たとえ持てた

としても、多様な方が好ましいし、魅力的だし、楽しいし、長続きする。そして結局は選択する必要があるのだが、多数がそろっていなければ選択の余地はない。他人の意見で作者を選ぶようなことは勧められるものではない。そのようなことは不毛であり、人間の精神の尊厳やこの光の方法にはふさわしくないからだ。

書物を何冊くらい選択するかという問題は重大だ。書物の数は無限なのだから、すべてを読むのは不可能だ。通常の図書館に備えることができる数でも読めない。すでにキケロが当時の詩人の書物の多さについて嘆き、抒情詩を読むにはたとえ命が二倍あっても十分ではないと言ったとしたら[168]、私たちの時代はどうなるのだろう。ラテンの詩人が多数存在し、キケロがまったく知らなかった最上の詩人、ウェルギリウス、ホラティウス、オウィディウス、クラウディアヌスなどが加わったし、歴史、哲学、医学、法学などの著作が洪水のようにあふれている。千年与えられたとしても図書館の千分の一も読み終えることはできないだろう。

そこで、プリニウスによれば「良い所をまったく含んでいないような悪い本はありえない」[169]というのだからどうしたらよいのか。答。たいそう豪華な宴会に出席している人が節度をもち賢明に行うようなことを、私たちも行おう。もしも気に入ったなら全体を眺め回し、自分に必要なものを最小限、しかし最善のものを選ぶのだ。というのは、光の泉が明らかな時には、多くを詳しく論じる必要はないからだ。また多様に分散するのは有害だからだ。ソロモンも「たくさん読むと疲れる」と述べている〔コヘレト12・12〕。またカプニオン[170]は「私たちの時代に、キケロやクインティリアヌスの時代のような学識があり知恵がある人々が多数現れないのはなぜか」と尋ねられて、「その時は今のように多くの書物が分散しておらず、少数のしかし良い書物が存在したから」と答えたと言われている。まさにその通りだ。「どこにでもにいる人はどこにもいないと同じだ」とセネカは言う[171]。いうまでもないことだが、多くを読む人が、様々に異なった意見の騒音や次々に続く空虚な雑音の反復から逃れるようなことはありえない。

それだから書物は選ばねばならない。(1) 各人が行う意図に従ってだ。政治家は政治学の書、神学者は神学書、医者は医学書、等々を選ぶのだ。さらに一、二冊の総合的な書物を選ぶ。(2) 著名な書物を選ぶ。古典にしろ新しいものにしろ、特別な知恵や、思慮や、雄弁さで称賛されている書物。(3) 明快な書物。特別な秘密が潜んでいると信じられているものでなければ、あいまいな書を読むのは時間の無駄である。

**〔歴史書を読む〕**

**十四.** 歴史書を読むにあたって注意すべきは次のことだ。古代の歴史を読むのはもちろん良いことである。だが自分の時代の歴史や偉業を読むのも役に立つ。自国や近隣の民族、あるいはどこかで（今や地上のどこにでも行けるのだから）最近起ったことや起っていること、あるいは予想される状況などについての書物だ。世界全体が、始めから終わりまで、全人類の学校のようなものなのだ。同じく、各々の人間にとって特に自分の時代が学校である。そこで、あの通俗的な博士たちの誤りを正さねばならない。彼らはギリシャやローマの歴史で知らないことは何もないことを望みつつ、自国のことは何も知らなかったのだ。これは何ということだろう。他人の家を気づかって自分の家は汚いままにしておくことではないか。

**〔読書の仕方〕**

**十五.** さて書物をどのように読むべきか。(1) 常に注意して読む。(2) 選択し抜粋して読む。(3) 実践的に活用して読む。つまり、輿（こし）や揺りかごのような楽しみのためではなく、他所へ進むための車や船となるように読書する習慣をつけるのだ。だから、ある部分をもっとよく理解したり思慮深くなったりもっと良くしたりするという以外の目的で書物を手にすることがけっしてないようにしよう。また、良き事柄を理解せず美徳を十分に吸収しないまま書物を捨ててしまうようなことがあってはならない。そして書物の精華を選び出して私たちの蜜蜂の巣箱に移し、今あるいは将来に何かに利用できるように変換しないままに、選んだ著者を捨てることのないようにしよう。

**十六．**著作家を読むには選択と抜粋が必要だ。それには何を選び何を捨てるかという厳密な評価が先行する。それに無知であってはいけない。人間のやることにはおそらくどこでも、善に悪が、真に偽が、有用に有害が、混じっているからだ。そこで、花から蜜を吸って毒は残しておく蜂を見習おう。また、でたらめに肯定したり否定したりしないように、選択は慎重に行われるべきだ。著作家がどの光の泉から説明し証明しているのかを常に注意し、またその同じ泉を読者自身もよく検討するようにすれば、慎重だということになろう。もしも感覚によって証明される事柄なら、その同じ事柄に読者も自分の同じ感覚を当てはめるのだ。そうすればその通りだと了解したことになるだろう。もしも理性の働きで証明されることなら、読者が自身を振り返ってみるのだ。自分の理性がその同じことを告げるかどうかが分かるだろう。もしも証言によって証明されることなら、主張しているその証人本人をを呼び出すのだ。同じ言葉と同じ意味で述べているのかどうかが自分で分かるだろう。もしもそのような吟味に耐えられないことなら捨ててしまうことができる。無視したり、疑わしいとしばらくの間保留しておいたり、明らかに偽りだとはっきり反論したり、不敬なものは嫌悪したりという具合だ。

抜粋は、忘れたくないものを記憶するのに必要だ。というのは、ある財宝を倉庫のようなものにしまっておかずに、望む物をすぐ取り出せるほどに記憶に恵まれている人はほとんどいないからだ。その倉庫とは、何か共通の語句集、パンデクタエ〔総覧〕のようなものだ。そこに、役に立つと学んだものを何でも記録しておき、そこから、使う必要があるものをまた取り出すのだ。

## 2　人生は生業である

**十七．**壮年の暮らしぶりについて。

（1）そこで、この学校に入学するにあたって、確かな生活様式を選ばないといけない。そこでは、神と人間社会に役立つように奉仕し、できるだけ楽しく、死すべき存在としての日々を過ごすべきだ。

（2）またそれは確実でしっかりしたものであり、不安定なものであってはいけない。

（3）生活様式は多数というよりは一つであり、知恵の最高の教師の教えにあるように「必要なものは一つ」なのだ。キリストは、キリストを愛していたマルタの生活よりもマリアの生活を賞賛した。だから選ぶものは人生の正業でなければならず、その他は添え物にすぎない。

しかしどのようにして人生を選ぶべきだろうか。もしもこれまでないがしろにしていたのなら行くべき方向を神に真剣に尋ね、思慮ある人々の助言を受け入れ、そして自分の良心、つまり自然の傾向性と固有の力に相談することだ。

（肩で担える物は何か、運べない物は何か。シラ37）。

### 3　人生は労働である

**十八．**誰もが、自分はいわば葡萄園や（マタイ20）畑で何かをするために、あるいは仕事をするために、天の父からこの世に送られてきたのだと信じなければならない。生活全体が、昼間の労働なのだ。もしも立派に誠実に過ごすならば幸いだ。もしも不誠実にいい加減に過ごしたら罰が待っているだろう。

### 4　人生は道である

**十九．**人生は、老年期へ向かい、死へと向かい、そしてそこから永遠へと向かう道である。

だから老年期の防衛策を準備しないといけない。

（1）なぜなら、前の段階はすぐ次の段階にちょうど鎖の輪のように続いているからだ。

（2）乞食のような老人はちょうど根深い病気のように悲惨で癒しがたい。

（3）老年期は冬にたとえられる。冬それ自体は不毛であり果実を何も授けない。ただ蓄えたものだけを享受することが人間に許されている。夏や秋に何も蓄えなかった人は欠乏し飢えてしまうだろう。

（4）これまではできたことがこれからはできなくなる。壮年の時代には、感覚、才能、記憶力、判断力のすべてが活発だ。老人ではそれらが徐々に衰え、いつかは内部から完全に消滅する。だから、あらゆる種類の財産の宝を蓄えておくのだ。

（5）そして老年期は人生の安息日なのだから、働くのではなく休むべきだ。神の命令を思い出すがよい。かつてイスラエルは金曜日にマナを二倍集めるように命じられた。次の安息日に備えるためである（出エジプト16）。しかし、マナを根絶させないように、あまりに多く集めすぎたり貪欲だったりしてはならず、三、五、十単位（ゴメル）ではなくただ二単位だった。コヘレトの言葉第9章第10節を参照せよ。

**二十．** そこで、不毛で厳しく空腹な老年期を望まないのであれば、人生の夏、力強い時期が許す間に、倉庫や食料貯蔵庫や貯蔵室を、知恵の食料で、またその他の生活必需品で、そしてしっかりとした健康などで満たしてほしい。防衛策が十分に正しく準備されていれば、老年期はやってきたとしても悲しいものではなく楽しいものであり、厄介なものではなく勝利に満ちたものだと期待できよう。また準備は過剰なものではなくただ必要なものだけでよい。重荷になるものではなく都合の良いものを用意すればよいのだ。

### 〔死に向かう道〕

**二十一．** この人生は、第二に、死と永遠に向かう道である。だから何よりもまず次のように考えないといけない。この世の生活のすべては、あの世の生活で使用するように定められているはずだ。ちょうど、母の胎内で私たちに行われていることはすべて、この世の生活で使用するために行われているのと同じことだ。

永遠の生活では私たちに関係ないようなこと、例えば食べる、飲む、服を作る、建てる、その他生活に不可欠な物質的なことなどにもこの世では専念しなければならない。物事を天秤にかけて正しく量るなら、それらも来世の生活に役立てることができるし、そうすべきなのだ。もちろん副次的にではあるが。ちょうど、肉体を維持するのは魂を維持するためだけであるのと同様、肉体的ことがらを扱うのは霊の使用のためなのだ。そのため人間は、庭や畑や葡萄園を耕さねばならない。畜産、漁業、屠殺業、その他の技術を訓練せねばならない。それは何の目的なのか。人間に食糧が不足しないようにするために他ならない。人間のすべての労働は口のためだ（コヘレトの言葉6・7）。では生活を維持するという以外の目的は何なのか。肉体の外に出るように命じられた時に、肉体の外で生きることを肉体の中で学ぶ、ということのためにこれを継続するのだ。

## 5　人生のゴールは休息である

**二十二．** 人生の目標は（老年期と最後の永遠の時期は）休息である。そこでこの終点を見失わないよう、慎重に行う必要がある。

知恵の実践の、もっとも普遍的な規則はただ一つだ。

「死にゆく時にやっておきたかったと思うようなことをやりなさい」

これが目標なら、手段も考慮されることになろう。やっておきたかったこととはこういうことだ。

（1）神への忠誠を守る。

（2）立派に戦い抜く。

（3）どんな罪も、良心にかけて非難する。

（4）正しい評判を得る。

（5）正当に獲得した財産を相続人に渡す。多い少ないは問題ではない。
（6）敬虔で誠実で賢明な相続人を残す。
生きている間にこれらの目標に到達するように、やるべきことをやってほしい。

## 6 人生は蟻のような労働である

**二十三．** 人生は蟻がはうような労働である。
人生には熱心な勤勉さが必要だ。
そこで以下の規則を遵守しないといけない。
（1）確実に使用するため以外には何も行なわない。無駄な労働は愚かさの特徴である。
（2）確実な手段なしには何も行なわない。
（3）できるだけ簡単な方法で行う。
（4）できるかぎりの善を行ない、それを急いで行う。
（5）思いがけず好機が与えられたら、神から与えられたと信じる。
（6）与えられた機会を捉えないのは、賢明なことではないとみなす。
（7）神を別として、自分以外の誰にも頼らない。

**二十四．** 偉大な印刷家クリストフ・プランタン[172]は、自分の本の印章に一方の針で立ち他方の針で円を描くコンパスを表示し、そこに「労働と辛抱」と刻んだ。これは正しいのだが、しかし私は思慮の印として「目」を書き足したいと思う。なぜなら労働と辛抱の指導者がいないと、無駄に疲れるだけでなく致命的な仕事になるかもしれないからだ。

**二十五．** だからどの人も、自分の生涯の目標あるいは人生の時期ごとの目標をまず確定しなければならない。それをしっかりとつかんでおく。次に、目標を周りで取り囲んでいる円周、つまり手段を丸く描く。最後に、円から逸れないようにたえず注意する思慮の目を加える。そうすれば、すべてが正しく規範にあっており、望ましい効果が生み出されることが明らかになろう。『言語の最新の方法』〔24-16〕の日記の箇所も参照せよ。

## 7 人生は待ち伏せである

**二十六．** 人生には様々な待ち伏せがひそんでいる。だから用意周到でなくてはならない。

少しだけ試みて、それからそれを完成させるように努めることだ。分別があるのなら、魂を過剰なことにけっして向けないことが大切だ。思考でも言葉でも行動でも試みでも、企てをあまりに拡散させないのが思慮深いということである。拡散した力は弱くなる。統一した力は強い。このことを神は、サムソンが力強いのはけっして髪を剃らないからだということで示そうと望んだように思われる〔士師記16-19〕。髪を剃ると孔が開き、内部の湿気が蒸発することが知られている。エピクテトス[173]もこう述べている。「あなたの手で終わらない事柄にけっして取りかからないならば、負けることはないだろう」と。また詩人も言う、「願わくはきみの企ての帆をたたんでほしい」と[174]。

**二十七．** そこで、できるだけ多くではなく、できるだけ良いことをよく考えてほしい。そしてすべてにおいて、よく考慮ししっかりと提案するボアズとダビデの資質を見習うのだ。どんな行いを企てる際にも、急いで仕上げることをためらってはならない（ルツ3-18、詩編132-3、4、5）。

「計画の時にはカタツムリに、実行の時は鳥になれ」[175]

## 8 人生は闘いである

## 9 人生は運命が演じる舞台である。

**二十八．** だから自己の運命の思慮深い作者を演じるように注意してほしい。

## 10 人生は喜劇である

**二十九．** 喜劇作家がやるように、劇は場面に分けるのがよい。昼間の時間よりも長い劇を作る詩人を、アリストテレスは非難している[176]。また、日没までに良い悲劇を演じ終わることができない役者と責めている。現在の人生は芝居だ。永遠の人生への概略であり準備である。ところで太陽が沈むのは人生の終わりだ。だから、人生の芝居が死ぬ前に拍手喝采で終わる人は賢明だ。副次的なことにかかわってこの真面目な事柄をほとんどあるいはまったく始めない人は愚かだ。その愚かさは永遠の死によって罰を受けるのだから、死ぬべき存在である人間は、用心することを学び、あらかじめ警告され、あらゆる面で良い規範を備えておかねばならない。

## 11 人生は名声の劇場である

**三十．** けっして名声を追い求めるべきではない。世間に知られず過ごした人は幸いだ。ここで野心は虚しいことが明らかにされる。だがもしも別の事情がある人は、美徳の道を通って許された道を進むのがよい。これができないなら神に託そう。神への畏れと美徳で永遠に飾られた人は、神の下で十分な栄誉を得るだろう。

**三十一．** すでに名声の下に暮らしている人は、次のことに気づかねばならない。

（1）用心深く警戒する。客として受け入れられないよりも、客となってから追い出される方が不名誉だ。

（2）名声を獲得したのと同じ道、つまり美徳の道で警戒する。美徳の刺激は永遠のはずだから。

（3）正しい行いをしているのに悪い評判が聞こえてくるなら、神に委ねる。

特に、国や教会で何らかの地位にある人は、用心せねばならない。とりわけ公に役立つ働きをしている人はそうだ。そのような人は、自分の評判を失うとそれだけ他人の幸福も失うということにならざるをえない。この意味でアウグスティヌスがこう述べている。「何らかの点で自分の怠慢を責められた時には、聖なる人々に耳を傾けるべきではない。

それによって、自分の生活にはまったく関係ないと思うような悪い疑いに陥るからだ。彼らは、神の前では自分の良心だけで十分だと言う。そして人間の評判を、軽率にというよりも実に無残に軽蔑している。神の道を誹謗中傷する人の魂や、見たことではなく思ったことを模倣するのを弁明したりする人の魂を破滅させている。そのため、恥ずべき罪から自分の生活を守っている人は、よき行いをしているのだし、さらに評判を守っている人は、他人に憐れみ深いのだ。つまり私たちにとっては私たちの生活が大切なのだが、他人にとっては私たちの評判が大切なのだ」[177]

**三十二．**だから、悪だけでなく悪の外見にも警戒しなければならない。というのは、「魂のあらゆる不徳は、過失者が偉大に思われていればいるほど、ますます著しく非難を受ける」[178]からだ。

クセノフォン[179]も『アゲシラオス』でこう述べる。「著名な人々がなすことは、隠されているわけにはいかないということを私たちは知っている」。そこでセネカは、栄誉と評判で突出している地位にある人々に、次のような有益な教訓を与えている。「群衆の中に潜んでいてそこから出ていかない人の立場とあなたの立場は違います。彼らの美徳は、外に明るみに出て認めてもらうためには長い間の努力が必要で、彼らの悪徳は闇に覆われています。だがあなた方の言動はすぐ噂になります。だから、あなた方は評判がどうであるかを気にするよりも、称賛に値する偉大なことをなすように努めなければなりません（『寛恕について』1-8-1）」同じくセネカは「著名な人々は、いわば世界の劇場にいるかのように、自分の言動に細心の注意を払って考慮しなければいけない」と『ポリュビウスに寄せる慰めの書』〔第6章〕で教えている。そしてさらにこう述べる。「感情を隠すことができる人にとっては、すべてが自由です。運命によって脚光を浴びる立場に置かれた人にとっては、秘密でいる自由はまったくありません。そのような人には、庶民のことや低俗なことはふさわしくないのです」。その他のことについてこう述べる。「もしもあなたが何か許されることを望んだとしても、それは皆の顔をあなたの方へ向けさせることなどではありません。今やあなたは、あなたの才能による事業を賛美している人々に対して、約束したことを果たさねばならないのです。それらの人々はあなたの魂の監視人であり、あなたは、完全に学識がある人物が公言したことにふさわしいことしかできないのです。あまたの人々があなたに驚いて失望するようなことはやってはいけません。あなたには思い切り泣くことや笑うこと、昼まで寝過ごすこと、騒乱をさけて田舎で暇にしていること、平穏の中に逃げ込むこと、このようなことは許されないのです。あなたの裁量で一日を処理することもできません。」

## 12　人生は川や風である

**三十三．**人生は川の流れないしは風のようなものだ。それは人生の短さと流れる速さを表している。だから速く逃げるのだ。ソロモンは言う。「怠け者は望んでも望まなくても同じ。だが働き者の魂は、望めば豊かになる（箴言13）」

またオウィディウスもこう述べる[180]。

　だが急ぐのだ。来るべき時まで延期するな。
　きょうふさわしくない者は、あすもほとんどふさわしくないだろう。

マルティアリスは、何でも引き伸ばすポストゥムスを次のようにきわめて申し分なく非難している[181]。

ポストゥムスよ、君はいつも明日は生きている、明日は、と言う。
教えてくれ、ポストゥムスよ、その明日とやらはいつ来るのだ。
その明日はどのくらい遠いのだ。どこにあるのだ。どこで探せばいいのだ。
パルティアやアルメニアに隠れているのではあるまいね。
その明日は、すでにプリアムスかネストールの時代にある。

その明日は、いくらで買えるのか教えてくれ。
明日生きているだと？　今日生きているということは遅いのだ、
ポストゥムスよ。
きのう生きていた人は分別のある人だ。

**三十四.** アルゴス[182]の町では、必要なことを無視したりなおざりにしたりする人がいたら、あるいは怠け者や無気力な者が見られたら、監察官の役にある行政官のもとで、生活の糧を得ている根拠を釈明するように強いられたものだ。アレクサンドロスの第一部の3巻3章を見よ。サルディスでは、暇人に対して法が定められており、怠惰や無為に罰が与えられた。そして各自の労働、暮らしぶり、生活全体について釈明するように強いられたのである（アイリアノス[183]）。そして恐るべきことに、そのような者に対してエレミヤ書第48章で雷鳴がとどろく。「神の御業をおろそかにする者は呪われよ」。また立法者その人も言う、「良い実を実らせない木は、どれも切り倒されて火に投げ込まれる（マタイ3-10）」。だから己の道を踏み外さないように、自らの不運を作る人にならないようにするのだ。そこで、活用しないうちに人生がすばやく走り去ってしまわないように、走らねばならない。そしてダビデと共に神に祈ろう。「私たちに生涯の日々を数えることを教えてください〔詩編90-12〕」と。

## 13　人生は困窮し、いつも何かが不足している

**三十五.** それだから、
（1）豊かになろうとしてはいけない。
（2）しかし豊かになる理由のある人なら（遺産があるとか、美徳の手段が不足してないとかの場合）そのままでよい。
（3）自分の物を役立てることができないなら、自分の魂を我慢させておくのだ。

## 14 人生には楽しみがある

**三十六．** 人生は楽しい。

（1）この世の生活の快楽や楽しみを気にかけてはいけない。

（2）もし楽しむ機会があれば、適度に享受するのだ。

（3）もし楽しみがないなら、自分の運命に満足することだ。

## 15 この世の人生は不確かで移ろいやすい

**三十七．** 現世は不確かで移ろいやすい。

（1）人生はある種の遍歴である。至るところで様々な場面に出くわす、というより襲われる。最後の時がいつも差し迫っているような人にとって、その最後はごく些細なことから生じうる。だからかくも不確かな人生の欲求によって、恥ずべき邪悪なことを行なうのは、もっとも愚かなことだ。

（2）もしも早く老人になりたくないなら、時宜を得て老人になるが良い。つまり、病気や死が突然やって来ないように、相応しいときから早めに、思慮深く、節制し節約して過ごすのだ。

（3）賢明な人が「不確かな死が、生活が違ってもすべての人々を襲う」と有益に警告したのだから、毎日が終着であるかのように整えるのが最高の思慮であろう。毎日の夕方をいわば人生の夕暮れの場面であるかのようにみなし、誤りを正すのである。

## II 壮年期の学校のそれぞれのクラスについて

**三十八．** この学校のクラスは上述の通り三つである。

Ⅰ 生業を選択してそれを始める人のクラス。

II　生業を継続する人のクラス。
III　終わりに向かい老年期を待ち受ける人のクラス。

〔壮年期の学校のクラス　I〕

三十九．人生の選択について。

ここで示されることは以下の通り。
（1）人生の何らかの暮らしぶりを選択する時期である。
（2）何をどのように選択すべきか。
（3）選んだものをどう活用するか。

〔暮らしぶりを選ぶ〕

四十．選択の時ということについて。「それこそが満足できるものだ」と言えるものを選ぶのだ。

反論。「必要なものは一つのはずだから、パンソフィアのようにすべてを知ることにどんな良いことがあるのか」

答。(1) 広大な田園を愛でつつ、わずかな場所を耕す。(2) すべてを理解していれば、一つのことも容易に理解する。
(3) その他のことで調和を乱すことがない。
セネカがこう述べる。「私たちは間違っている。人生の一部については誰もが熟考しているのに、全体については誰も考えてないのだから〔書簡集71‐2〕」。だから分別のある人は、全体について熟考し、最初から最後までを見通し、最後の目的に向けて中間の手段を考察しなければならない。

〔どのように選ぶか〕

四十一．どのようにして選択を進めるのか。どのような暮らしぶりを選ぶべきなのだろうか。

答。暮らしぶりの選択は以下のようにする。
（1）魂の救いという点で安全なもの。だが安全だけでは十分ではないだろう。自分と他人の救いを進めるものがふさわしい。
（2）評判と名声という点で名誉あるもの。
（3）身体の維持という点で役立つもの。私たちは天使ではないのだから、必需品が不足しているのだ。
（4）最後に、できることなら楽しいもの、つまり平穏で快適なもの。

ところで誰もがそれぞれの場合についてこう言うべきだろう。「もしも司祭、医者、行政官、下僕、職人、商人になるとしても、人間と神に仕える用意ができている。そうしない人、つまり人々に仕えつつ神に仕えるというこの目的に身を置かない人は、自分の天職を理解してないか、あるいはそれをむやみに誤用して、自分に大きな害をなす人だ。私が行うすべてのことについて、神への奉仕を真剣に意図する限り、この世でも永遠の世でも私に報いがあるだろうし、私の天職は私にとって王国への道となろう」。それは使徒がコロサイ人への手紙第3章第24節やテモテへの第一の手紙第2章第15節で教えている通りである。そのことは誰にとって、またもっとも卑しい天職に生きている人にとってすら、大きな慰めであるしまた慰めであるはずだ。かの永遠の家長である神の栄光はとても大きく、その家の中では家長が満足しないほどに僅かで卑しい天職はないし、人生の冠に値しないものはないからだ。

要するに、ここで必要な一つを選ぶこと、それは自分一人の観点からではなく共同体の観点で必要なことを選ぶということだ。私たちは自分たちのためだけに生れてきたのではないのだから。

この目的を役立てるには、誰もが自分のことだけを管理するのではなく、天職を待ち望むことだ。キリストは、自ら呼びよせた人にだけ分け与えたり受け取ったりした。そこで「あなた方が私を選んだのではなく、私があなた方を選んだのだ」と言ったのである。注意せよ。これは理性ある人によってもっと追求されるべきだ。例えばアカデミアの元老院が選択を実施し、その他の人々は自分のことを配慮するのだ。

**〔選んだ暮らしぶりの活用〕**

**四十二．**選択されたものをどう活用すべきか、すなわち選択した生業にどのように従事すべきか。

答。

（1）神への畏敬の念を抱きつつ行う。もしも天職において幸運にもすべてが自己に従うなら「網にいけにえをささげてはならない（ハバクク1‐16）」。しかしもしそうでなければ、イザヤ書第49章第4節やルカの福音書第5章第5節のペトロのように失望してはいけない。

（2）真剣なことを真剣に行なう。これはルツ記第3章第18節の言葉「男たちは真剣で威厳あることがふさわしい」に関わる。キリストは弟子を遣わして、彼らに袋や杖を禁じ、誰かに挨拶をしてはいけないとも命じた。ささいなことで遅れが生じないようにするためである。では人間であるあなたは自分もキリストによってこの人生に遣わされたことが分からないのだろうか。弟子と同じように指示されたのではないか。人生を戯れだと、冗談で過ごすようなものだと思っているのか。（注意。ここでは、人生をいかに真剣に過ごすべきかをもっと長く述べるべきだ。気晴らしの必要性を否定しないにしてもである。）

（3）安定して行う。〔以下原文欠落〕

**四十三．**さらに、以下のような永遠に思慮深くあるための規則をお勧めしよう。

**規則1〔目的、手段、方法〕**

**四十四．**どこでも目的と手段を、さらに手段の方法ないしは確実な実践を見通すことが、賢明な人の特徴である。

行うべき目的、手段、方法を知らないならば、何もやってはいけない。目的はそれ自体で、手段は目的のためだけに求めるのだ。

### 規則2〔質素な暮らし〕

**四十五．**良く生きる、幸福に生きるのに必要なことは少しだけだ。

「もしも医者がいなければ、医者となるのは次の三つだ。
快活な精神、静養、適度の食事」

**四十六．**キケロは〔自分の下僕の〕ティロに宛ててこう書いている。「健康に必要なのは、消化、空腹の回避、適度の散歩、マッサージ（人によっては娯楽）、快便だよ」と〔『友人宛書簡集』291〕。またセネカは実に見事にこう述べる。「心のこもった慰めは薬になる。魂を鼓舞するものはどれも身体にも役立つのだ。私にとっては学問が救いであった。私が健康を回復して起き上がることができたのは哲学のおかげだ。哲学は命の恩人なのだ（書簡集78）」。また書簡集5－4ではこうも述べている。「私たちの生き方は、自然に従って生きるということだ。自分の身体を苦しめたり、簡単な身だしなみを嫌って不潔にしてみたり、安いだけではなく下劣で粗末なものを食べたりする、これらは自然に反する。享楽的な物を望むのは贅沢であるし、またありふれたものを避けるのは間違いだ。哲学が要求するのは節約であって刑罰ではない。だが、節約も堕落することがありうる」[184]さらに付け加えておくべきなのは、族長の質素な食事が長生きの原因だったということだ。彼らは柔らかい肉を食べずに、果実、穀物、蜂蜜、油を摂取していた。特に、当時彼らには心配、恐怖、戦争などが存在せず、魂は常に快活だった。実に自然の状態だったのである。今ではすべてが違ってしまった。死という運命は自然の必要性から由来するはずなのだが、堕落した習慣と不節制によって死ぬのが早まった。正当にもセネカ[185]が『論争』〔10－9〕で述べている。「飛んでいる鳥、泳いでいる魚、走る野獣、それらはどれも、私たちの胃に埋葬される。今私たちが突然死ぬのはなぜか問うてみよ。私たちはそれらの死によって生きているのだ」。

ここで肉体の訓練も当然必要である。

**規則３〔職業の選択〕**

**四十七．**公の中で、公の使用のために生きて、「よき人は公共の善だ」と言われるようにしてほしい。生活様式の選択にとって重要なのは、家族の扶養を考慮すること、そして自分にもっとも適当と思えるふさわしい時期に選択することである。

**四十八．**家族を養う手段は特に次の三つである。

(1) 農業 (2) 手工業 (3) 商業。

最初の農業は、もっとも自然でもっとも安全で、神と交わり、また族長の生活に戻るものであり、好ましい。職人と手工業も必要である。

商業の繁栄〔商品の輸入と輸出〕も人間社会には大切だ。しかしながら、(1) 必要性がある所で行う。すべての地方がすべてを産出するわけではないのだから。(2) 当局から任じられた正当な良心的な人によって実施されるようにする。だから誰か高位の者に任命されることが必要だ。

**四十九．**つまり、私たちに委ねられたこと、すなわち額に汗して働く生活に戻ることが望ましい。そうすれば私たち自身が誹謗されるのではなく、大地が呪われるものとなる。家長よ、蟻の所に行って、見よ、そこでは暇なことは何もない。蜂の所に行けば、混乱は何もなくすべてが秩序立っていることが分かるだろう。

**五十．**農業を選ぶには、次のような理由もある。

(1) 生活手段としては農業がもっとも潔白である。そこでは物事が人間と共にではなく神と共にあるからだ。
(2) さらに、この生活手段はもっとも平穏である。魂の分裂や欺瞞や策略がなく、各人が自分の足で測ることができるものだからだ。まさに質素な人生の土台である。
(3) この生活手段は、草や植物などで生きている飼いならされた動物の似像、模像である(詩編145-15)。しかし家畜を食糧にすることは、他の血で養われている野獣の生活を模倣することだ。キリストの王国では、すべての獣は主に差し出さねばならない(イザヤ11-6)。
(4) 族長の実例をここに加えよう。〔以下原文欠落〕

**壮年期の学校のクラス　Ⅱ　生業を継続する人のクラス**

**規則1〔礼拝への出席〕**

**五十一．**学校を卒業したら、いつも学校に出席していた時のように、今度は寺院と教会に出席しなければならない。
またそれは、
(1) さらに向上するため。
(2) 神への信頼をさらに得るため。
(3) 敬神の心を深めるため。
要するに、信仰、愛、希望を増大させるためである。

**規則2〔神に祈る〕**

**五十二．**次に、各人の心、魂、同じく肉体が、神の寺院であり、大きな家族には真のベテル〔神の家〕であるようにということの一つのことに配慮せねばならない。

これはエノクのような、主の前での、また主といっしょの散歩となろう〔シラ49 - 14〕。神の目の中でまた聖なる天使の目の中で罪を犯さないよう警戒しつつ、絶えず神を忘れずにいるなら、また自らの目の前に常に神を置くならそうなるだろう。しかし、過ちを犯したら悔い改め、主に赦しを求め、主の面前で後はいっそう注意して歩まねばならない。

### 規則3〔神を思う〕

**五十三．** だから分別のある人なら、元気を回復させたり精神を活性化させたりするために考える時間がまったく残らないような実際の生活に身を委ねることはないだろう。むしろ人間は、毎日次のことを思い起こさねばならない。

(1) 神の似姿に向けて行われた最初の創造とすべての被造物の上に立つ主の栄光を思い起こす。

(2) 反抗による最初の陥落、それを繰り返さないように思い起こす。

(3) 神の法廷への最初の召喚を思い起こす。「アダムよ、おまえはどこにいるのか」〔創世記3 - 9〕。もしも何かしら罪を繰り返したら、その召喚から逃れられないだろう。

(4) 恩寵と恩恵が約束されていることを思い起こす〔創世記3 - 15の女の子孫〕。足下でたえず悪魔を踏み砕くように望む。

(5) そして額に汗する労働の罰が課された（しかし救済策として指定された）ことを忘れない。人間はそれに自発的に服従し、人間に代って大地が呪いの落雷に打たれるのに満足するのだ。

(6) 贖い主が遣わされたことを忘れない。彼が人間のために償ったので、信仰によって義認されているのだ。信仰によって引き続き義認されるよう、信仰を強めて祈る。

(7) 聖霊と復活によって神聖化されることを覚えておく。新たに汚れることがないようにせよ。

（8）そして堕落を免れるなら、この世においても賛美されるということを思い起こす（ペトロ1－1－8、ペトロ2－1－4）。

（9）だがこれまでの血と肉との戦いや霊の不品行がまだ残っている。花冠を失いたくない人は徹底的に戦わねばならない。

（10）しかし戦いの審判がいる。彼は勝利者に王座を提供するのだ（黙示録3－21）。

**規則4（神に従う）**

**五十四．**神が命じることをすべて行なわねばならない。神が差し向けることは何でも、ブツブツ言わずに辛抱強く耐えるのだ。なぜなら神は善そのものなのだから、何かを改善するにせよ課すにせよ、善以外を欲することはありえないからだ。

**規則5（神だけを崇める）**

**五十五．**神と同じように畏れたり愛したり敬ったりするものがあってはならない。足下に置かれた物は足で踏みつけられる。しかし神は自身以外のすべてを人間の足下に置いた。だから人間はすべてを見下すべきであり、崇めるのは神だけで十分なのだ。

**規則6（死に備える）**

**五十六．**最初から死を忘れずに生きることから始めてほしい。生きている間は、将来死ぬことを思って生きる。それは死ぬ時に、まるで将来生きるかのように死ぬためである。死に際して立ち上がる人は呪われる。死の扉は通過しなければならない。しかし死に際して死ぬことのないように、死の苦痛、それは罪なのだが、それを死の前に緩和せねばならない（コリント1－15－56）。だから、人間の中でキリストの命が生きるように、人間の前で罪が死なねばならないのだ。そうして人は死を何も恐れなくなる。苦痛がなくなれば、まるで命へと運ばれるようなものだ。害になることはありえない。だから人は、後になって老人になる時が襲ってきても、まるで病気であるかのように嘆く必要がないだけでなく、あたかも労働の快い休息について楽しむことができるように老後を生きるべきだ。時間は水時計のように絶えず流れているのだから、人生が終わらないうちに人生の終わりに届くように、すべてをすばやく行わねばならない。後になったら何もやることができないのだから。

### 規則7（天職に従う）

**五十七．** 誰もが、神の召喚の下で、自己の天職である労働に真面目に従事したことを示さねばならない。しかし過度の苦悩には気をつけることだ。才能にそぐわない気遣いは神に委ねればよい。たとえ自分が今やっているよりも上手にできることがあると思ってもだ。与えられた以上を欲するのは自己の領分ではない。むしろこのように祈り、話すがよい。

「神よ、私の労働を憐れみたまえ。あなたが私に割り当て、私があなたの名誉にかけて企図したことを、成し遂げるまでは私を手放さないでください。また逆に、私が無用になったら容赦しないでください。罪や侮辱のうちに生きるのではなく、より良いことに従うようにさせてください」

さしあたり、自分の手で行えることはどれもすぐに実行してほしい。人が急いで行く冥界には、仕事も理性も知恵も知識もないのだから（コヘレト9・10）。また詩人もこう歌う。

力と年齢が許す限り、労働に耐えよ。
腰の曲がった老年期が静かな足取りでもうすぐやってくる。
（オウィディウス[186]）

もしもあなたがのろのろしていれば、間違いを犯し、
年月は通り過ぎてしまうだろう。
何と早いことか、日々は立ち止まらず、戻らない。
私は見た、若者が後になって、愚かに過ぎ去った日々を嘆き苦しんでいるのを。
（ティブルス[187]『哀歌』1‐1‐4）

**五十八．** ウェスパシアヌス[188]は、内臓疾患でひどく苦しんでいた時も、何事もなく皇帝の義務を遂行していた。寝台に横になって使者の話を聞くほどだったので、友人が身体を大切にするようにと励ますと、「皇帝は立ったまま死なねばならぬ」と答えた（スウェトニウスによる）。壮年は皆仕事中いつもこのように賢明でなければならない。多くを始めて何も完成しないのは愚かさの特徴であるが、優れた人々ですら一般にはその通りで、生活を始めながら決して仕上げないことがしばしばある。今こそ、各人が自分と他人のためによく考えて労働する時である。老人は祈願し、壮年は熟慮する、そして若者は実行することが称賛される。しばしば耳にすることだが、物事をどうするかを自分で熟考する人が一番で、忠告によく従う人が二番、自分で考えない人や他人に従うことを知らない人は最低の才能の人だ。ところが私たちには魂と才能の一番は割り当てられていないので、二番目と中程度を保持することにしよう。そして統治することを学んでいる間は、思慮ある人に従うと決意しよう（リウィウス[189]のⅠ‐22‐29）。

## 規則８（節約）

**五十九．** 各人一人一人と家長に節約が推賞される。とりわけキリストの実例では、キリストは全能の手を許され、自然全体が自由にできる豊かな食料貯蔵庫であり、何千もの人に無料で食べさせたのだが、残りは七つないしは十二の篭に集めるように命じた。それは一週間は七日、一年は十二月であることを気づかせるためである。〔マルコ８‐６、

マタイ15-32〕

## 規則9〔勤勉〕

**六十．**勤勉と節約というこの二つの中に、豊かになる技術がひそんでいる。特に、神への毎日の祈りを怠らないことだ。家で手に入れられるものを外で探すのは無能な人のすることだ。他方で、祈りかつ勤勉に労働して自分に必要なものを手に入れ、手に入れたものを節約し、神に感謝して使用して享受する、このことを知っている人は、無尽蔵の宝庫を持っている。しかしもしかして何も与えないことを神がお喜びになり、そして神ご自身が永遠の救いという希望と共に与えられるのなら、この神の恵みに安らぐことを知ることは、あらゆる財宝にまさる宝である。

## 壮年の日々の祈り

**六十一．**天にいますわれらの父よ、私たちを恩知らずにさせないようにしてください。私たちをあなたの息子、天の相続人にお選びになったのだから。

（1）あなたの聖なる名前が、神聖になりますように。私たちの中で、私たちによって、私たちを通して、私たちが地上にいる時も天にいるであろう時でも、そうなりますように。

（2）私たちの所に、私たちの中に、あなたの王国が来ますように。また私たちがその中に入りますように。

（3）あなたの意志を私たちにお示しになった父よ、あなたの意志のすべてが私たちに満ちるようにさせてください。天にいるあなたの天使たちが満たしているのと同じように。

（4）日々を与えた父よ、日々の必需品も与えてください。日々を命に加えるたびに、私たちの日々の仕事に力と祝福を加えてください。

（5）愛を命じた父よ、あなたを何にもまして愛するように、また隣人には私たちと同程度に愛するようにあなたは命じました。私たちが慈愛の中で歩むように、何も害することのないようにさせてください。すべての上に立つ神であるあなたに対しても、高位の隣人や低位の隣人に対しても、自分自身の良心に対しても、そうさせてください。もしも害するようなようなことが起ったら、寛大にも大目に見てください。あなたの命令と実例によって私たちが隣人を許したように。

（6）この世界で私たちが学校、競技場、戦場にいるかのように望んでいる父よ、また私たちの財産で試されるようにさせたあなた、どんな闘いの時も危険の時も私たちを見捨てないようにと祈ります。

（7）〔原文欠落〕最後に、移ろい行くこの世の生活のためではなく、永続する未来の生活のために働くようにさせてください。この世にいる間は、王国や権力や栄光を自分のために求めるのではなく、それにふさわしいあなただけのために求めるようにさせてください。

**〔壮年はどう行動すべきか〕**

（ここで、どのように行動すべきかを外観によっても教えることができよう。）

**六十二．** 壮年が、

（1）個人的な生活を送り、また自分のことだけに専念している場合は、できるだけ他人の役に立つように熱心に努めてほしい。

（2）公的に任じられた義務に励んでいる場合は―。〔原文欠落〕

（3）要するに、この世界の舞台で役割を引き受けている人は、その義務を果たし、誠実に行動せねばならない。

**六十三．** あるいはこうも言えよう。

何かある召命に任じられている壮年は、次のことをせねばならない。

（1）自分と自分の家族のために、額に汗して自分の手で自分のパンで家族を養う。
（2）貧しい隣人のために、自分の手で労働して彼らを助ける。
（3）神のために、身も心も自分のすべてを、自分の所有物から十分の一を、時間の七分の一を捧げる。
（これらを示しただけで十分だろう。すでに述べられたことがすべてに人に遵守されたら、すべては申し分ない。）

**六十四．壮年期の学校のクラスⅢ　この学校を卒業し、老年期を待ち受ける人のクラス**　人間の最高の幸福は、生命の終わりが来る前に願望と活動の終わりを迎えることだ。魂が平穏に満たされるよう求めることだ。最初は人生を正しく使い、次に快く享受できるようにすることだ。

**〔そのための手段〕**

（1）あまりにも多くのことや困難なことで拡散させられるのではなく、少しを望み、良い物で手に入れやすいものを着実に望むことだ。
（2）始めたことを急いで終わらせ、得られた好機をどれも逃さないようにする。後悔が後に残り改善の余地がないということがないようにする。利用できる機会を捉えないと、機会は鳥のようにたちまち飛び去ってしまうのだ。
（3）神はいつでも慈悲深い方だとみなす。神の摂理は人間の無思慮すら保護している。悪い企みからではなく心の単純さによって迷ったことが分かればであるが。

**〔長寿を得る技術〕**

**六十五．**長寿の原理は、暇に過ごすのではなく、常に有用な労働に励むことである。暇人にとってはいつも夜であり眠りであるが、仕事をしている人にとっては日中であり不寝番だ。暇とは生きた人間の葬儀場だ。だから暇な人は死んでいる人に等しい。それと同じく、常に死を予見しておかないといけない。というのは、生まれてきたなら確実に死なねばならないのはまったく確実だからだ。だがそれがいつかは不確実である。そして永遠はこの死の時点にかかっているのである。

**〔壮年期の知恵の復習〕**

**六十六．** 議論を終える前に、壮年の知恵の土台をすべて簡単に振り返っておこう。

（１）知らないことについては、何も判断せず、発言せず、企てない。

（２）十分には知らないことについては、明確に判断したり発言したり企てたりしない。

（３）どんなことでも、口で発言したり実行を試みたりする前にまず心の中で判断してみる。

（４）知恵あることとは、物事について上手に (1) 考え、(2) 話し、(3) 行動することである。

（５）十分で着実な知恵とは、物事を明確に着実に考え抜き、話し、成し遂げることである。

（６）ところで、思考の完成とは、

(1) 一つ一つの事柄を良い物も悪い物もあるがままに理解することである。

(2) 良い物を選び悪い物を拒絶することである。

(3) 良い物を得ようと求め、悪い物を追い払おうと避けることである。

つまり、精神の完成とは、物事の明瞭な理解、良き意志、労を惜しまぬ勤勉さから成り立っている。

**〔注意、以下のことは可能だ〕**

**六十七．** 次のことに留意する。

（１）多くのことではなく、目標に向けた必要なことだけに従事する。

（２）神の助けがあっても自分の力の範囲では成し遂げられないことは、何も企てるべきではない。

(3) 企てることはどれも、役に立ち、手段が確実で、行動の方法も容易でなければならない。
(4) 自分で実行できることは、他人に期待しない。
(5) 今日やれることは、あすに延期しないよう注意する。
(6) 好機がめぐってきたら、それを利用することが思慮の大きな部分だと考える。
(7) いつも死を目前にしているかのように生きる。また、いつまでも生きるかのように死ぬ。
(8) この世界ではなく神をいつも求めるよう銘記する。その無限の方のみがあなたを満足させることができるだろう。
(9) 最後になってやっておきたかったと望むようなことを、ふだんから行う。

# 第十四章　老年期の学校

**人間の知恵の頂点を保持しながら、**
**死ぬ定めのこの世の生の終点に幸せに到達し、**
**祝福されて不死の生に入っていくことについて。**
**いいかえれば、**
**それは人生の享受である。**

**訳者による紹介**

人間は生まれたら必ず死にます。死ぬのが人間の定めです。死を目前に控えて何をすべきか、それを課題にするのが老年期の学校です。死はけっして恐ろしいものではありません。神様に召されて、永遠不変の幸福を味わうのが死後の世界、彼岸の世界です。もっともそのためには、生きている間にきちんと学んでおく必要がありますが。老人に必要な心得を、元気な時期と衰えた時期とに分けて考えてみました。死期が近づいてきたら財産を整理したり遺言を書いたりすることも必要でしょう。

老年期について考えたのは別にコメニウスが最初ではありません。古代の賢人たち、例えばソクラテスやプラトンはけっこう長生きでした。いかに老年を過ごし立派に死を向かえるか、誰もが関心をもって考察してきたのです。古代ギリシャのキケロの『老年について』やセネカの『生の短さについて』などは今より二千年も昔の本なのですが、よく読まれています。学ぶことがたくさんあります。現代は、長寿社会ですからたくさんの老人指南本が読まれていることでしょうね。

## 〔老年期の特徴〕

一．老年期とは、衰えつつある年代の最後の部分であり、また死の隣の部分でもある。これもまた学校であり、老人も教育の法則の下に含まれているということが、以下に示される。

まず、現在の全人生は下級の学校であり、私たちはそこで永遠の学園のために準備しているのだ。そして老年期もこの人生の一部なのだから、学校の一部であり、つまり学校なのだ。だから先生がいて教えることがあり、評価、学習、訓練がなければならない。老人も生き続けて前進しなければならないのだ。

二．活動の最終局面には、それまでのすべてが使われずに無駄になってしまうことのないように、細心の注意が不可欠である。また老年期は人生の活動の奥付なのだから、生涯のすべてが無駄にならないように警戒し、用心する理由に無知であってはいけない。

三．弱いものは導かれ支えられる必要がある。そして老人の年代はもっとも弱いと見なされるのだから、見捨てられたり援助されなかったりといったことがあってはならない。

四．老人は特有の欠陥や習慣の病をもっている。それらに対する治療薬や、治療薬を正しく適用する方法を、徹底的に教えてもらわねばならない。老人の誰もが自分で対処することを知っているわけではない。ある賢者がこう述べている。「この辛苦に満ちた人生では、身体だけでなく魂も年老いて、日々回復と薬が必要なのだが、それが人間の状態だ。これを無視する人は、老年期に近づいた時に獣の状態に戻ってしまうと思われる」

五．戦いが続いており敵が包囲して襲ってくる間は、武器を捨てるべきではないし、夜警を中止すべきでもない。また、人間の生涯は兵役にあるようなもので（ヨブ7 - 1）、老人は昔の敵だけではなく新しい敵にも愚弄されることがあるものだ。

六．非常に危険な仕事には、最高の思慮深さが必要とされる。そしてその思慮には備えが不可欠だ。仕事を軽率に引き受けるようなことがあってはいけない。そして老人は生から死への転換点に近づいているわけだが、そのこと自体は恐ろしいことだ。「死はあらゆる恐ろしいことの中でももっとも恐ろしい」とアリストテレスが証言している[190]だけではなく、世界中の生者が声をそろえている。だから、ここでどのように用心して行動するかという防備をうまく固めることから見捨てられる人があってはならない。安全ではない、難破や沈没の恐れが確実な、スキュラとカリュブディスのような場所ではそうだ。肉体についてはいつでも誰にとっても危険だが、魂については多くの人にとって多くの場合危険なのだ。そこでノアの箱舟が、一年間続く洪水を乗り切るのに百年以上も備えたのだとしたら、死へと移って行くためには数年の準備でふさわしいといえるのだろうか。そこでは肉体の沈没が確実に予測されるだけでなく、魂の沈没も心配されるのだ。

七．要するに「終わりよければすべて良し」である。畑に穀物が、葡萄園に葡萄の房が実っても、取り入れと摘み取りの時期に、成果を倉庫や貯蔵室に集めるべき時に、災難が降りかかって収穫物が失われるとしたら、何の役に立つというのか。また次の言葉も野暮とは思われない。「この世界は海、人生は船」。生きているかぎり人はみな航海しており、航海中は慎重でないと沈没の危険がないわけではない。港まで着いているのに難破してしまう例もないわけではない。そして人生がたどり着く港は死であり、祖国は天である。善いことを上手に維持してきた人がそこに入っていくのだ。信仰や美徳の点で難破する人は永遠に締め出される。

**〔老年期の学校〕**

八．さて、これまでと同様、老年期の学校の終点、終点に至る手段、手段を正しく使う方法について、検討しよう。

九．終点について、最後は最後に、最高は最高に依存しているとすれば、老年期の学校は様々な学校の最後でありかつ最高なのだから、そこには天の下で人間が最高に完成すべきことが残されている。それは生涯のすべてがついには善ならば、終わりの時が善であるようなことだ。ではそれはどういうことか。死すべき生命の栄光に満ちた奥付のようなもの、不死の生命の甘美な序幕のようなものであり、そこへ入っていく祝福された入口のようなものである。もっとはっきりと言おう。老年期の学校で教え学ぶのは、以下の項目をどのように、できる、知る、欲するのかということだ。

（1）過ごしてきた人生を正しく享受する。

（2）残りの人生を正しく過ごす。

（3）死ぬ定めの生涯を正しく終えて、永遠へと喜んで入っていく。

**〔老年期の学校の3クラス〕**

**十．** この学校は三つのクラスに分けられよう。

I　老年期の境界に入り、これまでとこれからの自分の業績を眺め回す人のクラス。

II　成熟した老年期に入り、残されたことはどれもなしとげようと急いでいる人のクラス。

III　もはや死を待つだけの、老衰した人のクラス。どの年代においても死を予見しておかねばならず、これは誰にでも役に立つことなのだが、この年代が最も必要だ。人間はこれまでは死ぬ可能性があったが、ここでは死ぬのは必然だからだ。

**〔老年期の学校のクラスI〕**

**十一．** 最初のクラスに関してセネカがうまいことを述べている。「若い時に準備し年老いたら使う」〔書簡集36‐4〕。しかしもっとうまくこう言おう。「若者が準備し成人が使い老人が享受する」と。最初の「準備」は老人にはふさわしくない。老人が人生を終えるべき時に始めるというほど恥ずかしいことがあろうか。同じように二番目の「使う」もふさわしくない。なぜなら、若者が準備し老人が使うというなら、間の年代の成人には何が残るのだろうか。もちろん、労働と享受の間にあるのは使用である。その使用はたしかにまだ労働、力強い労働と結びついており、事物を快く使用することがすでに始まりつつある。そして労働を通して、ついには休息へと至る、つまり使用を通して享受へと至るのだ。もちろん、完全な休息と、これまでのあらゆる煩わしさを免れた享受は、永遠のために取って置かれる。それでも老人はすでにこの段階に立っており、永遠を目前に見ており、それをできることならすぐに始めたいと望むこともできるのだ。

**〔老年期の学校のクラスII〕**

**十二．** たしかに老年期は労働からすっかり離れている（コヘレト9 - 10）もののまだ墓ではなく、人生の一部である。また私たちの生涯は労働なのだから（ヨブ5 - 7）、老人は暇と怠惰に身を任せて労働をないがしろにすることはないだろう。むしろすでに背後にあることは背後に残して、最後の仕上げのコーナーに向かい、待ちかまえているゴールに幸せに到着するよう急いで進まないといけない。

**〔老年期の学校のクラスIII〕**

**十三．** そうして三番目のクラスでやるべきことは、人生を誠実に幸福に終えることだ。これについてもセネカの言葉がもっとも優れている。「私は若者の時考えたものだ。どのように良く生きるかと。だが老人になって考えるのは、どのように良く死ぬかということだ」（書簡集61 - 2）。確かに、自分の行く末を見通すことこそ、完全に分別があるということであろう。神がそう証言している（申命記32 - 29）。最初の幼児期からそうすることがふさわしいとはいうものの、若者の時はそれほど真剣になることはできないが、老年期には真剣に考えることができるし、またそうしなければならない。若者の時期は、世界にある事物の新しさと、感覚に魅力的な多様性と、今後の人生の希望とが、魂を驚くほど魅了して動揺させているから、死を見通すのは無理だ。老人はそうできるというのは、仕事の騒音がすでにおさまっており、感覚がほとんどのものに吐き気を催しているからだ。そうしなければならないというのは、もう過去について熟考する時ではなく、現在と将来について考えるべき時だからだ。老人は（気が確かなら）死がすでに目前にある。だから死が思いがけずやってきたとしても、抱きしめて受け入れること以上に喜んで考えることが他にあろうか。ここでプラトンの哲学の定義「哲学とは死の省察である」があてはまる[191]。確かに、哲学の最高部分は、死ぬことを学んだということであり、それは良く死ぬという意味なのだ。なぜならただ死ぬのに技術は不要で、自ずからやってくるが、良く死ぬことは技術中の技術だからだ。

**十四．**しかしながら、終わりの方が前よりも良いものであり、最後が最高であるべきなのだから、老人は死を学んだり知ったりするためにここで立ち止まるのではなく、死を通してすべての最後である永遠そのものへと入っていくことを知らなければいけない。実に次の言葉は真実だ。「人生は活動であり、死は休息である」。人間の死は、人間を最後へと連れて行くのではなく、人間をただ単に別の所へ移動させるだけであり、精神や欲望や努力を止めさせるのではなく、もっと遠くに広げさせるのだ。それはどこへ向かってか。永遠そのものへだ。そこでようやく物事の最終の境界へ至るのである。死は単に永遠へと向かう転換点、要なのだ。

**〔老年期の学校の手段〕**

**十五．**老年期の学校の終点とクラスは以上であるが、この学校で訓練すべき手段はいったいどんなものになるのだろうか。その他の学校と同じく、実例、教示、絶えざる実践である。しかしもう最高段階なのだからまったく最終段階だ。

**〔老年期の学校の実例〕**

**十六.** 実例は、すべての人、天の下で私たちの前でこの最後の学校である老年期を賢明にも通り過ぎて行った、歴史の記録から知りうる限りの、すべての人々である。だが最高の実例とは、人生のこの最後の場面を飾っている人々、美徳がこの上もなく突出している人々だ。古代の族長や英雄、あるいは私たちの時代にもそのような実例がありうるだろう。

**〔老年期の学校の指示・訓戒〕**

**十七.** 最良の教示と警告は、神の書が与えてくれる。それがいつもに私たちに永遠を思い出させてくれるのである。その他にも、私たちと共に生きている、または書物の中で語りかけてくれる良い忠告者がいないわけではない。あらゆる教示と訓戒の要点はつぎのようなことになろう。

（1）まずもって魂に気づかうことだ。そしてこの世から去るように命じられたら、天への移住が安全に行われるようにする。

（2）次に肉体について気づかう。苦しまずに残りの人生を過ごして、安らかに眠り、墓の中で平穏を享受できるにはどのようにすればよいかを考える。

（3）最後に、天寿を全うした後も世間の名誉ある評判を気づかう。

**〔老年期の学校の実践〕**

**十八.** この老年期の学校では十分で完全な実践が要求される。老人は、老年の時期を飾ることができる美徳が自分から無くならないように努めねばならない。それは華美や虚飾のためではなく、実にまったく、日々の肉体や世俗のことが死に絶え、人生の瑣末なことが無視され、ただ自分と他人に着実に役立つことだけが真剣に行われる、そういうことのためである。もしも古代人が正しくも「思慮は記憶と習慣の娘である」と言ったとすれば、老人は多くを使用したくさん経験したのだから、良い技術の宝を集めて、将来の予見のために運びこんでおかねばならない。例えば、木は成長すればするほど、根を下に深く伸ばせば伸ばすほど、頭を天に向かって高く高く持ち上げる。それと同じように老人も、背後にやり終えた時間が多ければ多いほど、目の前により多くの永遠を見通せるのだ。木は最初に春に小さな花をつけ、やがて実をつけるべき時になるとその花を落とし、次に実を人間にも与える。飾りと防備のために葉はできるだけ長く残しているが、最後にはそれも落としてしまい、根が大地に留まるようにという一つのことだけを心配する。人間も、最初の花の時代、そして人生の労働の成果がどんなであろうと、その後にやらなければならないのは、できるかぎり美徳を飾るのに役立つことだけを行い、最後はそれも放棄して、永遠の根である神に付いて離れないことだ。

**十九．**ところでそれはどのようにすればよいのか。その老年期の配慮はこれまでと何か相違があるのだろうか。確かに、老人の力のある元気な段階、やつれた段階、老衰の段階に応じて異なっている。段階が別なら別なように行なうべきだ。また目標や課業については、年齢の積み重ねではなく、力強さや衰えで計測されねばならない。それをもっと詳細に説明しよう。

**〔Ｉ　元気な老年期の段階〕**

**二十．**力強い老年期には、過ぎ去った人生を享受するという課題が与えられている。それはどのようにするのか。

（１）第一に、立ち止まってすでに過ぎ去った自分のすべてを振り返り、良くできたことは喜び、良くできなかったことは改善を考える。

（２）現在を見回して、近づきつつある人生の終点について、いわば自分の一日の夕暮れのように、一週間の安息日のように、一年の収穫のように、楽しむ。

(3)自分に残されていると思われることをよく見わたして、計画を推し進めるように考える。

(4)これまで起りえた、また老人によくある災難を心配し、それを恐れ、警戒し、そうならないように祈る。

(5)病気やその他の悲しみを予防し、食事のいっそうの適正さに配慮する。

以上の個々の点について言うべきことがある。

**二十一．**神は、創造の作業が完了すると、行ったことを見まわして、すべてが非常に良いとご覧になった(創世記1・31)。老人もそれを見習って、働くのをもう止めるのがよい。下位の六つの年齢段階の日々に成し遂げたすべての作業を見まわして「良かったのか悪かったのか」と眺めるのだ。もし良かったなら喜び、神を讃えよ。「あなたの行いはあなたについていく(黙示録14・13)」。死に直面した時に、ヒゼキヤと共に神を証人として呼び出して「自分は神の前で真理の中をひたむきな心で歩み、主の目にかなう良いことを行った(イザヤ38・3)」と言うことができる。これとは逆に、悪いことを行ったなら、悲しみ、赦しを求め、それを中止し、できる限りよい働きをして、恩寵を得られるように報いるのだ。もしそうすれば、この最後の作業は最高となるだろう。そして神の約束に従って、恩寵が期待できる(エゼキエル18・21および33・11その他)。もしも人生で行なったことや被ったことの中に良いことに悪いことが混じっていたとしたら、より価値あることを卑しいことから切り離して(エレミヤ15・19)、卑しいことを捨てて価値あることを磨き上げるのだ。そしてドロスから金を分離して悪を(真の後悔である)煉獄の火の中に投げ入れるのだ。そうすればまだ生きている間に悪が燃え尽きてしまう。全身全霊で良いことを行い、「私は取るに足りないしもべです。しなければならないことをしただけです」と唱えて神の慈悲の淵に飛び込むのだ(ルカ7・10)。

### 〔老年期は収穫の時〕

**二十二**　賃労働者は、請け負った一日の作業に耐え、夕暮れを待ちわび休息を期待して喜ぶ。職人は平日の六日が経つと安息日が迫ってくるのを喜ぶ。また家長は、大地の最後の成果を集めて葡萄の収穫が終わると満足する。それと同じく老人も、日々の夕暮れや、一週間の安息日や、人生の収穫から、喜びを感じるはずだ。つまり、夕暮れ、安息日、秋、それらはどれも、日々や一週間の労働からの、一年の田園の労働からの、休息をもたらす休日とみなされる。また神を賛美して区切りを付けることも大切だ。人生の夕暮れ、人生の安息日、人生の収穫もそれと同じだ。この最後の収穫について「出エジプト記第23章第14節」のモーセの律法の中にとても美しい典型がある。「あなたは年に三度、私のために祭を行なわねばならない。一、除酵祭（15節）、二、畑に蒔いて得た産物の初物を刈り入れる祭。三、年の終わりに、畑の産物を取り入れる祭（16節）」。毎年のこれら三つの祭は（春の初めの過ぎ越しの祭、夏が始まる前の聖霊降臨祭、秋の終わりの天幕の祭）、人間が人生を巡って経験する三度の最大の変化（誕生、生業の選択、死去）を表している。そしてこの三つの毎年の儀式は、祭として奉納されることを神は望んでおり、敬虔な人々はそうしている。だから人生のあの三つの儀式もそうしなければならないのではないか。つまり、私たちと私たちの家族の人生の始まりを教会で厳粛に神に捧げ、命を与えてくれた方に洗礼の儀式で命の初穂を差し出す。若者の年代を過ぎた人生の中間では、暮らしぶりを選び、生業を始め、そこで神と人間社会に奉仕する。そこでは天職は各人にとって人生の収穫のようなものだ。そして老年期は、人生の任務を成し遂げた、人生のまさに最後の部分であり、神の名誉と私たちの慰めにおいて、もっとも盛大な祭として祝賀されるべきではないのか。

### 〈最後に力を抜かない〉

**二十三**　そこで、怠惰に身をまかせず、目の前にある時間はどれも、名誉ある活動に活発に用いるようにする。ちょうど、競技場で走っている人がゴールに近づけば近づくほど熱心さと慎重さを必要として、気力が衰えたり躓いたりして賞品を逃すことがないようにするようなものだ。また塔を建てる人は、基礎を据えて壁を建てるだけでは十分でなく、笑われたくないならば、上に屋根を載せねばならない（ルカ14-28-30）。同じく老人も、暇だから慰められるというのではなく、労働の終わりが近づいたという希望に慰めを求めるべきだ。そうすれば人生は世界の機構が終わらなければ止まらない天球と同じになるだろう。またそれはすでに始まっている労働についてだけ理解すべきではなく、これまで考えなかったような個々の機会が老人に与えられたら、それを成し遂げるようにすばやく捕えないといけない。すべて最後は頂点であるべきなのだから。そして神の秩序正しい進行は土台から始まり完成して終わるのだが、サタンの場合は逆に、高い所から始まって底に落ちる。それだから、賢い人は誰でも神を見習うことだ。最後に背くなら愚かなままとなる。

### 〈無謀なことはしない〉

**二十四．** 何かを傲慢に行なったり自分の力以上のことを試みたりしないよう気をつけねばならない。無謀と強情とは生涯を通して注意すべきことなのだが、人生の最後の部分である老年期には大いに注意すべきで、何よりも警戒しなければ墜落に終わらざるをえない。油断した水夫が港の中ですら座礁したり難破したりするよりもっと容易に老年期の失敗は起こりうる。というのは、老年期はもともと危険にさらされており、実例が示している通り、目が見えなくなったり気が違ったり、あるいは生意気、軽薄、尊大、厄介者、愚か、不敬、背教になったりする人がいるからだ。「天使の若者が年月を経ると悪魔になる」としたら、それは実に悲惨な光景となる。命の書から消し去られたり（出エジプト32-33）、百歳の罪人が呪われたり（イザヤ65-20）、「行なった正義が思い出されることなく、背信行為と犯した過ちのゆえに死ぬ（エゼキエル18-24）」ということになりかねない。

だから老人はいつも次のように祈らねばならない。「主よ、若い時の過ちを思い起こさないでください（詩編25-7）。

老人になった時に投げ捨てないでください。私が力尽きても捨て去らないでください（詩編71－9）。あなたの意志を行なうよう最後まで教えてください。あなたは私の神なのですから。あなたの恵み深い霊が私を安らかな地に導きますように（詩編143－10）。私を胎内から運び出し、老年期まで運んでください。私を作った方よ、私を運んで救い出してください（イザヤ46－3、4）」

〔過度をつつしむ〕

**二十五．**ところで、どんな場合でも危険を少なくするためには、老人は次のようなことを知るべきだ。もしも何らかの危機が、生命、健康、徳性、良き精神などに対して何度も襲って来るなら、必死に警戒することだ。例えば過度の交際、この世の事柄への過度の慎重さ、財産、名誉、利益への過度の評価などである。老人はむしろそれらを減らして、孤独、平穏、節約を愛することになる。例えばバルジライが宮廷の享楽を拒否して行なったようにだ（サムエル2－19－35）。またセネカも『書簡集』108で「老年期には食事を変えて、牡蛎、茸、香油、葡萄酒、肉、ふかふかの敷物などを避ける」と述べている。たしかに思慮深いことだ。ところで、老年そのものが病気であり治りがたいのだから、不節制や美食によって何か新しい病気を引き込んでしまってそれと闘うなどは無益なことだ。老年の衰えは防ぐことはできないとしても遅らせることはできるし、不快感から予め守ることはたしかにできる。しかし、もしも有益な行動が何か残っているとすれば、生活の願望が広がるのを禁じられてはいないし、また人生の残りが不快感を伴うことなしに、行なうべきことがより適切に成し遂げられるようと望むことも禁じられてはいない。

〔Ⅱ　衰えた老年期〕

**二十六．**以上のように、活力ある老年期に行なうべきことを忠告した。では悪化した年代に考えるべきことには何があるのかを忠告しよう。もっとも重要なのは、人生の最終が近づいていると感じれば感じるほど、この世に存在した理由に有終の美を飾ることを考えるということだ。残りのすべての時間は、自分および後継者のために最大限役立ちうることのみに費やすのだ。サムソンの実例に倣えば「彼は死ぬことによって、生きることによる以上に敵をたくさん殺し、神の友を助けた（士師16 - 30）」

**二十七．** それだから老人は年老いていけばいくほど、宗教と道徳の重要さをますます強くうやまい、心を良くすることにますます熱心に励むことだろう。それは、自分のためだけに最後まで汚れのない良心を守る、あるいは最後に最大にするというのではなく、他人のためでもある。知恵の真の弟子、神の誠実な崇拝者、祖国の最良の市民を、できるだけ多く自分の後に残すためでもあるのだ。そのためには、老人は最後に至るまで、いやいつにも増して、もっとも明るい美徳の鏡となり、もっとも堅固な秩序の柱となり、もっとも活発な最良の激励者にならなければならないだろう。

**二十八．** 特に、最高の知恵者であるソロモンの次のような忠告を忘れずに生きるのだ。特に老年期の最後に、享楽的な人生の誤りに気づいて改善した時こそそうすべきだ。「あなたの手でやれることは何でも、熱心に行なえ。作業も理性も知恵も、あなたが急いでいる墓場にはないのだから（コヘレト9 - 10）」。また主キリストが述べた次のような前置きも記憶すべきだ。キリストは人生の出口で多くのことを教えかつ行ない、生まれつき目の見えない人を治すというすばらしい業を行おうしていた時に、こう述べたのである。「私を遣わした方の業を、まだ日のあるうちに行なわねばならない（ヨハネ9 - 4）」。私たちがそれを見習うようにと言われたということは、それが弟子に向かって語られ、また「誰も働くことのできない夜が来る」と付け加えていることから明らかである。つまりキリストが死ぬ夜のことについてだと理解することはできず（それは三日しか続かず、キリストは立ち上がって再び働いて、天に昇ってすべての人を力強くいつまでも支配しているのだから）、私たちについて言われているのだ。私たちは死ぬと「天が尽きるまで再び立ち上がることはない」とヨブが語っている（ヨブ14-12）。だから私たちは生の光がある限り働かねばならない存在なのだ。また熱心な老人は皆、ウェスパシアヌスと同じ精神でいなければならない。彼は、死の床につきながらその間も皇帝の任務を処理し、友人から自分を大切にするように忠告されると「皇帝は立ったまま死なねばならない」と答えたのだ。もっとも忠実で敬虔で賢い人間は誰でも、そして老人も、この世の虚しさをすでに見通して足げにしており、皇帝のような状況にいることに納得しているのだから、立ったまま死ぬことを、つまり自分の活動中に死に遭遇することを望むことだろう。

**二十九．** ホラティウス[192]の「老いた馬を適当な時に車から解け」という言葉もここにふさわしい。だがそれは人生の耕作がこれまで誠実に遂行されたという意味で正しいのである。だから、遂行できるように、様々な補助手段や近道を利用すべきだ。「終点にたどり着くのがあまりに遅くならないように、中間を省略すべきだ」とキケロが言った〔ピリッピカ2-47〕。だからもしも老人が人生の仕事に広範に携わっていたと気づいたなら、港の近くで帆をたたみ始めないといけない。生涯を通して、正しく知り、話し、行動することを学んできたのだから。だがその学習の最高段階はこうでなければならない。(1) 純粋に知る。つまり人生の誤りに気づき改善する。(2) 純粋に話す。つまり他人に良い忠告を与える。(3) 純粋に行動する。つまり、不死への志願者にふさわしいことだけを行なう。要するに、老人は真剣なことだけを行ない、健全なことだけを話し、神聖なことだけを考えねばならない。走り去る年月は、野の花で戯れるのではなく果実を与える。それも野イチゴやサクランボのような柔らかなものではなく、堅実で持続する果実を与える。最後の年代にはそのような果実がふさわしい。「老人がアルファベットを学ぶのは見苦しい」とセネカは言う〔書簡集36-4〕。だから語句を学ぶ老人、つまり行動しないおしゃべり屋も見苦しいのだ。

**三十．** そこで、老人が自分に何か悪徳が残っていると感じたら、それを根絶するのだ。もしも何らかの妨害が立ちはだかって勝ちどきをあげているなら、自分の前から悪が完全に消滅するように努めるのだ。セネカのあの台詞「私は老年に感謝している。私を寝床にくくり付けてくれたから。欲してはいけなかったことのどれも、いまの私にはできないのだから（書簡集67‐2）」は、異教徒のものだ。キリスト教徒は、罪を犯すことができなくなるまで待つべきではない。罪が私たちを見捨てる前に、罪を捨てなければならない。使徒と共に喜んでこう言うことが許されるだろう。「私は立派に戦い抜いた。走り抜いて信仰を守った。私に栄冠が与えられた（テモテ2‐4‐7、8）」。私たちがこの世で生きている限り、悪魔や現世や肉も生きて私たちと戦っている。だが戦いは命が終わるよりも前に終わらせねばならない。もちろん私たちが敗れるのではなく、彼らが敗れるように終わらせるのだ。

**三十一．**知ることをすら抑制するということが、老年期の知恵の一部となろう。つまり、この世の人生のためだけに知っておくべきことは、どれも無視するのだ。このように、聡明であるよりも信じやすい方が、様々なことの知識よりもほとんど無知でいる方が、思慮よりも単純さの方が、雄弁よりも沈黙の方が、好ましい。というのはこの世で私たちを取り巻いている人間や事物に関する知識は、不確かだということがすでに明らかになったからだ。だから永遠の善の着実さを期待し、その甘美さを味わい始めるべきだ。このことの助けになるのは、パンソフィア的に知ることである。つまり、人間や人間の憶測に依存せずに、神の書の中でまるで自分のために開かれた楽園にいるかのように、神のみに魅せられるということだ。だから、老人がとても喜んで行なうことと言えば、道すがら神の被造物を眺め、自分の良心の園と神の言葉の緑地を散策し、すべてのうちに神を見、すべてを今の自分の状態に結びつける、そのようなことを習慣づけることだけだ。例えば、一日のたそがれには自分の人生の最後を考える。夜には墓での安らぎについて、夜明けには自分の復活を考える。週や月や年の終わりにも、また新たな始まりの時にも同じようなことを考える機会があろう。同じように、聖書からバルジライやその他の聖なる老人を、逆に百歳の子どもなどを、記憶に呼び起こしたりすることもあろう〔サムエル記2-19〕。要するに、外部感覚でも内部感覚でも感覚がもたらすものは何でも、自分の今の状態に役立つように変換するのである。

**〔遺書の作成〕**

**三十二**　この世の事柄は自分にはもう関係ないと考え、気にかけないことも役に立つ。そのためには、もしも何らかの蓄えがあるならそれらについて整理しておく、つまり遺言書（そう呼ばれている）を作っておくことも有益だ。もちろん、遺言書を書くのは不吉だと考えて延期するような迷信深い人もいないわけではない。けれども最終の意志を規定してしまったその結果として死ぬという人は誰もいない。この方が死ぬ時により安らかに死ねるのだ。というのは、遺言書の目的は次のようなことだからだ。(1) 魂を神に委ねる。魂がすでに神の手の中にだけあるようにする。(2) 肉体を大地に委ねる。墓地に埋葬されて安らかであるようにする。(3) 財産を相続人に委ねる。思慮深くして混乱しないようにする。(4) 自分の思い出を皆に委ねる。良き行いがどれも祝福されるようにする。これらはみな、闘いの最後に行われるよりももっと早く行われるほうが良いのではないだろうか。そのような例として、家長のヤコブが息子たちに遺産を遺言したこと（創世記49）、モーセが民に（申命記33）、ダビデがソロモンと国全体に（歴代誌1-28、29）、キリストが自己の教会に（マタイ26-26、ヨハネ13章から18まで）、ペトロが（ペトロ2-2-12-16）、パウロが（テモテ2-4-5等々）、遺言したことが挙げられる。

**三十三**　神に命を委ねた人に対して、その後さらに神がいくらかの命を与えたとしても、神に与えられた命を取り戻されないように注意する。またいわばすでに天にいるかのような暮らし方から現世の生活に逆戻りしないように注意する。特に、審判の時や物事の大変換の時に老年期を過ごす人は、次のことを銘記すべきだ。もしも神がその人に対して、大洪水の時にノアとともに生き延びるように、そしていわば二つの世紀（若者の忘却に委ねられた時と、新規の出現が始まった時〕を見通すヤヌスとなるよう指定したのだとしたら、良き実例がどれも前の時代から後の時代へと流れ出ることができるように、そしてそれらが遮られることなく豊かに広がるようにまじめに行動しなければならない。実に、神の罰で効力を失った悪が、復権して忍び込むのを許してはならず、むしろ防壁を築かなくてはならない。権威の力を行使する、真に強力な現代のアトラスのごとくにだ。

**〔Ⅲ 老衰の時期の老人〕**

**三十四．** 老衰した老人に与えられる課業は、死を喜んで受け入れ、死を従えて、新しい不死の生活へと入っていくことである。それを幸福に成し遂げることができるには、何よりもまず、死を恐れないように努めることだ。世間の人はたいてい死を恐れているのだが。ではどうすればいいのか。人は生れるのを恐れないのに、どうして死ぬのを恐れるのか。どちらの場合も決定権は自らの手にはなく、神にあるのだ。誕生の場所、時間、方法、それらを気づかずに創造主に委ねたのではないか。同じように、死のすべてを自覚的に望んで委ねるのだ。その時と生涯にわたってすべてを良く行った人は、これからもよく行うことだろう。現在の生活はネブカドネザルの像に似ている。最初は金、あるいは金に見えるのだが、次にどんどん下等の物に変化し、最後は泥に終わってしまう。この泥を粉砕し、代わりに新しい栄光となるように、どうして願わないのか（ダニエル2）。これを粉砕するのは、破棄することではなく再生することと見なすべきだ。

**三十五．** 老人は記憶もあやふやになっているので、こうするのも無駄ではあるまい。忘れてはいけないことを、事物そのもの、あるいは像、あるいは確かな象徴物で外部感覚に表示するのである。例えば、死、復活、最後の審判、地獄の拷問、天の喜びなどを形にして表すのだ。老人が自分の回りにそのような絵や死者の頭蓋骨を置いたり、生きているうちに最後の住み家、つまり墓地を用意したりすることも悪くないだろう。あるいはアブラハムやその他の家長が、またアリマタヤのヨセフが行なったように、墓碑銘を用意するのもよいことだ。

**三十六．**しかし、死ぬことを学ぶだけでは十分ではなく、良く死ぬことを学ばねばならない。それは、肉体の死の前に、罪の兆しをどれも根絶し、肉体の外で待ち受けている生活を肉体の状態から始めることだ。だから、すでに肉を取り去ったかのようにして、霊的な生活を正しく純粋に生きるのだ。この世界やその他のもろもろだけではなく自分自身も死にたえ、精神は地上ではなく天に住み、死すべき人間とではなく神と天使と祝福された天と交流する、そのように生きるのだ。これはモーセのようにすることである。彼は地の民に別れを告げて、彼らの見ている前でネボ山に登り、ヨルダン川のこちらの地域から、ヨルダン川対岸のあの祝福された約束の地を眺めたのだ。

**三十七．**またノアも同じだ。彼は、神意によって示された、箱舟と呼ばれる舟をあらかじめ建造しておかなければ家族と共に大洪水の水を渡って行くことはできなかったのである。またイスラエルの息子たちが紅海を渡るとき、主は全能の風の力で海の水をどけて民を渡らせたのだが、主に対して大きな声で叫ばなければそうできなかった（出エジプト14－21）。そのように、信仰の舟、祈り、叫びがなくては誰も死の深淵を渡れない。だから、死が近くにいると思う人は、神の慈愛に対して自己の信仰を固くし、たえず深い溜息と嘆きを唱えることを止めることはないだろう。

**三十八．**最後に、信仰と慈愛の希望を通して神に自らを委ねた人が行うことは、シメオンと共にこう唱えることだ。「主よ、いまこそあなたはあなたのしもべを去らせてくださいます」。またステファノと共に「主イエスよ、私の霊をお受けください」こう唱えて、凱旋してこの世から移動しよう。

**三十九．**このように死ぬことによって、神聖な老人は、サムソンのようになるだろう。彼は生きている間よりも死ぬ時の方が多くの敵を倒した。そして死にながら凱旋し、その凱旋が永遠に終わらずに進むようにしたのである。

# 第十五章　死の学校

**訳者による紹介**

コメニウスは最初に、学校は七つあると述べたのですが、八番目の学校がどうしても必要だと思えてきたのでしょう。それが死の学校です。パンソフィアは八つの段階（世界）に分けられていたのですが、このパンパイデイアも八つになって収まりが良いのではないでしょうか。八つの学校を並べてみると、うまく対応しているのがわかります。生まれる時も死ぬ時も、本人の意思にかかわりなく神様だけがご存知です。老人は子どもに返るとよくいいますよね。さらに児童期と壮年期は勉強と仕事にそれぞれもっとも打ち込める時期です。そして二十歳前後の数年間は人生の準備として重要な時期です。この死の学校で考えなければならないことはたくさんあると思うのですが、コメニウスはもう八十歳を目の前にして、ちょっと疲れてきて、書くべきことがたくさんあったはずなのに、もうまとめる時間も体力も残っていなかったのでしょうか。未完に終わっています。現代日本には、死を向かえるにあたっての課題がたくさんあるのではないでしょうか。

老年期の学校の中で至る所で言及されたとはいえ、死の学校についての章が絶対に付け加えられるべきだと思われる。

一．なぜなら、老年期の学校ではついでに死について触れただけだった。死の学校についてはもっと十分に扱わねばならない。

二．死は老人だけに関わるのではなく、すべての年代に関わるからだ。

三．安らかに死ぬことは老年期とはまったく違ったことだ。

さらに付け加えよう。パンソフィアでは八番目に永遠の世界が加えられているように、ここでも八番目の学校、死の学校が付け加えられる。それは第一の誕生期の学校と対応する。次のような対応表から明らかになろう[193]。

世界

1. 可能性の世界
2. 原型の世界
3. 天使の世界
4. 自然の世界
5. 技術の世界
6. 道徳の世界
7. 霊の世界
8. 永遠の世界

学校

1. 誕生期の学校
2. 幼児期の学校
3. 児童期の学校
4. 青年期の学校
5. 若年期の学校
6. 壮年期の学校
7. 老年期の学校
8. 死の学校

もちろん、ここまでの章で老人について述べられたことや、個々の年代に思慮深く適用されたことでも十分かもしれない。またキリストの言葉「あなたがたに言うことはすべての人に言うのだ」〔マルコ13・37〕も妥当する。だから、老人について述べられることは誰に対しても述べられているのだ。実にこの問題、つまり立派にかつ祝福されて死ぬ技術は、敬虔な誰もが思索し瞑想するのに相応しいもので、いやまさに有益であり、敬虔で聡明な様々な人々によって公然と様々に取り扱われたものである。特に、ナタン・キュトラエウスが『最後の旅の旅費』で扱っている。私たちが老人に忠告した以外のことは、読者はその本を参考にしてほしい。

# 第十六章

## パンパイデイアの終結、および永遠の知恵に対する祈り。

**一.** 私たちの間では、次のような合意ができつつあると期待している。

（1）才能の普遍的な教育[194]が、世界に幸福をもたらすだろう。

（2）それはすでに示された手段で達成できる。

（3）その手段を適用する方法は、すでに見いだされている。その使い方は容易かつ楽しく、その結果そのような教育は人類に開かれた楽しい楽園となろう。

**二.** もしもそうは思わない人がここかしこにいるならば、反論を示して私たちの証明を論破してほしい。それがなされない限り、私たちは以下の点について神を誇りに思う。

（1）世界中のアウゲイアス[195]の汚い家畜小屋すべてをきれいに掃除するアルペイオスの川が発見された。（『パン

オルトシア』の第二章を見よ）
（2）神の楽園である人類のための、真の教育が発見された。
（3）また、知恵を紙ではなく胸に刻みつける技術、生きた印刷術が見出された。
（4）また、大きな、止まることのない、自発的で調和的な魂の運動が発見された。
（5）また、丸を四角にする技術も発見された。それは転がりやすい才能を固定し、逆に動かない鈍い才能を動かす技術である。
（6）最後に、消え去ることのない光が発見された。まさしく、世界は消滅しない光を持つことができるようになるだろう。それはソロモンが「知恵の書」第7章第10節で願ったようなことだ。その光は無限で何重にも広がり、どんな生徒からでも教師が作られうるだろうし、それぞれの学校から毎年、誉れ高い学者の一団が生み出されることになろう。「地に住む人の小道はまっすぐに改善され、人間は誰もが神の望まれることを学ぶようになる（知恵9 - 18）」そしてついに世界は、愚か者、無分別、分からず屋、不信心、不浄、不敬であることを止め、混乱や中傷にさらされることもなくなるだろう。

**三．** もしも「まだそのように喜ぶわけにいかない、すべてが正確に確立したわけではないから」と思う人は、割れ目に気づいたならそれを示して埋めてほしい。求める物は得られるのだから。そうすればより充満した光の中で人々すべてが喜ぶことだろう。

**四．** さらにもしも諸国間の障害（それは神の義憤による）、つまりは言語の混乱のことなのだが、それに関する厄介な問題を持ち出す人がいれば、それを賢明に取り除くことについて、さあ、神の御加護をえて相談を始めようではないか。その後で、人間に関する事柄を総体的に改善する努力を進めていこう。

**〔神への祈り〕**

あなたはまことに造り出されたものではない根源的知恵であり、私たちに思慮の道を生きた実例で教えるために肉化されました。この世ではあなたの御業以外には何も行われることはないという証拠を、あなたの霊によって良心に示してください。世界中から人の子があなたの所へ連れて来られるように勧められています。それはあなたの腕に受け入れられて、永遠の祝福を受けるためなのです。あなたの御業がここで行われていることをお示しください。あなたのこの上もなく神聖な意図にお仕えして、この一つのことだけを求める時、この世の夕暮れに約束された光がありますように。それによって月の光が太陽の光のようになり、太陽の光は七倍も輝きますように。そこでは人間は人間から教えられることを止め、唯一の永遠の師であるあなたから教えられるテオディダクトイ〔神の教え子〕となるのです。

アーメン！

## パンパイデイアの訳注

1 ご覧の通り学校の数は八つなのだが、コメニウスはしばしば七つと表現する。その場合は「死の学校」を除いて七つと数えているのであろう。

2 「教育」と訳した原語は cultura。もともとの意味は大地を耕すことであるが、人間を耕すという意味で比喩的に使われる。コメニウスがこのパンパイデイアで cultura という言葉で表現している内容は、今日私たちが「教育」と読んでいる働きかけと一致していると思われるので、この翻訳では「教育」と訳すが、他の教育用語と対比する時には「耕作」「開発」などと原意のまま訳した箇所もある。

3 キケロ Marcus Tullius Cicero (BC106-BC43) は古代ローマ最大の学者、政治家。数々の著作を残し、彼の文章はラテン語を学ぶお手本としてヨーロッパに延々と受け継がれた。コメニウスもキケロの文章を幾度となく引用している。ここで「教育」と訳した原語は cultus であり先に示した cultura の形容詞であるので、ここでも「教育」と訳した。なお、岩波書店の『キケロ全集』では「陶冶」と訳されている。キケロにはその他にも Cultura animi philosophia est（哲学とは魂を耕すことである）という有名な言葉がある(トゥスクルム荘対談集2 - 13)。岩波全集はこれを「魂の耕作とは、哲学のことである」と訳している。

4 Pansophia。このパンパイデイアは Consultatio『熟議』という題の膨大な著書の第四部であり、パンソフィアはその第三部を構成しているので、ここでコメニウスは「すでにみた通りに」と述べているわけである。

5 神の似姿 Imago Dei。創世記1 - 27の「神は御自分にかたどって人を創造された」を根拠とする。コメニウスが教育の必要性や可能性を語る時にまず持ち出されるのが「人間は神の似姿のはずだ」ということである。これはコメニウスに独特というわけではなく、キリスト教徒に共通の発想であり、アウグスティヌスの『告白』などにも何度も登場する。

6 この節は、神への呼びかけ。

7 「教育され」と訳した原語は excoli。cultura の動詞 colere の強調形 excolere の受動形。直訳すれば「耕される」という意味だが、cultura を「教育」と訳したのでここも「教育され」と訳す。第一章から第五章までの章題の「教育」はすべて excoli である。なお、他の教育用語と対比して使用されている場合は、「耕す」「開発する」という訳語を充てた。

8 「教えること、諭すこと」の原語は Institutio et Disciplina。Institutio は当時もっとも普通に使われていた用語で、特に組織的な学校教育を指す。Disciplina は教えたことが定着するように何度も練習させたり、間違ったら諭したり諌めたりすることを意味する語で、日本語に訳しにくい。文脈に応じて、「訓練」「訓戒」「訓告」などと訳し分けることにする。

9 「未開状態から脱する」と訳した原語は erudiuntur。eruditus は rudis（粗野、未開）を脱した学識ある状態を意味するが、原義から文脈上こう訳してみた。

10 「すべての人がすべての事をすべての面にわたって παντως, παντα, παντϑς, Omnes, Omnia, Omnino」。ここでコメニウスはギリシャ語とラテン語の両方を使ってこの三つの言葉を説明している。この三語はパンパイデイア全体を通してのもっとも基本的なスローガンである。今日風の言い方をすれば、教育の「主体、内容、方法」ということになろう。日本語では「すべての事」と「すべての面」の意味が区別しにくいが、語呂合わせを優先してこのように訳しておく。

11 来世は死後の世界、あの世のこと。仏教でいえば彼岸にあたる。キリスト教徒であるコメニウスは死後も別な形で生命が持続し、この世の人生はそのための準備だと考えている。だが来世を享受するためには現世を立派に生きないといけない。

12 『熟議』全七部は出版されずに終わったため、ここでコメニウスが述べているような図はつけられていない。

13 弟子のペトロがキリストに注意した場面は、マタイ16 - 22とマルコ8 - 32にある。「鋤の柄」という言葉は聖書にはなく、当時このような慣用句があったのかどうか、未確認。

14 被造物 creatura。神によって造られたものという意味で、要するに人間を含めた生物のこと。

15 神の書。神から人間に与えられた書物という意味だが、コメニウスは紙に印字された書物という意味を比喩的に拡張して使用している。すなわち「世界という書物を読む」「人間の心の中を読む」という使い方である。パンパイデイアでは第六章で詳しく述べられる。

16 感覚・理性・信仰。人間が物事を認識するには感覚と理性を使用するというのが一般的な考え方だが、敬虔なキリスト教徒であるコメニウスは、感覚や理性では捉えきれない事柄があると考え、感覚や理性を補うものとして信仰の役割を認めている。

17 パンソフィアは八章構成となっており、各章は「世界」あるいは「段階」と呼ばれる。「自然の世界」はその第四章に、「技術の世界」は第五章にあたる。全八章の構成はパンパイデイアの十五章で紹介されている。

18 スキュティアからアナカルシスが…。スキュティアは紀元前に存在した遊牧騎馬民族。一般にスキタイ族として知られる。アナカルシスはスキュティア出身の哲学者。ここでは、野蛮な民族からも学者が輩出する例として引用されている。

19 εγκυκλοπαιδεια 全般的教養（一般教養とも訳される）。Doctrinarum Orbis 諸学問の世界、これはクインティリアヌスが『弁論家の教育』1 - 10 - 1でギリシャ語をラテン語に直訳した言葉。クインティリアヌスについては注132を参照。

20 ソフィストは知恵者という意味で、報酬をとって専門技術を教えていた、ソクラテス以前の哲学者のこと。プラトンの『プロタゴラス』が典型。

21 ソクラテスは紀元前五世紀頃のギリシャの哲学者。西洋の哲学の祖とされる。自らは著作を残さなかったが弟子のプラトンの著述によってソクラテスの思想が伝わった。プラトン(BC427-BC347) は古代ギリシャの哲学者。ソクラテスの弟子としてソクラテスの言葉を書き残した。アカデミアという学園を創設。

22 Encyclopaedia 百科全書、Polymathia 複合知、Pandectae 学説総覧、Panaugia 普遍的光、Pansophia 普遍的知恵。

23 カルダヌス Hieronymus Cardanus (1501-1576) はミラノ出身の科学者。イタリア語ではカルダーノ。

24 Sapere, Agere, Loqui (理解し、行動し、話す) の頭文字をとって SAL (塩) になるという語呂合わせ。

25 古代ローマの詩人ユウェナリス Decimus Junius Juvenalis (60-130) の有名な格言。『諷刺詩』10 - 356に登場する。非常に頻繁に引用され、特にジョンロックが『教育論』の最初に引用して今日まで継承されている。柳沼重剛『ギリシャ・ローマ名言集』岩波文庫百十一頁に解説がある(以下、『名言集』と略)。

26 セネカ Lucius Annaeus Seneca (BC1頃-AD65) はキケロと並ぶ、古代ローマの代表的哲学者。『幸福な生について』1 - 3より。コメニウスはセネカの著書および書簡集からたくさん引用している。

27 異教徒とは文字通りはキリスト教以外を信じる者のことだが、ここではキリスト誕生以前の古代ギリシャ・ローマの哲学者のことを指している。プラトンやキケロもコメニウスからすれば異教徒であり、『大教授学』三十二章では異教徒の本は子どもに読ませないようにと勧めている。

28 アイギストス Aegisthus はギリシャ神話の登場人物。従兄弟の妻の情婦となり、やがて従兄弟を殺し、その子に殺される。ここは紀元前後のイタリアの恋愛詩人オウィディウス Publius Ovidius Naso の『恋愛治療 Remedia amoris』からの引用。

29 古代ローマの詩人ホラティウス Quintus Horatius Flaccus (BC65-8) の『書簡集』1 - 1より。

30 シュルティス Syrtis は地中海沿岸の浅瀬。難所として知られていた。

31 アウルス・コルネリウス・ケルスス Aulus Cornelius Celsus は紀元前後のローマの医学者。

32 アリストテレスは紀元前四世紀のギリシャの哲学者。あらゆる分野の学問を究めて西欧の学問の基礎を築き、万学の祖と称される。十七世紀に至るまで彼の理論は信奉されつづけた。タブラは古代ローマで使用されていた学習用の書字板であり、板に蝋を引いて文字を書き、蝋を削ってまた書くために使用された。タブラ・ラサとはその蝋が削られて新しく文字が書ける状態になっている板のことである。アリストテレスの『霊魂論』第三巻第四章に「何もそこに書き込まれていない書板のうちに文字があるようなものである」とある。ギリシャ語で書かれたアリストテレスの著作がラテン語に訳されてタブラ・ラサとして広まった。なお、十八世紀のロックとライプニッツの論争以降、タブラ・ラサという用語は生得論に反対する経験論のキャッチフレーズとなったが、ここでコメニウスがタブラ・ラサを引用しているからといって彼が経験論者であったと判断するのは早計である。コメニウスは人間の精神が無限であるという文脈でアリストテレスを、それも若干の留保をつけて引用しただけである。

33 原因。アリストテレスは物事の変化を考察する場合に四つの要因から究明した。すなわち「形相因、質料因、作用因、目的因」である。この用語は十七世紀にベーコンが批判するまで使用され続けた。

34 Claudianus は四世紀頃のローマの詩人。

35 コメニウスはここで magister という言葉と praeceptor という言葉を両方使っている。magister はもともと「主人」という意味で、古代ローマでは ludi magister で学校の教師を意味した。praeceptor は指導する人というのが原意で、どちらかというと家庭教師を指した。ただしその分類はかなりあいまいで、例えばコメニウスがしばしば引用しているオウィディウスの Ars Amatoria（『恋の技法』、岩波文庫版では『恋愛指南』）は、「この私は愛神の師匠 praeceptor」で始まり「ナソ〔オウィディウスのこと〕が師であった magister」で終わる。これだけ読むと両者の区別ははっきりしない。四世紀末に書かれたアウグスティヌスの『教師論 De Magistro』で使われている言葉は magister である。この著作はアウグスティヌスと息子のアディオダトゥスとの対話形式で書かれているので、ここでの magister は学校教師ではない。コメニウスの使用例では magister の方が学校の正規の教師というニュアンスで地位が高いように思われる。『開かれた言語の扉』の導入用に書かれた『言語の前庭』では、「Praeceptor が生徒にやるべきことを指示し、Rector 校長が学園を管理し、Magister が全体を教える」という説明がある。

36 マキャベリ Niccolo Machiavelli (1469-1527) はイタリアの政治思想家、主著『君主論』。手段を選ばぬ権謀術数の政治理論として伝わった。

37 パリサイ主義とはユダヤ教の一種で、キリストに敵対した派として悪の代表のように扱われている。

38 エピクロスは紀元前三世紀のギリシャの哲学者。後世「快楽主義」というレッテルを貼られて批判された。

39 アレクサンドロス大王。一般には英語風のアレキサンダー大王として知られる。紀元前四世紀のマケドニアの王で、ヨーロッパの歴史上英雄と崇められている。幼少期にアリストテレスが家庭教師を務めた。この後七章にも引用されている。

40 キニク派とはソクラテス以後の古代ギリシャの哲学の一派。禁欲主義で自然のままに生きることを旨とし、この派の代表者であるディオゲネスは樽の中で暮らしていたことで有名。アレクサンドロス大王はディオゲネスの暮らしに共感したと伝えられているが（『名言集』五十頁）、ご覧のようにコメニウスはまったく評価していない。

**41** 「教育掛」と訳した原語はpaedagogus。パエダゴゴスは、古代ギリシャでは子どもの子守役で、奴隷の仕事であった。学校の送迎を行ったり、奴隷に学識がある場合は読み書きを教えたりもした。教師あるいは家庭教師と訳すと今日の語感からだいぶ離れてしまうので「教育掛」と訳してみた。

**42** 二十二節から二十四節にかけて、コメニウスはPaedagogus, Doctor, Praeceptor, Magisterと四つの用語を使って教師を説明している。これはそれぞれの任務分担を意味しているというより、とにかく教える人が総動員で教育に従事すべきだという主張であろう。ただし、注35で指摘したように、Magisterの方が、学校のプロの教師というニュアンスが強い。

**43** セネカの書簡集76より。セネカが友人のルキリウスに宛てた書簡が百二十四通残っており、岩波の『セネカ哲学全集』に収められている。また『セネカ道徳論集』（東海大学出版会）にも収録されている。人生の教訓を述べた内容が多く、コメニウスはこの書簡集からたくさん引用している。

**44** 一六五七年に公刊された『大教授学』では、幼児期、児童期、青年期、若年期の四つの学校が扱われている。二十四歳までを六歳刻みに分けているので、青年期Adolescentiaが十二歳から十八歳、若年期Juventusが十八歳から二十四歳ということになり、日本語の語感とずれている。おそらくローマ時代の年齢区分ともずれていたのではないかと思われるが他に適当な呼称がなかったのであろう。

**45** 全部の若者が教育を受けなければならないとコメニウスは強調するのだが、若者Juventusはすでに見たように「若年期の学校」という場合には青年期の後、壮年期の前の二十歳前後の人間を指すのだが、もっと広い意味で年少の人間を漠然と指す意味でも使われている。たとえば十章の章題では「六歳から十二歳までの若者」と表現しているのだ。Juventusから英語のjuniorが由来するのだが、英語のjuniorは中学生をさす場合もあるし大学三年生を指す場合もある。要するに相対的な用語なのだ。コメニウスのJuventusは若者という意味と年少者という意味の広狭両方の意味をもっていることを指摘しておきたい。

**46** 「勉強」と訳した原語はInstitutio。institutioは伝統的に正規の教育、多くの場合は学校の教育を意味する。クインティリアヌスの教育論やビベスやエラスムスの教育論で主として使われているのはInstitutioという用語である。

**47** コメニウスは一貫して男女とも教育が必要だと主張するのだが、ここで礼節honestasの点で性別にするというのはこれ以上の説明がみあたらず、一時的にクラスを別にするということなのか、真意不明。

**48** 「しつけ」と訳した原語はeducatio。ラテン語のeducatioは、家庭での両親による子育て、養育という意味であり、いわゆる日本語の「勉強」は含まない。第九章で幼児の教育を論じる場合の用語は徹頭徹尾educatioである。ここでは文脈に応じて「しつけ」「子育て」「養育」などと訳した。

49 プラトンの事例の出典は独訳の注では Cunradus Lycosthenes の Apophthegmata (Paris,1581) とあるが、すでにセネカが『怒りについて』(2 - 21 - 10) で紹介している。ただし、セネカが「大声で怒鳴る」と書いているのに対しコメニウスは「大声で笑う」と書いている。

50 ホールンベック Johannes Hoornbeck(1617-1666) はオランダの神学者。クレナルドス Nicolaes Clenardus (1495-1542) は文法学者。

51 神の書物。注の15を参照。

52 セネカの書簡集にこのような文言は見つからなかった。似たような表現として「人々は余計なことを学んでしまったために必要なことを学ぼうとしない(88 - 37)」。

53 『国家』第一巻の初め(336C) でトラシュマコスが述べた台詞の状況はコメニウスの引用の趣旨と少し違っている。トラシュマコスは、ソクラテスが自分では答えないで問いを発するばかりなのにいらいらして、「自分で答えろ」と怒っているのである。

54 クリュシッポス Chrysippus は紀元前三世紀のギリシャの哲学者。

55 アポロドロス Apollodoros は二世紀頃のギリシャの作家。ギリシャ神話の編集で知られる。

56 プラウトス Plautus は紀元前二、三世紀の劇作家。Pseudolus (ペテン師) という芝居に登場するらしい。

57 ギリシャの七賢人とは、プラトンの『プロタゴラス』の中でソクラテスが指摘している、タレス、ピッタコス、ビアス、ソロン、クレオブゥロス、ミュソン、キロンの七人。

58 ヒポクラテス Hippocrates は紀元前四世紀頃のギリシャの医学者。「人生は短く、医術の道は長い」という有名な格言を残した。現代にはやや意味をかえて「人生は短いが芸術は長い」という形で伝えられている。『名言集』四十二頁を参照。

59 ウォットン Henry Wotton (1568-1639)。

60 アウグスティヌス Aurelius Augustinus (354-430) はキリスト教を体系化した中世最大の教父。『神の国』『告白』『教師論』など。真理について『告白』第3巻第6章で論じているが、コメニウスの引用はかなり意訳である。「霊的な御業の方が物体的な御業よりすぐれている(3 - 6 - 10)」という表現がやや近いか。

61 Non Liquet。裁判で有罪とも無罪とも決められず「証拠不十分」の判断。この表現は現代英語にも残っている。

62 ポリュクレイトス Polycleitus は紀元前5世紀頃のギリシャの彫刻家。人体の理想的な比例関係を提示し大きな影響を与えた。

63 ゼウキス Zeuxis、アガタルコス Agatharcos は共に紀元前五世紀頃のギリシャの画家。

64 ウェルギリウス Publius Vergilius Maro は紀元前一世紀のローマの詩人。ヨーロッパの文学史上最大の詩人と評されている。

65 英語風に発音すると「ヴァージル」。

66 「索引は…」と同じような文章がこの章の十二節にもみられる。そこではJudice non opus estであり、ここではIndice non opus estである。英訳も独訳もJudice は Indice のミスプリと解釈しているが、ここではコメニウスの通りに訳した。

67 アリストテレスの形而上学におけるカテゴリー論。アリストテレスのカテゴリーは、実体、量、質、関係、場所、時間、位置、所有、能動、受動の十個であるが、その後様々な学者が様々に改変している。コメニウスは『事物の扉』と『パンソフィア』でカテゴリーの検討を行っている。Combinatio 結合とConglobatio 集合・統合はコメニウスに独特だと思われる。

68 コヘレト12 - 12、「書物はいくら記してもきりがない。学びすぎれば体が疲れる」。

69 コメニウスは書物の数は少なくすると言いながら、様々な書物を編集する必要性を強調している。それらの書名は一六四一年にイギリス滞在中に書かれた『光の道』にも登場している。

70 リュディアは起源前七世紀頃に栄えた国家。そこで産出される石が金を識別する試金石として使われていたらしい。

71 エンニウス Quintus Ennius は紀元前二世紀頃のローマの詩人。コメニウスはここでエンニウス、ウェルギリウス、キケロ、セネカの名を挙げて、実際彼らから何度も引用しているのだが、『大教授学』の第二十五章では古代ギリシャ・ローマの書物を子どもに読ませることには否定的であった。

72 ヤコブス・プリミロシス Jacobus Primirosius は十七世紀のオランダの医者。

73 パンデクタエ Pandectae。もともとは六世紀に成立したローマ法大全の中の学説集をパンデクタエと称した。

74 Seth Ward は17世紀のイギリスの数学者、天文学者。

75 テレンティウス Publius Terentius Afer は紀元前二世紀頃のローマの劇作家。

76 マーキュリーはローマ神話に登場する神。美青年の代表。マーキュリーは英語読みで、ラテン語ではMercurius、ギリシャ神話ではヘルメス。

実例・教示・練習 Exempla, Praecepta, Exercitia。コメニウスの教授学の重要な原則の一つ。パンパイデイアの中でこれから先何度も登場する。まず最初に(教師が)見本を示し、次に言葉で指示し、それから(生徒に)実際にやらせるというプロセスを踏む。『大教授学』の邦訳では「実例と公式」と訳されている。セネカの「praecepta による道は長いが、exempla による道は短い(書簡集6 - 6)」という格言が有名。『セネカ哲学全集』では「教説を辿る道のりは長いが」と訳されている。クインティリアヌスにも同じような表現がある(『弁論家の教育』2 - 5 - 15)。コメニウスは三番目のステップとして「練習」をもっとも重視した。なぜなら教師が実例を見せて言葉で説明しても、生徒が自分で練習しなければ身につかないことは明らかだからだ。

**77** なお「練習」は「模倣 imitatio」「実践 praxis」あるいは「訓練 disciplina」と言い換えられている場合もある。

**78** 類比 syncrisis。コメニウスは『大教授学』の中で、教育を説明する際に鳥の子育てや工作技術の成果、太陽の働きや印刷術の例などを比喩的に示しながら説明している。そのように、新しいことを説明する際に既知の事柄の比較で説明するのが類比の方法である。パンアウギアでは分析・総合・類比の方法がさらに詳しく説明されている。

**79** プラトン『パイドロス』266B。

**80** ソクラテスの「忘れる術」という表現は『パイドン』に似たような箇所はあるがぴったり該当する箇所は見当たらなかった。

**81** 十戒については旧約聖書の出エジプト記二十章と申命記五章、十章にある。

リュクルゴス Lykurgus は紀元前八世紀頃のスパルタの王。法律を整備しスパルタの礎を築いたと伝えられている。ここに引用されているエピソードはエラスムスの『子どもの教育』にも引用されており、さらにさかのぼるとプルタルコスの『子どもの教育』に載っている。

**82** ドレクセリウス Hieremias Drexelius (1581–1638) の Aurifodina artium et scientiarum omnium, excerpendi solertia という著作のことらしいが詳細は不明。(http://en.wikipedia.org/wiki/Jeremias_Drexel)

**83** ミネルヴァ、またはミネルウァ Minerva は学芸を司る女神。フクロウを伴っている。

**84** カトー Marcus Porcius Cato Censorius (BC234-149) は古代ローマの政治家。キケロが書いた『老年について』はこのカトーがモデルになっている。なお曾孫もカトー Marcus Porcius Cato Censorius (BC95-46) であり一般に小カトーと呼ばれている。彼は政治家でありストア派の哲学者でもあったので、ここでコメニウスが引用しているのは小カトーのことであろう。なお「自然に従う」という考えはキケロにもセネカにも何度も登場する。たとえばセネカ書簡集48 - 9など。

**85** アウグスティヌスの「好きなことは苦労ではない」という表現は De bono videatis 21 - 26にみられる。

**86** ゲッリウス Aulus Gellius は二世紀頃のローマの学者。『アッティカの夜 Noctes Attica』はギリシャのアテネを中心とするアッティカ地方に滞在中に執筆した様々のエピソード集であり、中世に広く読まれたようで、コメニウスもしばしば引用している。

**87** 「学識の根は苦いが果実は甘い」という言葉はソクラテスの言葉ではなく、アリストテレスの言葉と思われる。ディオゲネス・ラエルティオスの『ギリシャ哲学者列伝』(岩波文庫)のアリストテレスの項に似たような表現がある。

**88** Festina lente。有名な格言。『名言集』百七十一頁。

**89** アレクサンドロスは注36を見よ。

**90** ハンニバル Hannibal Barca (BC247-BC183頃) は古代のカルタゴ(現在のチュニジア付近)の将軍。象の大群を引き連れて

91 アルプスを越えてローマに進軍した。しかし一気に攻め込まずにカンパニア地方に留まって情勢を見極めようとし、「ハンニバルは勝利することは知っているが勝利を利用することを知らない」という格言が後世に伝えられた。『名言集』百二十八頁。

92 ホラティウス Quintus Horatius Flaccus (BC65-8) は古代ローマの詩人。この台詞は『詩の技法 Ars poetica』343行にある。鈴木一郎訳、玉川大学出版部、二〇〇一年。『引用句辞典』参照。

93 「指針」の原語は informatio。コメニウスが一六三七年に出版した Informatorium der Mutterschul の訳が『母親学校の指針』として確立しているのでそれにならった。

94 プルタルコスは『英雄伝』でリュクルゴス時代のスパルタの結婚と子育てについてこう描いている。「男たちは…年頃で成熟した女を略奪によって妻とした。…息子は父親の私物ではなく、国家の公共物である」(ちくま学芸文庫十五節)。

95 カエサル Gaius Julius Caesar (BC100-BC44) は古代ローマの皇帝。シェークスピアの『ジュリアス・シーザー』で有名。『ガリア戦記』6 - 21ではこう書いている。「ゲルマーニー人は、…童貞を守ることによって身長ものび体力や神経が強くなるものと思っている。二十歳前後に女を知るのは恥としている」(岩波文庫二〇二頁)。

96 コメニウスは就学前の家庭教育の時期を、「母親学校」「母の膝」「幼児学校」などと表現している。しかし母親だけに育児の責任があるのではなく、コメニウスは常に両親の義務だと強調していることは注意すべきであろう。

97 原語は educatio。コメニウスが誕生期に主に使用している言葉は cura (世話) であり、幼児期に主に使用している言葉は educatio である。ここでは educatio を教育と訳さずに、あえて育児、子育て、養育などと訳した。現代語でいえば「ケア」であり「保育」である。注48も参照。

98 「粗野」「未熟」「野暮」などと訳した原語はすべて rudis。

99 ここで「教育」と訳した原語は eruditio。「教育を受けて粗野な状態 rudis を脱した教養ある人間」という意味である。

100 「育成」の原語は informatio。

101 マキャベリは十六世紀イタリアの政治思想家。主要著書『君主論』。一般的に、手段を選ばない冷徹な政治、権謀術数主義として伝わっている。コメニウスもそのように受け取っている。

102 プラット Hugh Plat (1552-1608) はイギリスの農事作家。

独訳も英訳もキケロ De divinatione 2 - 2 - 4からの引用だと指摘しているが、該当箇所はコメニウスの引用とかなり違っている。キケロの原文は docemus atque erudimus iuventutem「若者を教え教養を身につけさせる」だが、コメニウスは(institutio) informatio と言い換えている。また institutio がなぜカッコになっているのか不明。なお、このキケロの台詞をコメニウスは『大

103 教授学』や『母親学校の指針』でも引用している。『大教授学』の「あいさつ五節」ではキケロの原文の通りに引用しているが、『母親学校の指針』のドイツ語版エピグラムでは educatio に変えて引用している。

「教育を受け入れる」ここで使われている語は institutio である。educatio が家庭での子育てであるのに対し、institutio は組織的な勉強をさす。幼児期は educatio だけで十分で、institutio はまだ無理ではないかという意見に対し、コメニウスは幼児にも institutio が可能だと主張しているのである。

104 プラトンの想起説が特に顕著に現れているのは『メノン』十五節(81D)。ただし、プラトンの想起説から幼児教育の重要性が導かれるわけではないと訳者は思うのだが…。

105 「最初の教育の目標」という原語は Institutio。もちろんここでは幼児に早期の学校教育を施すことを主張しているのではなく、将来の学校教育のための土台を考えているのである。

106 クリュシッポスは注54参照。

107 サーヴェドラ Diego de Saavedra Fajardo (1584-1648) はスペインの作家、政治家。

108 『大教授学』の12ページに該当箇所は見当たらない。幼児の健康、体力については『母親学校の指針』第五章で詳しく論じている。

109 コメニウスは前の所では「実例、教示、練習」と述べていたが(注76)、ここでは「実例、教訓、訓戒 Exempla, Institutio, Disciplina」と別な表現を使っている。内容はほぼ同じだが。

110 「抵抗せよ」はオウィディウスの『恋愛治療』91行より。オウィディウスは医者だったわけではないが「治療」という書名なので医者と呼んだのであろう。

111 プラトン『国家』5-14(467A)、7-16(537A)。

112 ソフォニアス・ハーゼンミューラー Sophonias Hasenmüllerus (1572-1632) はドイツの教育者。

113 ルキダリウム Lucidarium。lucidus は明るいという意味。独訳の注によると十二世紀の民衆本に見られるという。ここでコメニウスは一六五八年に出版する『世界図絵』を念頭に置いている。第十章「児童期の学校」でもルキダリウムが言及され、そこでは Orbis Sensualium (Lucidarium) と表現されている。実際一六五七年の教授学全集の第三部では、oribis sensualium pictus : seu, Vestibuli & Januae L L. Lucidarium(世界図絵、すなわちラテン語の前庭と扉のルキダリウム)という題で絵なしの、さわりの部分だけが紹介されている。

114 サーヴェドラ Diego de Saavedra Fajardo (1584-1648)。コメニウスが言及しているのは Idea de un príncipe político cristiano (1640) と思われる。サイコロに文字を書くという構想は、すでにクインティリアヌスにもあり、後にロックも推奨している。しかしコメニウスほど詳細ではない。

115 エラスムス Desiderius Erasmus（1466-1536）はオランダのロッテルダム出身のルネサンス期最大の人文学者。膨大な数の著作を公刊しているが、教育論としては『キリスト教君主教育 Institutio Principis Christiani』（1516）『子どもの教育 Declamatio de pueris statim ac liberaliter instituendis』（1529）が有名。しかしいずれにも「一年間で」という表現は見当たらない。

116 スフィンクスはエジプトの神話に登場する、人間の顔とライオンの体の怪物。旅人に謎々を出して答えられないと食べてしまう。ここでコメニウスは謎々を子どもに出して頭を鍛えることを勧めているわけである。

117 アイスキネスは紀元前四世紀のアテネの弁論家、政治家。ここで彼の言葉はギリシャ語で引用されている。

118 直訳すると「生きているアルファベット」。説明にあるように、各々の子どもが一つのアルファベットを代表して単語を作るという方式である。天童の「人間将棋」の連想から「人間アルファベット」の訳語はいかがであろう。

119 ハルスドェルファー Georg Philipp Harsdörffer（1607-1658）はドイツの詩人。

120 コメニウスは『言語の扉』を出版した際に、辞典（単語帳のようなもの）と文法書を付録に付けていた。また「『言語の扉』の導入として『言語の前庭』を作成している。

121 オウィディウスの『恋の歌 Amores』3 - 4 - 16より。邦訳は『ローマ恋愛詩人集』中山恒夫編訳、国文社、一九八五年。

122 カンパネラ Tommaso Campanella（1568-1639）はイタリアの哲学者。主要著書『太陽の都』。コメニウスは『大教授学』でもカンパネラの名前をしばしば引いている。コメニウスがここで引用しているのは、英訳版、チェコ語版によれば Universalis philosophia seu metaphysica（普遍的哲学すなわち形而上学）だという。

123 ムーサは文芸を司る女神。

124 カステリヨ Sebastian Castellio（1515-1563）はフランスの神学者。宗教の寛容を説く。

125 ルビヌス Eilhard Lubinus（1565-1621）はドイツの神学者。

126 ホップ Hopf の Flores Biblici という書のことらしいが、詳細不明。

127 ベルナルドゥス Bernardus Claraevallensis（1090-1153）はフランス出身の神学者。

128 フェルゲンハウアー Paul Felgenhauer は十七世紀のドイツの神学者。

129 グリュプスは鷲とライオンを合成した想像上の怪物。

130 プリスキアヌス Priscianus Caesariensis は六世紀頃のラテン語文法学者。彼の『文法学教程 Institutiones grammaticae』は中世のラテン語教育において標準的な教科書だった。コメニウスは『大教授学』の二十四章と二十六章で、プリスキアヌスを間違えた時の罰を重くしないように注意している。逆に言えば、プリスキアヌスの文法を覚えられないと鞭打たれるのが慣行だったのだろう。

131 キュトラエウス Nathan Chyträus (1543-1598) はドイツの神学者。

132 ファビウス・クインティリアヌス Marcus Fabius Qvintilianus は紀元1世紀のスペイン出身のローマの修辞学者。彼の著書『弁論家の教育 Institutio Oratoria』はヨーロッパ世界ではエラスムスやビベスに至るまで圧倒的な影響力をもった。コメニウスが引用しているのは『弁論家の教育』の1-1-28だが、クインティリアヌスの原文は「きれいに速く書くための配慮は、どうでもよいことではありません」である。

133 カエキリウス Janus Caecilius Frey は十七世紀にパリで活動したドイツ生まれの学者。

134 クナピウス Gregorius Cnapius はポーランド出身の十七世紀の学者。

135 独訳によるとプラトンの『パイドロス』277C のソクラテスの言葉らしいが、該当箇所にはぴったりの表現は見つからない。むしろ『ラケス』が近い。

136 コメニウスは三つと述べているが哲学と神学しか挙げていないので、政治学を補う。

137 「論証可能な技術と弁別の技術」の原文は Ars apodictica et Diacritica。

138 Collegium Gellianum。コメニウスはパンパイデイアの青年期と若年期の学校で、また『大教授学』のアカデミア（大学）31-11で、大いに推奨している。Collegium つまりグループで、同僚同士で討論する方式のことであろう。ゲッリウスについては注86を参照。

139 ラコニア風とは古代スパルタの簡潔な文体のこと。

140 フリシュリン Frischlin の詳細は不明。「ラテンとイタリア…ルティティアとパリ…」はいずれも同義語である。

141 テレンティウス Publius Terentius Afer は紀元前二世紀のローマの劇作家。独訳の注によると『自虐者 Heautontimorumenos』からの引用。

142 コメニウスはセネカの書簡集117というが、おそらく116。そこでセネカは「悪徳は中から追い出すよりも、入ってくる前に閉め出す方が容易だ(116-3)」と述べている。

143 ここのセネカの言葉は、独訳も英訳も書簡集116を指示するが、該当箇所は見当たらない。

144 ホメロスの叙事詩『オデュッセウス』の主人公のこと。12-174。

145 原文は「ヴェルラムの37ページを見よ」となっている。フランシス・ベーコン(Francis Bacon 1561-1626)の『学問の進歩』のことである。ベーコンは一六〇五年に英語でThe Advancement of Learningを出版し、それをラテン語に改めて一六二三年にDe dignitate et augmentis scientiarumを出版した。コメニウスが指摘しているのは、ラテン語版では第二部第七巻第三章、英語版では第二巻‐A‐Ⅲ(岩波文庫『学問の進歩』では二百八十五頁以下)に該当する。ここでベーコンはthe culture of the mind of man(人間の精神の耕作)という表現を多用している。

146 キプリアヌスThascius Caecilius Cyprianusは三世紀のカルタゴの司教。

147 アリスティデスAelius Aristides (AD 117–181)は二世紀頃のギリシャの弁論家。

148 ビベスJuan Luis Vives (1493-1540)はスペイン出身の人文学者。イギリスのトマス・モア、オランダのエラスムスと並び称されるルネサンスの人文学者。『De Disciplinis 学問論』を執筆し、その中で教育についても論じ、コメニウスにも大きな影響を与えた。邦訳『ルネサンスの教育論』明治図書。

149 この三つのクラスの分類は直前に述べたことと混乱している。

150 クラウバークJohannes Claubergius (1622-1665)。

151 アントニウス・ヴァレウスAntonius Walaeris。

152 『事物の扉Janua rerum』。コメニウスは『言語の扉』を執筆した後、『事物の扉』の執筆に取り組んでいる。それはやがてパンソフィアに発展することになるのだが、学校用の教科書としての『事物の扉』にも取り組み続けた。

153 箴言、「御もとにあって、わたしは巧みな者となり、日々、主を楽しませる者となって……人の子らと共に楽しむ」「知恵の道は喜ばしく、平和のうちにたどって行くことができる」。

154 クラメリウスDaniel Cramer (1568-1637)はルター派の神学者。

155 ベーコン『学問の進歩』岩波文庫の129ページ以下が該当する。

156 プルタルコスの『英雄伝』(対比列伝とも)のようなものを指しているのであろう。

157 デカルトRené Descartes (1596-1650)は『方法序説』を出版した後、疑問や反論を加えた学者への返答の形で『省察』を出版した。『ウォエティウスへの反論』は『省察』の第二版に加えられたもの。

158 キケロの「カティリーナ弾劾」の中の台詞。ローマの良き慣習・風俗が乱れたことを憂いた言葉。ラテン語の名演説として教科書に必ず採り入れられた。

159 独訳も英訳もプラトン『国家』498Cを指示するが、そこでは「体力が衰えて政治や兵役の義務から解放されたら……哲学に専心する」となっている。

160 トリスメギストス Hermes Trismegistus は伝説の神秘思想家、魔術師、錬金術師。

161 なぜか、壮年期の学校にだけこのように前書がついている。

162 アウグスティヌス MAL38, 881 Sermo CLXL（チェコ語版の注による）

163 ガレノス Claudius Galenus は二世紀頃のローマの医学者。ヨーロッパの医学の基礎を築いた。

164 スキュラの岩礁とカリュブディスの渦はいずれもギリシャ神話に登場する怪物で、メッシーナ海峡の両側で船を待ち受けて、スキュラは船乗りを食い、カリュブディスは船を渦潮で飲み込んでしまう。

165 プリニウス Gaius Plinius Secundus は古代ローマの博物学者。その甥の Gaius Plinius Caecilius Secundus は小プリニウスと称される学者、政治家。ここでの引用について、英訳の注は大プリニウスを指示するが、チェコ語版は小プリニウスを指示している。

166 「生業」の原語は status vitae。職業よりも広い意味で使われているので、「生業」と訳してみた。

167 「ウリムとトンミム」は祭司が胸当の中に入れていた器具。出エジプト記28 - 30、レビ記8 - 8など。

168 「命が二倍…」はセネカの書簡集49 - 5に、キケロの言葉として紹介されている。

169 プリニウスの言葉（『名言集』百六十八頁）。

170 カプニオンとはロイヒリン Johann Reuchlin (1455-1522) のこと。宗教改革期のドイツの人文学者。

171 セネカ書簡2 - 2にあるが、実はもっと以前の、マルティアリスの言葉（『名言集』百二十六頁）。マルティアリス Marcus Valerius Martialis は紀元一世紀頃のスペイン出身の詩人。

172 クリストフ・プランタン Christophe Plantin (1520-1589)、ラテン名クリストフォルス・プランティヌスはフランス出身の出版業者。ベルギーのアントワープで成功する。商標は「黄金のコンパス」と呼ばれた。

173 エピクテトスは古代ギリシャのストア派の哲学者。

174 オウィディウスの『哀歌 Tristia』より。

175 4世紀頃のローマの詩人クラウディアヌス Claudianus の言葉。

176 アリストテレス『詩論』第五章。

177 アウグスティヌス De bono viduatis 22 - 27（チェコ語版の注による）

178 ユウェナリスの『諷刺詩』8 - 140、引用語辞典より。

179 クセノフォン Xenophon は紀元前五世紀のギリシャの哲学者。ギリシャ風に表記すればクセノポン。ソクラテスの弟子で『ソクラテスの思い出』を書き残している。アゲシラオスは当時のスパルタ王の名前。この著書は京都大学学術出版会の西洋古典叢書で翻訳されている。

180 オウィディウス『恋の治療薬』より。

181 このマルティアリスの詩は『ギリシャ・ローマ名言集』八十二頁で紹介されている。

182 アルゴスは古代ギリシャの都市名。サルディスは現代のトルコにあった古代都市。

183 アイリアノス Claudius Aelianus は二世紀から三世紀頃の古代ローマの作家。『ギリシア奇談集』が岩波文庫で翻訳されている。

184 セネカ書簡集5-4。セネカ全集の訳者は最後の行を「身ぎれいさを失わずとも質素な生活はできる」と訳しているが、コメニウスの引用の通りに訳した。

185 これまで何度も引用されてきたセネカではなく、父セネカ Marcus Annaeus Seneca の Controversiae 10-9。

186 オウィディウス『恋愛指南』岩波文庫九十一頁。

187 ティブルス Albius Tibullus は紀元前のローマの詩人。

188 ウェスパシアヌス Titus Flavius Vespasianus は紀元一世紀頃のローマの皇帝。暴君ネロの死後の内乱状態を平定して七十年に帝位につき、病身ながら七十九年に立ったまま死んだと伝えられている。クインティリアヌスを勅選の弁論術教師としてとりたてた。スエトニウス Gaius Suetonius Tranquillus の『ローマ皇帝伝』は岩波文庫で翻訳されている。

189 リウィウス Titus Livius は紀元前のローマの歴史家。『ローマ建国史』が岩波文庫で翻訳されている。

190 アリストテレス『ニコマコス倫理学』第三巻第六章(115a26)より。アリストテレスが死は恐ろしいと述べているのに対し、ソクラテスは「死は少しも恐ろしくない」という(『パイドン』67E)。

191 「正しく哲学している人々は死ぬことの練習をしているのだ」『パイドン』67E。

192 ホラティウス『書簡集』1-18。

193 パンソフィアはこのような八つの世界から構成されている。注17も参照。

194 「教育」と訳した原語は Cultura。

195 アウゲイアスはギリシャ神話の人物。アウゲイアスが所有していた家畜小屋は一度も掃除をされたことがなく汚れていたが、ヘラクレスが一日できれいにしてしまった。アルペイオスは河の神。

# 〔人間についての熟議の序文〕

# 人間に関わる事柄の改善についての

# 総合的熟議

人類へ、とりわけ
ヨーロッパの
学識者、宗教者、権力者へあてて

エレミア　49-7
テマンには、もはや知恵がないのか。息子たちの相談は尽きたのか。彼らの知恵は無益になったのか。

箴言　15-22
相談しなければ思考は分散してしまう。しかし相談する人が多ければ確実になる。

ヨブ　34-2、4
知恵ある者はわたしの言葉を聞き、学識ある者はわたしに耳を傾けよ。
わたしたちは何が善いかを判断し、何が善いかを見分けよう。

## 熟議の著作の概要

人間についての熟議

- 序論　ここでは私たちが何を提示するのかが説明される
  パンエゲルシア、すなわち目覚まし ―― 第一部
- 本論　普遍的改善が提示される
  - 基礎、普遍的光　パンアウギア ―― 第二部
  - 以下の事柄を秩序立てる個別の試み
    - これまで全く混乱していたすべての事物を　パンソフィア ―― 第三部
    - これまで全く錯乱していたすべての精神を　パンパイデイア ―― 第四部
    - これまで全く錯綜していたすべての言語を　パングロッティア ―― 第五部
  - 完結　パンオルトシア ―― 第六部
- 結論　道が開かれているのが見えるこの望まれている事柄が再度鼓舞される。
  これはパンヌテシア、普遍的奨励と名づけられる ―― 第七部

## ヨーロッパの光である、学識ある人々、敬虔な人々、卓越した人々にあいさつを送ります。

### 序文の理由

**1**　アテネには、アレオパゴス[1]では前置きと熱狂なしに話すようにという規則があった。偉大な方々よ、あなた方は私にとってあの偉大なアテネ、偉大なアレオパゴスである！　しかし、私はこの規則に同意しない。まずひとつには、あなた方にアレオパゴスにはなかったような重大な問題が提示されるからである。それについて前もって忠告しないのは誤りと言えよう。また、あなた方の多くはいろいろな事に従事しており、何か特別の理由で刺激されないと十分に耳を傾けてくれないということを私は知っているからである。聞こうという人にこのようなことを言うのは不都合ではない。さらに、偏見に対して、私のためにもまたこの問題のためにも、楯のみならず堅固な壁で防いで今まさに私は進み出そうとしているのだから、どうか、私に前置きを言わせてほしい。

### 企ての古さ、それ同じく新しさ

**2**　私たちが着手しようとしていることを見ていただきたい！　人間に関わる事柄の改善について総合的に審議することである。これは、事物の始まり以来これまで、広範なやり方で常に企てられたことである。だから問題そのものに新しいことは何もないが、方法についてはまったく新しい。というのは、人々の精神が麻痺してしまって、自分の悪を感じなかったり嘆かなかったり、善い方向へ変えようと熱望しなかったりということはけっして起きなかった。物事の堕落以来、どの時代、国民、状態でも、心ある人々はむしろ力の限り努力したのである。しかし、これまでの堕落の改善においても、すべての人が一致協力することはなかった。そこで今や、全世界が善くなりうるように何を勧めるべきかが示されるのである。

**心ある人々は常に問題の改善に努めてきた。だが成果はごくわずかだった**

**3** 最初のことについて言えば、すべての知恵ある人々の思考・言葉・行為が古代から執筆されて多数伝えられており、日々ますます登場している、それは明らかだ。それらの努力はみな、その意図について見るならば称賛に値する。だが使用した手段は様々だった。結果について見れば、これまでどれも願望に十分応えていないと判断できる。なぜなら、世界の混乱は相変わらず存続しているからである。個々においては多くのことが神の慈悲で日々すばらしく改善されているとはいえ、人類共同という点では何も変わらなかった。むしろ新たに混沌へと落ち込んでいるのである。

**そこで、まだ試みられていない普遍的な道で、同じことが試みられねばならない**

**4** かくも様々な不条理な破滅的な異常な事柄を、なんとか有効に改善し、そしてついに、ついに、人類から普遍的に除去できるよう試みることを、何が妨げているのだろう。私たちが他人に従って、また逆に他人が私たちに従って、同様のことを試みるのを何が妨げているのだろう。たしかにこの問題はとても重要で、企てが何千回失敗するとしても試みないよりはましである。とりわけ、まだ試みられていない新しい道が何であるかを神がお示しになるとすれば、私たちのこの道がどのようであるかが明らかになるだろう。なぜなら私たちの道は、徹底して普遍的であり、人間の願望の（さらに言えば神ご自身の願望の）最終目的を指し示している。私たちをこの目的へと導くのに適した偽りを知らない確実な手段を探求して、それはすでに神の助けによって見いだされたのだ。そしてこの手段を使用する方法は、とても容易なのである。だから残っているのは、やろうと欲することだけであり、何百年来望まれていた作業のために神の援助を懇願し、着手することだけなのだ。

**以下の著作の七つの区分**

5　この道をだれの目にもはっきりと示すために、以下の作業を七部からなる著作で順序よく説明しよう。

**I　普遍的な目覚まし**

6　私たちはまず最初に、「人間に関わる事柄」ということで理解すべきことは何かを決定しよう。それは人間の事物との交際、人間同士の交際、神との交際である。人間は事物を力強く支配しており、人間同士は理性的に付き合っており、神には永遠に従い、人間の意志が神の意志に従って至高の存在と結びつくよう準備する。人間は創造主の似姿として創造されるよう命じられたのだ。要するに、人間に関わる事柄とは学問・政治・宗教である。これら三つがどのようであるかを示し、神の意図に従ってその原型を考察するなら、あるべき様になっているものは何もなく、すべてが混乱に陥っていると認めざるをえない。それは、私たちの悲惨の感情と、改善への願望とを呼び覚ます（何かのやりかたが可能ならばだが）。そこでこの第一部はパンエゲルシア、すなわち普遍的な目覚ましと名づけられよう。

**II　パンアウギア**

7　次に、可能性の道を探究し、人間の混乱の暗闇を効果的に取り除くための単一かつ唯一の道が見いだせること、それはあらゆるものにふり注ぎ広がり力強い精神の光であることを示そう。この部分は、パンアウギア、すなわち普遍的光の道と呼ばれよう。

**III　パンソフィア**

8　さらに私たちは、この光に対して、すべての事柄をその光の領域内にどのようにして定着させうるかを探究しよう。そうして、精神の目の前に、どこでも途切れていないすべての事物の連鎖を提示し、存在しているすべての事柄を、存在している順序で、存在している有り様のままに、一目で見れるようにしよう。これはパンタクシア、事物の普遍的な連関ということになろう。これまではパンソフィアという名称で呼ばれていたものである。[2]

**IV　パンパイデイア**

9　第四部では、人間の精神を、この光の領域内に定着させる方法を追求しよう。そうして誰もが洗練されて、事物のあの構造と天の下にありうるすべてを把握できない人は誰もいないようにするのである。これをパンパイデイア、精神の普遍的教育[3]と呼ぼう。

**V　パングロッティア**

10　第五に、全世界のすべての国民、人々、どの言語を話す人々にもこの同じ光が力強く浸透するように、この光を広める方法を追求しよう。これは言語の媒介なしでは行われない。熟議のこの部をパングロッティア、すなわち言語の普遍的な開発[4]と呼ぼう。

**VI　パンオルトシア**

11　第六に、ここまで論じられたことを手がかりにして、学問・宗教・政治の現状の改善がどうすれば可能かを示そう。神の命令で、光輝く、敬虔な、平和な時代をこの世界にもたらすことができるのかどうか。これをパンオルトシア、すなわち普遍的改革と名づけよう。

**VII　普遍的な励まし**

12　最後に、これらすべての可能性と容易性を証明した後で、あなた方学識者、神学者、世俗の権力者のすべての方々に対して、また世界中のすべてのキリスト教徒に対して、このようにかくも望まれ望まれるべき問題に真剣に着手するようにという励ましがなされる。

**かくも重大なことを行う人は、どのような確信のもとに敢行すべきか**

13　以上が私たちの著作の主題である。私がこのように説明し始めるとき、マクロビウス[5]の書いたことが心に浮かんだ。「ウェルギリウスは自分の作品の初めにいつもこう述べた。『問題の始まりはほとんど欠点だらけのように私には思われる』と」。私の場合も同様だとすれば（いやさらに大きい）、神が私たちを憐れみ、私たちの力を越えたことを神の力で完成させてくれますように！　確かにこれは力を越えた事業なのだ。しかし熟慮相談がうまく進めば報酬は大きく、どんな困難も、いわんや不可能の印象も心から消え去るはずだ。「愛は苦労をいとわない」ものである。私たちが神を愛し、隣人を愛し、私たち自身の魂を愛しているのだとしたら、非常に有益なこのことを始めようではないか。『もしあなたが信じることができるなら（とキリストが信仰をためそうとする人に言った）、信ずる者にはどんなこともできる』その人は涙ながらに言った、『信じます。主よ、不信仰な私をお助け下さい』（マルコ9-23）」

おお、主よ、あなたは私たちの信仰が揺らいでいることをご存じです。このような重大なことに対して私たちが無力なことをご存じです！　けれども私たちは、私たちの弱さの中にあなたの力強さがありうることを知らないわけではありません。私たちの弱々しい信仰を助けたまえ、私たちの不確かな力を助けたまえ！　これは私たちの作業ではなく、あなたの慈悲の御業なのです。あなたのか弱い器官である私たちによって、あなたの手があらかじめ予定していたように物事が運びますように！

## まずキリスト教徒に聞いてもらうように要望するのはなぜか

**14**　神が私たちに対して、これらの問題について考え、望み、見出すのに何を与えたかを述べる前に、まずキリスト教界の光明であるあなた方に向かって訴える。どの宗教、民族にせよ知恵ある人々、敬虔な人々、卓越した人々よ、神かけて、あなた方みなが私たちの声をどうか喜んで聞いてほしい。私は、真実で神聖なことを述べ懇願しているのだ。それは以下の理由による。

## 1　なぜなら、この問題はまずキリスト教徒に関わるから

15　第一に、ここでは共通の救済の事業が問題とされているのだから、共通の支持で行動できるのが一番良いと私は納得しているし、あなた方みなが同じく納得するよう切望する。たしかに、私たちが提案していることはどれもみな、すべての人々、あなた方一人ひとり、もちろん私、死すべき定めの誰にでも、まったくもって関係しているのだ。だからあなた方抜きで、またはあなた方に秘密にして、行動しようと望んだりするだろうか。公共の事柄は公けに行われなければならない。すべての人に等しく関わる事は、すべての人が行い、たしかにすべての人が知るべきだ。公かの格言「われわれ抜きでわれわれに関することは何も決められない[6]」は、なにか一つの国民の特典ではない。公的な自由の土台であり、神が全人類に与えた特権である。私たちがこれをあまねく損ない、一方が他方抜きで審議し、決定し、執行するなら、相互の疑い、争い、不和、暴力、抵抗、災いはけっして止まないだろう。そのため私たちは、一方が他方に隠れて協議したり行動したり、個人的に実行したりすることを拒否する。むしろ、すべての人が共同で熟慮し始めようではないか。私たちは手本を示そう。

## 2　キリスト教の信仰の普及が目指されているから

16　第二に、私たちの意図の主要目的は、キリスト教国家の指導者であるあなた方すべてを、共同の協議に厳粛に招集することだからである。この目的とは、諸国民の光であるキリストを他の国民に知らせることである。キリストは、使徒と後継者に、世界中に行き、すべての被造物に福音を広めるように命じ、そして世の終わりの完成まで共にいると約束した（マタイ28）。このキリスト教世界が、その時使徒がこの命令を実行し、福音を国民から国民へ伝えた証拠である。しかし彼らの後継者である私たちにおいてはこの熱意が冷めていることを、これまでの不信仰の世界が示している。すでに当時聖クリュソストムス[7]はこの怠慢について、マタイの福音書13のキリストのあの言葉「天の

国はパン種に似ている」を説明してこう嘆いた。「十二人が全世界の麦粉を熱心に発酵させたとしたら、私たちの貪欲と怠惰はどれほど大きいことであろうか。私たちの数は無数なのに、残りの国民を改宗させることができない。私たちは何千もの世界を満足させなければならないのに、云々」。この発言は正しく賢明で敬虔なことである。神の慈愛の炎が私たちを燃え立たせるなら、私たちが福音の光によって輝いている、さらに私たち自身が主における光そのものである(使徒が述べたごとく)というだけでは十分と思わないだろう。大地を被っている暗闇を憐れむことだろう。私たちは、どの国民もこの同じ光によって照らされるように望み、祈り、できる限りそう努力するのを止めようとは思わない。しかしこれまでこのことはおろそかにされてきた。闇に対する光の勝利は、正当な方法では得られなかったか、あるいはまずく得られただけだったということは事実が示している。そのため私たちキリスト教徒は、地上の微々たる場しか有しておらず（それとても全部が平静なわけではない）、地上の残りは、キリストと世界の光を知らないかあるいは冒涜している。しかし、人間の文化と見なされるその他のこと、つまり徳行・政治・学芸は、私たちのもとでわずかに繁栄しているものの、他所では未開で野蛮で暗黒の状態である。信仰や、学問・技術や、政治やらを強力に普及させる手段が私たちにはほとんどない。現状に働きかける力がほとんどない。それだから、かくも深く眠り込み、自己と隣人の滅亡にあまりにも無頓着なキリスト教徒を、今こそ何らかの異常な叫びで目覚めさせる時だと考えるべきではないだろうか。テバイのクラテス[8]は、あまねくなおざりにされていた子育てについて両親に警告しようとして、塔を捜してそこから皆に呼びかけて聞かせようとしたのだが、そのような塔は見つからなかった。私たちは、救済がなおざりにされた人類に警告するための、そのような塔を見つけられると思う。なるほどそれはまだ用意されていないが、私たちの熱意と神の協同によって、たやすく用意できる。だから急いで、この塔を建て、そこに登って全世界に呼びかけるべきではないのか。しかしこのような事柄は、多数の目と手を必要とするので、あなた方キリスト教徒全員の前に提示しているのである。「トロヤ人もルティルス人も、何ら差別なく取り扱われる」[9]。私たちは、民族、宗派、党派を、あるいは哲学上、宗教上、政治上の分派を顧みない。統一を勧める人は、分派の熱意を無視する必要がある。そしてこれらすべてはあなた方すべてに、以下のように提示される。あなた方はキリスト教徒なのだから、キリストの王国を引き裂かずに統一し、縮小せずに拡大し、暗くせずに明るくして、忠実に配慮し気づかう義務があるのだ。またあなた方は学識があり知恵があるのだから、未開の野蛮人を神の学芸で（私たちと共に光に与るために）取り囲む根拠を決定することに熟知しているだけでなく、発明を発明によって増加させ、相談を相談によって強めるのに適任でもあるのだ。

### 3　キリスト教界の名においてその他の人々に提示されるべきだから

17　第三の理由は次のとおりである。私たちは、私たちの信仰の共通の光を（学問の小さな炎の後で）、暗闇の中に座している人に提示しようと準備しているのだが、この灯火そのものを、私たち共通の世界であるヨーロッパの名において提示する必要があるということだ。なぜならすべての人に対する、共同の救済の努力のための公的な招待は、一人や少数や、自分の国や宗教・宗派の名における招待よりもずっと重みがあるはずだから。まず私たち自身の間で、問題全体についての一致が必要だ。私たちヨーロッパ人はいわば一つのいっしょの船に乗っており、アジア人、アフリカ人、アメリカ人、その他が各自の小船に乗っていっしょの世界と世界の災難（無知、迷信、隷属の悲惨など）の同じ大海を漂っているのを観察している。私たちといっしょに船に乗っているキリストがすでに十分私たちを祝福し、私たちの網を神秘の無限の富で一杯にしているとすれば、他の船の仲間に、こちらにやって来て手伝うよう合図を送るよりも良いことが考えられるだろうか。もしも彼らがやってくるなら、神の祝福で満たされた私たちの船を港にうまく運ぶことができるだろう。さらに、私たちを引きつけている知識や学芸などの世俗のものを放棄して、私たち多くの者がこれまで不十分だった認識をもっと純粋な感情にして、神に従うようになるだろう。

## 4　キリスト教徒はまず他の誰にもまして、戦争の狂気を除去すべきだから

18 第四。このような偉大な試みを、誰よりもまずあなた方に提示する機会を神が与えた。神は怒りの大洪水に身を震わせ、その怒りは今は地上の住人、特にヨーロッパ人に注がれている。「すべての人が互いに剣を手にして対立して、国と国、町と町が戦っている。主がすべてを混乱させたからだ（歴代誌2-15-6）」なるほどかつて、このような広範な堕落の中エリヤが現れて、「彼は父の心を子に向けさせ、子たちの心を父に向けさせた。主が来て、破滅をもってこの地を撃つことのないようにするためである（マラキ1-24）」。だがそのエリヤとは誰か。彼は神に背く者をどのように改宗させるのか。迫っている呪いをこの地からどうやって防ぐのか。神は、民への怒りの時にエゼキエルにその証拠を示している。「神は、石垣の間に立ち、神の前に立ってこの地を滅ぼさないようにする者を捜したが、見つけられなかった。それゆえ、神は憤りを彼らの上に注ぎ、怒りの火で彼らを滅ぼした（エゼキエル22-30、31）」。だから、誰もがやって来て、神の怒りをそらすやり方を考え、心配すべきなのは明らかである。それには神に嘆願するしかないのではないだろうか。人々が互いに、また神に反して怒るのを止めるように警告するしかないのではないか。父の心が人間の子へ、人間の子の心が天の父へ向くようなやり方によってではないか。また人間の心をお互いに向き合わせて、このような狂気の後で話し合う時が来ている。これには、オルフェウスのとても甘美な調子のよい竪琴よりも良いやり方があるだろうか。キケロは、地上の平和な時代を予言し祝ってこう述べた。「武器は市民服に譲るべし、戦勝の月桂冠は称賛の言葉に譲るべし[10]」。そこで私たちも、キリスト教の地上を荒廃させた恐ろしい軍神マルスが消え去るようにこう望む。「すべての国民はキリストの相続人となり、平穏に暮し草をはむ一つの群れとなろう（イザヤ11-6）」「民は、剣を鋤に、槍を鎌にする。こうしてどの民も他に対して剣をふりあげず、もはや戦いを学ばない（イ

ザヤ2-4)」すべての人間の魂を、残虐から柔和へと変えるような竪琴がないとしたら、私たちは何を願ったらいいのか。もしもそれが見出されたとしても、甘美に愛らしく奏で始める手段がないなら、どう願ったらいいのだろう。しかしもっとも甘美な父は、地上に鳴り響く調和の竪琴を、すでにすでに、私たちにもっとも甘美に示しているのである。手を伸ばし、竪琴を取り、指で奏で、甘い響きで耳をうち、魂を柔和にさせる、もしもそういうことを怠るならは、私たちは恩知らずで、神と人間を侮辱する者として罰せられるだろう。神が私たちに光と真理の確実な道を示したからには、私たちは、サマリア人の陣営に対して敵の逃亡と神の解放の慈悲を最初に知らせたあの重い皮膚病患者のように話すのだ。「きょうは良い知らせの日なのに、黙っているのか。夜明けまで待てば、私たちは罰を受けるだろう。さあ、王の宮廷に行って告げよう。そこで彼らは門へ来て、これを門番に告げた(列王紀2-7-9、10)」あなた方学識ある方々は、人類の知恵の門番だ。あなた方神学者は、天の王国の門番だ。あなた方は王の宮廷で次のように告げるために最初に呼び出された。「私たちを憐れむ神は、これまで私たちを包囲している至福の敵である野蛮、無信仰、あらゆる種類の混乱を成功裡に討ち取ることができる道を私たちに示している!」と。

### 5　キリスト教の胎児が生み出されるとの同じ努力が促進されねばならないから

19　人類に捧げられたこの著作を他に先立ってあえてあなた方に提示する第五の理由は、現代そのものにある。現代は何か驚くべきことが生み出され、より良いものが提示され、とりわけあなた方のもとで至る所で努力が吹き出ているのだ。この世の創造以来私たちのようなこのような時代はほとんどなかった。かの言葉がそれをはっきりと示している。「多くの者がやって来て、知識が増大するだろう(ダニエル12-4)」なぜなら多くの人々が幸運にも天と地を巡り、日々多くの秘密を発掘し見つけているからだ。個々の事が見事に前進しているとすれば、普遍的なこともそのように試みられる時ではないのか。最近ヨーロッパの私たちの所で、あの微かな調和の光が、『言語の扉』の題で火花となって飛び散り、かくも急速にアジアに広がり、不信仰者の下でさえ偉大な望みを刺激し始めて、同じ文章が求められているほどだとすれば、それを、パウロがマケドニア人の夢を見て、来て助けてくれと解釈したのと同じように解釈することが許されるのではないだろうか。つまりパウロは主に、マケドニアに福音を説くように呼び出されたのである（使徒16-9、10）。だからあなた方キリスト教徒よ、あなた方の下でも、モーセのように、神の民の導きとしてだけではなく、アロンのように、神の祭祀の祭司長としてだけではなく、あのベツァルエルとオホリアブになっていただきたい。神は彼らを神の霊で満し、知恵と悟りと知識で満たしてどんな仕事でも何でも作り上げることができるようにしたのだ（出エジプト31-2）。まさにこの調和にみちた普遍的著作を、他の誰よりもまずあなた方が考察し、引き続き努力して、神の栄光の下に提示すべきなのだ。

### 6　総合的な改革の希望は、すでにキリスト教徒の間で抱かれ刺激されている

20　第六に、この世の終末が迫っているとすべての人が知っている（神の知恵はこの地上で私たちとともに劇を演じている）。どの派の神学者もすでに、7番目の天使の声の日が近いことを認識し始めている。「そのラッパが鳴り始めると、神がその下僕である預言者たちを通してお告げになった秘密が成就される（黙示録10-7）」。どんな秘密かは、黙示録の11章15節から明らかである。「第7の天使がラッパを吹き鳴らすと、天に大きな声がこう言うのが聞こえた。この世の国は、われらの主とキリストの国となった。主は世々限りなく支配されるであろう」。すべての預言者が預言した神の秘密はこうである。「キリストの国は、天の下のすべての国民に来るであろう」。それはキリスト自身も預言したし（マタイ24-6）、またキリスト以前の旧約の預言者すべて、特に、イザヤ、エゼキエル、ダニエル、ホセア、ゼパニア、ゼカリアが預言した。それらの預言書はみな、天の下の教会と聖者の国の勝利のうちに終わっている。また、聖書の雅歌やその他の歴史書にも同じようなことが見出される。この預言の光は、ますます輝き始めている。そこで、

神の判決を調べた人は誰もがみな、すべての民による地上の光輝く改革が、最後の時に保持されると知っている。ローマ・カトリック教徒トマソ・カンパネラ[11]ですら、神の国と救世主の国について書いたと言われているのだ。そこで、ある者は神の神託の甘美な素晴らしい希望を抱き、預言と結果の調和から実現の時と程度を追い求めている（各人に与えられた恩寵と、あの預言の光の程度に従ってだ）。また、神が見せていることを、教会の公的な判断に委ねている（預言者の霊は預言者に服従するはずだから（コリント1・14・32））。そのような同じ普遍的再生の道を、人間の理性で調べ、そうしてその道が発見されて、神の教会の公的な判断に委ねる時が来ていると思えるのだ。

### 7　主要問題について分裂が優勢なところでは、まずそれを止めるべきだから

21　第七の最後の理由、事態の改善についてのこの相談を他の誰にもましてあなた方キリスト教徒にもちかけたのはなぜか。またすべての人がこれらを見、読み、判断するのにふさわしいとかくも厳粛にお願いするのはなぜか。それはあの不幸な分裂が、あなた方を地上の他の民にもまして惨めに切り裂いているからだ（あなた方が事態の改善に最大限努力しているとしてもそうなのだ）。おお、キリスト教徒、神に愛された民よ、あなた方の哲学、神学、政治学に関する争いは、無限で果てしなく、あなた方が自分たちの善を知らないことは明らかだ。ああ！　私たちは無数の意見に分裂しており、そこから生じている憎悪と混乱は度外れで限りない。不誠実者を目の当りにして、お互いに実に激しく怒り狂っているが、どうしてそうなっているのか誰も注目しない。私たちは感覚が麻痺してくると、事態がよく分からずにもうろうとなるものだ。有効な治療法は、これまでどの試みにおいても明らかにされていない。慣れ親しんだ道は解けない迷宮のようで、出口が見えないのだが、その道を捨てて、新しい土台から、一致協調の回復に努めるより他に、良い考えはないように思える。それはつまり神そのものを見習うことだ。神は私たちとの無意味な争いをたちまち除去して罪をすべて無にし、キリストにおいてすべてを見逃してくれた。神は私たちに何も要求し

ない。ただ、「新田を耕し、いばらの中に種をまかないように気をつけ（エレミア4‐3）」「新しい創造物を作る（ガラテヤ6‐15）」だけだ。おお、卓越した人々よ！　あなた方の多くの人の多くのすぐれた改善の努力は公的に知られている。しかしまたその大部分は、確証がなく持続せず成果がないということも同じく周知の事実なのだ。もしもその原因を知りたければ、どうかこれを読んでほしい。部分的な努力が共通の善を遅らせているということが分かることだろう。つまり、ある人は学校を改革し、ある人は教会を改革し、またある人は政治を改革するが、結びついているその他のことを同時に改革しない（もちろんまずそれぞれの改革は必要だが）ので、大きく前進しなかったり、あるいは以前より大きくずっと危険な新しい断絶が生じたりして、いつもまたすべて元の混沌に陥ってしまうのだ。だから、お願いだからもしよければ新しい協議に耳を傾けてほしい！　すべてを同時に企てるなら、もっとよく前進するかどうか、験してほしいのだ。不確かなことについて争うのでなく、確実で不動のことに従うことによって、ずっと容易に争いを終わらせることができるのではないかと、験してほしい。何らかの希望はある。というのは、私たちはもう分裂に疲れている。他を馬鹿馬鹿しいまでに圧迫したり追いつめたりすることに疲れきっている。しかも他を征服したり打ち負かしたりもできない。そこで、よく考えることが残されている。分裂を分裂によって除去するのはおそらく神の意志ではなく、正しい道でもない。統一を統一によって固めること、それができること、やるべきことことであり、それがすべてである。というのは、私たちの物事はみな互いに分裂しているが、アダムの中に、人類の両性の根幹の中に、統一の根をもっているからだ。なぜならすべての国民はあの最初の根から自然に出てくる枝であり、それと同じく神の言葉は新しい事実へ向けられている。「あなたがわたしのしもべとなって、ヤコブのもろもろの部族をおこし、イスラエルのうちの残った者を帰らせることは、いとも軽いことである。わたしはあなたを、国々の光となして、わたしの救いを地の果にまでいたらせよう（イザヤ49‐6）」また同じく「ひとりの罪によってすべての人が有罪と定められたように、ひとりの正しい行為によって、すべての人が義とされて命を得るのである（ローマ5・18）」このように私たちはアダムから罪と死を分けもっており、同じくキリストから義と命を共有できるようにと、願い、できるかぎり配慮しないといけない。「キリストは父なる神によって地にあるもの天にあるものすべてを和解させた（コロサイ1・20）」私たちキリスト教徒が和解しないならば、どうやって不信仰者を納得させるというのだろう。

**この提案の最高目的**

**22** 保証人である神にとって、これはゴルディオスの結び目[12]よりも解く価値がある事業である。おお、キリスト教界の指導者であるあなた方よ、結び目を解く技で、あるいは断ち切る互いの愛の剣で、この仕事を提示する。あなた方の不幸な不和を、三つの聖なる幸福な協調へと変えねばならない。神の慈悲によって、あなた方の間に普遍的な同意が得られたら、光と真理を、平和と平穏を、そしてそれによる他の世界の真の幸福を、強力な神において用意された道によって、共有するのだ。

**これらは、努力すればそれだけ有効になる**

**23** これがどのような道なのかは、以下の著作で明らかにされよう。そこでは、人間に関わる事柄の普遍的改善のための私たちの願望、忠告、警告が提起される。ある人、ある国民、ある宗教、ある宗派にとって危険が恐るべきかどうかによって、物事が前進したりしなかったりするだろう。前進すれば世界に利益をもたらすが、前進しないとしても、私たちの願望は、神の栄光と人間の共通の救済のために神とこの光の前へと提示されたのである。少なくもそれは、これまではおそらく触れられなかった多くの問題がもっとよく評価される機会となりうるだろう。そこからキリスト教徒の聖なる熱意が高まり、多くの人の救済がたえず促進されることも可能となろう。

**力はこれに十分であるか。力がないとしたら意志。それが人間の判断に服さない限りで**

24 この願いのための力が十分でないとしたら、どうしようか。神は行いを意志に従って評価する。思慮ある判定者も同じだ。キケロは言う。「まことに第一位を求める人は、第二位または第三位に達しても名誉なり[13]」。（当面の問題では、最善にもっとも近いことが偉大なのだ。）それも弁解には十分でないとしたら、私たちの力やそこから生じる仕事を非難し軽蔑するのも許されよう。だが私たちの提案は人間の判断が下されるような類のものよりはるかに偉大で神聖なのだから、そんなことになってはいけない。すべての人の救済を熟慮するようにと、愛がせきたて、神が命じ、血縁共同体が切望している。自分自身の救済を隣人の救済よりも渇望してはいけないということを、主が実例を示して教えた。主は私たちをたいそう愛して、自身の身をすべて私たちのために捧げた。すべての善は神から私たちへと流れ込んでいるのである。そのように、私たちから神と隣人へと注ぎ返さないといけない。神のもっとも聖なる仕事に際して私たちの中に抵抗が起こらないようにしよう。神に従うことを止め、大都市ニネベに悔い改めの忠告をすることを拒んだヨナには悪いことが起こった（ヨナ3－4）。自分の仕事を民の改宗のために神に捧げたイザヤには良いことが起こった。

## これらすべては、人間の判断と判決（善い案件の信頼において）に委ねられる

25 しかし判断（人間の判断も）を避けていると思われないために、あなた方アレオパゴスの方に再び出向いて、すべての思考と熟慮でもって、あなた方高貴な人々の判決に出廷しよう。「私に間違ったことがあれば教えてくれ、そうすれば私は黙ろう。知らないことがあれば教えてくれ（ヨブ6－24）」この案件全体において、私は信頼してあなた方の判決に委ねる。しかしまず検討し、次に判決してほしい。誰か一人が見解を下すのではなく、共同の審査と熟慮で行ってほしい。あなた方のうちの一人とかほんの少数や多くの人にではなく、すべての人が同時に出廷するようお願いする。何人かのではなくすべての人の評価を期待する。神とあなた方の前で私たちが実現しようとしているこ

の案件については十分信頼しているので、非常に厳しい判決が下されても私たちは何も恐れない。この私たちの信頼と、この私たちの舞台のあなた方に対して、不名誉なことが何も起こらないように努力しよう。つまり私たちは、事物の自然そのもの、事物の管理者である神自身、そして私たちの陪審員であるあなた方を、証人にできないようなこと（大きなことにおいて）は何も述べない。それらがあなた方の固有の感覚に、すべてが好ましく提出されるのだから、自分自身に正直であれば私たちへの同意を拒むことは誰もできないだろう。

## 26 この判決はアレオパゴスのものより神聖であることが要求される

知恵ある人々よ、あなた方はみな、私にとってはあのアテネ人よりも偉大なアレオパゴスとなろう。そこでは、重要案件を検討するために、一定の数の裁判官が一定の時間にアレスの神殿に集まるのが常だった。しかし私は、あなた方に無数の参加を求める。あなた方は、誰かのためではなく地上の救済のために、見せかけの神の祭壇の前ではなく、真で生きた神の面前で、イエス・キリストの前で判決するのだ。キリストは、戦争と死ではなく平和と生の管理者であり、あなた方に教えを与え、神に代わって人間の事柄を管理するように命じたのだ。だから私に下される判決は、キリストの判決となろう。あなた方がこの案件を注意深く慎重に敬虔に進めるならばである。お願いだから、あなた方に任されているこの仕事を緩慢に処理せず、あのアレオパゴスのようにしてほしい。「アレオパゴスの法廷はいつも開かれていた」とスカリゲル[14]が『時の改善について』第2巻で述べている。真理と潔白のために、隠れ家では行われなかった。だからこの案件を検討するあなた方の法廷も同意も、真で善いことすべてがあなた方の力で誰にも明らかになるまで、同じようにいつも開いているべきだ。判決する際のアレオパゴスの真剣さは、称賛に値した。主要案件についての彼らの宣告はまったく誠実だった。なぜなら明るい日中ではなく暗い夜に案件が審理され、判決を述べる人ではなく述べられた内容だけが考慮されたのである。彼らの判決が実にすぐれていると見なされる所以である。同じように行いたまえ。あなた方の判決が損なわれないように、人物を考慮せずに、いわば闇からやってくる言葉から、案件そのものを注意深く受け止めるようにするのだ。この目的のために、私たちはこれをいわば匿名で提起する。それは人物、身分、国、宗派をまったく考慮すべきではなく、問題そのものを裸のままに、あなた方みなの精神の目の前に置くためである。ここでは全くすべてが共通の救済のために進められること、死すべき定めの人間の先入観には何も委ねられないことを、あなた方は、見て感じることだろう。

### この序文の目的

**27**　心ある人々よ、私はあなた方の感情を呼び覚まし、留まらせようと望んだ。案件を熱心に検討するように呼び覚まそうとした。すべてを検討して全体を正しく執行してからでないと見解を述べないように、留まらせようとした。著作全体を見通したなら全体について判断してもかまわないが、それは各人の光が増大し（増大すると私は請け負う）、またやる気が沸き立つに従って（将来そうなると期待する）、判決を述べてもよいということである。他の国民よりも賢明だったギリシャ人、ローマ人は、公共の案件を論じる弁士に対して寛大で、演説が長くても中断させたりせず、弁士が「以上終わり」と言わないうちは、答えたりしないのが慣わしだった。神と人類のために案件を論じている私たちに、同じように忍耐強く耳を傾けないということがあるだろうか。これが気に入らない人がいるとしたら、私たちは愚者ではなく賢者に話しているのだと証言する。「事をよく聞かないで答える者は、愚かであって混乱をもちこむ」と賢者のなかの賢者ソロモンは言う（箴言18‐13）。賢明な人は、他の賢者の忠告「事を聞く前に言葉を返してはいけない。話の途中で判断を語ってはならない（シラ11‐8）」に耳を傾けてほしい。

### 先入見を捨てる要求

**28**　私はこれを軽率に話しているのではない。私たちヨーロッパ人は哲学、政治学、宗教の憶測で限りなく分裂している。各派は真理が自分にあるとして他をないがしろにし、先入見に捕らわれることに慣れてしまったのを私は知っている。誰かが何かを勧めると（自分に関する審査あるいは他人に関する管理だけなのだが）、ただちに、まるで自由思想家だとか懐疑論者だとか陰謀家だとかと疑われてしまうのだ。邪悪な意図のまったくない純粋な私にそういうことが起こらないようにあらかじめ注意しておく。私は個人に関することは何も言わず、この私たちの著作全体について話そうとしている。人間社会全体についてと、それが陥っている暗闇、混乱、誤りの塊について語ろうとしている。だから、光、秩序、真理の何がしかを所有していると思っている人、あるいは実際に所有している人は（どこかで所有されていることは確かである。なぜなら、闇が光に、混乱が秩序に、誤りが真に、勝ることを神の永遠の善意はこれまで許さなかったし、また永遠に許さないであろうから）、心安らかに喜び、神を称え、他人が私たちの理性的な進歩によって同じように前進するのを羨むことはないだろう。またすべてを土台から頂点まで調べないうちにこの前進を疑うことはないであろう。正しい要求を拒むことは、不当に拒むのでないかぎりありえないことだ。

## 29 自らの善を混乱させずに提案し、真理を知らない人を穏やかに取り扱う

また、諸国民の教師パウロは、律法の下にいる人に対しては律法の下にいる人のようになり、律法のない人に対しては律法のない人のようになり、弱い人に対して弱い人になり、そうしてすべての人に対してすべてを行い、告白した。それはすべての利益を得るためである（コリント1・9・20その他）。このパウロを真似るのが恥ずかしいことがあろうか。このように見習う人にどうして疑いをかけることが許されよう。真理の偉大な教師アウグスティヌス[15]は、賢明にもその模範を見習った。マニ教徒のファウストゥスとの会談の際に、両者のどちらも、すでに所有している真理を先取りせず、まだ疑わしいものであるかのように問い、そうして見出され承認された真理に従おうと誓約して、考えが近づくまでになったのである。そのようにして、真理のための友好的な競争が平穏に進んだ。アウグスティ

ヌスはファウストゥスに議論を迫り（もちろん穏やかに、しかし力強く）、ファウストゥスは涙を流し真理に降伏したのである。これを見習おうではないか。ユダヤ教徒、イスラム教徒、異教徒、何かの異端（試煉の火が、彼らがほんとうにそうなのか彼らの考えがどうなのかを明らかにするだろう）に対し、同じような穏やかな気持と思慮深さで迎えようではないか。これを説得したり試みたりする人に対して敵対して非難するというのか。

## 誰が語っているかではなく、何が語られているかを考慮する

**30**　もしもこれがある一人のあいまいな考えに由来するとして斥ける人がいるなら、その人は神のやり方に無知である証拠だ。神はほとんどの場合ささやか道具で成し遂げたのだ。聖なる歴史を読むなら、もっとも大きな事柄の機会に際してすら、もっとも単純な手段が適用されたことが分かるだろう。また、何かを忠告し教えるのに、もっとも賢明でしかももっとも単純な人を使ったのである。ミデヤンのエテロは、日々神自身と親しく話しているモーセに有益な忠告を与えることができた。また捕らわれの少女は、王侯である主人のナアマンにすばらしい忠告を勧めることができた。サマリアへ向かうあの皮膚病の乞食は、王の家族に良い知らせを告げることができた。パウロも、異邦人と思われたが賢明なアテネ人に重要なことを語ることができた。女中のロデは、気が変になっていると言われながらも、使徒ペテロが捕らわれから解放されたと告げることができた。これ以上思い出す必要があろうか。任意の手段で仕事を成就しようとする神を愚弄し、事柄ではなく人物を考慮するのは実に虚しいことである。

## 千年王国[16]の口実のもとに協議をやめてはいけない

**31**　しかしここに提案の虚しさ、黄金時代への夢想が表れている、と言う人もいるだろう。答えよう。世界の終末に教会のよりよい状態を、平和な光輝く聖なる時代が来ると期待する人もいれば、悲惨な時代が来てこれまで以上にますます悪くなるしかない（悲惨な世界を終わらせ、永遠の幸福をもたらす人が来るまでは）と恐れている人もいる、

それは私も知っている。しかしこのような意見の相違は、事柄の改善についての協議を結びつけることを妨げるような、ましてや廃止するような争いには値しないと私は断言する。なぜなら、あれが正しいにせよこれが正しいにせよ、私たちは改善について考えないといけないのだ。もしも改善された時代が存続するなら、私たちはその根拠を探究し、神の善意に管理してもらうことを妨げない。あるいは主の到来が入口まで迫っているなら、主のために道を準備しよう。私たち忠実なキリスト教徒が互いに励まし奮い立つだけでなく、不信仰者の世界にも呼びかけて悔い改める道を示そう。ノアは大洪水の前に破滅を予告してそうした。ロトはソドムの人に対して、モーセとアロンはエジプト人に対して、預言者と使徒はエルサレムの住民に対して、そうした。彼らが私たちに耳を傾けなくても、それでも私たちの心はかの聖なる古人たちのように自由である。要するに、私たちはどちらを向こうとも、改善について考えるべきだと宣告されているのだ。神にあえて逆らう人に災いあれ！

## 32　以下の著作の根拠

次のことを思い出していただきたい。私たちは熟議について書いており、著作全体でただ相談しているだけなのである。つまり、提案し、そのように判断したら誤らないと思われるのはなぜかを示しているのだ。そこではどの人、どの国民、どの宗派にも、賛成するか反対するかの自由が完全に残されている。その同じやり方で、理性的に示されうる提案が反対されないなら、同意されて確実な真理の共通の結論を得ることだろう。もしも誰かが、反対する別のもっと確実な根拠がないわけではない、問題をより高次の明快さで証明できると言うのなら、私たちはそれに譲ろう。そして証明された真理のための共通の結論が再び得られるだろう。しかし、私たちによっても他の人々によっても、大きな矛盾がありえないとは証明できないなら、私たちはこれまで検討したことを留保し、（当面互いの寛容の下で）神が顕にし明かにしてくれるように嘆願するだろう。また、私たちは著作全体にわたって審議するのだから、独り言よりも話しかける形式が好ましいし、指示よりも忠告が、硬直した哲学的な文体よりも楽しい物語口調の方がよいだろう。そこで私は、一人ひとりが耳を傾けるようにすべての人に話しかける。あなた方学識ある人々に話しかける。あなた方はいわば人類の教師であり、協議をよく知っている人であり、治療法を探求する仲間だ。あなた方神学者は、移り行くはかないことに対する第一級の軽蔑者であり、死に定められた人々を不死へと導く指導者だ。あなた方国王、諸侯、行政官は、いわば人類の養育者であり、よき秩序にだれよりも配慮し再生させる番人だ。

## 思慮深く守るべき規則

## 33

### 1　どの人も、人間的な誤りを非難されない

この熟議はいわば地上のすべての国民と共に企てられるのだから（著作の最後で、すべての国民にそれぞれの言葉で提示する問題が論じられるだろう）、また、様々な事柄について、特に神の事柄について、またお互いに疎遠でばらばらな意見について論じるのだから、慎重に進めるように提案し、誰も欠点を非難されず、どんな誤りもけなされず、直接間接にとがめられる人が誰もいないようにしよう。間違いたいと思う人は誰もいないし（どうして間違いたいと思うものか）、病気は荒療治よりも食餌療法で穏やかに治るものだし、闇は光がやってくれば戦わずに自発的に消え去る、そのようなことは誰でも知っている。むしろセムとヤフェトの例を見倣おう。彼らは父の恥を（私たちでは父と兄弟の）隠したのだが、ハムは恥を見たくてたまらず、他人に見せて笑った。一方は祝福され、他方は呪いの恐怖をえた（創世記9・21以下）。またパウロは、アテネ人の偶像崇拝と多神教を非難することからではなく、宗教的熱意を称賛することから説教を始めた。またペテロも、キリストを悪意をもって磔にしたユダヤ人を（実際そうだったにもかかわらず）叱らず、無知であのようなことをしたと弁護した（使徒3・17）。またパウロもそうした（同13・27）。キリスト自身も、諸国民に使者を送り、叱責せずに教えるよう命じた（マタイ28）。ところで教えるとは既知

のことから未知のことへ導くことである。そして導くとは、暴力ではなく穏やかな、憎しみではなく愛らしい響きのある行為である。導こうとする相手にたいして、叩いたり突いたり踏んだり奪ったりはしない。手をとって穏やかに同伴する。開かれた道を先導し、ついてくるように誘うのだ。

## 2　誤りを暴力的に攻撃してはならない

34　経験が教えているのだが、人々はいたずらに互いに反駁し合い、意見の誤りについていたずらに非難し争っている。だからこそ慎重に始めることが必要である。すべての人が和解を願い求めているのだから、争っている時ではないのだ。望ましいのは、真理を集めて結びつけることであり、そして逸脱を穏やかに真理の中心に引き戻すか、または少なくとも真理の共通の中心へ引き戻す道が開かれるまで逸脱を隠しておくことだろう。私たちはこう判断している。無知によって生じる誤りは（誤りはそれ以外では生じない）、開かれた真理の光によって静かに除去されねばならない、また、論争によって生じ増大し強固になった宗派は、慈愛の熱によって穏やかに溶かされて作り直されねばならない、と。それしかありえないからだ。闇は闇を追い出さない。憶測は憶測に、宗派は宗派に、憎悪は憎悪に譲らない。むしろ互いに濃くなり対立が強くなるだけだ。同じようなものは同じようなものである限り常に同じように作用し、対立は対立のままとなるのである。

## 3　物事の真理は、どこでも深い根からゆっくりと始まることによって示されねばならない

35　人々は、戦うためではなく考察し比較するために招かれる。分散するより集める方が神意にかなっていると私は確信しているのだから、至る所の心の不一致を一致させねばならない。そのための手本となろうではないか。この私たちの著作で、あなたが全体を考察するにせよ個々の部分を考察するにせよ、不同意による分裂が起きないような所から、あるいは互いの疑念に逆戻りしないような所から始めるように努力しよう。そして常にゆっくりと段階的に

進み、衝突するようなことは避けよう。それは、ユダヤ人、トルコ人、異教徒が（ましてや互いに意見が分かれている私たちキリスト教徒も）、衝突せずにこの仕事の検討に着手するために必要である。そして着手した人誰もが、光線によって照らされ、真理の境界によって囲まれたと感じ、恥を恐れてすぐに戻ってしまうようなことにならずに、むしろさらに大きい光を希望して前進せざるをえないようになってほしい。そうして最後には、他の人々と共通の真理と調和に至ったと分かり、主に歓呼の声を挙げ始めるのだ。これこそ、光と真理の永遠の守護神である神の栄光において、獲得しようと提案していることである。私たちが獲得するかどうか、あなた方に判断してもらいたい。そしていつの日かついに、とうとう、ようやく、獲得できるように、助けたまえ！

## 人間についての熟議　序文の訳注

**1** アレオパゴスは古代アテネの最高評議会。「アレスの丘」の意味。ギリシャ神話に登場する神ゼウスの息子である軍神アレスにちなんで名づけられたこの丘で開催された。

**2** ここでコメニウスは、これまでPansophiaと呼んでいたものをPantaxiaと呼ぶと宣言しているのだが、本文ではずっとPansophiaのままである。

**3** 「教育」と訳した原語はCultura。元々は大地を耕すという意味だが、人間の心を耕す意味にも転用される。パンパイデイアでは最も重要な概念であり、この翻訳では「教育」と訳す。

**4** 「開発」の原語はCultura。ここでは新しい言語を人々に教育するという意味ではなく、新しい言語を作り上げるという意味なので、「開発」と訳した。

**5** マクロビウスAmbrosius Theodosius Macrobiusは五世紀頃のローマの作家。主要著書はSaturnalia。ウェルギリウスPublius Vergilius Maroは紀元前一世紀のローマの詩人。『アエネーイス』『牧歌』など多数が翻訳されている。

**6** 原文はNIHIL DE NOBIS SINE NOBIS。私たちに関することは私たち全員で決めるべきだという意味。

**7** クリュソストムスIoannes Chrysostomusは四世紀頃の聖職者。コンスタンチノープル大司教。なお、ラフマニノフとチャイコフスキーが『聖ヨハネス・クリュソストムスの典礼』という曲を作っている。

**8** クラテスCratesは紀元前四世紀頃のギリシャの哲学者。テバイは古代ギリシャの都市。

**9** 『引用語辞典』によればウェルギリウスの言葉のようだが、そこではルティルスRutiliusではなくテュリウスTyriusとなっている。

**10** キケロMarcus Tullius Cicero (BC106-BC43)は古代ローマの政治家、学者。ギリシャ哲学を採り入れラテン語を大成させた人物として、彼の名文はラテン語の教科書に多数採用された。コメニウスもキケロから頻繁に引用している。この文は『義務について』1-22-77より。

**11** カンパネラTommaso Campanella（1568-1639）はイタリアの哲学者。主要著書『太陽の都』。

**12** ゴルディオスの結び目。絶対ほどけないと言われた結び目、転じて解決不可能な難問のこと。アレクサンドロス大王が一刀両断に断ち切ったとされる。

13 キケロ『弁論家について』1-4。

14 スカリゲル Joseph Justus Scaliger (1540-1609) はフランスの学者。レイデン大学教授。暦の計算で有名。

15 アウグスティヌス Aurelius Augustinus（354-430）はキリスト教を体系化した中世最大の教父。アウグスティヌスは若い頃マニ教の熱烈な信者であり、やがてキリスト教に改宗した。その間の経過が、『告白』第五巻の五章から七章にかけて描かれている。ただしファウストゥスが涙を流したという描写はない。

16 『ヨハネの黙示録』二十章に千年後に最後の審判が下されると描かれていることによる、終末論。

# あとがき

私がコメニウス研究を志したのは三十年以上も前のことである。教育学の概論書には必ずといってよいほど引用されるこの人物の著書を読む機会は当時ほとんどなかった。興味をもちつつも、本格的に取り組むのをためらいながら細々と研究を続けていた私を引っ張ってくれたのは、当時島根にいた井ノ口淳三さんと秋田にいた藤田輝夫さんだった。その後貴島正秋さんと佐藤令子さんが加わり五人の研究グループができた。たえず資料や情報交換を行い定期的に会合を重ね、一九九二年のコメニウス生誕四百年に合わせて『コメニウスの教育思想』（法律文化社）を上梓することができた。さらに相馬伸一さんと北詰裕子さんがコメニウス研究に取り組み始めたことは力強いことであった。まずはこれらの友人の方々の精神的・物質的ご支援に感謝申し上げたい。

二〇〇四年に貴島、藤田、相馬、太田の四人でチェコを訪問し、ウヘルスキーブロトの国際学会に参加した。帰国直後、グループのリーダーであった藤田さんが急逝された。私はチェコ訪問の期間中彼と相部屋であり、夜遅くまでその日の記録整理と翌日の準備に余念がない姿を毎晩目撃していた。帰国するとすぐ授業や入試業務などで忙しいのだと苦笑していたが相当疲れがたまっていたのだろう。ほんとうに悲しい出来事だった。

藤田さんには未発表の論文が多数あり、膨大な数のコメニウスの著作を次々と翻訳していた。それらを何とか公刊しようということになり、東信堂が「コメニウス　セレクション」として引き受けてくれることになった。そしてまず相馬さんが中心になって『地上の迷宮と心の楽園』（東信堂、二〇〇六）が出版されたのである。

ところがそれから「コメニウス　セレクション」は継続されない状態が続いた。ひとえに太田の怠慢のせいである。新しい職場に移ってから異なった分野の教育・研究が忙しかったり、管理職の仕事に忙殺されたりといった事情は誰にでもあることだから言訳にはならない。当初はすでに藤田さんが翻訳してあった『汎教育』を若干手直しして公刊することも考えたが、結果的には藤田訳とはまったく異なったものとなってしまったために、太田訳とした。

あの世でコメニウスが「私が書いてから三百五十年も経ってるじゃないか！」と、また藤田さんが「私が訳してから二十年も経ってるじゃないか！」と叱っていることだろう。さらに藤田さんから「その訳語は違うよー」と指摘されそうな箇所が多数ある。また『大教授学』の訳者の鈴木秀勇先生からお叱りを受けそうな箇所も多々あることは自覚している。コメニウスの意図を推し量り、かつ現代日本の読者を想定しての工夫を許していただくしかない。

幸い私は定年退職で暇ができるので、東信堂にお願いして「コメニウス　セレクション」を継続しようと決意している。それがせめてもの恩返しであろう。

二〇一五年一月

太田　光一

マキャベリ(Niccolo Machiavelli) 72, 192, 375, 380
マルティアリス(Marcus Valerius Martialis) 327, 385, 386
ミネルヴァ(minerva) 10, 11, 88, 98, 157, 379
ムーサ(Musa) 162, 240, 382
名声(fama) 74, 75, 180, 302, 325, 331
名誉(honor) 37, 41, 42, 48, 57, 62, 63, 74, 90, 94, 135, 180, 181, 196, 250, 256, 281, 307, 331, 338, 352, 355, 357, 403
迷路(labyrinthus) 32, 84
モーセ(Moses) 2, 3, 17, 49, 139, 161, 241, 290, 355, 361, 363, 399, 407, 408
目的、手段、方法(fines, media, modi) 13, 21, 306, 332, 333

## 【や行】

闇(tenebrae) 17, 21, 29, 32, 55, 78, 124, 142, 143, 171, 190, 194, 198, 290, 295, 306, 326, 391, 395, 396, 405, 406, 409, 410
ユウェナリス(Decimus Junius Juvenalis) 374, 385
揺りかご(cunae, incunabula) 89, 109, 193, 242, 318
ユリシーズ(Ulysses) 277
養育(educatio, enutrio, nutricor) 78, 97, 98, 376, 380, 409
ヨーロッパ(Europa) 126, 286, 301, 372, 375, 377, 383, 385, 387, 389, 396, 397, 398, 405

## 【ら行】

ラコニア(Laconia) 272, 273, 383
リウィウス(Titus Livius) 339, 386
留学(apodemia) 286, 289, 300, 303
リュクルゴス(Lykurgus) 148, 182, 197, 379, 380
リュディア(Lydia) 124, 378
両親(parentes) 65, 78, 79, 82, 92, 93, 95, 162, 177-181, 184, 185, 192, 195-197, 199, 215, 246, 251, 376, 380, 395
類比(syncrisis) 141, 142, 300, 379
ルキダリウム(Lucidarium) 219, 221, 230, 381
ルビヌス(Eilhard Lubinus) 241, 382
ローマ(Romae) 38, 57, 318, 372, 374-380, 382-386, 400, 405, 412

タブラ・ラサ(tabula rasa) 58, 374, 375
知性(intellectus) 23, 29, 45, 60, 63, 83, 139-142, 150, 153, 154, 156, 157, 172, 190, 210, 214, 231, 241, 248, 258, 270, 279, 280, 292, 307
秩序(ordo) 3, 11, 14, 17, 37, 60, 80, 84, 89, 90, 101-103, 112, 118, 122, 133, 134, 166, 293, 295, 334, 356, 358, 406, 409
懲戒(castigatio) 132, 163
調和(harmonia) 3, 12, 73, 101, 122, 124, 128, 143, 255, 258, 288, 289, 292, 316, 330, 370, 398-400, 411
ティブルス(Albius Tibullus) 339, 386
デカルト(René Descartes) 105, 298, 384
でくの坊(truncus) 28, 34
哲学者(philosophus) 23, 33, 38, 39, 75, 125, 142, 157, 211, 230, 295-298, 305, 373-375, 377, 379, 382, 385, 412
テレンティウス(Publius Terentius Afer) 129, 273, 378, 383
天職(vocatio) 314, 315, 331, 332, 338, 355
道具(instrumentum) 27, 50, 51, 84, 85, 105, 107, 149, 150, 156, 162, 209, 230, 232, 233, 234, 265, 407
徳性(mores) 71, 93, 94, 98, 99, 168, 170, 181, 184, 185, 191, 218, 236, 275, 357
時計(automatum, clepsydra, horologium) 77, 101, 141, 142, 338
図書館(bibliotheca) 103, 107, 108, 123, 288, 289, 295, 296, 317
トラシュマコス(Trasymachus) 113, 377
トリスメギストス(Hermes Trismegistus) 307, 384
ドレクセリウス(Hieremias Drexelius) 148, 379

**【な行】**

肉体(corpus) 22, 100, 158, 161, 171, 180, 183, 184, 191, 200, 202, 207, 229, 251, 252, 277, 322, 334, 335, 348, 352, 361, 363
日記(ephemeris, diarium) 274, 302, 305, 324
ネブカドネザル(Nabuchodonosorea) 362

**【は行】**

ハーゼンミューラー(Sophonias Hasenmüllerus) 218, 381
墓場(sepulcrum) 89, 318
パリサイ主義(Pharisaismus) 72, 375
ハルスドェルファー (Georg Philipp Harsdörffer) 234, 235, 382
必要、可能、容易(necessitas, possibilitas, facilitas) 5, 15, 35, 136
美徳(virtus) 29, 32, 43, 61, 63, 79, 94-96, 127, 140, 162, 196, 200, 217, 237, 238, 275, 277-279, 282, 287, 288, 305, 307, 318, 325, 326, 328, 348, 352, 353, 358
ビベス(Juan Luis Vives) 287, 376, 383, 384
ヒポクラテス(Hippocrates) 117, 377
百科全書(encyclopaedia) 38, 236, 263, 374
フェルゲンハウアー(Paul Felgenhauer) 248, 382
プラウトス(Plautus) 116, 377
プラット(Hugh Plat) 193, 380
プラトン(Platon) 38, 95, 113, 142, 200, 215, 285, 293, 305, 346, 351, 373, 374, 376, 377, 379, 381, 383, 384
プランタン(Christophe Plantin) 323, 385
フリシュリン(Frischlin) 273, 383
プリスキアヌス(Priscianus Caesariensis) 250, 382, 383
プリニウス(Gaius Plinius Secundus) 314, 317, 385
プリミロシス(Jacobus Primirosius) 125, 378
プルタルコス(Plutarchus) 298, 380, 384
プロテウス(Proteus) 134
平和(pax) 14, 40, 48, 60, 134, 253, 267, 292, 384, 392, 397, 402, 404, 407
ベーコン(Francis Bacon of Verulam) 278, 296, 375, 383, 384
ペルシャ人(Persian) 207
ベルナルドゥス(Bernardus Claraevallensis) 243, 307, 382
ホールンベック(Johannes Hoornbeck) 96, 377
ホップ(Hopf) 243, 282
ホメロス(Homerus) 30, 51, 66, 82, 95, 110, 117, 119, 146, 151, 157, 167, 174, 278, 288, 294, 326, 335, 378
ホラティウス(Quintus Horatius Flaccus) 168, 317, 359, 374, 380, 386
ポリュクレイトス(Polycletus) 119, 145, 377

**【ま行】**

マーキュリー(Mercurius) 138, 378
前庭(vestibulum) 31, 235, 241, 246, 261, 269, 375, 381, 382

**【さ行】**


サーヴェドラ（Diego de Saavedra Fajardo） 207, 220, 295, 381
サイコロ（tessera） 208, 220, 234, 381
サムソン（Samson） 183, 324, 358, 363
サルディス（Sardeis） 328, 386
算数（arithmetica） 159, 160, 226, 229, 256
産婆（obstetrix） 156
シオン（Sion） 114
子孫（progenies） 37, 100, 179, 181, 182, 195, 196, 202, 336
しつけ（educatio） 94, 148, 226, 376
実例、教示、練習（exempla, praecepta, exercitia） 140, 148, 315, 378
実例、教示、模倣（exempla, praecepta, imitatio） 95
実例、教示、経験（exempla, praecepta, usum） 146
実例、教示、実践（exempla, praecepta, praxis） 160, 208, 351
実例、教訓、訓戒（exempla, institutio, disciplina） 213
実例、教訓、訓練（exempla, institutio, disciplina） 215, 381
自発的（spontaneus） 29, 60, 75, 148, 154, 164, 236, 275, 336, 370
事物の扉（Janua rerum） 292, 378, 384
種子（semen） 79, 179-182, 184, 190, 192, 193, 196, 206, 259
受胎（conceptio） 91, 181, 182, 195
シュルティス（Syrtis） 56, 374
上品（elegans） 10, 40, 72, 137, 138
初級者、中級者、上級者（incipiens, proficiens, perficiens） 110, 111, 233
食餌療法（diaeta） 276-278, 283, 409
職人（opifex, faber） 34, 50, 190, 258, 291, 316, 331, 334, 355
初心者（tiro） 111, 144, 152, 159, 230, 233, 235, 259
序幕（praeludium） 228, 292, 349
シラ（Syrach） 45, 107
人類（humanum genus） 9-11, 14, 17, 21, 27, 70, 71, 76, 84, 85, 89, 123, 130, 164, 177, 179, 181, 193, 202, 297, 301, 306, 318, 369, 370, 378, 390, 394, 395, 398, 401, 405, 409
スエトニウス（Gaius Suetonius Tranquillus） 386
スカリゲル（Joseph Justus Scaliger） 404, 413
スキュティア（Scythia） 32, 373
スキュラ（Scylla） 303, 313, 348, 385
スパルタ（Sparta, Lacedaemon） 182, 208, 301, 379, 380, 383, 385,
スフィンクス（Sphinx） 230, 247, 253, 382
すべての人、すべての事、すべての面（omnes, omnia, omnino） 5, 7, 9, 10, 11, 14, 69, 71, 84, 131, 373
すべての人、すべての事、すべての方法（omnes, omnia, omnimode） 136,
生活様式（genus vitae） 137, 272, 320, 334
生業（status vitae） 314, 319, 329, 330, 332, 335, 355, 385
精神、舌、手（mens, lingua, manus） 39, 90, 133, 139, 160, 233, 265, 266
生得（innatus） 99, 174, 375
製粉所（pistrina） 84, 92, 155
節制（temperantia） 183, 277, 329, 333, 357
節約（frugalitas） 89, 93, 95, 112, 193, 209, 329, 333, 339, 340, 357
セネカ（Lucius Annaeus Seneca） 45, 89, 110, 124, 157, 170, 212, 275-278, 279, 281, 304, 311, 317, 326, 330, 333, 346, 349, 350, 357, 359, 360, 374, 376-379, 383, 385, 386
セネカ（Marcus Annaeus Seneca） 333
戦争（bellum） 48, 72, 156, 192, 215, 333, 397, 404
ソクラテス（Socrates） 38, 142, 147, 158, 164, 260, 346, 373-375, 377, 379, 383, 385, 386
ソドム（Sodoma） 46, 408
ソフィスト（sophistes） 38, 373
ソロモン（Solomon） 12, 23, 37, 48, 73, 74, 98, 121, 161, 171, 194, 201, 207, 241, 293, 317, 327, 358, 361, 370, 405


**【た行】**


胎内（uterum, uterus） 51, 55, 91, 177, 179, 184, 196, 198, 258, 290, 321, 357
太陽（sol） 17, 25, 30, 38, 65, 77, 110, 118, 126, 158, 166, 236, 237, 244, 307, 325, 371, 379, 382, 412
耕す（colo, cultus, excolo） 7, 19, 20, 24, 28, 37, 46, 61, 67, 74, 90, 93, 95, 97, 131, 153, 193, 244, 260, 265, 266, 268, 275, 322, 330, 359, 372, 384, 401, 412

カトー(Marcus Porcius Cato Censorius)　157, 379
カプニオン(Capnion, Johann Reuchlin)　317, 385
神の書(libri Dei)　25, 26, 31, 52, 99, 108, 109, 113, 120, 122, 128, 135, 138, 152, 241, 296-298, 300, 316, 314, 352, 360, 373, 377
神の似姿(imago Dei)　4, 9, 10, 17, 18, 20, 25, 43, 46, 51, 58, 67, 90, 107, 135, 136, 143, 154, 182, 190, 198, 241, 251, 265, 336, 372, 391
神の御業(opera Dei)　4, 43, 53, 83, 107, 109, 126, 140, 150, 158, 181, 277, 316, 328, 371
カリュブディス(Charybdis)　303, 313, 348, 385
カルダヌス(Hieronymus Cardanus)　39, 374
ガレノス(Galenus)　313, 385
感覚、理性、信仰(sensus, ratio, fides)　25, 27, 44, 52, 58, 138, 259, 288, 292, 373
観念、衝動、実行能力(notitia, instinctus, facultas)　27, 174
カンパネラ(Tommaso Campanella)　240, 382, 400, 412
器官(organum)　22, 25-27, 34, 39, 52-54, 77, 90, 150, 393
キケロ(Marcus Tullius Cicero)　2, 3, 46, 79, 94, 124, 157, 194, 317, 333, 346, 359, 372, 374, 378-380, 384, 385, 397, 403, 412, 413
キニク派(Cynicus)　75, 375
キプリアヌス(Thascius Caecilius Cyprianus)　281, 384
キュトラエウス(Nathan Chyträus)　251, 368, 383
教育掛(paedagogus)　82, 85, 195, 197, 257, 375, 376
競技場(palaestra)　96, 137, 303, 341, 355
享受(fructus, fruor)　4, 24, 48, 49, 130, 174, 190, 214, 240, 242, 298, 306, 321, 329, 340, 342, 345, 349, 350, 352, 353, 373
強制(coactio)　12, 29, 48, 59, 60, 70, 72, 75, 81, 98, 156
行政官(magistratus)　33, 92, 102, 201, 328, 331, 409
競争(aemulatio, concertatio)　93, 94, 100, 122, 159, 162, 235, 237, 250, 289, 294, 297, 315, 406
ギリシャ(Graeca)　7, 9, 38, 88, 105, 117, 122, 131, 241, 255, 264, 270, 285, 318, 346, 373-375, 377-379, 382, 384-386, 405, 412
クインティリアヌス(Marcus Fabius Qvintilianus)　317, 373, 376, 378, 381, 383, 386
クセノフォン(Xenophon)　326, 385
クラウディアヌス(Claudianus)　64, 317, 385
クラウバーク(Johannes Claubergius)　291, 384
暮らしぶり(genus vitae)　244, 312, 319, 328, 330-332, 355
クラテス(Crates )　395, 412
クラメリウス(Daniel Cramer)　295, 384
クリュシッポス(Chrysippus)　115, 206, 377, 381
クリュソストムス(Ioannes Chrysostomus)　394, 412
グリュプス(Gryps)　248, 382
クレナルドス(Nicolaes Clenardus)　96, 377
訓戒(disciplina)　64, 65, 163, 164, 212, 213, 215, 218, 281, 352, 373
啓示(revelatio)　26, 83, 100, 107, 138, 139, 144, 241, 298
劇場(theatrum)　22, 71, 73, 108, 150, 154, 203, 241, 243, 303, 325, 326
ゲッリウス(Aulus Gellius)　158, 269, 271, 272, 289, 291, 296, 379, 383
ケベス(Cebes)　219
獣(brutus)　4, 9, 13, 18-20, 29, 31, 32, 38, 46, 77, 78, 100, 148, 179, 183, 195, 199, 223, 256, 268, 333, 335, 347
ケルスス(Aulus Cornelius Celsus)　57, 374
原型(archetypus, idea)　9, 20, 43, 107, 127, 200, 214, 265, 293, 367, 391
健康(valeo, valetudo)　22, 36, 41, 42, 44, 52, 56, 57, 96, 159, 161, 180, 183-185, 206-208, 276, 282, 283, 321, 333, 357, 381
言語の扉(Janua linguarum)　160, 292, 375, 382, 384, 398
好奇心(curiositas)　37, 157, 257, 301
高潔(honestas)　71, 134, 168, 180, 182, 218, 236, 238, 243, 258, 279
交際(conversatio)　40, 66, 86, 90, 93, 94, 98, 168, 170, 190, 203, 218, 240, 266, 278, 303-305, 357, 391
公的(publicus)　71, 92-98, 101, 112, 114, 170, 218, 223, 231, 271, 290, 299, 303, 341, 394, 396, 400, 401
コーラン(Alcoran)　96
子育て(educatio)　188-191, 193-195, 214, 223, 310, 376, 379, 380, 381, 395
ゴルディオスの結び目(Gordius)　402, 412
コレギウム(collegium)　290, 291, 299
混沌(chaos)　200, 222, 295, 390, 401

# 索 引

重要事項であっても、あまりにも頻度の多い単語（自然、理性、教育、学校、教師など）は索引の項目に掲げていない。人名についてはほぼ網羅してあるが、聖書からの引用個所の指摘は割愛した。

## 【あ行】


アイギストス(Aegisthus) 47, 374
アイスキネス(Aeschines) 232, 382
アイリアノス(Claudius Aelianus) 328, 386
アウグスティヌス（Aurelius Augustinus） 118, 158, 311, 325, 377, 379, 406, 413
アウゲイアス（Augeas） 369, 386
アガタルコス（Agatharcos） 119, 377
悪徳（vitium） 46, 56, 66, 79, 95, 127, 195, 275, 276-279, 282, 305, 326, 359, 383
悪魔（satan） 61, 182, 202, 251, 336, 356, 360
アゲシラオス（Agesilaos） 326, 385
遊び（ludus） 5, 50, 88, 92, 102, 132, 136, 155, 156, 160, 162, 163, 188, 208, 209, 218-220, 222, 228, 233, 234, 260, 292, 312
アダム（Adam） 25, 28, 37, 70, 78, 126, 184
アナカルシス（Anacharsis） 32, 373
アブラハム（Abraham） 65, 127, 195, 362
アポロドロス（Apollodoros） 115, 377
甘やかす（blandior） 198, 199, 208, 238
アリスティデス（Aelius Aristides） 281, 384
アリストテレス（Aristoteles） 58, 125, 325, 378, 374,386
アルゴス（Argos） 328, 386
アルペイオス（Alpheus） 195, 369
アレオパゴス（Areopagos） 389, 404
アレクサンドロス（Alexandros） 73, 165, 166, 328, 375, 379
異教徒（gentilis, paganus） 47, 66, 360, 374, 407, 411
育児（educatio） 178, 189, 380
泉（fons） 30, 54, 55, 62, 107, 108, 111, 144, 196, 201, 219, 244, 295, 286, 297, 306, 317, 319
異端（haeresis） 17, 407
イデア（idea） 127, 128, 144, 152, 158, 172, 173, 180, 191, 293
インド（Indus） 197
ヴァレウス（Antonius Walaeris） 291, 384
ウェスパシアヌス（Titus Flavius Vespasianus） 339, 359, 386
ウェルギリウス（Publius Vergilius Maro） 119, 124, 129, 317, 377
ウォシウス（Gerhard Vossius） 291
ウォットン（Henry Wotton） 117, 129, 377
乳母（nutrix） 79, 82, 167, 178, 185, 187, 195, 206, 207, 222
エバ（Eva） 46, 70, 78, 170, 206
エピクテトス（Epictetus） 324, 385
エピクロス（Epicurus） 73, 126, 375
エラスムス（Desiderius Erasmus） 228, 286, 376, 379, 382-384
円形劇場（Amphitheatrum） 37
エンニウス（Quintus Ennius） 124, 378
オウィディウス（Publius Ovidius Naso） 317, 327, 338, 374, 375, 381, 382, 385, 386
憶測（opinio） 45, 71, 74, 75, 79, 80, 115, 118, 121, 125, 211, 301, 313, 360, 405, 410
愚か（stultus） 53, 80, 95, 156, 157, 168, 197, 206, 207, 209, 223, 238, 273, 291, 311, 316, 323, 325, 329, 339, 356, 370


## 【か】


外国旅行（peregrinatio） 286, 288, 300-302, 304, 305
開発（cultura, cultus, excolo） 23, 24, 29, 30, 37, 42, 109, 136, 189, 190, 265, 295, 302, 372, 392, 412
怪物（monstrum） 43, 45, 63, 122, 134, 382, 385,
カイン（Cain） 49, 67
カエキリウス（Janus Caecilius Frey） 255, 383
カエサル（Gaius Julius Caesar） 183, 380
鏡（speculum） 25, 67, 190, 265, 358
鍵（clavis） 109, 120, 129, 209, 230, 256
学識者（eruditus） 38, 387, 392, 398, 409
学説総覧（Pandectae） 38, 127, 289, 374
数、量、重さ（numerus, mensura, pondus） 58, 256
カステリヨ（Sebastian Castellio） 241, 382
家庭教師（praeceptor） 88, 132, 375, 376

**訳者紹介**

太田光一（おおた　こういち）

1949年福島県生まれ。1972年東京大学教育学部卒。高知大学、福島県立会津短期大学、公立大学法人会津大学勤務を経て、2015年3月定年退職、横浜市在住（予定）。

科学研究費報告書『コメニウスの総合的研究』（課題番号03301034、平成5年）、同『コメニウスのパンソフィアの総合的研究』（課題番号11610276、平成14年）、その他。


**パンパイデイア——生涯にわたる教育の改善　コメニウス セレクション**

2015年2月1日　　初　版第 1 刷発行　　〔検印省略〕

定価はカバーに表示してあります。

訳者©太田光一　発行者 下田勝司　　印刷・製本／中央精版印刷株式会社

東京都文京区向丘1-20-6　　郵便振替 00110-6-37828

〒 113-0023 TEL (03) 3818-5521 FAX (03) 3818-5514

発行所　株式会社 東信堂

Published by TOSHINDO PUBLISHING CO.,LTD.

1-20-6, Mukougaoka, Bunkyo-ku, Tokyo, 113-0023, Japan

E-mail : tk203444@fsinet.or.jp http://www.toshindo-pub.com

ISBN978-4-7989-1282-0 C3310

## 東信堂

| | | |
|---|---|---|
| 子どもが生きられる空間―生・経験・意味生成 | 高橋　勝 | 二四〇〇円 |
| 流動する生の自己生成―教育人間学の視界 | 高橋　勝 | 二四〇〇円 |
| 子ども・若者の自己形成空間―教育人間学の視線から | 高橋勝編著 | 二七〇〇円 |
| 文化変容のなかの子ども―経験・他者・関係性 | 高橋　勝 | 二三〇〇円 |
| 関係性の教育倫理―教育哲学的考察 | 川久保学 | 二八〇〇円 |
| マナーと作法の社会学 | 加野芳正編著 | 二四〇〇円 |
| マナーと作法の人間学 | 矢野智司編著 | 二〇〇〇円 |
| 学びを支える活動へ―存在論の深みから | 田中智志編著 | 二〇〇〇円 |
| グローバルな学びへ―協同と刷新の教育 | 田中智志編著 | 二〇〇〇円 |
| 教育の共生体へ―ボディエデュケーショナルの思想圏 | 田中智志編 | 三五〇〇円 |
| 人格形成概念の誕生―近代アメリカの教育概念史 | 田中智志 | 三六〇〇円 |
| 社会性概念の構築―アメリカ進歩主義教育の概念史 | 田中智志 | 三八〇〇円 |
| 教員養成を哲学する―教育哲学に何ができるか | 林泰成・山名淳・下司晶・古屋恵太編著 | 四二〇〇円 |
| 大学教育の臨床的研究―臨床的人間形成論第1部 | 田中毎実 | 二八〇〇円 |
| 臨床的人間形成論の構築―臨床的人間形成論第2部 | 田中毎実 | 二八〇〇円 |
| 君は自分と通話できるケータイを持っているか―「現代の諸課題と学校教育」講義 | 小西正雄 | 二〇〇〇円 |
| 教育文化人間論―知の逍遥／論の越境 | 小西正雄 | 二四〇〇円 |
| 教育による社会的正義の実現―アメリカの挑戦（1945-1980） | D・ラヴィッチ著 末藤美津子訳 | 五六〇〇円 |
| 学校改革抗争の100年―20世紀アメリカ教育史 | D・ラヴィッチ著 末藤・宮本・佐藤訳 | 六四〇〇円 |
| 地上の迷宮と心の楽園〔コメニウスセレクション〕 | J・コメニウス 藤田輝夫訳 | 三六〇〇円 |
| パンパイデイア〔コメニウスセレクション〕―生涯にわたる教育の改善 | J・コメニウス 太田光一訳 | 五八〇〇円 |

〒113-0023　東京都文京区向丘 1-20-6　TEL 03-3818-5521　FAX03-3818-5514　振替 00110-6-37828
Email tk203444@fsinet.or.jp　URL:http://www.toshindo-pub.com/

※定価：表示価格（本体）＋税